总 序

周锡生

U0853214

当今世界充满变革与创新。在阐释当今世界变革特征的时候，“新媒体”被时常提及，尽管人们对它的定义还有不少争议。

20多年来，随着数字技术、信息技术的飞速发展，以互联网为代表的新媒体从诞生到逐步发展壮大，深刻改变了旧有的新闻信息传播方式，系统重塑了新的媒介生态和传播格局。旧媒体时代，新闻信息的传播速度还曾与交通工具竞跑；新媒体时代，昨日甚至数小时、数十分钟之前的新闻，都可能瞬息即逝，转眼间“轻舟已过万重山”。旧媒体时代，“受众”这个词体现了公众被动接受各类新闻信息的地位；新媒体时代，媒体人已经不再是专属的职业称号，自制互动、共享交流成为普遍行为。旧媒体时代，内容占据着绝对的核心地位，其他各个环节只是附属；新媒体时代，内容为王的观念在被继续强调的同时，网络、渠道、平台和终端的作用和价值日渐凸显，服务与市场的理念正在逐步深化。可以说，当今的新媒体已经跨越了媒介形态的界限，跨越了时空的拘囿，甚至也跨越了文化的隔阂。在这种态势下，建设新媒体、发展新媒体，成为传统媒体求生存、寻突破、谋发展的必由之路。

滚滚而来的新媒体浪潮绝不仅仅是改变了传媒业本身，更深刻渗入世界的政治、经济、文化、科技等各个领域。“世界是平的”引发人们无限遐想，平的世界创造了无限的空间。放眼全球，新媒体已经成为世界政治较量的重要因素，成为各国执政者了解社情民意的重要手段，成为社会公众参政议政的重要平台，网络动员、网络聚集、网络拷问在社交媒体上成为常态，新媒体的运用和掌控能力日益成为执政水平的重要衡量标准。与此同时，以互联网产业为核心，逐步形成了包括媒体业、电信业、IT业等在内的比较完整的新媒体产业链，产业体系也日趋完善，有力地推动了文化创意产业的发展，成为国民经济的有机组成部分，且生机盎然，潜力巨大。新媒体的文化价值也在不断迸发当中，随着平板电脑、电子阅读器的迅速普及，数字阅读、数字出版势不可当，新媒体的文化传播和社会建设功能日益强大，跨界文化交流与合作的作用更加突出，极大地丰富和满足了人们的精神文化生活需求。从这个层面来说，建设新媒体、发展新媒体，已经不再单单是传媒业的职责，更需要从历史发展的宏观视野与现实的综合因素层面加以考量与谋划。

在全球加速向网络化社会、数字化生存转型的过程中，我国的新媒体建设也与世界同步，与时代同行。目前，我国的网民数量已经超过6亿，手机用户突破了12亿大关，均位居世界第一位，且还处于强劲增长当中。如此庞大用户规模的背后，是我国近年来新媒体征程中一个个开拓的脚印与卓然的成效。在当今中国，我们可以看到，新媒体的作用被普遍认可，新媒体的影响被广泛重视，新媒体的理念深入人心，传统媒体加快向新兴媒体战略转型，各类新媒体机构不断涌现且各具特色。从网络、手机、平板电脑到户外大屏、流动媒体，从主流新闻网站到各类商业网站和专业网站，新技术不断涌现，新功能不断被挖掘，新产品不断推出，呈现出万马奔腾、一日千里之势。

当然，新媒体在我国发展的时间还比较短，在采编、经营、技术、市场、管理、人才等方面还处于探索的阶段，实践过程中出现了诸多困惑与迷思，存在着各种矛盾与冲突，远未成熟。尽管如此，新媒体的蓬勃生机让我们对它的未来充满信心，而这蓬勃生机则是来自创新。创新是新媒体时代永恒的主题，谁能够加强创新，谁就能把握未来。新媒体本身就是创新的产物，创新是新媒体的生命力所在。为此，必须根据党和政府提出的新要求，适应时代的新特点，着力把握受众需求的新变化，着力把握技术突破的新契机，着力把握媒体发展的新态势，进一步创新思想观念、创新体制机制、创新内容生产、创新方式手段，加快新兴媒体建设，大力发展新兴业务，从而更好地贯彻落实中央战略部署，为加强国际传播能力建设、构建先进强大的现代传播体系做出贡献，为促进社会主义文化大繁荣、大发展发挥更加显著的作用。

新媒体是推动社会进步的重要力量，同时也要看到，新媒体是一柄双刃剑，随着新媒体地位和作用的日益增强，其所应承担的责任也越来越重要。从某些意义上讲，新媒体所应承担的社会责任甚至比传统媒体还要更重一些。多年来，我一直强调的一句话就是“网络无改稿”。传统媒体的稿件签发后发现了错误，还有时间和可能予以纠正，而新媒体的稿件一旦签发，几秒钟之内就可与全球不计其数的受众见面，根本没有时间和可能对稿件进行改正。因此，新媒体的把关责任十分重大，这既是对社会公众负责，也是对新媒体本身负责。在强调和开发新媒体的“媒体功能”的同时，有必要进一步强化其“媒体责任”。

新媒体领域日新月异的发展实践，以及在此过程中出现的矛盾与问题，要求理论研究总结规律、升华认识，并从理论层面加以阐释和指引。中国人民大学新闻学院有几位多年来潜心研究新媒体的专家学者，由他们领衔撰写的这套新媒体丛书，对新媒体的理论、技术、经营管理、业务流程、最新发展动态进行了全面深入的研究，反映了国内外新媒体研究的最新成果，对新媒体的管理者、研究者、学习者及业界从业人员都具有重要的参考价值。本套丛书的出版，相信会有助于推动我国新媒体的快速健康发展。

（作者曾任新华社副社长兼常务副总编辑、新华网董事长）

推荐序

彭 兰

从 1994 年中国全面接入互联网至今，互联网在中国飞速发展，也给社会生活带来了全面而深刻的影响。截至 2020 年 12 月，中国网民数量达 9.89 亿，全国互联网普及率达 70.4%，伴随互联网一起成长的“数字原住民”已经开始成为社会发展的中坚力量的一部分。网络传播从 PC 门户时代跃迁到社会化媒体、移动互联网时代，专业媒体、普通用户和其他内容生产者并存，共同构建了纷繁多元的网络内容生态。各行业之间的界限也越来越模糊，在传统媒体对互联网的探索不断走向深层时，一批新媒体公司的快速崛起，也在极大影响着传媒业的格局。

新媒体用户数量激增、内容生产者日益多元、新媒体形态层出不穷、传播模式与理念时时更新，不断变化的行业环境也对新闻传播教育提出了很大的挑战。网络与新媒体专业的推出，便是新闻传播院系顺应时代需求进行变革的产物。自 2012 年教育部在新闻传播学类新设网络与新媒体专业以来，截至 2021 年初，全国共有 300 余所高校开设了该专业，以适应新的市场需求。

网络与新媒体专业的课程体系建设，不应是传统的新闻传播课程与新媒体技术课程的简单组合，更不是媒体思维与技术思维“两层皮式”的粘贴。网络与新媒体专业的课程体系建设，应是新闻传播专业人才培养理念与思维全面升级的契机。

产品思维的培养，正是新闻传播人才培养新理念的一个体现。媒体融合趋势下，传媒人才不但要懂内容与传播，也要懂用户与产品。新媒体的产品，既包括内容产品，也包括社交产品与经营产品。从内容产品角度看，要能够根据不同用户的特点，针对性地选择媒介载体和内容形式，实现信息的有效传递，并能对市场环境与反馈进行有效的分析。从社交产品角度看，要能通过产品的开发与运营吸纳用户能量，维系与用户的关系，实现媒体品牌的增值。从经营产品角度看，要开发出不同于传统媒体的经营模式与营利空间。这三类产品当然也并非截然分割的，三者往往相互连通、相互融合，新媒体人的产品意识也应是三者的结合。而这些都是以往新闻传播院系的课程中很少涉及的。

因此，通过相关课程的训练，让学生在拥有扎实的新闻传播专业素养与能力的基础上培养他们良好的网感、敏锐的市场洞察力，以及工作时的产品思维和用户思维，这也应是网络与新媒体专业建设的一个重要目标。

《新媒体产品设计与项目管理》正是面向这一变革方向推出的教材。该书以产品设计流程为线索，全面系统地梳理了新媒体产品设计和项目管理过程中涉及的各学科理论和实操技能，横跨市场营销学、管理学、社会学、传播学、工业设计等多学科领域，体现了多学科的综合思维。

《新媒体产品设计与项目管理》本身是偏实践性质的课程，但若片面强调实践，很容易陷入疲于追随各种新技术应用的境地，甚至会使课程变成软件教学课。而从业者以往的总结，大多也缺乏系统性与理论性。本书坚持以理论为根本，强调方法论的重要性，对以往从业者的感性认识进行了理论提升。但本书又并非纸上谈兵，它结合实践案例进行的分析，可以推动学习者学以致用，实现学校教育与行业人才需求的真正对接。

作为一部兼具方法论指导和实际操作指南的教材，本书既是一本面向本科生的入门教材，也适用于刚刚走上产品经理岗位的职场新人。作者在新闻传播领域这样一门全新的课程建设中的探索，可喜可贺，也相信作者以及其他研究者在这一方向会有更多的成果。

（作者系中国人民大学新闻学院教授、博士生导师，
中国人民大学新闻与社会发展研究中心研究员）

目　录

绪论　中国互联网经济概况 …… 001

第一节　中国互联网发展概述 …… 001

第二节　中国互联网经济的特点 …… 015

第一章　融合趋势下的新媒体产业 …… 020

第一节　融合与媒体融合 …… 020

第二节　新媒体产业的前世今生 …… 027

第二章　新媒体产品 …… 042

第一节　新媒体产品相关概念 …… 042

第二节　新媒体产品的主要类型 …… 045

第三节　新媒体产品的特性 …… 052

第三章　新媒体产品经理 …… 065

第一节　产品经理的基本概念 …… 065

第二节　新媒体产品经理的工作职责 …… 078

第三节　新媒体产品经理的能力要求 …… 083

第四节　新媒体产品经理的晋升路径 …… 088

第四章　新媒体产品市场分析 …… 092

第一节　市场分析相关概念 …… 093

第二节　宏观层面市场分析 …… 096

第三节　中观层面市场分析 …… 111

第四节　微观层面市场分析 …… 118

第五章　新媒体产品用户分析 …… 128

第一节　新媒体产品用户分析相关概念 …… 128

第二节　用户分析常用方法 …… 138

第六章　新媒体产品竞品分析 …… 163

第一节　竞品分析的基本概念 …… 163
第二节　竞品分析的步骤 …… 170

第七章　新媒体产品需求分析 …… 194

第一节　新媒体产品需求分析的基本概念 …… 194
第二节　发现新媒体产品需求 …… 202
第三节　新媒体产品需求的管理和评估 …… 215
第四节　新媒体产品需求实现方案 …… 231

第八章　新媒体产品的设计与结构 …… 241

第一节　新媒体产品设计概述 …… 241
第二节　新媒体产品结构 …… 257
第三节　新媒体产品原型设计 …… 271

第九章　新媒体产品文档撰写 …… 279

第一节　新媒体产品文档的基本概念 …… 279
第二节　商业需求文档的撰写 …… 286
第三节　市场需求文档的撰写 …… 301
第四节　产品需求文档的撰写 …… 313

附件　文档控制表 …… 329

绪论　中国互联网经济概况

通过本章学习，你将能够：

1. 了解中国互联网发展阶段的划分。
2. 梳理中国互联网的各阶段发展概况以及阶段特性。
3. 掌握中国互联网经济的特性。

“饿了？又不想自己做饭？点个外卖省时省力还美味。”“没时间逛街，滑动屏幕就能买遍全球商品。”“出门没带钱包？动动手指轻松实现移动支付。”“难得有空闲，线上公开课让你在家就能提升自己。”……各种各样的新媒体产品成为开启人们新生活的“密码”，“交通基本靠地图软件和打车软件，通信基本靠微信”，成为现今中国城市居民生活的写照。人们通过互联网彼此相连，新媒体产品成为沟通的主要介质，人与人的距离也因此而逐渐消逝。时间和速度成为这个时代最重要的组成因素，正如罗萨在《新异化的诞生》中所述，“现代社会是由一种严密的时间体制所管制、协调与支配的”，“在全球化与时空扭曲的互联网时代，时间越来越被认为压缩了，或者甚至消弭了空间”①。

截至 2020 年 12 月，我国网民规模为 9.89 亿人，手机网民规模 9.86 亿。② 一些常见互联网应用的用户数量也十分惊人，例如 2019 年微信及 WeChat 的合并月活跃账户数就已达 11.33 亿③，微博的月活跃用户达 4.86 亿④。但人们对数字产品的这种全方面、大面积的接受也只是在最近几十年，甚至可以说是最近二十年中发生的。究其原因，科技的发展、基础设施的普及和社会接受程度的提升等因素发挥着重要的影响，因此本章将围绕这些因素对中国互联网经济的历史和现状进行分析和梳理。

第一节　中国互联网发展概述

中国互联网的产生虽然比欧美国家晚，但经过数十年的发展，已经显露出巨大的发展潜力。我国网民人数从 1997 年 10 月的 62 万持续增长到 2020 年 12 月的 9.89 亿，23 年时间增长近 1 600 倍。但我国互联网行业的发展并不是一帆风顺的，回顾我国互联网行业自身的起落及技术发展特点，可将中国互联网的发展划分为研究试验阶段、第一次发展浪潮、第二次发展浪潮和第三次发展浪潮四个阶段。

---

① 罗萨．新异化的诞生：社会加速批判理论大纲［M］．郑作彧，译．上海：上海人民出版社，2018：14－15.

② 中国互联网络信息中心．第 47 次中国互联网络发展状况统计报告［EB/OL］．(2021－02－03)［2021－02－25］．http://www.cac.gov.cn/2021－02/03/c_1613923423079314.htm.

③ 新浪科技．腾讯第二季度净利润 241.36 亿元 同比增长 35%［EB/OL］．(2019－08－14)［2021－02－25］．https://tech.sina.com.cn/i/2019－08－14/doc-ihytcitm9169988.shtml.

④ 白杨．微博 Q2 营收 4.31 亿美元 月活跃用户规模达 4.86 亿［EB/OL］．(2019－08－19)［2021－02－25］．https://m.21jingji.com/article/20190819/herald/dd4e029902e71f584783b689aacd1ace.html.

一、研究试验阶段

中国互联网发展的研究试验阶段是从 1987 年到 1994 年。这个阶段中国互联网发展的特点可以用两句话来形容：技术落地举步维艰，精英互联网用户初现。中国互联网开始萌芽，少数精英成为“吃螃蟹”的人。

（一）互联网在中国艰难落地

1986 年，北京市计算机应用技术研究所与德国卡尔斯鲁厄大学（University of Karlsruhe）合作，共同实施的国际联网项目——中国学术网（Chinese Academic Network，简称 CANET）启动。

1987 年 9 月，中国学术网在北京计算机应用技术研究所内正式建成中国第一个国际互联网电子邮件节点，随后发出了电子邮件：“Across the Great Wall we can reach every corner in the world.”（越过长城，走向世界。）（见图 0 - 1）这封邮件是第一封从中国所设立的邮件服务器上发出的电子邮件，也被中国互联网络信息中心（China Internet Network Information Center，CNNIC）视为中国互联网历史上的第一封电子邮件，从此揭开了中国人使用互联网的序幕。QQ 邮箱就曾将这句话作为 PC 端登录页的小资讯，将中国互联网的历史呈现在我们的眼前。（见图 0 - 2）

(Message # 50: 1532 bytes, KEEP, Forwarded)
Received: from unika1 by irau11.germany.csnet id aa21216; 20 Sep 87 17:36 MET
Received: from Peking by unika1; Sun, 20 Sep 87 16:55 (MET dst)
Date: Mon, 14 Sep 87 21:07 China Time
From: Mail Administration for China <MAIL@zel>
To: Zorn@germany, Rotert@germany, Wacker@germany, Finken@unika1
CC: lhl@parmesan.wisc.edu, farber@udel.edu, jennings%irlean.bitnet@germany, cic%relay.cs.net@germany, Wang@zel, RZLI@zel
Subject: First Electronic Mail from China to Germany

"Ueber die Grosse Mauer erreichen wie alle Ecken der Welt"
"Across the Great Wall we can reach every corner in the world"
Dies ist die erste ELECTRONIC MAIL, die von China aus ueber Rechnerkopplung in die internationalen Wissenschaftsnetze geschickt wird.
This is the first ELECTRONIC MAIL supposed to be sent from China into the international scientific networks via computer interconnection between Beijing and Karlsruhe, West Germany (using CSNET/PMDF BS2000 Version).

University of Karlsruhe -Informatik Rechnerabteilung- (IRA)	Institute for Computer Application of State Commission of Machine Industry (ICA)
Prof. Werner Zorn	Prof. Wang Yuen Fung
Michael Finken	Dr. Li Cheng Chiung
Stefan Paulisch	Qiu Lei Nan
Michael Rotert	Ruan Ren Cheng
Gerhard Wacker	Wei Bao Xian
Hans Lackner	Zhu Jiang
	Zhao Li Hua

图 0 - 1　中国互联网历史上的第一封电子邮件

资料来源：

中国首封电子邮件：“越过长城，走向世界”［EB/OL］．（2003 - 07 - 17）［2020 - 02 - 25］．https：//www. chinanews. com/n/2003 - 07 - 17/26/325209. html.

1990 年 11 月 28 日，钱天白教授代表中国正式在 SRI-NIC（Stanford Research Institute's Network Information Center）注册登记了中国的顶级域名 CN，并且开通了使用中国顶级域名 CN 的国际电子邮件服务，从此中国的网络有了自己的身份标识。但是，当时中国并未连入互联网。1992 年 6 月，国际互联网协会在日本神户举行的国际网络会议年会（简称 INET'92 年会）上，中国科学院钱华林研究员约见美国国家科学基金会（National Science Foundation，United States，简称 NSF）国际联网部负责人，第一次正式讨论中国连入互联网的问题。但被告知，由于网上有很多美国的政府机构，中国接入互联网有政治障碍。

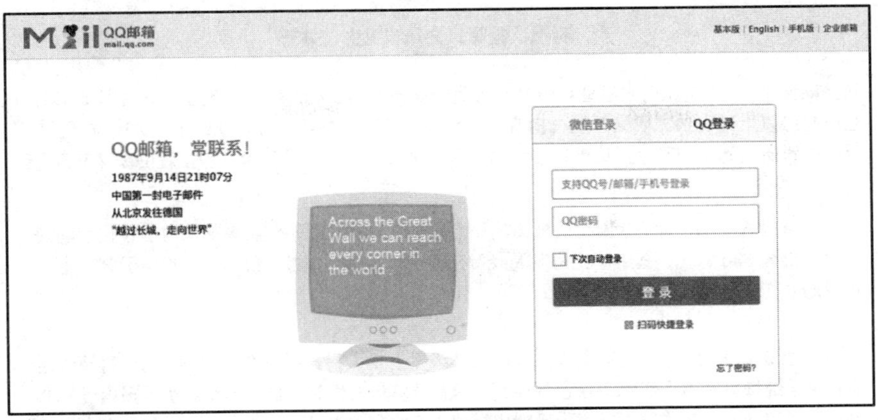

图 0-2　QQ 邮箱登录页面

资料来源：

QQ 邮箱．登录 QQ 邮箱［EB/OL］．［2020-02-25］．https：//mail. qq. com/.

1993 年 3 月 2 日，中国科学院高能物理研究所租用 AT & T 公司的国际卫星信道接入美国斯坦福线性加速器中心（Stanford Linear Accelerator Center，SLAC）的 64K 专线正式开通。专线开通后，美国政府以互联网上有许多科技信息和其他各种资源，不能让社会主义国家接入为由，只允许这条专线进入美国能源网而不能连接到其他地方。尽管如此，这条专线仍是中国部分连入互联网的第一根专线。专线开通后，国家自然科学基金委员会大力配合并投资 30 万元，使各个学科的重大课题负责人能够拨号连入高能所的这根专线，几百名科学家得以在国内使用电子邮件。

1994 年 4 月初，在中美科技合作联委会举行之前，中国科学院副院长胡启恒代表中方向 NSF 重申连入互联网的要求，得到认可。当月 20 日，中国国家计算机与网络设施（The National Computing and Networking Facility of China，简称 NCFC）工程通过美国 Sprint 公司连入互联网的 64K 国际专线开通，实现了与互联网的全功能连接，国际社会也正式承认中国是真正拥有全功能互联网的第 77 个国家。此事被中国新闻界评为 1994 年中国十大科技新闻之一①，被国家统计公报列为中国 1994 年重大科技成就之一②（见图 0-3）。

同年在德国卡尔斯鲁厄大学的协助下，中国科学技术网（China Science and Technology Network，简称 CSTNET）在国内完成我国顶级域名 CN 主域名服务器的设置，将 CN 域名服务器从德国移到国内的 CSTNET 上运行，改变了中国的 CN 顶级域名服务器一直放在国外的历史。

1995 年 1 月，邮电部电信总局分别在北京、上海设立的通过美国 Sprint 公司接入美国的 64K 专线开通，并且通过电话网、DDN 专线以及 X. 25 网等方式开始向社会提供互联网接入服务。

（二）少量“精英”用户成为第一批“吃螃蟹”的人

这一阶段，中国正值改革开放的社会大背景，我国积极推进“走出去”战略，极度渴望与国外信息的交流。而此时，美国互联网势头渐盛。这使得我国许多“精英”更加渴望引入互联网这种交流渠道，以获得更多的信息。

1. 渴望信息交换的“先行者”出现

1984 年，电子公告板系统（Bulletin Board System，简称 BBS）建站程序“惠多网”（Fido-

---

① 1994 年中国十大科技新闻［J］. 社科信息文荟，1995（3）：26.

② 中华人民共和国国家统计局．关于 1994 年国民经济和社会发展的统计公报［EB/OL］.（1995-02-28）［2021-02-25］. http：//www. stats. gov. cn/statsinfo/auto2074/201311/P020131104527459323553. pdf.

八、科技、教育、文化和卫生、体育

科技队伍扩大。年末国有企事业单位共有各类专业技术人员 2658 万人，比上年末增长 2.4%。全国县级以上国有独立研究开发机构 5860 个，高等院校办科研机构 3000 个，大中型工业企业办科研机构 11656 个；从事科技活动人员 241.5 万人，其中科学家和工程师 152.9万人。

科技经费投入增加。全年全国科技机构、高等院校和大中型工业企业等单位用于科技活动的经费支出为 630 亿元。其中研究与发展经费支出 222 亿元，增长 13.3%，相当于国内生产总值的 0.5%。

科技事业取得新的进展。全年全国共取得省部级以上重大科技成果 2.6 万项。主要科技成果有：原子级操纵和原子级加工居世界前列、国家计算机与网络设施（NCFC）实现国内国际联网、培育出 270 个农作物新品种、研制成时速 160 公里的准高速机车和东风 4 E 型重内燃机车。国家自然科学基金资助科学项目 3537 项，资助金额 3.1 亿元。新建成国家重点实验室 1 个，国家工程研究中心 15 个，国家工业试验基地 6 个，国家级企业技术中心 60 个。全年

图 0－3 《关于 1994 年国民经济和社会发展的统计公报》相关内容

资料来源：

中华人民共和国国家统计局．关于 1994 年国民经济和社会发展的统计公报 [EB/OL]. (1995－02－28) [2021－02－25]. http: //www. stats. gov. cn/statsinfo/auto2074/201311/P020131104527459323553. pdf.

Net）在美国出现，这是全世界第一个 BBS 网络。通过惠多网，用户实现了以点对点的方式转发信件，人与人之间第一次可以通过“互联网”进行较大规模的信息交换。1991 年，中国的惠多网“长城”站开通，这时候站内用户几乎都是从海外拨长途回国的中国留学生，以及部分后来的国内前沿技术爱好者。惠多网上的多位网友，后来都成为中国互联网界的名人，比如马化腾曾任深圳站站长，雷军曾是北京站站长，宁波站的工程师是丁磊，求伯君是珠海西点的站长，担任 8848 网站董事长的网友老榕（王峻涛）则是福州站的站长。① 1994 年 5 月，国家智能计算机研究开发中心开通中国的第一个 BBS 站——曙光 BBS 站。此后论坛看似开始逐渐扩展，但最大的问题就是除了专业人士之外，普通群众根本不知论坛为何物。受限于当时的网络条件，文字是最容易也最适合传播的内容，正如人们在谈起中国惠多网（CFido）时所说的，“CFido 上最吸引人的，是它的信件资源”②。

2. 科学院所的学术研究需求③

从 1990 年开始，国内的北京市计算机应用研究所、中国科学院高能物理研究所、电子部华北计算所、电子部石家庄第 54 研究所等科研单位，先后将自己的计算机与 CNPAC (X. 25)④ 相连接。1993 年，美国提出了建设信息高速公路计划，中国也在同年提出建设实施“三金工程”，此举宣告了我国互联网基础设施建设的起步。中科院在全国范围内的研究机构联

---

① 商业侦察眼．马化腾、雷军、丁磊都曾为一家公司打拼过，这个网站叫做惠多网 [EB/OL]. (2019－05－07) [2021－02－25]. https: //www. sohu. com/a/312417667 _ 120123245.

② 罗依．《龙音》杂志创刊 [EB/OL]. [2021－02－25]. http: //www. cfido. com.

③ 方兴东．中国互联网治理模式的演进与创新：兼论“九龙治水”模式作为互联网治理制度的重要意义 [J]. 人民论坛网・学术前沿，2016 (6)：56－75.

④ CNPAC (The China Public Packet Switching Data Network) 是我国第一个公用分组交换网，由邮电部于 1989 年 2 月正式开通运行，主要采用了从法国 BULL 公司和 SESA 公司引进的设备。CNPAC 在北京电报局设立了一个双机组成的网络管理中心，在北京、上海和广州分别设了三个分组节点交换机，在沈阳、天津、南京、西安、成都、武汉、深圳和北京的邮电部数据所分设了八个集线器。CNPAC (X. 25) 采用了 CCITT 建议的 X. 25 标准规程。

网工程（CASNET）启动，后续完成了将12个分院区域网及其他城市的研究所连到北京的广域网工程，连接了包括北京在内的24个城市。该阶段，由于互联网初期的技术门槛较高，资源极为紧缺，因此仅有留学生、前沿技术爱好者、科技工作者、科研技术人员等少数“精英”人群使用，而且使用的范围也被限制在信息交流、科学研究、学术交流等较窄领域。

（三）互联网公司第一次出现在人们的视野

1993年，美国伊利诺伊州的伊利诺伊大学的国家超级计算机应用中心（National Center for Supercomputing Applications，简称NCSA）发表了第一个可以显示图片的浏览器——Mosaic浏览器。Mosaic的问世也被许多人认为是开启互联网辉煌年代的里程碑。这一年网站数量增至600个，与NSFNET连接的计算机数量多达200多万台。面对越来越强烈的商业化需求和越来越多的机会，美国国家科学基金会积极引导新兴网络的商业使用。

在这样的引导支持下，再加上拥有个人电脑的用户越来越多，以及众多相关技术的发展，美国的互联网公司开始如野草般疯狂生长。操作系统方面，微软借助大量的IBM兼容机占据着整个市场，Office套件成为办公软件的行业标准。浏览器市场上，网景公司开发的网景导航者（Netscape Navigator）承受着来自微软Internet Explorer的巨大冲击。1994年，斯坦福大学的两名电气工程系的研究生杨致远（Jerry Yang）和大卫·费罗（David Filo）创建了雅虎（Yahoo!），并于1995年3月组建了公司，很快获得了风险投资的青睐，全球第一门户由此起步。受到美国网景、微软、雅虎等互联网公司兴起风潮的影响，中国互联网公司也逐渐开始萌芽。

二、第一次发展浪潮

1995—2000年，中国互联网迎来了第一次发展浪潮。这个阶段的特点，可以概括为一句话，那就是基础设施建设推动下的用户飞速增长，互联网商机初现。

（一）基础设施建设推动下的用户飞速增长

1995年1月，邮电部电信总局开始向社会提供互联网接入服务，中国互联网开始普及。因此，1995年也被视为中国互联网发展的起点。

将CNNIC发布的第一次和第七次中国互联网络发展状况统计报告数据做对比，明显可见1997—2000年中国的互联网基础设施建设发生了巨大变化。CN下注册的域名数从4 066个猛增至122 099；www站点数从约1 500个增至265 405个（见图0-4）；国际线路总容量由25.4Mbps（兆比特每秒）增至2 799Mbps（见图0-5）。基础设施建设推动下，用户侧也呈现迅猛增长的状况。上网计算机总数从29.9万台增至892万台；网民人数从62万增加至2 250万人（见图0-6），网民数量的年增长率持续较高（见图0-7），是中国互联网发展史上用户基数增长最快的一段时间。虽然2000年底中国网民仍以拨号上网为主要的上网方式，但宽带和专线的占比开始提升，人们已经认识到宽带所带来的高速上网。此外，2000年的网民中还有92万人除计算机外同时使用其他设备（移动终端、信息家电等）上网。

（二）互联网商机初现

受美国互联网公司发展的影响，中国互联网商业开始萌发。1995年号称“中国信息行业开拓者”的张树新在北京中关村创立了中国第一家互联网服务供应商公司，并推出全中文的“瀛海威时空”网络，面向普通家庭开放，该公司也成为中国第一个互联网接入服务商。1998

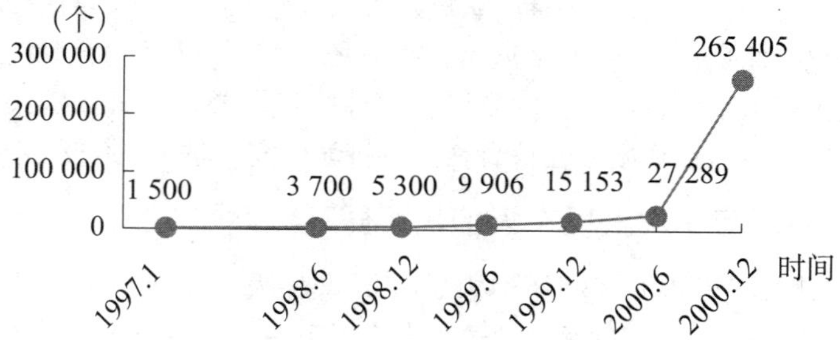

图 0-4　1997—2000 年历次调查 www 站点数

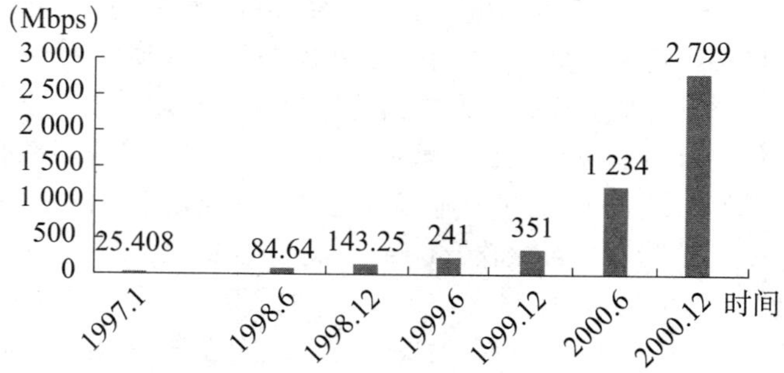

图 0-5　1997—2000 年历次调查我国国际出口带宽

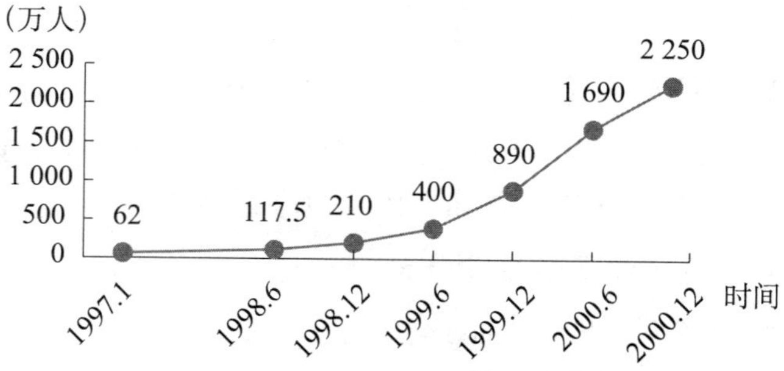

图 0-6　1997—2000 年历次调查上网用户总数

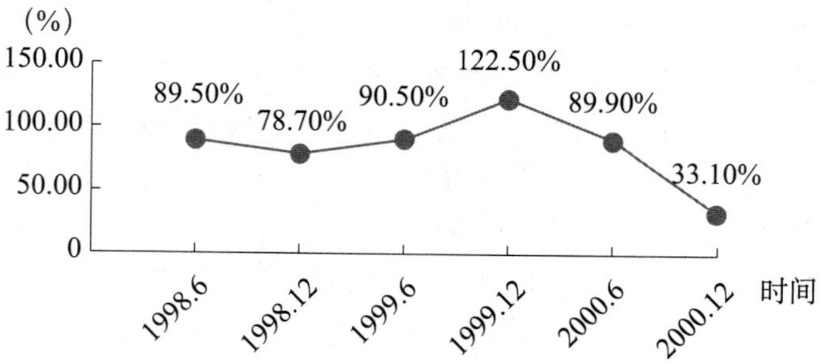

图 0-7　1997—2000 年历次调查上网用户人数增长率

年 6 月 26 日，微软 Windows98 操作系统和综合业务数字网（Integrated Services Digital Network，ISDN）问世，大幅降低了用户上网的门槛，电脑操作系统的进化与更新，上网方式的普及和优化，为更多家庭与个人能够接入互联网铺平了道路。

随着各方面条件的不断成熟，诸多留学归来的海归、技术极客凭借自身的经历和兴趣打开了中国互联网商业发展的大门，中国出现了第一次互联网公司的创业潮。当时大多数人只能靠电视、报纸、广播等媒介获取信息，信息来源匮乏、传播速度慢使得信息成为最大的稀缺品之一。顺理成章地，围绕着信息的获取和消息的传递，在国内诞生了最早的两种数字产品形态——门户网站和BBS。

三大门户网站搜狐、网易和新浪相继成立。1996年8月，张朝阳回国创建了中国第一家以风险资金建立起来的互联网公司——爱特信信息技术有限公司，并于1998年2月引进英特尔和IDG等国际知名风投资金后，正式成立搜狐网。1997年6月，丁磊在广州创办了网易公司。1997年10月，新浪网的前身四通利方信息技术有限公司成功引入华登国际投资集团（Walden International）等三家国际高科技风险投资公司的新投资。1998年11月，四通利方与华渊资讯合并组成新浪网。艾媒咨询（iiMedia Research）的研究表明，中国最早的网民中超过80%是通过从三大门户看新闻开启其网络新生活的。[①] 另一种数字产品形态就是BBS。当时各行各业都有自己的BBS，比较具有代表性的BBS（论坛）包括天涯、猫扑、西祠、各大门户网站下属的论坛（如碧海银沙等）和各大高校的论坛（如清华大学的水木清华）等。[②]

门户网站和BBS虽然都是提供信息，但两者的信息来源却并不相同。门户网站的内容需要自己采集编写，BBS上的信息则大多来自用户的自发贡献。如果说门户网站类似现在所说的PGC（professional generated content，专业生产内容），那么BBS论坛则像我们现在的UGC（user generated content，用户原创内容）。但无论是哪种产品形式，产品提供者和使用者双方对于互联网的使用都还只是停留在简单的信息交流层面，产品提供商免费提供资讯，用户免费获得资讯，双方也不存在互动。这一时期虽然也是流量经济形态，但存在的产品数量少，网民也不多，传递的信息并没有极大丰富，因此互联网公司不需要为获客支付太多成本。对于产品提供商而言，只要做出来的产品不太差、基础服务还行，门户和论坛就会愿意将新产品推介作为重要内容推出，用户自然可以找到新产品，甚至依靠用户的自然增长就可以实现用户的全覆盖。

免费提供信息和服务的状态在1998年世界杯期间被打破，当时，四通利方对赛事进行了24小时滚动新闻报道，吸引了广大网友的同时也通过广告赚取了18万元收益，人们开始意识到“原来互联网也能挣到钱”。在产品提供商理解了“网站的点击量和访问量是决定一个网站价值的关键”之后，“流量”开始作为一个标准术语登上互联网的舞台。

（三）不可遗忘的“重大”事件

随着互联网的不断普及，用户们被赋予了更多的信息传播权和话语权，一些重要的历史性事件也在此时发生了。

---

① 艾媒科技创新产业研究中心.【1999—2019特别专题】中国互联网发展20年盘点专题报告［EB/OL］.（2019-09-27）［2021-02-25］. https：//www.iimedia.cn/c400/66191.html.

② （1）天涯社区是一个综合性虚拟社区和大型网络社交平台，由邢明于1999年3月创办，总部设立在中国海口市。（2）猫扑网（MOP）的雏形是猫扑大杂烩，是中国知名的中文网络社区之一，由田哲于1997年10月在北京创立。（3）西祠胡同是1998年4月推出的一个综合社区网站，包含地区、人群、兴趣三大主类别，并具有多样性、开放、真实网友、聊天室、彩信LOMO、地图等特色功能。2000年2月22日，西祠胡同被e龙收购。（4）碧海银沙始建于1996年，是广东省电信有限公司湛江市分公司属下的综合门户网站，中国最早建立的互联网站之一，为用户提供多种个性化网络应用，旗下拥有全国最大的专业语音视频聊天网站碧聊、著名电子贺卡站心意坊、原创网络文学站且听风吟等。（5）水木清华是清华大学官方BBS，也是中国教育网的第一个BBS，正式成立于1995年8月8日。水木清华曾经是中国最有人气的BBS之一，代表着中国高校的网络社群文化。

1. 用户原创内容第一次获得了广泛关注

1997年10月31日，中国队在世界杯亚洲预选赛主场2：3不敌卡塔尔，失去出线权。“老榕”在四通利方的体育沙龙论坛里发表了一篇名为《大连金州不相信眼泪》的文章，该文迅速传遍大江南北，后被称为“中国足球第一博文”，在发表2个月内，被包括《南方周末》在内的几乎所有国内主流体育媒体，甚至大众媒体转载和报道。此事让人们第一次切身感受到互联网的力量和影响，也将更多的人领入互联网的大门，BBS和论坛开始迎来了一波黄金发展期。

2. 热门小说助推聊天产品走红

1998年一部名为《第一次的亲密接触》的网络小说不胫而走。在这部小说的推动下，人们越发意识到现实生活中自己的孤独和寂寞，开始渴望通过互联网去进行交流，有的人甚至还希望能有网络邂逅。在这种背景下，聊天室开始迅速发展起来。在碧海银沙最火爆的聊天室里，差不多任何时候上线都会有至少近百人同时在线。就在此时，两款具有划时代意义的产品问世：一个是1998年3月上线的在线休闲游戏平台——联众；另一个则是1999年2月上线，主打在线聊天的OICQ（即QQ的前身）。这部小说对两款产品的助推不言而喻。两者分别代表了后来互联网产品的两大主要形态——网络游戏和社交媒体。

3. 互联网泡沫渐渐走近

2000年新浪、搜狐、网易三大门户网站相继赴美上市①，掀起了中国互联网的第一次投资热潮。但好景不长，三大门户上市不久就遭遇美国互联网泡沫的破裂，纳斯达克综合指数（NASDAQ Composite Index）从5 084点一路狂泻到1 300点，200多家互联网公司倒闭，市值蒸发8.5万亿美元。三大门户网站受其牵连，网易被迫停牌，搜狐与新浪股价低至冰点，仅2000年的亏损就分别达1 725万美元（网易）、1 924万美元（搜狐）和4 337万美元（新浪）。三大门户网站刚上市就正好撞上了互联网的寒冬，中国互联网发展的第一波高潮就此结束。

三、第二次发展浪潮

第一次浪潮结束后的第二年，在网络游戏、电商和博客三类互联网产品的带动下，中国互联网开启了新一轮高速增长，并逐渐开始向社交化网络过渡。这一阶段从2001年开始到2008年结束，被称为第二次发展浪潮，特点也有两个，一是互联网产品形态更多元，二是网络成为主要的舆论阵地。

（一）多元的互联网产品形态

1. 网络游戏市场风起云涌

2000年，网络游戏的概念在中国开始受到热捧。2000年7月，中国历史上第一款自主研发的中文网络图形游戏《万王之王》上线，开启了中国网游数百亿的市场大门，也成功打入了韩国市场，成为韩国第一款网游。2001年11月，韩国Wemade公司开发的游戏《传奇》由盛大游戏引入中国，这款游戏因精美的游戏画面、完善的升级系统与多种多样的装备，迅速吸引了大批用户。调查显示2002年我国网民数量是5 910万，而《传奇》的注册用户竟达到了

① 新浪于2000年4月13日以每股17美元的发行价发行400万普通股，在美国纳斯达克证券交易所（以下简称纳斯达克）上市。股价最初曾达到40美元附近，后因互联网泡沫破裂跌至1.6美元附近，至2002年才开始反弹。搜狐于2000年7月12日在纳斯达克上市。网易于2000年6月30日在纳斯达克上市，2001年的互联网泡沫破灭，对网易产生了很大影响，股价一度降到1美元以下。同时因为涉嫌财务欺诈，网易股票于2001年7月27日到2002年1月2日被纳斯达克停牌。

7 000万。

网游的业务模式与其他互联网服务"做流量"的方式不同，主要盈利模式是贩卖游戏点卡或卖游戏装备。清晰的盈利模式也吸引了大量互联网企业投身网络游戏产品竞赛，极大地促进了网游产业和产品的发展。国家政策的出台为网游健康发展铺平道路，资金的注入则为这个产业打了一剂强心针。2003 年 9 月，"网络游戏通用引擎研究及示范产品开发"等两个项目正式纳入国家高技术研究发展计划（简称 863 计划），政府投入 500 万元支持原创网游开发①；2004 年，新闻出版总署正式启动了"中国民族网络游戏出版工程"，并直接投资 15 亿元扶持网游产业，凡入选的公司将得到政府在管理、税收、资金等方面的扶持②。

2. 电商行业掀起热潮

在第一次发展浪潮中就已有了电子商务的身影。1999 年 5 月，王峻涛就创办了中国第一家电子商务网站 8848. com；8 月，易趣网在上海成立；9 月，马云及其团队在杭州创立了阿里巴巴，通过 B2B（Business to Business）切入电商领域；11 月，网络图书销售平台当当网成立；2000 年，雷军参与创办的卓越网上线开始运营。2000 年互联网泡沫破灭之时，中国的电子商务也进入了发展的"冰冻时期"。

2003 年"非典"的肆虐令许多行业在春天里感受到寒冬的冷意，却让电子商务时来运转。2003 年 5 月 10 日，阿里巴巴集团创立网购零售平台淘宝网，进军 C2C（Customer to Customer）市场。2004 年 12 月，阿里巴巴推出了第三方支付工具"支付宝"，当年即完成了 3 400 万元成交额。2007 年 11 月，阿里巴巴网络有限公司成功在港交所主板上市，首日股价收盘逼近 40 港元，市场价值超越 250 亿美元。2008 年 7 月，淘宝推出自己的 B2C（Business to Customer）业务平台——淘宝商城，也就是今天的天猫。京东也在这一阶段开始试水电子商务。2004 年 1 月，京东开辟电子商务领域创业实验田，京东多媒体网正式开通，启用新域名。2007 年 6 月，京东多媒体网正式更名为京东商城，以全新的面貌屹立于国内 B2C 市场。

与网游产业的发展一样，国家出台的一系列文件也对电子商务的发展产生了深远的影响。2005 年 1 月，国务院办公厅下发《关于加快电子商务发展的若干意见》（国办发〔2005〕2 号）。2007 年 6 月，国家发展和改革委员会、国务院信息化工作办公室联合发布我国首部电子商务发展规划——《电子商务发展"十一五"规划》，首次提出发展电子商务服务业的战略任务。2007 年，商务部先后发布了《关于网上交易的指导意见（暂行）》《关于促进电子商务规范发展的意见》，构筑了电子商务发展的政策生态。随着网民和电子商务交易的迅速增长，电子商务成为众多企业和个人的新的交易渠道。艾瑞咨询发布的《2007—2008 年中国网络购物市场趋势预测报告》数据显示，2007 年中国网络购物市场规模达 561 亿元，同比增长 117.4%。

3. 博客兴盛

博客的英文名称为 Weblog，简称为 Blog。1997 年，约恩·巴格尔（Jorn Barger）最早开始使用"Weblog"这个单词，并将 Weblog 定义为"博客作者用来记录他觉得有趣的所有网页的一种网页"③。2002 年 7 月，方兴东和王俊秀发表了《中国博客宣言》，并第一次将 Blog 翻译成"博客"，称其为信息时代的麦哲伦。在宣言的最后，方兴东写道："博客文化能引领中国向

① 李宽宽. 首次被列入 863 计划 网络游戏将陷"成长期"混乱 [EB/OL].（2003-11-06）[2021-02-25]. http://tech.southcn.com/invest/ctsd/200311061011.htm.

② 马天行. 新闻出版署 15 亿力挺五年内推百个国产网游 [J]. 企业研究，2005（8）：7.

③ DU HS，WAGNER C. Weblog success：exploring the role of technology [J]. International Journal of Human-Computer Studies，2006，64（9）：789-798.

知识社会转型，博客关怀能开启一个负责的时代。”同年 8 月，方兴东创办第一个中文博客托管网站博客中国（www.blogchina.com），博客概念开始在中国生根发芽。

2003 年 6 月，木子美事件将博客放大在人们眼前，中国网民开始见识到博客的传播威力。这个轰动性的事件让博客中国访问量突破 10 万，博客一词也由此成为网络搜索引擎热门关键词，中国博客进入了快速发展时期。同年底，天涯博客试行版推出，成为国内第一个将 BBS 公共社区与个人博客相结合的网站。

2005 年被称作是“中国博客元年”。2005 年 9 月 8 日，新浪推出 Blog 2.0 公测版，邀请大量娱乐明星以及少量名人学者到新浪网开通博客，掀起了“名人博客”的热潮。新浪网凭借名人效应在短短两个月内就吸引了超过 3 000 名社会公众人物，100 万普通网民落户新浪，新浪每天发帖量达到 10 万余篇，赢得了巨大的浏览量。① 随后，搜狐、网易、新华网等网站也相继开设“名人博客”专栏并四处邀请名人加盟。一时间，“名人博客”成为各大博客网站业务的重点发展对象，门户博客全面爆发。2006 年 3 月 3 日，全国政协十届四次会议开幕当天，人民网率先开通“两会博客”，并设置了“代表委员博客”“记者博客”和“博客写两会”3 个专栏。自此，博客正式从民间走向“主流”，取得了官方主流新闻网站的认同和肯定。博客不仅是网民参与互联网互动的方式，也是网络媒体信息渠道之一。CNNIC 发布的《第 22 次中国互联网络发展状况统计报告》显示，截至 2008 年 6 月底，拥有个人博客/个人空间的网民比例达到 42.3%，用户规模达到 1.07 亿人；半年内更新过博客/个人空间的网民比例为 28%，用户规模超过 7 000 万人；半年更新用户增长率高达 43.7%。

博客、BBS 论坛、即时通信工具和各类门户网站等应用的进一步发展，标志着 Web2.0 浪潮的逐渐掀起，网民群体开始成为互联网主要的生产者和创造者，自媒体的种子也在这段时间生根发芽，中国互联网的格局已然发生重大变化。

（二）网络成为主要舆论阵地之一

CNNIC 发布的《第 22 次中国互联网络发展状况统计报告》显示，截至 2008 年 6 月底，我国网民数量达到了 2.53 亿，首次大幅度超过美国，跃居世界第一位。持续增长的网民基数、多元化的产品形态，使网络媒体的影响力迅速提升。2008 年在中国发生的一些重大的历史事件，也让网络媒体的影响力进一步扩大，一举成为主要的舆论平台之一。

第一个不可忘却的重大历史性事件就是汶川地震。2008 年 5 月 12 日，四川省汶川县发生里氏 8.0 级特大地震灾害。几乎在地震发生的第一时间，网络媒体上就出现了关于此次地震的消息。随后网络媒体及网民作为一支独立力量，充分发挥互联网的优势，开展了一场“Web2.0 式”的救灾，在传达党中央的重大决策部署、实时报道灾情、赈灾捐款、引导网上舆论等多方面都发挥了重要作用。以人民网为例，从 5 月 12 日至 26 日，人民网先后推出了一个“5·12”抗震救灾的大型专题、一个中国抗震救灾网（www.512.org.cn）、24 个相关的新闻专题，以及 25 个互动活动；文字报道近 5 万篇，其中中文稿件 4 万多篇，图片报道近 2 万篇，外文报道 7 000 多篇，原创稿件近 4 000 篇；视频报道除对央视一套和四川卫视的所有节目进行 24 小时网上直播外，还发布了 1 000 多条视频新闻；人民网手机报推出“抗震救灾特刊”77 期，报道新闻信息 3 200 余条；共计 3 800 多万人次的网友参与了人民网的抗震救灾互动活动，各种形式的留言超过 70 万条。②

---

① 胡春阳．博客现状与亟待研究的议题 [J]．新闻记者，2006（3）：13－15.

② 陈智霞，周贺，高云虹．从人民网“5·12”抗震救灾报道看网络媒体主流化 [J]．新闻战线，2008（6）：7－9.

第二个重要的历史事件就是在北京召开的第29届夏季奥林匹克运动会。在以往的奥运会传播中，因为网络媒体没有独立的采访权，所以各网站必须依靠和传统媒体的合作或转载的形式来进行奥运报道。① 而北京奥运会给网络媒体提供了一个大展拳脚的舞台，网络媒体终于迎来了在奥运传播中的转机。2005年11月7日，搜狐公司正式成为历史上第一个奥运会互联网内容服务赞助商，这是奥林匹克历史上第一次设立互联网赞助类别。第一视频、新浪、搜狐、网易、腾讯等机构也通过各种方式参与了赛事报道，丰富了大众获取奥运信息的渠道。调研数据显示，互联网已经成为网民获取奥运信息的最重要渠道之一，选择通过互联网了解奥运信息的网民占到网民总数的79.8%；大约有13%的网民（约2 700万人）完全靠互联网获取奥运信息。② 各大门户网站也都充分发挥自身作为网络媒体的优势，使北京奥运会的传播更加具有即时性、互动性、灵活性，赢得了无数网民的信赖与欢迎。调查数据显示，北京奥运会期间，在互联网用户对不同媒体关于奥运会报道的满意度统计中，对互联网持"非常满意"态度的受访者比例达到65.0%，超过了对电视媒体的满意度。③

网络媒体凭借在2008年汶川地震、北京奥运等重大事件当中的突出表现，逐渐获得了大众和社会的广泛认可，跻身中国社会的主要舆论阵地。中国网络文化发展格局和中国媒体格局也因此发生了不同程度的变化。

四、第三次发展浪潮

2009年至今，中国互联网进入了以移动互联网为核心的第三次发展浪潮。这一阶段目前显示出的特点有三，分别是移动互联网快速发展、流量经济转变为注意力经济、核心技术创新牵引作用突出。

（一）移动互联网快速发展

我国移动通信基础设施的改进与突破为推动移动互联网的发展提供了基础。2009年、2013年和2019年，我国相继完成了3G、4G和5G牌照的发放，这也意味着我国在移动端实现了上网速度、传输稳定性等性能的大幅提升。在线观看高清视频、实时传输高清图片成为可能；视频通话普及，成为主流的通话方式；视频类应用（application，以下简称APP）高清化、高质化和长时化成为必然。

智能手机的普及也是我国移动互联网快速发展的必要条件。2009年10月30日，iPhone 3G正式登陆中国，引发中国智能手机的大潮，进口和国产智能手机品牌争相冒头，纷纷开始强势抢占市场。个推大数据推出的《2019年Q3安卓智能手机报告》显示④，华为手机存量市占率⑤进一步提升至27.7%，头部领先优势不断扩大，华为、OPPO、vivo三足鼎立的局面依旧稳定；Q3手机增量市占率⑥，华为手机以39.4%的占比遥遥领先（见图0-8）。

---

① 黄毅娟，王卫明．奥运报道中商业网站的采访权问题［J］．新闻记者，2008（7）：81-82.

② 中国互联网络信息中心．2008年中国网民奥运媒体消费行为研究报告［EB/OL］．（2008-08-06）［2021-02-26］．http：//www.cnnic.cn/hlwfzyj/hlwxzbg/mtbg/201206/P020120612508644430906.pdf.

③ DCCI互联网数据中心．DCCI视点：互联网奥运报道受众满意度最高［EB/OL］．（2008-08-28）［2021-02-26］．http：//www.dcci.com.cn/List/2008dcci/aoyun012802.htm.

④ 电科技．2019年Q3安卓智能手机报告出炉，华为占有率、忠诚度排名第一［EB/OL］．（2019-10-25）［2021-02-26］．http：//www.sohu.com/a/349512256_101133.

⑤ 此处的存量市占率指截至2019年三季度末市场上累计激活终端的数据。

⑥ Q3增量市占率指当年第三季度市场上新激活终端的数据。

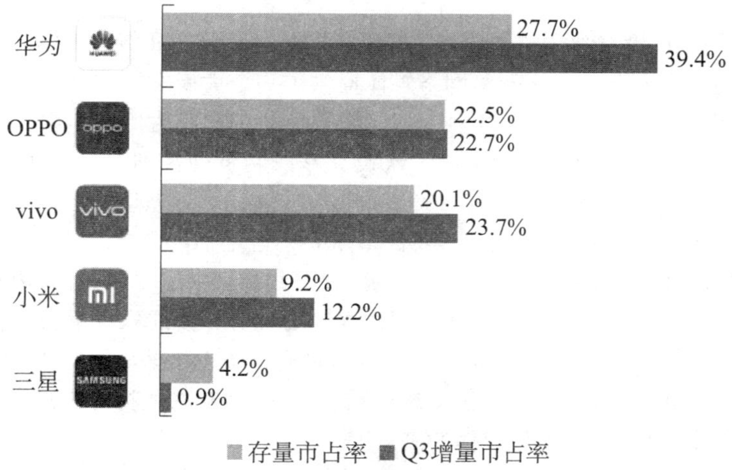

图 0－8　2019 年 Q3 主流安卓手机品牌市占率

资料来源：

电科技．2019 年 Q3 安卓智能手机报告出炉，华为占有率、忠诚度排名第一［EB/OL］．（2019－10－25）［2021－02－26］．http：//www. sohu. com/a/349512256 _ 101133.

CNNIC 数据显示，自 2009 年以来，我国用手机上网的网民规模逐年扩大，手机网民占整体网民的比例也不断攀升，2009 年 12 月至 2019 年 6 月，我国手机网民规模从 2.33 亿增长至 8.47 亿，手机网民在整体网民中的占比从 60.8%上升至 99.1%（见图 0－9）。移动互联网的发展促进了手机网民规模的扩张，与此同时，我国庞大的移动互联网用户群也是移动互联网发展的不竭动力。移动互联网的高覆盖率，也促生了大量以移动和社交为核心功能点的互联网产品，微信、微博、Facebook、Twitter、抖音、大众点评，这些耳熟能详的产品就是其中的佼佼者。

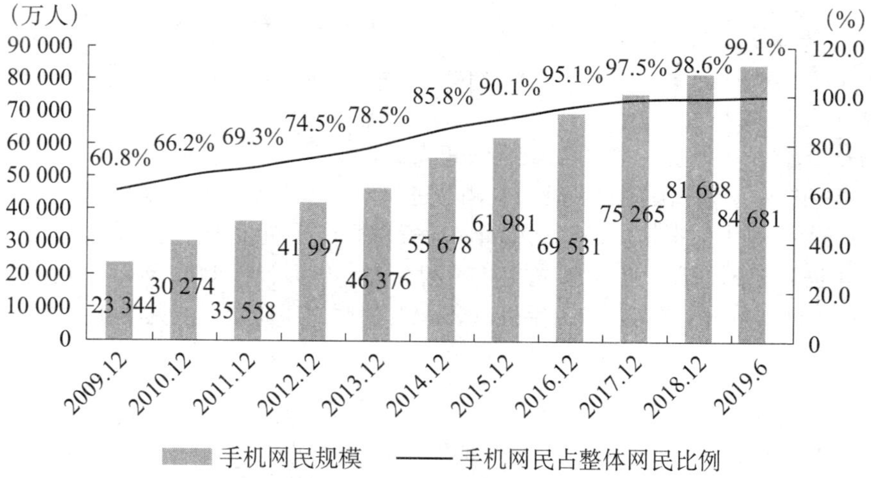

图 0－9　2009—2019 年我国手机网民发展状况

（二）流量经济转变为注意力经济

不同于信息资讯相对匮乏的第二次浪潮阶段，进入第三次发展浪潮阶段后，越来越多的产品和信息充斥着人们的生活，以获取新闻资讯为例，除了新闻联播等官方媒体外，公众号、新闻类 APP 也为网民们提供了大量信息资源。当更多的产品和应用占据用户的终端时，谁能获得更多的时间和注意力，谁就掌握了用户资源，流量＝时间，使用时间成为最重要的盈利点。著名的诺贝尔奖获得者赫伯特·西蒙（Herbert Simon）在对当今经济发展趋势进行预测时指出："随着信息的发展，有价值的不是信息，而是注意力。"他所提到的经济被 IT 业和管理界形象地描述为注意力经济。著名跨领域经济学家、2011 年阿玛蒂亚·森经济学奖得主陈云博士认为："未来 30 年谁把握了注意力，谁将掌控未来的财富。"

注意力经济最重要的特点是"赢家通吃"。近 20 万次的味觉品尝实验几乎每次都证明百事可乐味道好于可口可乐，但后者仍牢居软饮料市场份额第一位，只因它一开始就是第一。这种现象被经济学家惊诧地称为边际报酬递增。在知识、信息层出不穷，注意力资源稀缺的新商业时代，人们的精力和记忆能力有限，必然只能有选择地记忆、存储知识和信息——最好的也就是排名第一的。根据 Trustdata 发布的《2019 年上半年移动互联网行业发展分析报告》①，微信、QQ、支付宝、淘宝、抖音、百度等应用位列移动互联网应用 MAU② 前五位（见图 0-10）。以百度、阿里巴巴、腾讯这三家互联网公司（简称 BAT）为例，它们分别掌握着中国的信息型数据、交易型数据和关系型数据，并凭借着资金、人才、用户基础等诸多竞争优势，逐步构筑了自己在移动互联网领域的完整生态体系。在图 0-10 中，排前六名的应用中有五个是 BAT 旗下产品。

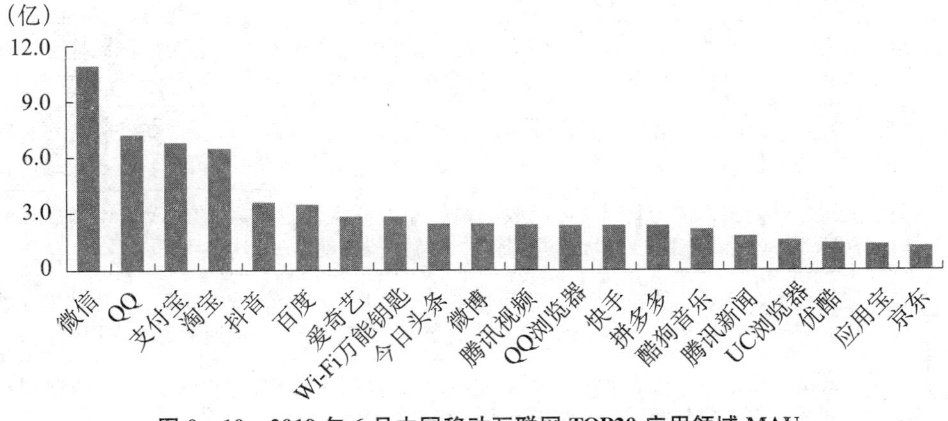

图 0-10　2019 年 6 月中国移动互联网 TOP20 应用领域 MAU

资料来源：

Trustdata. 2019 年上半年移动互联网行业发展分析报告［EB/OL］.（2019-08-03）［2021-02-26］. http：//www. 199it. com/archives/914961. html.

另外，从图 0-10 中还可以发现，字节跳动旗下的今日头条、抖音也进入了榜单前十。特别是抖音直接杀入了移动应用 TOP5，挤掉百度，打破了多年固有的 BAT 三巨头格局。抖音于 2016 年 9 月问世，上线 17 个月之后，DAU③ 就突破了 1 亿，成为继微信之后，中国移动互联网成长最快的产品。各大互联网公司之间的用户注意力抢夺战已经打响！

---

① Trustdata. 2019 年上半年移动互联网行业发展分析报告［EB/OL］.（2019-08-03）［2021-02-26］. http：//www. 199it. com/archives/914961. html.

② MAU（monthly active users），即月活跃用户人数。

③ DAU（daily active user），即日活跃用户数量。

（三）核心技术创新牵引作用突出

互联网本身就是一种技术支撑的网络形态，因此在互联网发展的任何阶段，技术的引导和推动都是必不可少的。麻省理工学院（MIT）出版的《麻省理工科技评论》从 2001 年开始持续公布年度全球十大突破性技术（10 Breakthrough Technologies），并预测其大规模商业化的潜力，以及对人类生活和社会的重大影响。这些技术代表了当前世界科技的发展前沿和未来发展方向，集中反映了近年来世界科技发展的新特点和新趋势，将引领面向未来的研究方向。其中许多技术已经走向市场，主导着产业技术的发展，极大地推动了经济社会发展和科技创新。

表 0－1 中展示的是 2009—2019 年年度全球十大突破性技术，可以看出互联网与电子信息领域已经占据了主导，越来越多人工智能相关技术入选，一些技术已经进入成熟期，成为日常互联网生活中必不可少的部分，如语音识别、苹果支付技术、刷脸支付、增强现实等。这些技术的发展也为新媒体产品提供了更多的技术支持和更广阔的实用场景，技术当仁不让地成为互联网发展的第一推动力。

表 0－1　MIT 公布的 2009—2019 年年度全球十大突破性技术

年份	年度全球十大突破性技术
2019	灵巧机器人、核能新浪潮、早产预测、肠道显微胶囊、定制癌症疫苗、人造肉汉堡、捕捉二氧化碳、可穿戴心电仪、无下水道卫生间、流利对话的 AI 助手
2018	给所有人的人工智能、对抗性神经网络、人造胚胎、巴别鱼耳塞、完美的网络隐私、基因占卜、传感城市、材料的量子飞跃、实用型 3D 金属打印机、零碳排放天然气发电
2017	“人工智能：强化学习功能”、360°自拍、基因疗法 2.0、细胞图谱、自动驾驶货车、刷脸支付、太阳能光伏电池、实用型量子计算机、治愈瘫痪、僵尸物联网
2016	免疫工程、精确编辑植物基因、可回收火箭、知识分享型机器人、DNA 应用商店、语音接口、Solar City 的超级工厂、Slack 通信软件、特斯拉自动驾驶、空中取电
2015	虚拟现实技术、DNA 互联网技术、汽车间通信、谷歌 Project Loon、液态切片技术、纳米架构、超大规模海水淡化、Apple Pay 移动支付、脑细胞团培育、加速的光合作用
2014	农用无人机、超级隐私智能手机、大脑成像图、神经形态芯片、基因组编辑、微型 3D 打印、移动协同软件、头戴显示器、敏捷机器人、智能并网发电
2013	多频段超高效太阳能、超级电网、产前 DNA 测序、蓝领机器人、增材制造技术、来自廉价手机的大数据、智能手表、暂时性社交媒体、移植记忆、深度学习
2012	众筹模式、Facebook 的“时间线”、高速筛选电池材料、3D 晶体管、光场摄影术、超高效太阳能、太阳能微电网、纳米孔测序、更快的傅里叶变换、卵原干细胞
2011	社交网络搜索个性化服务、智能变压器、手势界面、癌症基因组学、高能量固态电池、同态加密、云端流媒体、防崩溃代码、染色体分离、合成细胞
2010	实时搜索、移动 3D、工程干细胞、太阳能燃料、光捕式光伏发电、社会化电视、绿色混凝土、植入式芯片、双效抗体、云编程
2009	智能软件助手、100 美元基因测序、赛道内存、生物机器、诊断试纸、液态电池、行波反应堆、哈希缓存、纳米电压传感器、软件定义网络

近年来，中国企业也逐渐加入了互联网技术革新领跑者阵营：2016 年百度参与推动的“深度语音识别系统”入选；2017 年中国企业涉足三大领域，其中两大领域的主要研究者来自

中国，分别为强化学习技术和刷脸识别技术，涉及的中国企业包括百度、旷视科技、科大讯飞、中科院、阿里巴巴；2019年阿里巴巴AI语音助手成为唯一入选的中国科技，并且阿里巴巴与谷歌、亚马逊一起，被MIT评选为目前世界上AI领域主要的三家研究者。中国政府还倡导每年在浙江乌镇召开世界性的互联网盛会——世界互联网大会（World Internet Conference），该大会已经成为展望全球数字经济动向、洞察互联网经济走势的重要窗口，也是中国与世界互联互通的国际平台和国际互联网共享共治的中国平台，让各国在争议中求共识、在共识中谋合作、在合作中创共赢。

2019年是全球互联网诞生50周年，也是中国开始全面拥抱互联网25周年。总结一下我国互联网的发展，虽有波折但不断前行，其中国家的政策和资金支持力度、技术发展水平和基础设施建设情况等是影响互联网发展的重要因素，这些因素在过去、现在和未来都将极大地影响互联网产业的发展。短短25年，中国作为全球互联网的“后来者”后来居上，互联网也由原先的单一资讯信息服务，逐步渗透至社会的各个领域。2019年10月12日，光明网、中央财经大学中国互联网经济研究院和清华大学中国经济思想与实践研究院发布《中国互联网经济影响力报告（2019）》。该报告显示，2018年我国互联网经济规模达16.43万亿，其中互联网经济基础部分的规模为7.21万亿，互联网经济与传统经济融合部分的规模为9.22万亿，约占我国当年GDP比重的18.25%。中央财经大学中国互联网经济研究院院长孙宝文说：“从总量上来看，互联网经济已经成为新时代中国经济增长的新动能。”[①]

第二节　中国互联网经济的特点

马云曾说，如果美国是车轮上的国家，那么今日的中国就是互联网上、移动端上的国家。近年中国互联网行业发展迅猛，一系列里程碑式的数据事实，引发了全球政治及经济资本的高度关注。

2013年，阿里巴巴零售平台交易额达2 480亿美元，超越eBay和亚马逊的总和。

2014年，中国网络零售渗透率达9.9%，首次超过美国。

2015年，中国P2P（Peer to Peer）平台市场规模约为669亿美元，是美国的四倍。

2016年，阿里巴巴财报披露其2015年度GMV[②]为4 900亿美元，首度超越沃尔玛，成为世界上最大的零售平台。中国移动支付交易规模为85 000亿美元，为美国同期交易规模的70倍以上。

2017年，蚂蚁金服旗下的余额宝以1 656亿美元的AUM[③]规模，超越摩根大通，成为世界上最大的货币市场基金。

2018年，全球首个自动驾驶开放技术平台百度Apollo 3.0发布，并在半年内吸引了全球超过130家合作伙伴。

2019年，瑞幸咖啡开业仅18个月即登陆纳斯达克，刷新全球最快IPO纪录。6月6日，工信部正式向中国电信、中国移动、中国联通、中国广电发放5G商用牌照，我国正式进入5G

① 赵艳艳．光明网、中央财经大学等联合发布《中国互联网经济影响力报告（2019）》[N]．光明日报，2019-10-13（2）．

② GMV（gross merchandise volume），指一定时间段内的成交总额。在电商网站定义里面是网站成交金额，指的是拍下订单的金额，包含付款和未付款的部分。

③ AUM（asset under management），资产管理规模，是衡量金融机构资产管理业务规模的指标，指该机构当前管理客户资产的总市值。

商用元年。[①]

如今，中美两国已经成为驱动世界互联网经济发展的双引擎，但不同于工业时代西方国家的逐步发展，中国的互联网经济在短时间内快速发展，经历了从无到有、从小到大、从弱到强的历程。中国互联网经济的中国特色，具体体现在如下几个方面。[②]

一、经济环境存在红利

（一）人口红利

所谓人口红利是指一个国家的劳动年龄人口占总人口比重较大，抚养率比较低，为经济发展创造了有利的人口条件，整个国家的经济呈高储蓄、高投资和高增长的局面。而互联网的人口红利的概念则有所不同，它指的是互联网用户不断增多，企业可以用较小的成本快速获得流量，获客成本降低。

互联网的人口红利可以分为增量和存量两个部分。在增量方面，虽然中国网民规模庞大且增长迅速，但互联网普及率仍然较低。冰岛、科威特、卡塔尔、阿联酋、巴林等国的互联网普及率达到99％，韩国、英国、德国、日本、美国、俄罗斯则分别为96％、96％、93％、92％、87％和81％。[③] 而截至2020年12月，中国互联网普及率仅为70.4％，仍有4亿多人口尚未触网。这部分人群包括老龄人群和青少年群体，他们将成为互联网未来人口红利的主要来源。近年围绕这些群体派生的新兴概念不断涌现，如银发经济、K12在线教育等，也逐渐显现出这部分人群加入互联网后的消费发展潜力。

在存量方面，拥有消费能力的网络用户备受关注，新的场景和新的技术是进一步挖掘这些用户价值的重要途径。一个新的场景往往能够带动新的需求，从而带动用户的共鸣和消费。如白酒行业中的江小白，通过主打年轻人的喜怒哀乐心情，使酒成为心情的载体，作为有闲阶级的年轻人，愿意为商品属性之外的附加价值买单。

（二）基础设施红利

手机的普及、网络的畅通、资费的降低，使中国移动互联网经济的发展成为可能。中国的互联网经济始于有线兴于移动。中国是人口大国，但受限于线路铺设等因素，以基站和线路为基础的光纤、网线和电话线覆盖率受限，影响了PC互联网的发展。2009年智能手机开始在全国范围内逐渐普及，随着手机价格的下降，人均手机拥有率提升，截至2016年每百人拥有96台手机[④]，中国成为名副其实的手机大国。手机的普及有效弥补了PC互联网发展的不足，为

---

① 波士顿咨询公司，阿里研究院，百度发展研究中心，等．中国互联网经济白皮书：解读中国互联网特色［EB/OL］.（2017-09-13）［2020-02-25］. https：//image-src. bcg. com/Images/BCG _ China％20Internet％20Report _ Sep％202017 _ CHN _ tcm9-170392. pdf. 波士顿咨询公司，阿里研究院，百度发展研究中心．中国互联网经济白皮书：解读中国互联网新篇章—迈向产业融合［EB/OL］.（2019-01-11）［2020-02-25］. https：//www. vzkoo. com/doc/2023. html? a=2&label=.

② 波士顿咨询公司，阿里研究院，百度发展研究中心，等．中国互联网经济白皮书：解读中国互联网特色［EB/OL］.（2017-09-13）［2021-02-26］. http：//image-src. bcg. com/Images/BCG _ China％20Internet％20Report _ Sep％202017 _ CHN _ tcm55-170392. pdf.

③ We Are Social：2020年全球网络概览报告［EB/OL］.（2020-03-18）［2021-02-26］. http：//www. 199it. com/archives/1020700. html.

④ 中国产业信息网．2017年中国智能手机保有量、普及率及行业发展趋势［EB/OL］.（2017-03-21）［2021-02-26］. http：//www. chyxx. com/industry/201703/505462. html.

中国移动互联网发展提供了极佳的设备基础。

国家主导下的提速降费成为移动互联网发展的重要推动力。2015 年 5 月 13 日，李克强总理在国务院常务会议上，明确部署确定加快建设高速宽带网络、促进提速降费的五大具体措施。2018 年政府工作报告中再次敦促提速降费；2019 年政府工作报告中提出持续推动网络提速降费；2019 年 5 月，工业和信息化部、国务院国有资产监督管理委员会印发《关于开展深入推进宽带网络提速降费 支撑经济高质量发展 2019 专项行动的通知》，要求进一步提升宽带网络供给能力，促进信息消费和“互联网＋”行动深入开展。自 2015 年以来，我国互联网用户固定和移动宽带平均下载速率提升六倍，上网费降了九成。

二、全球影响力不断提升

中国互联网市场的飞速发展也孕育了一批具有国际市场竞争力的本土公司，相当数量的中国互联网巨头和初创企业已经登上国际舞台。根据普华永道发布的《2020 年全球市值 100 强上市公司排行榜 TOP100》，截至 2020 年 3 月 31 日，在这 100 强中美国以 57 家上榜企业排行第一，中国以 14 家上榜企业排在第二；前十位中，中国企业阿里巴巴和腾讯分列第六和第八（见表 0－2）。[①]

表 0－2　　2020 年全球市值 100 强上市公司排行榜 TOP10

排名	公司名称	股票市值（亿美元）
1	沙特阿美	16 020
2	微软	12 000
3	苹果	11 130
4	亚马逊	9 710
5	Alphabet	7 990
6	阿里巴巴	5 220
7	脸书	4 750
8	腾讯	4 690
9	伯克希尔	4 430
10	强生	3 460

资料来源：

芝士排行榜．2020 年全球市值 100 强上市公司排行榜 TOP100［EB/OL］．（2020－11－01）［2021－02－26］．https：//new. qq. com/rain/a/20201101a0b05m00.

除了这些经营多年的互联网巨头外，中国互联网行业还涌现了一大批颇具规模的独角兽企业[②]。《2020 胡润全球独角兽榜》[③] 显示，全球共有 586 家独角兽企业，美国以 233 家位居全球第一，中国以 227 家位居全球第二，中美两国企业占全球独角兽企业总数的八成。全球前四大独角兽企业均来自中国，蚂蚁集团以 10 000 亿元人民币估值居首，字节跳动、滴滴出行和陆金所分列二、三、四位。（见表 0－3）

---

① 芝士排行榜．2020 年全球市值 100 强上市公司排行榜 TOP100［EB/OL］．（2020－11－01）［2021－02－26］．https：//new. qq. com/rain/a/20201101a0b05m00.

② 独角兽企业，被认为是 2013 年风险投资家 Aileen Lee 创造出来的概念，可简单定义为估值在 10 亿美元以上的初创企业，也有投资机构将“初创”定义为成立不到 10 年。独角兽企业被视为新经济发展的一个重要风向标，主要出现在高科技领域，互联网领域尤为活跃。

③ 胡润百富．苏州高新区・2020 胡润全球独角兽榜［EB/OL］．（2020－08－04）［2021－02－26］https：//www. hurun. net/zh－CN/Rank/HsRankDetails？num＝WE53FEER.

表 0-3 2020 年全球独角兽企业排行榜前十名

排名	企业名称	估值（亿元）
1	蚂蚁集团	10 000
2	字节跳动	5 600
3	滴滴出行	3 700
4	陆金所	2 700
5	SpaceX	2 500
6	Stripe	2 500
7	爱彼迎	2 450
8	快手	1 950
9	菜鸟网络	1 900
10	帕兰提尔科技	1 800

资料来源：

胡润百富．苏州高新区 • 2020 胡润全球独角兽榜［EB/OL］．（2020-08-04）［2021-02-26］https：//www.hurun.net/zh-CN/Rank/HsRankDetails？num=WE53FEER.

三、用户群体呈现年轻且适合网络生活的特点

不同于美国等西方发达国家，中国的互联网发展还不到 30 年，从用户结构看，中国网民呈现年轻化、草根化、移动化的特点，更习惯网购和网络支付。下面根据 CNNIC 的《第 47 次中国互联网络发展状况统计报告》的数据一探究竟。

（一）年轻化

约翰·帕尔弗里和厄尔斯·加瑟在《网络原住民》中将“80 后”甚至更年轻些的群体称为网络原住民，认为他们一出生就面临着一个无所不在的网络世界，对于他们而言，网络就是他们的生活，数字化生存是他们从小就开始的生存方式。在中国，网络原住民已经成为目前网民的主要组成部分。20～49 岁的网民占网民整体的 57.1%，其中 30～39 岁占比最高，达到 20.5%，该群体正是平时人们所说的“80 后”群体。10 岁以下及 10～19 岁的网民占比分别是 3.1%和 13.5%，年轻化趋势明显。

（二）草根化

从网民受教育程度和城乡分布看，初中、高中/中专/技校学历的网民群体占比分别为 40.3%、20.6%，受过大学专科、大学本科及以上教育的网民群体占比仅为 10.5%和 9.3%。农村网民规模为 3.09 亿，占网民整体比例高达 31.3%，较 2020 年 3 月增长 3.1%。

（三）移动化

受益于我国发达的移动网络，近 10 亿的手机网民已经构成了全球最大的数字社会。目前我国手机网民规模达 9.86 亿，网民中使用手机上网的比例高达 99.7%。而美国 2019 年移动互联网用户占比才 81.3%。①

① 张维佳．十张图了解 2020 年全球主要国家移动互联网发展现状 移动互联网用户逐年增长［EB/OL］．（2020-09-03）［2021-02-26］．https：//www.qianzhan.com/analyst/detail/220/200902-7e7d3831.html.

(四) 网购和网络支付成为生活必需

近年我国网络购物市场一直保持着较快发展，下沉市场①、跨境电商等模式的创新，为网络购物市场提供了新的增长动能，同时也推动了我国网络购物用户规模的持续扩大。我国网络购物用户规模达7.82亿，占网民整体的79.1%；手机网络购物用户规模达7.81亿，占手机网民的79.2%。网络支付的快速发展和不断创新也成为推动网购普及的重要力量。随着人脸识别等技术与网络支付业务深度融合，以及网络支付的便捷性、精准性和支付效率的不断提升，网络支付越来越多地渗透进人们的日常生活。目前我国网络支付用户规模达8.54亿，占网民整体的86.4%；手机网络支付用户规模达8.53亿，占手机网民的86.5%。

经过25年，中国互联网发展经历了以PC互联为主要途径的互联网初级发展阶段，以及由移动互联网主导的人人互联阶段，如今已进入人工智能等新兴技术和实体经济深度融合的万物互联新阶段。在与全球互联网发展对标方面，虽然中国互联网产业与其他发达国家相比起步较晚，但发展速度让世界惊叹。尤其是在基础设施建设、基础资源发展以及电子商务等垂直领域，我国已稳居世界领先地位。② 随着互联网产业的不断扩展，新经济产业形态得以衍生，更多新媒体产品也正在为社会经济运行带来深入的影响。

【思考题】

1. 技术的发展对产品形态有着什么样的影响?
2. 结合最新的行业报告和统计数据，分析当前中国互联网经济的新变化。

---

① 下沉市场，指国内三线及以下中小城市，以及县镇、农村地区。

② 牟汉杰．中国互联网发展报告2019：垂直领域我国已稳居世界领先地位［EB/OL］.（2019-07-11）［2021-02-26］. http://www.farmer.com.cn/2019/07/11/99840670.html.

第一章　融合趋势下的新媒体产业

通过本章学习，你将能够：

1. 厘清“融合”“媒介与媒体”“渠道与平台”的概念。
2. 理解新媒体和新媒体产业的相关概念。
3. 了解我国新媒体产业的发展情况以及未来发展趋势。

互联网的飞速发展，深刻地影响着各行各业，媒体产业作为一种肩负沟通和传播使命的行业，率先被卷入变革的洪流中。以新媒体为基础的新媒体产业，不仅为人们提供了更便捷、更全面、更丰富的信息和服务，还以惊人的深度和广度，影响着社会经济、政治、文化生活，以及个人思维、生活习惯、社会交往和社会结构。一位记者曾向人们展示自己的背包：以前只有本和笔，现在则多了手持云台、数码单反、录音笔、笔记本电脑和无线网卡。“罗马不是一天建成的，我的背包也不是一天就塞满的。”更多更先进的设备也正在被记者装进背包：卫星电话、无人机、VR设备……[①]有人说从记者背包的变化中看出了当下媒介技术的发展，也有人说从记者背包的变化中看到了对新闻从业人员要求的变化……如果跳出具体的问题，记者背包的变化到底反映了什么？为什么会发生这样的变化呢？这个变化背后又蕴含了什么样的时代意义？本章将从宏观层面对这些问题进行解答。

第一节　融合与媒体融合

从Web1.0到Web2.0，再到移动媒体、智能化媒体，伴随着互联网技术的发展和应用普及，互联网这一最具包容性、最为复杂的全球性媒介日渐整合了所有媒介，并通过重新塑造各个媒介在新网络语境下的可能性，再度媒介化了这些媒介。在互联网的冲击下，以报纸、电视为代表的传统媒体受到了巨大的冲击，受众流失、广告量锐减，不少甚至就此停办。传统媒体的转型升级、传统媒体和新兴媒体融合发展成为讨论的集中热点。2019年1月25日，中共中央政治局在人民日报社，就全媒体时代和媒体融合发展举行第十二次集体学习。习近平总书记主持学习并发表重要讲话。他指出，推动媒体融合发展、建设全媒体成为我们面临的一项紧迫课题。回首传播史，传媒技术的每一次变迁都深刻重塑着新闻业态，这一次亦不例外。媒体融合已然成为目前传媒产业发展的最大背景和趋势。若要对融媒时代诸多现象和发展趋势有更清晰的理解，首先要厘清以下关键概念。

---

① 人民日报评论部．让主流媒体成为“全媒体”[EB/OL]．（2019-01-30）[2021-02-26]．http://opinion.people.com.cn/n1/2019/0130/c1003-30597651.html.

一、基本概念

(一) 融合与媒体产业

今天，几乎每个行业都在讨论融合（convergence），但每个行业所讨论的融合又不完全一样。正如史蒂芬尼所说，“这个术语几乎出现在每一篇关于未来新闻和信息业的论文里，但人们对它却知之甚少”①。

Convergence一词源于拉丁语，意为“走到一起”。《牛津简明英语词典》（*The Concise Oxford English Dictionary*）把该词定义为“从不同的地方出发并最终相遇”。该词最早于1713年出现在英国自然哲学家威廉·德汉的《物理神学》一书中，意为“光线的聚合和发散”②。20世纪70年代，随着计算机和网络技术的发展，技术与传播的结合开始被人们提及。1977年，法悖和巴冉在《科学》杂志上发表文章《计算和通信系统的融合》，对技术应用于通信服务存在的问题进行了讨论。③ 1978年，尼葛洛庞蒂用三个圆圈分别代表计算机、出版印刷和广播三个产业，演示了三个相互交叉的圆环趋于重叠的聚合过程，并认为三个圆的交集部分是增长和创新最快的区域（见图1-1）；后来还建议通信行业在做未来规划时应考虑与技术的融合（见图1-2）。④

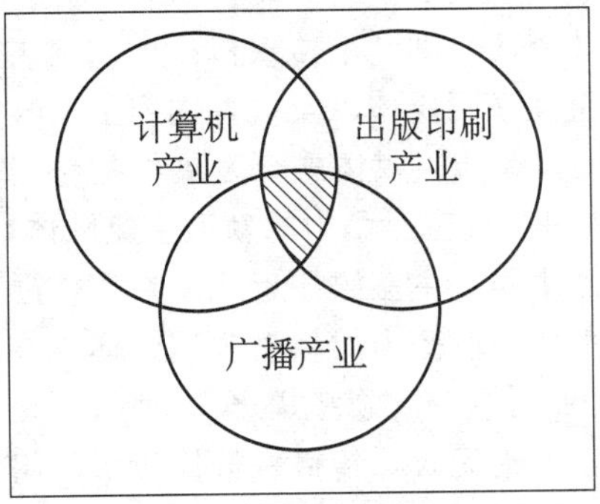

图1-1 行业融合示意图

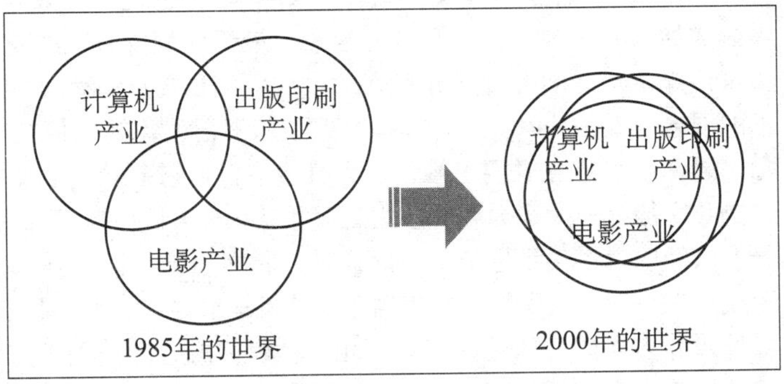

图1-2 融合技术产业

资料来源：

BRAND S. The media lab：inventing the future at MIT [M]. New York：Viking Press，1987：10.

美国麻省理工学院的伊契尔·索勒·普尔教授是将融合一词引入传播领域的先驱。1983年他在自己的著作《自由的技术》（*Technologies of Freedom*）中，首次提出了“模式融合”的概念。他认为：“模式融合的出现，使点对点的传播（如信件、电话、电报等）和大众传播（如报纸、广播、电视等）等媒介之间的界限变得越来越模糊，而形态融合的推动力量就是电子革命。”⑤ 进入20世纪80年代，随着互联网技术的发展和跨媒体集团的形成，信息内容更容易实现在不同媒介平台之间的传播。1994年《纽约时报》在一篇《圣荷塞水星报》与美国在线（AOL）共同推出名为《水星中心新闻》的电子报服务的相关报道中，使用了“一次媒体融

---

① 宋昭勋．新闻传播学中Convergence一词溯源及内涵［J］．现代传播，2006（1）：51-53.

② 陈映．媒介融合概念的解析与层次［J］．北京邮电大学学报（社会科学版），2014（1）：1-7.

③ FARBER D，BARAN P. The convergence of computing and telecommunication systems [J]. Science，1977（195）：1166-1170.

④ BRAND S. The media lab：inventing the future at MIT [M]. New York：Viking Press，1987：10.

⑤ POOL I D S. Technologies of freedom [M]. Cambridge，MA：Harvard University Press，1983：23-24.

合”的小标题。[①] 到20世纪90年代后期，“媒介融合”趋势开始引起越来越多人的关注，媒介融合成为传媒业实践的热点和理论研究重点，既提供了丰富的实践经验，也积淀了大量的理论研究成果。在美国在线和时代华纳于2000年初宣布历史性合并之际，“融合”一词已经成为大众传播中的常用语。

（二）媒介融合与媒体融合

媒介一般是指使双方（人或事物）发生关系的各种中介。在传播领域，通常与英文的medium相对应，包括实物媒介（如服饰等）、声波媒介（如音乐等）、光波媒介（如信号灯等）、人际传播媒介（如语言）、群体传播媒介（如电话）、组织传播媒介（如公司简报）和大众传播媒介（如报纸、电视等）。在具体使用中，媒介有三种含义。第一种是作为单数名词，指单个的传播媒介，如一张报纸、一本杂志。第二种是作为抽象的类名词，即传播媒介的总和，如“媒介是社会发展的标志”。第三种是大众传播媒介的简称，如“媒介世界影响人的主观世界”。[②] 媒体则一般对应英文单词medium的复数media，指的是传播信息的媒介，通常指代大众传播媒介的集合体，如报纸媒体、印刷媒体、电子媒体等。媒介包括媒体，当媒介用来传播信息时就是媒体。例如网络是媒介，新浪网是媒体；电视是媒介，中央电视台是媒体。

厘清媒介和媒体后，媒体融合与媒介融合也就不难区分了。从表面上看“媒体融合”是指媒体增加媒介平台和信息平台的数量，最优化配置有限的媒体资源，即一个传媒机构内部或者多家传媒机构之间各种媒介形态的融合，侧重传统媒体延伸至互联网媒体以及多种内容传送技术的混合。2014年8月18日，习近平总书记就曾提出传统媒体和新兴媒体融合发展的战略目标，强调要强化互联网思维，着力打造一批形态多样、手段先进、具有竞争力的新型主流媒体，建成几家拥有强大实力和传播力、公信力、影响力的新型媒体集团。主流媒体近几年在媒体融合上已经取得了长足进步，一批具有互联网思维、拥有强大实力和传播力的新型主流媒体正在形成，央视网、人民网、新华网等媒体机构已经跻身互联网企业行列。[③] “媒介融合”则指的是各种媒介多功能一体化的趋势，相较“媒体融合”范围更广，可指代人际传播、群体传播、组织传播、大众传播等各种传播媒介的融合，例如报纸媒介与互联网媒介的融合产生电子报纸。

二、新媒体时代媒体融合的新理念和新机制

（一）对媒体融合概念及内涵的理解

1. 西方对媒体融合概念的理解

媒体融合由英文media convergence翻译而来。伊契尔·索勒·普尔提出模式融合的概念，并指出融合是一种正在模糊媒介间界限的过程。[④] 此后西方学者对媒体融合展开了多元视角的研究，其中比较具有代表性的有两位。一位是美国新闻学会媒介研究中心主任安德鲁·纳齐森，他将媒体融合定义为“印刷的、音频的、视频的、互动性数字媒体组织之间的，战略的、操作的、文化的联盟”[⑤]，也即纸质媒介、广播媒介、电视媒介和网络媒介等形成的联盟。联

① 宋昭勋．新闻传播学中Convergence一词溯源及内涵［J］．现代传播，2006（1）：51－53.

② 谢金文，邹霞．媒介、媒体、传媒及其关联概念［J］．新闻与传播研究，2017，24（3）：119－122.

③ 陈栋栋．《2019年中国互联网企业100强发展报告》发布［EB/OL］．（2019－08－15）［2021－02－26］．http：//capital.people.com.cn/n1/2019/0815/c405954－31296513.html.

④ POOL I D S. Technologies of freedom［M］．Cambridge，MA：Harvard University Press，1983：23.

⑤ 蔡雯．新闻传播的变化融合了什么：从美国新闻传播的变化谈起［J］．中国记者，2005（9）：70－72.

盟的三个修饰语分别涉及三个层面：战略涉及宏观谋略层面；操作指向具体业务层面；文化代表深厚底蕴层面。

另一位是美国西北大学的李奇·高登教授，他根据当时美国传媒业的发展实际，从媒介组织行为和从业人员两个角度切入，将媒体融合划分为五种类型，分别是所有权融合、策略性融合、结构性融合、信息采集融合和新闻表达融合。[①]（1）所有权融合。大型的传媒集团拥有不同类型的媒介，使这些媒介之间的内容相互推销和资源共享，如同一集团内部的报纸、广播电台、电视台和网站的融合。（2）策略性融合。使所有权不同的媒介之间在内容上共享，如分属不同媒介集团的报社与电视台之间进行合作，相互推介内容与共享一些新闻资源。（3）结构性融合。这种融合与新闻采集和分配方式有关，如美国《奥兰多哨兵报》决定雇用一个团队做多媒体的新闻产品，将报纸新闻加工打包后出售给电视台。在这种合作模式中，报纸的编辑记者可能作为专家到合作方电视台去做节目，对新闻进行深入报道和解释。（4）信息采集融合。新闻报道信息采集工作中，除传统的信息收集方法外，还采用部分需要以多媒体融合的新闻技能才能完成的新闻信息采集，如大数据分析技术等。（5）新闻表达融合。记者和编辑需要综合运用多媒体的、与公众互动的工具和技能完成对新闻事实的表达。

2. 中国对媒体融合概念的理解

在国内，媒介融合概念的出现早于媒体融合，而且在很长一段时间内，两者存在混用的情况，媒体融合大多数时候指代的就是媒介融合，在此对媒介融合的概念进行梳理。2005 年前后，中国人民大学蔡雯研究员最早将媒介融合概念引入中国，并一度掀起研究热潮。她将媒介融合定义为“在以数字技术、网络技术和信息技术为核心的科学技术的推动下，各产业在经济利益和社会需求的鼓舞下通过合作、并购和整合等手段，实现不同媒介形态的内容融合、渠道融合和终端融合的过程”，并且包含“内容的融合、渠道的融合、终端的融合”三个方面。[②] 喻国明教授认为，媒介融合是指报刊、广播电视、互联网所依赖的技术越来越趋同，以信息技术为中介，以卫星、电缆、计算机技术等为传输手段，数字技术改变了获得数据、现象和语言三种基本信息的时间、空间及成本，各种信息在同一个平台上得到了整合，不同形式的媒介彼此之间的互换性与互联性得到了加强，媒介一体化的趋势日趋明显。[③] 李良荣教授认为媒介融合是指各种媒体形态的边界逐渐消融，多功能复合型媒体逐渐占据优势的过程和趋势。它不是单纯媒体形态的融合，更是一种全方位、深层次的融合。[④]

（二）中国媒体融合中的消融与重构

互联网技术的迅猛发展、庞大的移动互联网用户群、多元化的信息需求，极大地加速了我国媒体产业的发展，并形成了领先世界水平、独具中国特色的媒体融合实践成果，我国媒体呈现出诸多的全新特质。中国人民大学彭兰教授认为，理解融合需要理解各种边界的消融及关系的变化，包括媒体之间、媒体与用户间、产业之间，甚至人与机器之间等，在此基础上构建新要素、新关系和新模式。[⑤]

1. 业务融合

媒体融合的一个基本层面是媒体业务形态的融合[⑥]，也就是不同媒介将各自业务进行解构

---

① 丁柏铨．媒介融合：概念、动因及利弊［J］．南京社会科学，2011（11）：92－99.

② 蔡雯．媒介融合发展与新闻资源开发［J］．西南民族大学学报（人文社会科学版），2006（7）：126－129.

③ 喻国明，等．传媒经济学教程［M］．北京：中国人民大学出版社，2009：252.

④ 李良荣，周宽玮．媒体融合：老套路和新探索［J］．新闻记者，2014（8）：16－20.

⑤ 彭兰．新媒体传播：新图景与新机理［J］．新闻与写作，2018（7）：5－11.

⑥ 彭兰．媒介融合时代的合与分［J］．中国记者，2007（2）：87－88.

之后，与其他媒介进行“对接”或者“嫁接”，由此产生全新的媒体融合态势。媒体业务的融合确实为媒体机构提供了一个全媒体的业务环境，在此环境下，传播主体、传播模式、传播手段、传播平台都发生了深刻的变化，需要媒体根据自己的原有优势、受众特点、平台特色等来有针对性地制定自己的业务融合方式。例如国内近年出现的“一次采集、多种生成、多元传播”等，就是在业务融合上进行的创新。

2. 媒体与用户的融合

在传统媒介时代，传播的基本模式是“点对面”“一对多”的单向传播。但在新媒体时代，“点对点”和“一对一”的传播已经成为可能，内容生产者与内容接受者之间的互动加强，双向传播业已形成，而这是通过连接、激活一个点到面的相关资源来实现的。换言之，互联网通过连接和再连接来改变世界，所有基于互联网的功能形成和价值创造都是通过连接、激活、整合与协同来完成和实现的。这种连接与整合，打破了传统媒介新闻生产主体单一化、垄断化、封闭化的结构模式，激活了微资源、释放了巨量的传播“生产力”，使 UGC、PGC、OGC（occupationally generated content，机构内容生产）成为传播生产的多元主体。① 过去由专业媒体人主导的大众传播，已经扩展为全民参与的传播。这就意味着，用户生产的内容成为大众传播不可或缺的组成部分，而个体性的用户节点以及用户社群，在内容的传播方面也有了基础设施性的意义。媒体与用户之间的某些界限在淡化。因此，媒体融合不仅是媒体内部的生产流程改造过程，也是媒体与用户融合的过程。用户不仅作为新的生产要素参与信息生产；同时用户在不同业务平台之间的信息交流，还能促进内容的跨平台流动，对媒体机构产品和业务融合起到连接器与黏合剂的作用；此外用户是否有跨平台的内容消费和分享行为，也反映了用户对媒体融合的需求，用户有需求并付之以行动才能真正推动媒体融合的发生和发展。

3. 产业融合

媒体融合是在与媒体相关的多种产业相互融合的背景下发生的，媒体融合过程的深化，也必然伴随着产业融合的深化，产业融合的深化又进一步促进媒体融合的发展。葛林斯丁和迦拿将产业融合定义为“为了适应产业增长而发生的产业边界的模糊或消失”②。这个定义中所指的产业，局限于以互联网为标志的计算机、通信和广播电视业。植草益从产业融合的原因及结果两方面切入，认为产业融合就是通过技术革新和放宽限制来减少行业间的壁垒，加强行业企业间的竞争合作关系。③

产业融合将对媒体产业的发展产生三方面的影响。第一，技术革新驱动下的内容生产方式的变化。一方面，在人工智能、大数据、物联网等新兴技术推动下，智能化机器将全面进入内容生产，使原来依靠人来完成的内容生产，特别是新闻生产的信息采集、信息加工与信息分发、传播反馈等各环节，逐渐向人机协作转变。2015 年 9 月，腾讯率先推出 Dreamwriter 写稿机器人。2018 年 11 月，在第五届世界互联网大会上，新华社联合搜狗发布了全球首个合成新闻主播——“AI 合成主播”（见图 1-3）。2019 年 3 月 3 日，全球首个 AI 合成女主播上岗新华社，并于 3 月 5 日参与了十三届全国人大二次会议等报道工作。另一方面，曾经高度专业化和组织化的新闻采写编生产流程的入门门槛，被一批又一批掌握互联网工具的用户个体逾越。

① 喻国明．今天的媒介融合应当怎么做：从互联网时代的常识到新传播格局的大势［J］．教育传媒研究，2019（4）：7-9.

② 沙垚．资本、政治、主体：多元视角下的县级媒体融合实践：以 A 县融媒体中心建设为样本的案例研究［J］．新闻大学，2019（11）：1-10，121.

③ 植草益．信息通讯业的产业融合［J］．中国工业经济，2001（2）：24-27.

PGC+ UGC已逐渐成为新媒体产品的主流内容生产模式，OGC、PUGC①、MGC（机器生产内容）等形式，也开始越来越活跃，保证了专业与多元并存。

图1-3 中文"AI合成主播"

资料来源：

李仁虎，毛伟．从"AI合成主播"和"媒体大脑"看新华社融合创新发展［EB/OL］．（2019-08-08）［2021-02-26］．http：//www.xinhuanet.com/politics/2019-08/08/c_1124850634.htm

第二，复杂业务模式带来的产业间影响加剧。终端产品、内容产品、社交产品、服务产品，共同构成了新媒体市场，与这四者相关的行业也在新媒体平台上汇合，由此带来了更复杂的业务模式，拥有技术（如IT业）、用户（互联网业）、渠道（如电信业）等优势的其他产业，对传媒业发展的影响也日益明显。以新闻的生产和分发为例，CNNIC发布的《2016年中国互联网新闻市场研究报告》显示，社交平台成为新闻传播及素材收集的重要渠道，算法推荐成为网络新闻的主要分发方式。② 在媒体融合的趋势下，产业间的界限也越来越模糊，与新媒体产品相关的产业之间的融合和重组已成必然，平台媒体化和媒体平台化等现象将越来越普遍。

第三，产业互联网发展正当时。产业互联网是一种新的经济形态，充分发挥互联网在生产要素配置中的优化和集成作用，实现互联网与传统产业深度融合，将互联网的创新应用成果深化于国家经济、科技、军事、民生等各项经济社会领域中，最终提升国家的生产力。目前消费互联网市场已趋于饱和，互联网公司在消费互联网积累了足够用户、数据和能力之后，亟待把现有能力向产业赋能，来帮助传统产业转型升级，以更充分地实现能力最大化。在云服务、5G等技术的推动下，产业互联网将对各个垂直产业的产业链和内部的价值链进行重塑和改造，从而形成新的互联网生态和形态。在这样的发展大背景下，传媒产业将如何发展，又将在这个潮流中起到什么样的作用，值得深思。

4. 文化融合

每一种媒体在发展过程中都在逐渐形成自己独有的"文化"，这种文化是与媒体相应的传播模式、传播主体、手段、思维等集合作用的结果，又受媒体运行所处的环境、体制和市场等因素的影响。正如每一种新的媒介形态出现时，都会被冠以"新"媒介的称谓，也都会引起既有媒介拥有者的"恐慌"一样，新生事物的出现往往代表着拥护者的创新精神，甚至是革命精

---

① PUGC，professional user generated content的首字母缩写，中文名称为专业用户生产内容，指以UGC形式，产出内容、策划、包装等方面均具备或接近专业化水准的PGC内容。PUGC并不是UGC和PGC的简单相加，它集合了UGC的广度和PGC的深度。

② 中国互联网络信息中心．2016年中国互联网新闻市场研究报告［EB/OL］．（2017-01-11）［2021-02-26］．http：//www.cnnic.cn/hlwfzyj/hlwxzbg/mtbg/201701/t20170111_66401.htm.

神。正如《从莎草纸到互联网》一书中所述，苏格拉底抱怨书写削弱了大脑的功能，使学习者不再运用记忆力；路德的《九十五条论纲》小册子推动了宗教改革的发生；美国报纸的发展不但促成了记者的诞生，还在美国独立的过程中起到了重要的作用。但随着“新”媒体发展成熟，进入门槛不断升高，它们又成了“新的”传统媒体。

以报纸、电视为代表的传统媒体，是“数字移民”惯常使用的媒体类型，采用的是“自我中心”的单向传播，往往以宣传、教化的姿态出现，强调的是群体共性。而以 APP 为代表的新媒体更多地采用“双向”传播形式，往往以沟通和倡导表达的姿态出现，更强调个体个性，“数字原住民”参与的内容生产占很重要的地位和比重，也就存在着更多的非主流和非传统。这也意味着，在传统媒体和新媒体融合的过程中，必然会伴随着新老媒体的文化冲突。传统媒体需要在转型过程中正视媒体格局、传播方式发生的变化，充分考虑受众群体的需求；而新媒体也需要考虑发展中的管理问题，兼顾各类受众群体的信息消费习惯，减少文化性“数字鸿沟”。

新媒体环境下，传媒产业的“融合转型”正处于“现在进行时”。面对舆论生态、媒体格局、传播方式发生的深刻变化，我国媒体融合也正在从简单“相加”向深度“相融”加速快跑，从拼海量向拼质量转变，从聚流量向聚人心跨越。

三、媒体融合：推动媒体向四全媒体转型

2019 年 1 月 25 日上午中共中央政治局就全媒体时代和媒体融合发展举行第十二次集体学习。习近平总书记在会上强调，推动媒体融合发展、建设全媒体成为我们面临的一项紧迫课题，“全媒体不断发展，出现了全程媒体、全息媒体、全员媒体、全效媒体，信息无处不在、无所不及、无人不用，导致舆论生态、媒体格局、传播方式发生深刻变化，新闻舆论工作面临新的挑战”。什么是全媒体？习总书记的讲话明确地回答了这个问题，全媒体就是全程媒体、全息媒体、全员媒体、全效媒体。归纳为“四全”媒体。

全程媒体，是指信息传输技术的飞速发展和移动网络技术的迭代升级，使媒体基本可以同步记录、传输，新闻报道、信息传播无时不有，实现了信息或事件的全程记录、几乎同步传播。

全息媒体，是指由于物联网、多维成像等技术的成熟和大数据技术的应用，物理空间智能仿真呈现度大幅提高，物理信息源的失真误差大幅减少，标准化、数据化记录，多角度、多方位再现，新闻报道、信息传播无处不在，几乎实现了信息或物体在空间的全方位呈现和多角度同步传播。

全员媒体，是指由于手机等智能终端的普及应用，媒体进入门槛大大降低，参与主体显著增加，一元主导、强力引导的宣传舆论场变成多元共治、柔性制衡的公众舆论广场，单向传播转化为多向互动、同频共振，人人都是媒体、个个都有话筒成为媒体生态和舆论场现实场景，新闻报道、信息传播几乎无人不会，新闻媒体内部也面临随时须在现场、专业报道不能缺席的新要求，呼唤涌现更多全媒型、专家型记者，更好地发挥引领主流舆论作用，促进全民媒介素养提高。

全效媒体，是指多种媒体载体、技术的丰富应用，媒体给受众更广泛的体验认识、释放更强大的效能。一是文字、图片、声音、图像等信息交叉综合，呈现方式更丰富、更立体，效果更全面；二是移动化、分众化、碎片化融合传播使人们感受更直观、更鲜明，效率更高；三是功能区分、集成、创新使信息、社交、政务、商务等服务功能融为一体，使内容形式更符合需

要、方法手段更适应需求、媒体受众效益更满足期待；四是因为受众不同程度的参与、互动、联动使媒体传播效果较过去更全面、更有体验感、更有获得感。

互联网技术发展，重塑着媒体的产业形态，再造着用户的心理和习惯，也重构着新闻的生产与风格。媒体界限此消彼融，时空覆盖之全，受众涵盖之广，生产主体之多样，传播渠道之多元，比以往任何一个时代的媒体图景都更复杂。各种传播相关变量的深刻变化，共同改写了大众传播的外在图景，也在深层形成了新的运行机理。在此背景下，媒介融合和媒体融合理应成为未来重要的发展方向。

第二节　新媒体产业的前世今生

随着互联网技术的快速发展，各行业都开始颠覆从前的发展思路，转向借助互联网技术的优势进行创新性的变革，媒体产业更是如此。互联网技术的发展在很大程度上刺激了新媒体产业的发展。以新媒体为基础的新媒体产业不仅为我们提供了更便捷、全面、丰富的信息和服务，还以惊人的深度和广度影响着社会经济、政治、文化生活以及个人思维、生活习惯、社会交往和社会结构。在数字经济快步到来的时代背景下，新媒体产业蓬勃发展，并逐步成为经济发展的新动能。

一、新媒体产业

在移动互联网持续创新的今天，新闻客户端、微信、微博、短视频等新的媒介形式崭露头角并快速占领市场，新媒体逐渐发展为媒体形态的主流，成为人们日常生活中必不可少的一部分，并逐步融入社会各个领域，助力我国经济社会的发展。那么什么是新媒体？什么又是新媒体产业？

（一）新媒体的界定

一千个人心里可能就有一千个新媒体的定义。有人把电脑、智能手机等媒体应用形态的物质载体称为新媒体；有人把“双微一端一抖”等媒体应用形态当作新媒体；也有人把新媒体发展过程中某一阶段性特征作为它的定义，比如三网融合。[①] 这些定义虽有道理，但都只是从媒介形式、传播渠道等某个角度切入，难免以偏概全。熊澄宇教授认为，新媒体是一个相对的概念，是一个时间的概念，是一个发展的概念，永远不会停止前进的步伐。[②] 彭兰教授也指出，面对新媒体的众多变化，几乎无法取得一个既标准又一劳永逸的定义，但可以进行阶段性定义，即现阶段所说的新媒体包括两部分内容。一方面主要指基于数字技术、网络技术及其他现代信息技术或通信技术的，具有互动性、融合性的媒介形态和平台。在现阶段，新媒体主要包括网络媒体、手机媒体及两者融合形成的移动互联网，以及其他具有互动性的数字媒体形式。另一方面，新媒体也常常指主要基于上述媒介从事新闻与其他信息服务的机构。[③]

（二）新媒体的特点

既然新媒体是指新技术发展水平下的新媒体形态和媒体机构，势必就会产生新的传播主

---

① 何华征．论“新媒体”概念的基本内涵［J］．武汉科技大学学报（社会科学版），2016，18（1）：103－107.

② 熊澄宇．3G与新媒体发展［J］．新闻前哨，2009（9）：15－16.

③ 彭兰．“新媒体”概念界定的三条线索［J］．新闻与传播研究，2016，23（3）：120－125.

体、新的传播终端、新的传播模式、新的传播时空观、新的传播维度、新的传播渠道等一系列与传播相关的新状态。

1. 新的传播主体

传播主体指的是传播行为的发起者、接收者和参与者。在传统媒体中传播主体主要是群体或组织，而在新媒体时代，随着互联网技术和科技水平的不断提升，原来复杂的、专业化的传播形态被改变，任何拥有联网智能手机和相关软件的个体都可以随时接收和发布信息，“人人都有麦克风”“人人都是传声筒”，每个个体都能成为信息传播节点，甚至可能成为信息传播中的结构洞。过去由专业媒体人主导的大众传播，已经扩展为全民参与的传播，呈现出万众皆媒的特点。

传播主体范围的扩大一方面极大地促进了信息内容的生产，媒体机构、各类组织和个体一起生产内容信息，为信息消费者提供了更广的信息维度、更深的内容深度，满足各类受众的不同信息需求。从大众至窄众，只有想不到，没有生产不出来的内容。自媒体对于专业媒体而言是一种延伸、一种资源补充，最典型的案例之一就是2020年新冠疫情期间钟南山院士的发声。在很多时候，自媒体还是专业媒体能量的放大者，通过评论、转发等形式能使专业媒体上的内容影响力发生“核变”。以2019年7月发生的“杭州女童被租客带走”事件为例，该事件的传播始于2019年7月10日11时微博博主@钱江晚报发布的一条关于“杭州女童被租客带走”的博文，随后自媒体纷纷利用自己的力量为该事件补充相关信息，推动该事件的网络传播热度不断升高。《人民日报》、央视新闻等主流媒体官微第一时间发布了“转发寻人”的博文，依靠主流媒体的社会影响力助力寻找女童。知名自媒体博主@东东枪、@请叫我热搜君等对事件进行了积极的扩散，并得到网民的积极响应。从媒体传播的角度来看，该事件呈现出专业媒体、平台媒体以及自媒体协同传播的状态。

但另一方面海量缺乏“把关人”的信息涌入市场，也使得传播过程中出现了更多的噪声。假新闻时刻挑战着受众的媒介素养，也挑战着专业媒体的能力。美国《大西洋月刊》网站报道，一家科学杂志公布的一份研究报告显示，在当下的社交媒体中，真相的传播力无法与谣言相抗衡。该项调查选取了2006年9月至2016年12月期间300万用户在社交网站Twitter上发布12.6万条消息进行研究，发现在每一项目比拼中，假消息都胜过了真相——假消息传播更快、更广、更深入人心。以成功向1 500人传播信息为标准，虚假信息的传播速度是真实新闻传播速度的6倍。此外，调查发现，与真实新闻相比，假新闻被转发的概率高70%。① 海量的信息不但造成了受众信息过载，也对专业媒体的运营提出了更高的要求。越来越多的媒体发现，内容生产量与消费量不能成正比。包括《卫报》《英国新闻报》《伦敦时报》和《世界报》等在内的多家媒体发现，对内容生产量的适当削减，反而带来了更多的用户流量、更长的阅读时间和更多的付费订户。②

除了有更多的人类个体参与到信息内容的生产中外，各种非人的机器也逐渐加入了传播主体的行列。除了前文提及的写稿机器人、AI主播外，物联网时代各种智能化物体也大量存在于人类生活之中，同时产生了大量监测对象信息的自动采集和分析数据。物作为传播主体中的一个新生力量，已经悄然登上了舞台。物作为另一种类型的公共信息的传播者，可以在时间的延续性、空间

① 李怡清．社交媒体信息传播调查：假新闻比真相快6倍，假政治新闻尤甚［EB/OL］．（2018-03-09）［2021-02-26］．https：//www.thepaper.cn/newsDetail_forward_2023141.

② 腾讯传媒．碎片化消费时代，生产过多内容会害了媒体？［EB/OL］．（2020-02-24）［2021-02-26］．https：//36kr.com/p/1725142286337.

的广阔性、信息采集的多维度等多方面延展人的能力。同时，物的传播偏向于以客观数据的方式来呈现现实环境或对象，这也可以对人的主观描述与判断形成补充。[①] 而且，若物能自动产出信息数据，拥有这些机器和信息数据的企业也必然成为信息内容生产中一股强大的力量。

2. 新的传播终端

信息的传播是需要借助特殊的终端来实现的，如报纸、电视、手机。随着信息终端的自然物体化进程，不同情境下的信息接收将通过不同的智能化物体来实现，例如智能家居中的各种智能电器、一切带屏幕的物品、汽车等实物，甚至可能基于投影等新技术，一切物体的表面都可以成为“屏幕”。新媒体内容的生产方式和传播方式也将因此而发生改变，在“万物皆媒”环境下，人们可以通过各种物联网、AR、VR 等技术获得更丰富的感官体验。

3. 新的传播模式

当每个人都能成为一个信息传播的节点，能够担负信息内容的生产、传播和接收功能时，人们的社交网络也就成了主流的信息传播渠道之一。人们的社交和分享需求也成为内容生产与传播的动力，反过来，社交因素也常常有助于推动人们对某些内容的关注。信息往往是沿着人们的社会关系网络在流动。路透社发布的《2019 年数字新闻报告》显示，越来越多的人通过智能手机使用互联网；英国 35 岁以下的受访者中有 44%的人在使用智能手机时会首先打开社交媒体，美国则有 54%的人更喜欢通过社交媒体接触新闻；在一些非西方国家，WhatsApp 成为讨论和分享新闻的最主要网络；分别有 33%和 23%的受访者将搜索引擎和社交媒体作为可信的新闻源。[②] 虽然人们对新闻源的可信度还有怀疑，但社交媒体在人们新闻消费中的重要性与日俱增，公共内容的传播越来越依靠“人媒”，而不是传统意义上的“传媒”渠道。大众传播要想获得好的传播效果，就必须充分重视人际传播的重要作用，特别是社交动力在信息传播中的重要作用，充分激活“人媒”，从而适应以关系网络为基础的新的传播模式。

4. 新的传播时空观

首先是传播时间观发生了变化。传统媒体时代，人们接收信息只能依靠报纸、广播、电视等媒介，阅读或接收新闻信息的时间、场所则相对比较固定，一般只能在早上听《新闻早高峰》，在晚饭时观看《新闻联播》；会为了自己喜欢的节目定好时间守着广播或电视，甚至还会因为电视节目的即将播出而加快自己回家的脚步。进入互联网时代，人们可以通过多样化的传播渠道满足自己个性化的信息获取需求，渠道可以是微博、微信、手机客户端等等。信息渠道的多元化打破了长久以来定时定点消费信息的模式，人们可以在任何时段进行社交娱乐、新闻阅读、信息分享。时间不再是重要的限制因素，碎片化逐渐成为中国社会传播语境的一种形象性描述，碎片化也成为新媒体重要传播特征之一，碎片化传播、碎片化时代、碎片化生存都是人们对新媒体这一传播形态的描述。以往媒体的“黄金时段”是用户行为共性的体现，它反过来又成为一种约束用户的媒体惯性；而碎片化时间的利用，打破了媒体的惯性，更多地体现了用户的个性与意志。[③]

其次是传播空间观的改变。回顾传播媒介的发展史不难发现，从口语传播时代到印刷传播时代，从报纸到电视再到互联网，每一次媒介形态的变化都伴随着传播空间观的变化，从点对点到点对面，从近距离到远距离，人们不断地在追求传播的“广播”化，希望尽可能地获得更

---

① 彭兰．5G 时代“物”对传播的再塑造 [J]. 探索与争鸣，2019 (9)：54 - 57.

② 路透社：2019 年数字新闻报告 [EB/OL]. (2019 - 07 - 02) [2021 - 02 - 26]. http://www.199it.com/archives/894493.html.

③ 彭兰．新媒体传播：新图景与新机理 [J]. 新闻与写作，2018 (7)：5 - 11.

多的关注、更多的用户，这也因此成为衡量传统媒体实力的重要指标。但随着移动互联网时代的来临，用户新媒体使用行为碎片化带来的个性化趋势，使传统媒体原有的千人一面、“广播”目标下无差别的信息传递再也无法满足人们的需求，千人千面的个性化信息和服务成为新衡量指标。最典型的例子就是基于LBS技术[①]提供的信息服务，不同位置的人们将会接受不同的个性化信息和服务，即使是小范围的位置变化也有可能引发差异。传播空间观改变的另一个例子无疑是VR、AR技术在信息传播中的应用，基于文字、图片、视频等手段的新闻现场直播成为常态，传媒产品的生产从专业媒体机构的新闻生产空间，向新闻发生的现场空间延伸，出自新闻现场的即时新闻生产变得越来越普遍。

5. 新的传播维度

在移动互联时代，场景成为时间和空间以外的新传播维度。场景原义指的是戏剧、电影中的场面，泛指情景。后被产品设计者用于形容特定的环境或条件下，或者在特定的需求驱动下，特定人群使用产品时的一系列行为和行为序列，是产品发挥功能用途的前提与条件。2014年，美国记者罗伯特·斯考伯和专栏作家谢尔·伊斯雷尔在《即将到来的场景时代》一书中大胆断言“未来的25年，互联网将进入新的时代——场景时代”，“构成场景的五种技术力量（原力）无处不在，我们称之为场景五力。当你触碰屏幕时，它们就在你的指尖；当你手持智能手机时，它们知晓你的位置和前进方向；当你驾车距离某物体过近时，它们便会发出警报。……五种原力正在改变你作为消费者、患者、观众或在线旅行者的体验。它们同样改变着大大小小的企业”[②]。他们所指的原力即移动设备、社交媒体、大数据、传感器和定位系统。胡正荣认为，“场景媒体时代，即Web 3.0。以场景、细分和垂直、个性化服务为特征……每个人的角色都是在特定时间、空间、情景、场合和需要中实现和完成的，而围绕个体存在的这一切就是场景”[③]。

借助场景不仅可以随时了解用户的实时信息需求，还能进而提供适时体验的信息和服务适配。如今，包括社交、出行、购物等服务都开始依赖场景，场景分析也成为信息、关系、服务的核心逻辑。新媒体时代，用户需要的是以场景为单位、以人为中心的更及时精准的连接体验；打动人心的场景以及用户在场景中浸润的感情也将成为新媒体时代争夺的热点。

6. 新的传播渠道

近年平台成为中国传媒行业的关键词，媒体平台化、平台媒体化成为主要趋势。互联网平台凭借规模庞大的用户群、精准的算法推荐技术，在信息传播中凸显分发优势，越来越具有媒体化特征；而具有内容生产优势的专业媒体，在融合转型的过程中又逐步搭建起平台化的传播网络。

技术和需求的升级不断驱动着媒体转型发展，在信息传播格局和舆论生态的变更和重构中，传统媒体的产业边界不断被拓展，新媒体成为媒体融合发展的重要平台。微博、微信、客户端成为各主流媒体抢滩登陆的主战场，同一媒体下辖的新媒体子账号相互协同，构成了新的传播矩阵。以《人民日报》为例，为适应融合发展的媒体浪潮，先后推出手机报、微博、微信、客户端等10多种载体，形成独具特色的新媒体矩阵（见图1-4）。早在2015年，人民日报社就已拥有

---

① LBS，location based service的首字母缩写，即基于位置的服务，利用各类型的定位技术来获取定位设备当前的所在位置，通过移动互联网向定位设备提供信息资源和基础服务。

② 斯考伯，伊斯雷尔．即将到来的场景时代［M］．北京：北京联合出版公司，2014：11.

③ 胡正荣．传统媒体与新兴媒体融合的关键与路径［J］．新闻与写作，2015（5）：22-26.

118 个微博机构账号、142 个微信公众号及 31 个手机客户端。[1] 除此之外，《人民日报》还充分适应分众化、差异化的传播趋势，注重发挥不同平台的传播优势，形成功能互补的传播格局。在主流 APP 上，如学习强国、今日头条、百度、抖音、知乎，均可发现《人民日报》的官方账号。

图 1-4 《人民日报》新媒体矩阵

资料来源：

2020 年人民日报社媒体品牌展示［EB/OL］.（2020-11-11）［2021-02-26］. http：//m. people. cn/n4/2020/1111/c3351-14552131. html.

尼葛洛庞蒂曾经预言的不同行业之间的相互融合越来越明显，平台媒体化的特征进一步凸显。美国学者乔纳森·格里克（Jonathan Glick）2014 年在《平台型媒体的崛起》中首次提出了"Platisher"一词，即 Platform＋Publisher（平台＋ 出版/发行机构）的组合，在文中他引用 Digiday 的一位撰稿人给出的定义，将平台型媒体看作是既具有媒体的专业编辑权威性，又具有面向用户平台所特有开放性的数字内容实体。[2] 纵观全球，社交媒体和技术公司凭借其庞大的用户群和雄厚的技术力量，短时间内已经成为用户获取新闻资讯的主要途径。在通过平台链接的传播网络中，不同类型的内容生产者保持实时在线、滚动更新、即时分发，实现了新闻信息的高速流通。资讯类平台今日头条、一点资讯，社交类平台微博、微信，以及短视频平台梨视频、快手和抖音等，基于海量用户的内容生产越来越具有平台媒体的属性。媒体平台化对传媒产业及其从业者都产生了一定影响，两者的关系越来越复杂。在 Cision 发布的《2019 全球媒体现状调查报告》中，记者们列举的新闻业所面对的多项问题中，排名第一位的就是社交媒体和影响力人群的影响力超过传统媒体；同时也有更多的记者认为社交媒体算法将成为对他

---

① 张月 .《人民日报》微信微博发展策略对传统媒体融合工作的启示［J］. 视听，2015（9）：5-6.

② 杰罗姆 . 平台型新媒体（Platisher）是有效的商业模式吗？［J］. 中国传媒科技，2014（z1）：71-75.

们工作产生最大影响的技术。①

（三）新媒体产业的定义

新媒体产业可以理解为一种依托网络信息技术、数字技术和移动通信技术等，借助网络媒体、移动互联网、互动电视等新兴媒体平台，进行传媒内容生产与传播的产业类型。依托互联网技术的高速发展、网民数量的急速增长以及移动终端的不断革新，新媒体产业规模迅速扩大。2015年，腾讯以网络流量、用户量和内容创新增量的综合优势，跃升为中国第一大平台媒体；Facebook 则凭借与《纽约时报》、英国广播公司等9家欧美知名新闻内容提供商达成战略合作，一举成为美国新闻媒介的第一大入口。②

（四）新媒体产业链中的主要角色

移动化、智能化和大数据化的新媒体产业的发展，呈现出“全产业”的特点，新媒体产业链的分工也变得越来越清晰。以信息型产品为例，此类产品的新媒体产业链中包含六种主要角色，分别是技术提供商、网络运营商、终端提供商、平台提供商、内容提供商和用户。上游环节向下游环节输送产品或服务，下游环节向上游环节反馈信息。信息共享在产业链中大量存在，信息的价值也在共享过程中得到传递。

1. 技术提供商

技术提供商，也有人称之为技术供应商，是在新媒体产业链中，为其他各个环节提供技术资源支持的技术支持者，以及提供软件平台来帮助相关环节进行管理的软件提供者。一家公司可以有多个技术提供商，一个技术提供商也可以把技术同时供应给不同的下游企业，但这不代表所有用同一家技术供应商提供的同一种技术的公司，都能做出一样的产品。以广东广播电视台下属的触电新闻为例，它是广东唯一一家县级融媒体中心省级技术平台的承建方，凭借自主研发的整套拥有完全自主知识产权的触电新媒体平台，同时为广东省数十个县区的县级融媒体中心建设提供技术支撑，不同的县级融媒体中心可以根据自己的需要进行个性化定制和内容生产。

2. 网络运营商

网络运营商是新媒体产业链中拥有网络基础硬件设施的角色。它们利用自身的硬件基础优势，为内容提供商和渠道供应商提供最基本、最底层的网络支持和网络平台。正因为有它们，用户才能享受到互联互通。我国目前的三大网络运营商分别为中国电信、中国移动、中国联通。

3. 终端提供商

终端提供商对整个新媒体产业链的发展起着至关重要的作用。终端为新媒体内容提供了展示的硬件基础，终端的创新发展也为新媒体内容提供了更宽广的舞台，终端技术水平的高低将直接影响用户的产品使用感受。例如苹果公司于2020年3月18日发布的2020款 iPad Pro 装配了激光雷达扫描仪，可从光子层面进行探测，并能以纳秒速度运行，为增强现实及更广阔的领域开启无尽可能。

---

① CISION：2019全球媒体现状调查报告［EB/OL］.（2019-07-10）［2021-02-26］. http：//www.199it.com/archives/904179.html.

② 周笑．新媒体产业年度趋势解析及战略远景展望：平台全能化成为新动力机制［J］. 新闻大学，2016（3）：68-79，149-150.

4. 平台提供商

平台提供商就是提供内容传播所依赖平台的机构。它们是用户日常获取信息内容的主要接口，是连接用户与信息内容的载体，也就是大家熟识的各种应用，比如新华社全媒体报道平台、南方＋、微信、微博、今日头条等。

5. 内容提供商

内容提供商就是信息内容的提供者，也是内容价值的创造者。前文提到过，媒体融合背景下，媒体与用户相互融合，用户越来越多地参与到内容生产过程中。PGC、OGC、UGC、PUGC 四者共同作为主要内容提供商存在。

6. 用户

在新媒体时代，用户所扮演的角色越来越多，他们不仅是信息的接收者，同时也扮演着传播者、制作者等角色。新媒体用户中虽然有相当一部分是从传统媒体迁移过来的"数字移民"，但"数字原住民"无疑是主要用户群体之一，相较于"数字移民"，他们与互联网共同成长，不再满足于单向的信息接收，更乐于进行信息分享和信息生产，需求也更多元化。用户的多样化和年轻化、用户需求的个性化，产生了强大的需求，反向促进了上游各产业的发展，加速了新媒体产业的前进步伐。

二、新媒体产业的发展情况

得益于快速发展的互联网技术和日益壮大的网民规模，我国的新媒体产业规模快速扩大，新闻客户端、网络广告、网络游戏、影音视频、短视频、移动直播等新媒体产业都呈现高速增长态势。在移动互联、5G、大数据等技术的助推下，新媒体产业迎来新的发展机遇，并出现诸多新趋势。

（一）互联网企业逐步成为新媒体产业主导者

在目前中国互联网经济背景下，以腾讯、阿里巴巴、字节跳动等为代表的互联网企业正在全面"渗入"各个产业，形成群雄争霸的竞争格局。有的互联网产业巨头同时也是社交媒体和内容媒体的巨头，比如腾讯；有的互联网巨头原本媒体属性很弱，现在也不断通过企业融资、兼并、新业务扩展等方式，力图成为平台化媒体，掌握媒体话语权，比如阿里巴巴曾经尝试进军社交媒体领域，开发了产品"来往"，后又在淘宝的基础上开发了淘宝直播；还有的则是靠新的媒体平台，在激烈的竞争中异军突起的独角兽新秀，比如字节跳动。头部互联网企业正在凭借自身强大的资本优势，不断加码对新媒体产业的布局。

在这样的技术和时代背景下，媒体产业与互联网产业也进入了一个高度融合的阶段。《传媒蓝皮书：中国传媒产业发展报告（2020）》显示，2019 年，中国传媒产业总产值达到 22 625.4 亿元，约占世界传媒产业的六分之一。[①] 这一方面是由于政府对文创产业、人工智能产业、独角兽企业的政策帮扶，激发了市场主体的活力，加速了产业结构的升级；另一方面也与互联网巨头的介入密切相关。它们不仅给新媒体产业的发展带来了资金，也带来了先进的互联网技术。一方面不少传媒公司通过上市融资，增强自己的业务实力，2019 年上市融资的传媒类企业约 12 家（见表 1－1）；另一方面，上市公司又成为新媒体投资的核心主体，其中腾讯投

① 陈妙然．传媒各领域"视频化""直播化"趋势明显［EB/OL］．（2020－08－31）［2021－02－26］．https：//www.chinaxwcb.com/info/565587.

资数量最多，阿里巴巴投资额最大，字节跳动也进行了积极布局，百度则重点围绕企业服务和人工智能进行了投资，四家互联网上市公司的主要投资事件如表 1 - 2 所示。

表 1 - 1　　2019 年上市融资的新媒体公司

公司名称	上市时间	融资金额
微盟集团	2019 - 01 - 15	10.6 亿港元
猫眼娱乐	2019 - 02 - 04	18.24 亿港元
如涵控股	2019 - 04 - 03	1.25 亿美元
新媒股份	2019 - 04 - 19	11.61 亿人民币
斗鱼直播	2019 - 04 - 22	10.8 亿美元
兑吧	2019 - 05 - 07	5.87 亿港元
羚邦星艺	2019 - 05 - 21	2.24 亿港元
中信出版	2019 - 07 - 05	6.5 亿元人民币
网易有道	2019 - 10 - 26	3 亿美元
中手游	2019 - 10 - 31	10.1 亿港元
36 氪	2019 - 11 - 08	2 415 万美元
阿里巴巴	2019 - 11 - 26	1 012 亿港元

资料来源：

崔保国，徐立军，丁迈．传媒蓝皮书：中国传媒产业发展报告（2020）[M]．北京：社会科学文献出版社，2020.

表 1 - 2　　2019 年阿里巴巴、腾讯、字节跳动和百度的主要投资事件

投资公司	被投资公司	投资金额
阿里巴巴及其关联方	分众传媒	7.99%的股份
阿里巴巴、云锋基金	网易云音乐	7 亿美元
阿里巴巴旗下的淘宝中国	bilibili	2 400 万股
阿里巴巴	趣头条	1.71 亿美元
阿里巴巴	上海幻电	不详
腾讯	快手	10 亿～15 亿美元
腾讯旗下子公司 THLH Limited	微盟集团	9 682 万股
腾讯	有赞	近 10 亿港元
腾讯	快看漫画	1.25 亿美元
腾讯	销售易	1.2 亿美元
腾讯领投	VIPKID	1.5 亿美元
字节跳动	虎扑	12.6 亿元人民币
字节跳动	互动百科	22.2%的股份
字节跳动等	北京多氪	2 400 万美元
字节跳动	上海墨鹍数码科技有限公司	不详
字节跳动	极课大数据	不详
百度	汉得信息	5.5 亿元人民币
百度领投	北京凯声文化	超 5 000 万美元

资料来源：

崔保国，徐立军，丁迈．传媒蓝皮书：中国传媒产业发展报告（2020）[M]．北京：社会科学文献出版社，2020.

（二）中国新媒体产业发展五大趋势

随着新一轮科技革命和产业变革孕育兴起，人工智能、大数据、云计算、区块链等新技术飞速发展，社交媒体、网络游戏、网络直播、短视频等新应用新业态不断涌现，重塑了新媒体

产业的生态和格局。《新媒体蓝皮书：中国新媒体发展报告 No.10（2019）》① 指出，中国新媒体产业发展呈现五大趋势。

1. 新媒体产业新巨头崛起

大数据、人工智能等新技术给新媒体产业带来新冲击和新机遇，新媒体产业内部也会进一步分化，技术实力强、团队竞争力强、生态协同好的互联网平台会抢占越来越多的市场份额，长期以来形成的 BAT 三巨头格局极有可能会被字节跳动、快手等后来者打破，并形成新的新媒体产业格局。2019 年 8 月 14 日，中国互联网协会、工业和信息化部网络安全产业发展中心（工业和信息化部信息中心）公布了 2019 年互联网企业 100 强和互联网成长型企业 20 强，并发布了《2019 年中国互联网企业 100 强发展报告》。从前 20 强的名单很容易看出，虽然 BAT 仍位列前三，但后面已经出现了一批表现不俗的追赶者，如京东、美团、寻梦等；而老牌的三大门户则已分列至第 6、第 10 和第 12 位（见表 1-3）。

表 1-3　2019 年中国互联网企业 20 强名单

排名	公司名称	中文简称	主要品牌
1	阿里巴巴（中国）有限公司	阿里巴巴	淘宝、阿里云、高德
2	深圳市腾讯计算机系统有限责任公司	腾讯公司	微信、QQ、腾讯网
3	百度公司	百度	百度、爱奇艺
4	京东集团	京东	京东商城、京东物流、京东云
5	浙江蚂蚁小微金融服务集团股份有限公司	蚂蚁金服	支付宝、相互宝、芝麻信用、蚂蚁森林
6	网易集团	网易	网易邮箱、网易严选、网易新闻
7	美团点评	美团	美团、大众点评、美团外卖、美团买菜
8	北京字节跳动科技有限公司	字节跳动	抖音、今日头条
9	三六零安全科技股份有限公司	三六零	360 安全卫士、360 浏览器
10	新浪公司	新浪公司	新浪网、微博
11	上海寻梦信息技术有限公司	拼多多	拼多多
12	搜狐公司	搜狐	搜狐媒体、搜狐视频、搜狗搜索、畅游
13	北京五八信息技术有限公司	58 集团	58 同城、赶集网、安居客
14	苏宁控股集团有限公司	苏宁控股	苏宁易购、PP 视频
15	小米集团	小米集团	小米、米家、米兔
16	携程计算机技术（上海）有限公司	携程旅行网	携程旅行网、天巡
17	用友网络科技股份有限公司	用友网络	U8c、财务云、精智工业互联网平台
18	北京猎豹移动科技有限公司	猎豹移动	猎豹清理大师、AI 智能服务机器人
19	北京车之家信息技术有限公司	汽车之家	汽车之家、二手车之家
20	湖南快乐阳光互动娱乐传媒有限公司	快乐阳光	芒果 TV

资料来源：
中国互联网协会，工业和信息化部网络安全产业发展中心．2019 年中国互联网企业 100 强发展报告［EB/OL］．（2019-08-14）［2020-02-26］．http：//www.hlis.org.cn/ueditor/php/upload/file/20190819/1566180893112777.pdf.

2. 5G、区块链新产业将逐步落地

2018 年 12 月，工信部向三大运营商发放了 5G 频谱资源，随后将陆续制定和颁布物联网、车联网的频率使用规划，可以看出，我国 5G 发展进入全面深入落实阶段，5G 产业化取得初步成果。在新媒体产业领域，5G 将帮助新媒体产业公司吸引更多的用户，帮助 VR、AR、MR

① 唐绪军，吴信训，黄楚新．新媒体蓝皮书：中国新媒体发展报告 No.10（2019）［M］．北京：社会科学文献出版社，2019.

有效落地，通过物联网的落地实现万物互联。

区块链在经历2018年前半年的高速成长之后，在后半年遭遇寒冬，未来随着场景的丰富和落地，区块链产业将取得实质性进展，尤其在区块链金融、政府数据上链、区块链版权、区块链广告等方面会取得快速发展。这不仅会产生很多的机会、很多的就业岗位，也会淘汰掉一批现有的产品和公司，比如在手机和互联网技术发展后，汽车导航仪就已经退出了历史舞台。

3. 新媒体产业上市融资将更为便利

2018年11月5日习近平总书记在首届中国国际进口博览会开幕式上宣布设立科创板。2019年1月30日，科创板系列规则征求意见稿正式发布；3月12日，上交所向各保荐机构发布了《关于组织科创板股票发行上市审核系统集中测试演练的通知》；6月13日，科创板正式开板；7月22日，科创板首批公司上市。科创板将重点支持新一代信息技术、高端装备、新材料新能源、节能环保以及生物医药等高新技术产业和战略性新兴产业，推动互联网、大数据、云计算、人工智能和制造业深度融合，新媒体产业公司也将成为科创板上市企业的重要来源。

4. 产业互联网成为突破新方向

产业互联网是基于互联网技术和生态，对各个垂直产业的产业链和内部的价值链进行重塑和改造，从而形成的互联网生态和形态。产业互联网是一种新的经济形态，利用信息技术与互联网平台，充分发挥互联网在生产要素配置中的优化和集成作用，实现互联网与传统产业深度融合，将互联网的创新应用成果深化于国家经济、科技、军事、民生等各个经济社会领域中，最终提升国家的生产力。2018年阿里巴巴再提出“新制造”，马云希望利用大数据、云计算、物联网来改造中国传统制造业，将其与互联网对接，实现智能制造。同年9月30日，腾讯对外发布了《腾讯启动战略升级：扎根消费互联网，拥抱产业互联网》，马化腾认为“移动互联网的上半场已经接近尾声，下半场的序幕正在拉开。伴随数字化进程，移动互联网的主战场，正在从上半场的消费互联网，向下半场的产业互联网方向发展”。目前，腾讯、阿里巴巴、百度等纷纷向产业互联网转型，产业互联网的拓展能力和程度，将在一定程度上决定新媒体产业公司的新空间。

5. 组织架构调整成为新趋势

新媒体产业公司为了更好地适应外部环境和自身发展战略，组织架构的重构和优化势在必行，未来新媒体产业公司组织架构调整的方向将是分权、灵活和协同。腾讯、阿里巴巴、字节跳动纷纷调整其组织架构。以腾讯为例，2018年9月30日，腾讯正式宣布将七大事业群调整为六大事业群。其中，新成立云与智慧产业事业群（CSIG）、平台与内容事业群（PCG），并整合社交与效果广告部（SPA）与原网络媒体事业群（OMG）广告线，成立新的广告营销服务线（AMS）。这是腾讯继2005年和2012年之后第三次大规模的组织架构调整。除了增强ToB的业务板块外，腾讯也加强了文化产业线的发展力度，希望通过跨业务线的协同性发展，将内容、产品、运营、技术融合为整体生态，重塑行业竞争格局。[①]

从上面的论述不难看出，在新媒体环境中各方力量相互作用之下，新媒体产业正在发生新一轮的变革，传统媒体加紧布局新媒体，组建融合性的媒体集团；新媒体希望与主流媒体合作，打造精品内容解决“内容荒”；互联网企业则凭借资本优势，加紧对各类媒体的兼并，希望能打通产业上下游形成商业集团。媒体融合已经成为一种发展潮流，为我国新媒体产业提供了全新思路、注入了新的活力，这也成为当今媒体行业发展的重要课题和前沿问题。

---

① 钱皓．重磅！腾讯组织结构大调整，除了战略解读还得窥见这些产业机遇［EB/OL］.（2018-09-30）［2021-02-26］. https://baijiahao.baidu.com/s?id=1612959267108990534&wfr=spider&for=pc.

三、近年新媒体产业的发展特点

随着内容生产方式变革，传播模式不断创新，形式不断丰富，近年我国的新媒体产业也出现了一些特有的现象。

（一）下沉市场成为重要增长极

所谓“下沉市场”就是指三线及以下中小城市、县镇与农村地区的市场，是我国人口基数最大、面积最大、潜力最大的市场。截至 2019 年底，全国共有地级行政区划单位 333 个，县级行政区划单位 2 846 个。[①] 除了 4 个一线城市，15 个“新一线”城市，30 个二线城市，共计 49 个城市以外，其他均属于下沉市场范畴。伴随城镇化进程的持续推进，人均可支配收入的提高，以及交通网络、物流、信息技术等基础设施的不断完善，下沉用户的消费潜能逐渐被激发出来，“下沉市场”也由此越来越受到互联网行业的关注。

但在之前的很长一段时间里，受限于物流条件和地区经济发展水平，下沉市场被视为“低端城市”和“低端用户”，在互联网市场扮演着“隐形人”的角色。但随着一、二线市场的逐渐饱和，下沉市场凭借着庞大的用户群体，成为互联网企业获取流量增量、寻求新市场机会的全新蓝海。另外，拼多多和趣头条的成功让各路商家领略到了下沉市场的魅力，2018 年，年仅 3 岁的拼多多成功赴美上市，随后，成立仅两年零三个月的趣头条以更快的速度登陆纳斯达克，而互联网巨头阿里巴巴和京东分别在成立了 8 年和 16 年后才得以上市，即使是“天才”聚美优品也用了 4 年时间。

近年各大互联网企业都将目光聚焦至下沉市场。Trustdata 发布的《2019 年中国“双 11”购物节电商行业分析报告》显示，在 2019 年参加“双 11”的用户中，三线及以下城市用户占比近五成（见图 1－5），且低线城市的净增用户总量高于一、二线城市（见图 1－6），2019 年“双 11”三线及以下城市用户活跃度同比增长 133.6%。[②] QuestMobil 数据显示，在 2020 年“双 11”期间，综合电商典型 APP 新安装用户主要分布在三线和四线城市（见图 1－7）。

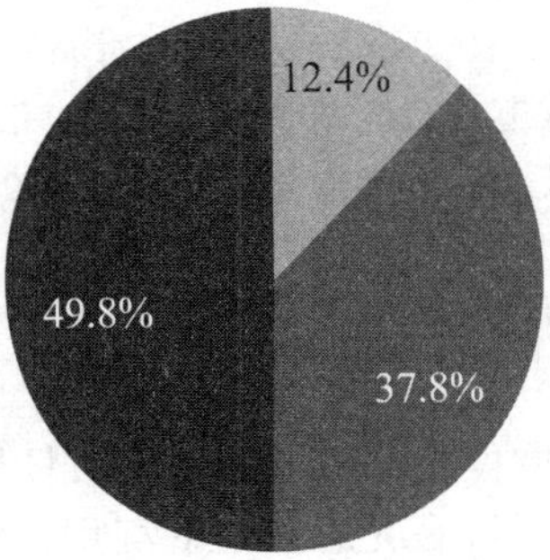

图 1－5　2019 年“双 11”期间电商用户城市等级分布

资料来源：

Trustdata：2019 年中国“双 11”购物节电商行业分析报告［EB/OL］.（2019－11－15）［2021－02－26］. http：//www.199it.com/archives/966871.html.

---

① 中华人民共和国民政部．2019 年民政事业发展统计公报［EB/OL］.（2020－09－08）［2021－02－26］. http：//images 3.mca.gov.cn/www 2017/file/202009/1601261242921.pdf.

② Trustdata：2019 年中国“双 11”购物节电商行业分析报告［EB/OL］.（2019－11－15）［2021－02－26］. http：//www.199it.com/archives/966871.html.

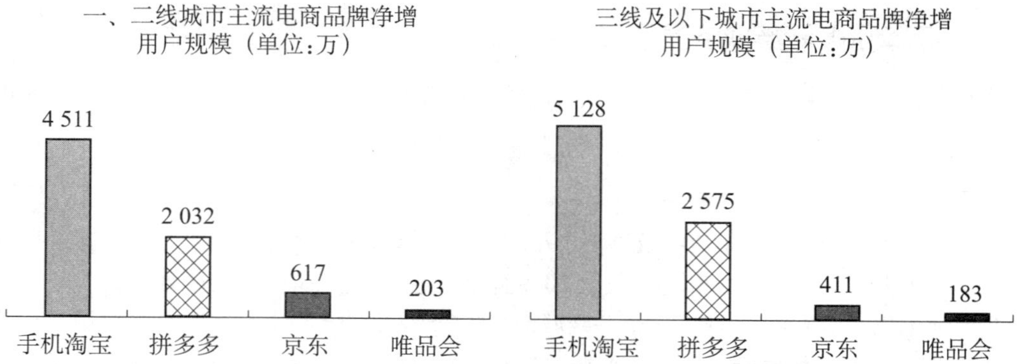

图 1-6　2019 年“双 11”期间城市主流电商品牌净增用户规模

资料来源：

Trustdata：2019 年中国“双 11”购物节电商行业分析报告［EB/OL］.（2019-11-15）［2021-02-26］. http：//www. 199it. com/archives/966871. html.

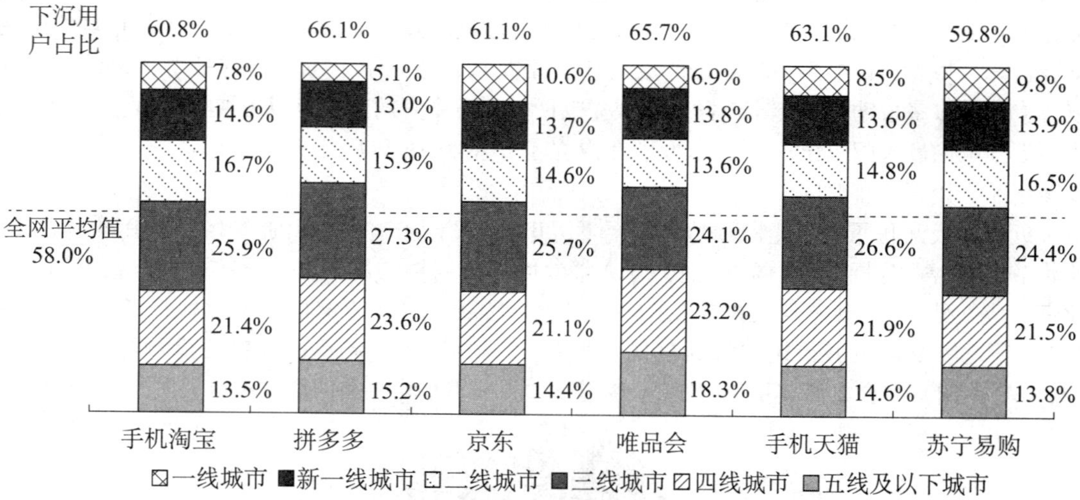

图 1-7　2020 年“双 11”期间综合电商典型 APP 新安装用户城际分布

资料来源：

QuestMobile 研究院 . QuestMobile 下沉市场报告［EB/OL］.（2019-05-22）［2021-02-26］. https：//www. questmobile. com. cn/research/report-new/46.

QuestMobile 发布的下沉市场报告显示，我国下沉市场用户规模超过 6 亿，其中 18 岁以下、46 岁以上用户较多。而相比于非下沉用户，下沉用户拥有更多时间刷手机，具有线上“杀时间”需求突出，对价格和收益敏感，对线下、实体店信任高，熟人社交影响大等典型特征。因此社交类、泛娱乐类、购物类的下沉用户移动互联网行业渗透率也较高。①

（二）私域流量全面爆发

2019 年是下沉市场形成星火燎原之势的一年，更加是私域流量全面爆发的一年。在弄清楚私域流量之前，首先要理解公域流量。所谓公域流量就是指花钱从其他公共平台购买的一次

① QuestMobile 研究院 . QuestMobile 下沉市场报告［EB/OL］.（2019-05-22）［2021-02-26］. https：//www. questmobile. com. cn/research/report-new/46.

性流量，例如商家要向淘宝、小红书、微博、抖音交钱买曝光度，其实就是在为公域流量付费。而私域流量与公域流量正好相反，是指不用付费，品牌或个人拥有的、可以自由触达用户的流量，即“自己可以掌控的私人流量”。私域流量的形态，或也可称为私域流量池，其本质是便捷和低成本的运营，追求更便宜的流量来源、更高的售卖转化率、更高的用户长期价值、更广的用户自传播范围，进而达到提升 ROI（return on investment，投资回报率）的目的。①

相较而言，公域流量的受众面更广，可以大面积、多频次地进行品牌曝光，有助于塑造品牌形象，保持品牌活跃度和竞争规模。而私域流量则能直接降低企业的营销成本，有助于精准触达自己的用户，能够很便捷地与用户建立起品牌情感联系，可以增强用户的品牌认知，从而树立企业或产品的品牌形象。

一般而言，公域流量的渠道分成三类：第一类是传统的线下流量入口，如商场里的平面广告等；第二类是线上各大企业付费流量渠道，如微博、抖音的公共付费流量渠道；第三类是线上垂直类型流量渠道，如汽车之家、妈妈网等。私域流量的渠道则较为单一，通常是产品社群或独立 APP，在微博、微信上的官方账号可以为私域流量引流，但需要注意，关注某产品微博公众号的粉丝并不算已经进入了该产品的私域流量池，而只有在该粉丝在该产品的 APP 上进行活动，或进入该产品的用户微信群等社群后，才算进入了私域流量池。

2019 年，带货主播李佳琦爆火，一夜之间所有人都在看李佳琦的直播，“口红一哥”“吉尼斯纪录保持者”“击败马云的男人”一系列称号也让他频频出现在各大内容头条，因此越来越多的品牌开始找李佳琦合作，事实上这就是品牌在向私域流量求助，品牌商们需要李佳琦这样的助手挤入私域流量的赛道，从而更直接地接触消费群，更精准地识别潜在消费者。

虽然私域流量在 2019 年爆火，但其实私域流量并不是新鲜事，比如聚美优品在创立伊始就通过在人人网注册小号，装成女生到处加好友才积攒了第一波种子用户；再比如微商也是私域流量的先行者。因此私域流量的本质是基于真实的用户关系，构建一个去中心化的分布式服务网络，为消费者提供一对一的个性化优质服务。② 同公域流量一样，私域流量也需要做好用户运营、品牌运营、口碑运营等，用更好的内容、产品和服务留存自己的用户。

（三）短视频推动视频生产力升级

短视频在经历了火山爆发式的增长后，于 2019 年告别了“野蛮生长”，进入了“细水长流”的长线发展阶段。据 CNNIC《第 47 次中国互联网络发展状况统计报告》，截至 2020 年 12 月，我国网络视频用户规模达 9.27 亿，占网民整体的 93.7%；其中短视频用户规模为 8.73 亿，占网民整体的 88.3%。《2019 中国网络视听发展研究报告》也显示，短视频对新增网民的拉动作用最为明显，2018 年 6 月至 12 月，新入网的网民对短视频的使用率高达 53.2%，仅次于即时通信、网上搜索和网络音乐，排在第四位。③

用户厌倦了 15 秒短视频带来的短期刺激，渴望在短视频中看到好故事。因此，各大短视频平台在推动平台内容多元化的同时，也积极助推短视频的内容“变长变精品”。越来越多的短视频平台和专业机构开始重视 PGC、MCN（multi-channel network，多频道网络）的重要作

---

① 欧阳王．什么样的产品适合建设私域流量池［EB/OL］．（2019－05－21）［2021－02－26］．http：//www.woshipm.com/operate/2364538.html.

② 钱皓．疫情加速品牌零售重塑，私域流量价值觉醒［EB/OL］．（2020－02－20）［2021－02－26］．https：//baijiahao.baidu.com/s? id=1659066494951921582 & wfr=spider & for=pc.

③《2019 中国网络视听发展研究报告》发布：短视频市场增速最快 直播下降［EB/OL］．（2019－05－28）［2021－02－26］．http：//news.cctv.com/2019/05/28/ARTIBqoTlrzErjVKpwXFQGUc190528.shtml.

用，并将目光聚焦至时长3～15分钟的精品视频内容上。“火锅剧”[①] 就是腾讯旗下短视频平台“火锅视频”为顺应现在人们的视频观看习惯推出的新型短视频节目。2019年火锅视频联合其他平台出品的《女人30+》《住手吧！关同学》等火锅剧均取得不错的反响。此外，抖音、微博为首的各大平台还在布局时长5～15分钟的Vlog[②] 内容。从当前各大平台Vlog的内容来看，主要可以分为生活、学习、美食、旅游等四大领域。2019年11月，央视主播康辉发布了他的第一支Vlog，这条不长的视频通过微博热搜传播到更大范围，被更多人熟知，又掀起一波Vlog热潮。不少网友表示，“被这样的新闻主播圈粉了”。

（四）“+直播”流量势头正好

在经历了“千播大战”后，直播行业也遭遇“寒冬”，迎来了洗牌与整合。但许多非直播平台却积极扩展自身直播业务，发展“+直播”模式，例如电商+直播、长/短视频+直播、音频+直播等等（见表1-4）。

表1-4　几种“+直播”模式及举例说明

模式	举例
电商+直播	以淘宝、京东、小红书等为代表的电商平台，直播内容迅速拉动GMV和提高消费者购买转化率，头部主播带货能力直逼一线明星。
长视频+直播	以bilibili、优酷、爱奇艺、腾讯等为代表的长视频平台，借助直播补足内容品类，提升用户体验及留存率。
短视频+直播	快手、抖音、西瓜等短视频平台，借助直播突破内容时长限制，以更深入的互动形式加深与用户的绑定。
音频+直播	受益于音乐自带的演出需求及落地场景，酷狗音乐、网易云音乐等大力推出植根于音频娱乐的直播平台/功能，为用户提供创新体验的同时完善内容生态。
社交+直播	以陌陌等为代表的社交平台，以直播拉近与用户的距离，吸引年轻群体。
泛文娱+直播	综艺、影视节目、文化演出、旅游、内容宣发……直播与用户的近距离特性以及实时互动正在为越来越多的泛文娱产业带来新的玩法与赛道。

而在众多“+直播”模式中，以电商直播最为火爆。“电商直播”无疑是2019年最火的购物方式，电商直播在带货方面更是显示出了强大号召力。2019年“6·18”购物节，淘宝直播带动成交额超130亿元；天猫“双11”预售首日，1.7万个品牌开启直播，多款品牌单品通过直播引导预售成交额破亿，其中更有6分钟就破亿的秒杀纪录。“双11”购物当天的直播成交额更是上涨到200亿元左右。浙江大学传媒与国际文化学院教授赵瑜认为，相比电视购物，电商直播不是用夸张的语言和戏剧效果来实现“饥饿营销”，而是更强调主播与受众的交互和共情，符合互联网时代用户的社交习惯。[③]

直播这一模式在2020年得到了进一步发展，不仅平台和从业人员的数量持续攀升，明星、

---

① “火锅剧”指具备完整叙事、题材广泛、形式多元、镜头语言丰富的微剧或微综。火锅剧单集时长一般为1～10分钟，项目总时长≥30分钟；主题要求创新原创、弘扬和践行社会主义核心价值观，展现正能量。

② Vlog，全称为video weblog或video blog，是源于“blog”的变体，意思为“视频博客”和“视频网络日志”，是博客的一个分类。Vlog多记录作者的个人生活日常，主题非常广泛，或是参加大型活动的记录，或是日常生活琐事的集合。

③ 王辰阳，程思琪．买它！买它！买它！电商直播为啥这么火？[EB/OL]．(2019-12-27)[2021-02-26]. http://www.xinhuanet.com/2019-12/27/c_1125394574.htm.

主持人等职业的从业人员也加入了直播大军。2020 年 4 月，央视推出由朱广权和李佳琦组成的“小朱配琦”组合，连麦带来“谢谢你为湖北拼单”公益直播，在线售卖热干面、洪湖藕、鸭脖等湖北美食，为湖北加油；2020 年 5 月演员刘涛入职阿里巴巴，花名“刘一刀”，跨界做带货主播，上班第一天成交额高达 1.48 亿元。看直播购物，已成为当下流行的生活方式。

【思考题】

1. 在你看来，在新技术的推动下，未来的新媒体产业将会变成什么样?

2. 司马迁的“天下熙熙皆为利来，天下攘攘皆为利往”道出了商业活动的本质。但是，只谈“利”容易忽略媒体行业的社会功能与政治功能，“利”可以扩展为媒体运营中的“价值”，融媒体时代，你认为新媒体产业应该如何更好地实现相关主体的价值需求?

3. 媒介融合时代下，传播生态和功能发生变化，那么我国主流媒体如何更好地争夺话语权，切实地增强新闻舆论的引导力?

4. 在消费互联网向产业互联网转型的背景下，传媒产业会受到什么样的影响，又将在其中发挥什么样的作用?

第二章　新媒体产品

通过本章学习，你将能够：

1. 理解什么是新媒体产品。
2. 清楚新媒体产品的五要素。
3. 掌握用户的类型及其与产品生命周期的关系。
4. 了解新媒体产品的定位方法。

早上七点，小王的手机闹钟准时响起。赖床几分钟后，小王在半睡半醒中开始洗漱，起床的他一把抓起洗手台上的牙膏，狠狠地往牙刷上挤了一大坨，一边飞快地刷牙，一边拿起毛巾往自己的脸上胡乱擦了一把。十分钟后，小王已经背着他的笔记本电脑站在宿舍电梯口，就在这个空暇，他打开了手机上安装的“曹操出行”，发出了自己的用车信息。

与电梯一同上来的还有宿舍做清洁的阿姨，他和阿姨寒暄了几句后就进入了电梯。自小王进入大学宿舍以来就一直是这个阿姨在负责打扫公共区域的卫生，她打扫认真干净，对人热情，所以每次见面小王都会与阿姨聊上几句。

很快，软件提示小王的打车订单已经有司机师傅响应了，到楼下没多久，小王就接到了司机师傅的电话：“地图显示我和你的距离不到100米了，应该一分钟就到你楼下。”车上，小王习惯性地打开了微信刷刷朋友圈，随后又打开了人民日报APP上的一个互动H5……

第一节　新媒体产品相关概念

上面的案例也许就是一部分人日常生活的写照，从案例中不难看出，人们的生活已经被各种各样的物品和服务充满，生活也因此变得便利。这些能为人类生活带来便利的物品和服务往往被统称为“产品”。那究竟什么是产品呢？人们常说的新媒体产品又指什么？本节将带着这两个问题来展开课程的学习。

一、产品的定义

在经济领域，人们通常将产品理解为组织制造的任何制品或制品的组合。简而言之，狭义产品指被生产出来的物品，广义产品则是一切可以满足人们需求的载体。“小王的清晨时光”里出现的手机、牙膏、牙刷、电梯等物品，虽然具有不同的作用，但它们有一个共通的特点——都是满足了使用者某种需求的实体物品。牙膏和牙刷可以用来清洁牙齿；电梯可以帮助人们迅速在建筑物里升降移动；手机不但可以打电话、设闹钟，还能作为承载多种移动应用的终端。

再看看例子中的“女一号”清洁阿姨和“男二号”司机师傅，阿姨的工作是保持宿舍公共区域的环境清洁，这满足了人们希望生活在干净卫生环境中的需求；司机师傅的工作解决了小王上班通勤的问题……他们的服务满足了人们不同的需求，因此也是一种产品，只不过这种产品不以实物的形式存在，本质上是无形的，对服务的出售也不会带来服务所有权的转移。

除了手机这样的实物产品、服务这样的无形产品外，例子中出现的微信、曹操出行、人民日报 APP、H5 等也是产品的形态。它们与实物产品一样，也满足了使用者的某种需求。例如人民日报 APP 和 H5 的交互式内容，满足了用户信息获取、互动体验的需求；微信满足了用户信息获取和社交的需求；曹操出行则满足了用户出行的需求。

因此，从产品使用者的角度来看，产品可以定义为向市场提供的，能引起人们注意、获取、使用或消费，并能满足使用者欲望或需求的任何东西。产品不仅包括有形的物品，还包括无形的服务、观念、数字内容产品、网页、移动应用或者上述内容的组合。因此，苹果手机、本田汽车、星巴克咖啡是产品，新闻报道、微信推送、音视频是产品，支付宝、微信、饿了么也是产品。

二、新媒体产品的定义

互联网和移动互联网的发展推动着新媒体技术的不断向前；与此同时，发源于互联网，包含技术创新与实现、盈利模式构建与实施、用户体验设计与包装、推广策略及其落地等因素在内的“产品”思维，也成为新媒体领域不断被聚焦的热点。[①] 在此背景下，新媒体产品作为产品的一种特殊形态出现并快速发展。

（一）什么是新媒体产品?

目前对于新媒体产品一词的概念尚未形成统一的看法，但存在以下两种主要观念。第一种认为，新媒体产品就是在新媒体上承载的内容，也就是大家每天都会接触到并消费的内容产品，如微信公众号推文、抖音上的短视频等。另一种则认为，新媒体产品指的是设计制作的新媒体本身，即平时所说的技术服务类产品，如新兴操作系统、媒体采编播云平台系统等。这些看法从新媒体产品的具体呈现形态角度进行了部分的解释，但这并不能代表新媒体产品的全部。在此引用第一章中对新媒体进行的阶段性定义，将现阶段的新媒体产品定义为基于数字技术、网络技术及其他现代信息技术或通信技术的，向市场提供，能引起人们注意、获取、使用或消费，并能满足使用者欲望或需求的无形载体。

（二）新媒体产品与互联网产品、信息产品辨析

新媒体产品、互联网产品和信息产品是三个很容易混淆的概念，通过分析它们的定义，可将三者进行区分。

1. 互联网产品

广义的互联网产品指所有通过互联网进行生产、销售和流通的产品，既包括传统行业生产、通过互联网进行销售和流通的各种产品，如通过电商平台销售的生活用品等；也包括既在互联网上生产又在互联网上销售和流通的产品，如软件、服务、虚拟货币等。狭义的互联网产品仅包括后者，即离开了互联网环境就无法进行生产和销售的产品。本书在提及互联网产品时，均指代狭义的互联网产品。

① 曹三省，赵巍．未来新媒体产品的发展趋势：从新媒体产品发展的三层次理论出发［J］．新闻与写作，2015（1）：5－8．

2. 信息产品

信息产品指以信息为核心资源和生产要素、凝结着以知识形态存在的人类劳动成果、通过使用价值满足人类认知活动和实践需要的一类产品。出版社出版的书籍是信息产品，传媒机构生产的电视节目、新闻内容是信息产品，广告公司生产的广告也是信息产品。信息产品因应其载体形式的不同，分为实体物品和非实体物品两种形态。举个例子，新闻内容以报纸为载体，就是实体形态的信息产品；若以微信公众号或新闻客户端为载体，则为非实体形态的信息产品。

从上面的概念分析来看，三者作为三种不同的产品形态，存在一部分概念的重合。以微信读书 APP 书架上的书为例，看看三个定义在其身上的体现。首先，它们是信息产品，因为书籍里面凝结的是以知识形态存在的人类劳动成果，当人们阅读的时候，就会获得其使用价值。其次，因为它们是通过互联网进行销售和流通的产品，所以它们也是互联网产品。最后，它们是基于微信读书这个网络技术应用程序，能引起人们使用和消费，并满足使用者需求的无形载体，所以它们也是新媒体产品。综上所述，微信读书 APP 书架上的书兼具信息产品、互联网产品和新媒体产品三种身份。

3. 三者的共性

随着信息技术、网络技术、新媒体技术的发展以及知识经济的出现，新媒体产品、互联网产品和信息产品显现出不同于传统产品的一些共同的特征。三者的共性具体表现为以下五点。

第一，可再生性。这三种产品都可以以非实物的形式存在，在生产、流通、使用、销售以及升级的任何一个环节，它们随时都可能被修改，也很容易被修改，进而造成这几种产品的改变，这种修改可能是无意的、有意的甚至是恶意的。目前网络上流行的鬼畜视频、表情包，就是产品可再生性的重要体现。可再生性也会带来侵权或恶意篡改等问题，《从莎草纸到互联网》一书里描述了古罗马的一个场景：作品投入流通，作者就失去了对作品的控制。人们可以通过抄写使之流传，甚至篡改后据为己有。对于那里的读者来说，通过分享来传播书籍以及书籍多次被传抄意味着无法核实某部作品是否真正出自某位作者之手，也无法知道抄本是否准确或得到了作者的授权。①

第二，可复制性。这三种产品都可以以低成本进行复制，这是它们最重要的特征之一，也是最大价值点所在。对于用户而言，可以轻松地通过互联网获取产品，然后进行复制。而对于生产商而言，只要第一份产品被制造出来，后续产品的复制成本几乎为零。网上曾有过关于世界上哪一本书是出版、发行总数最多的书的讨论，广大网友认为《圣经》可获此殊荣。究其原因，正是因为自该书问世以来，无论是信徒口口相传，还是教会进行权威解读，甚至是后来进入印刷时代，该书都被人们用当时的各种方式进行传抄、出版和复制。

第三，消费无损耗性。这三种产品都是典型的公共物品，可以同时被许多用户消费，而且它们的可复制性进一步增强了其公共物品的特征。但不同于其他公共物品，这三类产品在使用过程中不会发生物质消耗，因此其使用价值不会因用户使用而产生有形的损耗。例如在网上看到一篇好文章，一键转发给朋友；看到朋友拍的优美图片，直接转发到自己的朋友圈。无论是文章的分享还是图片的借用，都不会对文章和图片的内容造成损耗，发送者、转发者与接收者都消费了完整信息。此外，一般商品的交换是商品生产者让渡使用价值，使用权和所有权是一致的，同时发生转移。但这三类产品在进行交换时，因其消费无损耗性，可以在不同的时空中

---

① 斯丹迪奇．从莎草纸到互联网［M］．北京：中信出版社，2015：55.

满足多次反复消费的需要，原来的信息持有者不论出售与否，都掌握着该产品的使用价值。

第四，经验产品性质。经济学家把必须被消费者消费后才能评价的产品称为经验产品。无论是新媒体产品、互联网产品还是信息产品，用户都只能在看到、听到、用到这些产品后，才能产生直接的感受，如好不好用、喜不喜欢、推不推荐，甚至是否产生购买行为。这一特性也造就了互联网世界里一种独特的行为——评论，用户会在购买商品后对其发表评论，而这些评论又将成为下一个潜在购买者做出购买决策的依据。正因为这三类产品具有经验产品性质，因此也促使市场营销从业者和运营人员在产品的推广和运营过程中，格外注重口碑营销和病毒式传播。2020 年新冠疫情期间，“钉钉”被不少小学选为网课软件，部分小学生听信“软件若被评 1 分将被下架”的谣传，给“钉钉”打了大量的 1 分评分，原本 4 分以上级别的“钉钉”得分迅速下降。在个别平台甚至接近 1 分。后“钉钉”公关团队一系列“在线求饶”动作，引发大量网友围观。

第五，外部性。因为这三类产品都具有可复制性和消费无损耗性，所以这三种产品都是典型的外部性产品，一个用户的行为和决策都可能使另一个或一群用户受益或利益受损。如某用户参与了网上的课程，并把课程相关的知识点分享在自己的朋友圈，看到这条朋友圈的用户也可以同样获得这些知识点信息，却不需要为此付出任何的代价，这就产生了正外部性①。

虽然新媒体产品、互联网产品和信息产品存在着一定的共性，在某些场景下三者甚至产生完美重合，比如前文所述的微信读书 APP 书架上的一本书，但这是否意味着新媒体产品、互联网产品和信息产品三者没有各自的特性呢？答案显然是否定的。在日常生活中也可以发现，三者之间还是有着不同，比如以光盘为载体的电子书，其生产和销售均不在互联网上完成，也未经过新媒体平台发布，因此它是信息产品，但不是互联网产品、新媒体产品。

第二节　新媒体产品的主要类型

虽然上文尝试对新媒体产品的概念进行界定，但这依然是一个很大的范畴。而且在日常的新媒体产品使用中也不难发现，不同的产品功能差别很大，既有满足信息需求的新闻客户端，又有满足出行需求的打车软件，还有满足工作需求的团队协作工具。产品中还可能嵌套产品，比如谷歌 Chrome 浏览器的渲染引擎（rendering engine，也就是国内常说的浏览器内核）是 Chromium，火狐（Firefox）浏览器的内核是 Gecko Driver。新媒体产品的复杂性造就了多元化的分类标准，根据不同的分类标准，同一个产品可能会被分类到多个类型中。

一、按产品终端划分

产品的终端指的是用户在什么设备上可以使用或消费产品。一般而言，常见的终端包括电脑客户端、平板电脑、手机和电脑网页等，对应产生了三种主要的产品形态：PC 端产品、移动端产品和 Web 端产品。如果是手机的话，还会因应操作系统而有所不同，如安卓系统还是 iOS 系统等。电脑客户端也会因为用户使用的电脑终端而分为 macOS 和 Windows 版等。使用终端的差异有可能造成用户人群的不同，其对产品的使用要求也有所不同。以网易云音乐为例，在其官网上就提供了电脑和手机两个终端共四个不同的客户端版本（见图 2－1）。有的产品还会因应不同终端而制定定制版本，比如喜马拉雅就有小米手机定制版本。

---

① 正外部性是指某个行为个体的活动使他人或社会受益，而受益者无须花费代价。

图 2－1　网易云音乐官网客户端下载页面

资料来源：

网易云音乐．下载客户端［EB/OL］．［2021－02－26］．https：//music.163.com/#/download.

PC端产品和Web端产品是由传统互联网时代持续发展至今的产品形态，Office办公软件和三大门户网站就是这两类产品的典型代表。但随着互联网技术的发展，近年使用手机接触互联网的人占比越来越高，也促成了移动端产品的蓬勃发展。CNNIC发布的《第47次中国互联网络发展状况统计报告》显示，我国网民使用手机上网的比例达99.7%，使用台式电脑、笔记本电脑、电视和平板电脑上网的比例分别为32.8%、28.2%、24.0%和22.9%（见图2－2）。需要注意的是，虽然将电脑作为上网工具的人数比例有所下降，但在目前大部分的工作场合中，台式电脑和笔记本电脑还是主要的上网工具。

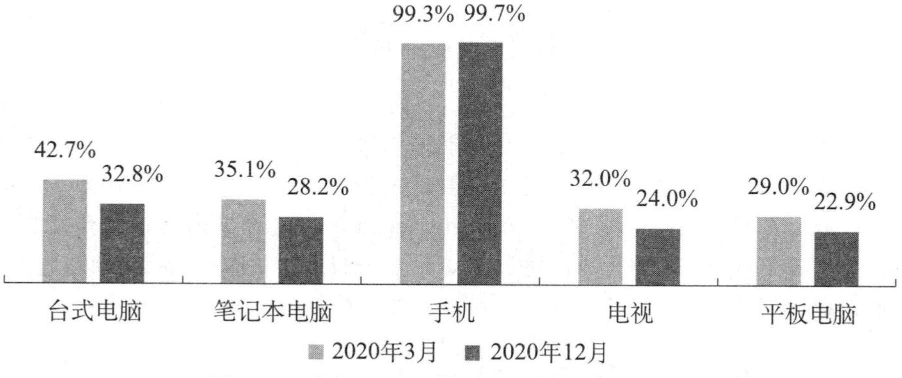

图 2－2　中国网民互联网络接入设备使用情况

资料来源：

中国互联网络信息中心．第47次中国互联网络发展状况统计报告［EB/OL］．（2021－02－03）［2021－02－26］．http：//cnnic.cn/hlwfzyj/hlwxzbg/hlwtjbg/202102/P020210203334633480104.pdf.

（一）PC端产品与移动端产品

PC端产品和移动端产品虽然都以APP形式存在，但在操作界面（屏幕大小）、网络环境、交互方式等方面的差异，会成为产品研发时所需考虑的重要差异点。两者差异具体如下。

1. 屏幕大小

屏幕大小是用户接触到产品时最直接的一种感觉，而且屏幕大小也直接影响了产品所能呈现给用户的信息量大小。以苹果公司的MAC电脑和iPhone手机进行对比，目前在售的MAC

机型的最小屏幕大小是13.3英寸，而iPhone手机最大的屏幕也只有6.7英寸，最小的只有4.7英寸。[①] 展现空间的区别也就意味着，在PC端一页显示完的信息，在移动端可能需要两至三页才能显示完全，这就带来了信息架构的差异。虽然并不是说显示空间大就是个绝对的优势，空间大也有可能出现信息冗余，但空间小就要求产品更精简、定位更精准。

2. 网络环境

PC端产品的网络环境比较稳定，但移动端受限于目前的技术条件，在某些特定的区域会出现网络不稳定或断网的情况。

3. 交互方式

PC端产品采用鼠标和触控板作为主要的操作和交互方式，用户感知性较差，如果需要提升感知性，则需要调用可用的外部传感器。移动端产品则通过按钮、手势完成交互，而且已经集合了很多传感器，可采用点击、滑动和重力感应等多种交互方式，用户感知性强。

4. 使用场景

PC端产品往往是基于任务引导的，而且受限于网络连接方式，大多是在办公室、网吧等相对固定的场景中使用。虽然笔记本电脑可以带着走，但一般也不会边走边看。移动端产品则是随时随地使用的，而且大多是基于用户使用场景的，在不同场景的用户会有不同的需求。正因为两者的使用场景不一样，所以PC端产品往往是持续使用的，而移动端产品的使用却经常是碎片化的。

5. 实现时间

一般而言，PC端产品的开发周期长、迭代慢。移动端产品往往采用小步快跑、试错快改的方式，迭代速度快。

（二）Web端产品与移动端产品

Web端产品就是基于HTML技术生产的各类网页，比如Apple（中国）官网、网易云音乐主页等。但近年随着H5技术的兴起，各种H5页面大量兴起，成为营销、传播的重要工具之一。网页类Web端产品与PC端产品比较类似，这里仅对H5网页与移动端产品进行对比，两者的差异主要体现在以下两个方面。

1. 开发周期和成本

一个移动端APP的开发周期较长，一般要1～3个月；开发成本高，需要因应不同的操作系统进行独立开发；安装成本高，每次更新都需要重新发布，重新提请各应用商店审核，且需要用户手动点击更新安装。相比之下，H5页面开发周期较短，可能是以天为计时单位；开发成本低，基于浏览器运行，对不同系统的适配度高；安装成本低，不需要打包便可发布，与云端可以进行实时数据交互，用户使用时无须下载。

2. 使用体验

使用体验可从三个方面进行对比。第一，产品功能。移动端产品拥有强大的API（application programming interface，应用程序接口），能使用设备的底层功能，如摄像头、方向传感器、重力传感器、拨号、GPS等，因此功能更强大。H5网页因只能使用有限的设备底层功能，因此相较而言功能受限。第二，对网络的依赖程度。移动商产品数据设有本地存储，相较而言部分功能可离线实现，且运行速度快，对网络依赖程度低。H5产品由于是基于网页加载运行，

---

① 数据来自Apple（中国）官网：https：//www.apple.com.cn，数据收集日期为2021年2月21日。

每次打开都需要重新加载数据，无法保证速度，对网络依赖程度高。第三，产品独立性。移动端产品是独立开发的产品，可采用最新技术成果来保障用户体验的流畅、产品使用的稳定性和界面的细腻程度，而且安全级别高。H5 产品是基于现有技术条件下的浏览器实现，因此无法全面展示最完美的用户体验，安全级别也相对较低。除此之外，两者在底层技术和网络支持等方面亦有不同，在此不展开讨论。

二、按产品功能划分

按照产品功能划分是最常见和最常使用的分类方式。由于新媒体产品的功能日趋多元化，为了给用户提供更好的服务，几乎所有新媒体产品都会在核心功能基础上添加众多辅助功能，在此仅按照产品核心功能进行分类。按照产品功能可将新媒体产品分为新闻资讯类产品、工具类产品、电子商务类产品、社交类产品和休闲娱乐类产品五类。

（一）新闻资讯类产品

新闻资讯类产品是指为满足用户获取资讯的需求，提供海量资讯的新闻服务平台。此类产品的核心是“高质量内容＋高效运营”，部分产品还具备个性化定制的功能。新闻资讯类产品主要通过有吸引力的内容和精准的推荐算法，来实现用户与内容的匹配，并辅以奖励阅读、社群营销等多种用户运营手段，从而实现用户的获取、留存和促活。新闻资讯类产品主要包含媒体新闻客户端和新闻资讯聚合平台，如腾讯新闻、今日头条、一点资讯、ZAKER 等。

（二）工具类产品

工具类产品往往具有明显的工具属性，即该产品能够使用户处理某一件事情更有效率，节约用户时间。极致的工具类产品可以高效地解决用户问题，往往拥有千万甚至上亿级用户量。工具类产品面临的最大问题在于使用场景较为局限，用户只有需要用到对应功能时才会使用这些产品，而且用完即走，很难实现对用户注意力的长时间占有。此外，很多的工具类产品往往常驻后台，用户甚至难以感觉到其存在。因此这一类型产品用户使用频次和黏性很低，即使拥有大量的用户也难以变现。以成立于 2010 年的天气查询类 APP 墨迹天气为例，其主营业务是基于移动互联网平台的气象信息服务和广告信息服务，2019 年提交的招股书显示，5.56 亿的累计装机量让墨迹天气登上天气类 APP 老大哥的位置。但发行审核委员会在对其 IPO 进行审核时，提出“报告期内发行人互联网广告信息服务收入占比超过 95%”①。这也就意味着该产品广告收入占比过高，变现手段相对单一，而且现在很多手机终端生产商都设置了自带的天气预报功能，因此其未来成长性存疑。工具类产品包含浏览器类、输入法类、安全管理类、下载类、美图/滤镜/视频拍摄类、生活类、学习类等，常见的软件如搜狗浏览器、QQ 浏览器、搜狗输入法、高德地图、百度地图、有道词典、迅雷、美图秀秀、Wi-Fi 万能钥匙、幕布、石墨文档等。

（三）电子商务类产品

电子商务是指利用计算机技术、网络技术，实现整个买卖过程的电子化、数字化和网络化的商务。实现电子商务的平台即为电子商务类产品。通过电子商务类产品，买家和卖家不再是

---

① 券商中国．墨迹天气 IPO 被否：四大问题折戟 广告收入占比超 9 成［EB/OL］.（2019－10－14）［2021－02－26］. http://finance.sina.com.cn/stock/newstock/zrzdt/2019－10－14/doc-iicezuev1959672.shtml.

面对面地、看着实实在在的货物进行买卖交易，而是基于网络，通过在线查看商品信息、完善的物流配送系统和方便安全的资金结算系统进行交易（买卖）。电子商务类产品本质上就是为促成卖家与买家交易服务的，一切与通俗意义上做生意有关的互联网服务都可以涵盖在广义的电子商务类产品范畴内。① 电子商务类产品主要包括综合电商、特卖电商、跨境电商、生鲜电商、微商、母婴电商、医药电商以及汽车交易类电商，如淘宝、京东、天猫、每日优鲜、盒马、蜜芽等。

（四）社交类产品

社交类产品即满足人们社交需求的新媒体产品，其核心在于连接人与人。字节跳动 CEO 张一鸣曾说，社交是一场信息交互运动。从这句话中可以提炼出社交产品的三大要素，即关系链、信息、互动。② 建立关系—传递信息—形成互动，所有社交产品都在做这三件事情，也只有做好了这三件事情，人与人才能真正被联系起来。通过侧重要素和实现方式的差异，可将社交产品分为三类。第一类产品侧重关系链。关系链是促成双方社交的第一道关，同时也是社交中转移成本最高的部分，用户一旦在产品中沉淀了复杂的关系链，就不太容易轻易离开平台。这类产品的代表有 QQ、微信、陌陌等。第二类产品侧重信息。有了关系链之后，要想完成互动就需要有信息，而且是有价值的信息，即用户投入时间之后，能够有所回报。一般来说突出信息与内容要素的新媒体产品主要是各类社区产品，如豆瓣、百度贴吧、知乎等。第三类产品侧重互动。即使人与人建立了关系，但如果只是单向传递信息而没有反馈的话，就没有形成信息交换，也就不存在社交了。常见的互动产品包括陌陌、Soul 等。除了根据某一要素的强弱与实现方式进行区分外，社交类产品可分的维度还非常多，例如：按熟悉程度可分为熟人社交、陌生人社交，按社交方式可分为图片社交、视频社交，按兴趣可分为多种兴趣社区等。

（五）休闲娱乐类产品

伴随着互联网新生代的使用习惯改变，快节奏的生活使得人们几乎时时刻刻处于生活、工作的包围和高压下。在此背景下，休闲娱乐类产品应运而生。此类产品为用户提供了一个利用零碎时间快速缓解压力的途径。休闲娱乐类产品主要包括游戏、视频、音乐三大类，例如王者荣耀、和平精英、优酷、爱奇艺、腾讯视频、抖音、快手、网易云音乐、QQ 音乐等。

三、按独立程度划分

新媒体产品还可以按照产品自身的独立程度进行分类，分为平台产品、入驻产品和独立产品三类。

（一）平台产品

平台产品是指能通过自身的资源优势拉动其他产品的产品。《启示录》一书将平台产品定义为一类基础软件，应用开发者能在其基础上开发应用程序，例如操作系统（如 Windows 操作系统、mar OS 操作系统等）、运行环境（如 Java、Flash）、Web 服务（如亚马逊和 eBay 的集

---

① 夜风．电商产品面面观：从设计方法到发展趋势：上［EB/OL］．（2017－04－11）［2021－02－26］．http：//www.woshipm.com/pd/633312.html.

② 不三人．深入浅出社交产品：如何去理解一款社交产品？［EB/OL］．（2017－01－25）［2021－02－26］．http：//www.woshipm.com/evaluating/579676.html.

成应用程序接口）、游戏开发平台（如 XNA），以及应用平台（如 Facebook 等）。① 随着技术的进步，特别是云技术的发展，云平台也成为重要的平台产品。平台产品需要具备很大的包容性，可以为多样化的子产品提供展示的平台；同时还要具备一定的灵活性，可以展现自己特有的价值。平台产品往往具有强大的生命力和拉动能力，很容易形成良好的产品生态，如果做得成功，则将成为一家公司的基石，比如淘宝就在其平台上形成了围绕购物行为的完整闭环生态链。

平台产品包括 B 端平台产品和 C 端平台产品两种。B 端平台产品可以为企业提供批量化的工具以及整合能力，协助企业管理用户或数据等；服务对象多为企业、开发者和政府机构。近年最火爆的 B 端平台产品是云服务类平台产品，阿里巴巴、腾讯、百度、亚马逊等互联网巨头纷纷下场角力。以阿里云为例，该公司创立于 2009 年，是全球领先的云计算及人工智能科技公司，致力于以在线公共服务的方式，提供安全、可靠的计算和数据处理服务，让计算和人工智能成为普惠科技。旗下平台产品又细分为安全、大数据、人工智能等多个领域，每个领域下又包含不同的平台产品（见图 2－3）。

图 2－3 阿里云官网部分产品列表

资料来源：

阿里云官网［EB/OL］．［2021－02－26］．https：//www. aliyun. com/？ utm _ content＝se _ 1008364713.

C 端的平台产品就是第三方平台开发后，邀请企业或个人入驻的产品，即企业开发一个平台，邀请其他企业和个人入驻。平台产品的定位类似商场，其价值在于人气。例如淘宝、京东、亚马逊、微信、微博、小红书等。

（二）入驻产品

入驻产品指那些进驻平台的产品，在享受平台服务的同时，也为平台提供实质支撑，和平

① CAGAN M. 启示录［M］. 七印部落，译．武汉：华中科技大学出版社，2011：217.

台共同搭建生态系统，与平台产品形成互补的产品。根据所提供支撑的性质，入驻产品大致可分为内容类、应用类以及实体类三类。内容类入驻产品提供的是信息产品，满足人们的信息需求，例如新闻、课程、视频等。应用类入驻产品主要指呈现在平台产品上的各类应用，例如通过应用市场下载的 APP 产品、微信小程序应用等。实体类入驻产品就是平台产品上提供的实体，如京东上的冰箱等，但因不属于新媒体产品范畴，故不列入讨论范畴。

（三）独立产品

独立产品就是企业或个人自主研发的实现了某个功能的产品，其重点在独立，也就是指产品本身就能够满足企业或用户的需求，不需要其他产品的配合，例如墨迹天气、高德地图等。但独立产品功能和盈利渠道都太过单一，许多独立产品都开始整合资源，往平台产品发展。

从概念上也不难看出，入驻产品与独立产品存在一定的交集。例如当独立产品登上应用市场时，也就同时拥有了入驻产品的身份；而当独立产品经过功能拓展、服务对象转变后，也许就具备了平台产品的属性。许多平台产品也把业务范畴拓展至内容产品生产，举个例子，bilibili弹幕视频网（以下简称 B 站）作为一个典型的平台产品，近年也开始进行内容产品的生产，比如举办 2020 年 B 站跨年晚会、拍摄《人生一串》纪录片等。

四、按商业模式划分

商业模式也可作为新媒体产品分类的一个重要标准。依据商业模式可以将新媒体产品分为四类：B2B 型、B2C 型、C2C 型、C2B 型。

（一）B2B 型

B2B 是指企业与企业之间通过专用网络或互联网进行数据信息的交换、传递，开展交易活动的商业模式。它将企业内部网和企业的产品及服务，通过 B2B 网站或移动客户端与客户紧密结合起来，通过网络的快速反应，为客户提供更好的服务，从而促进企业的业务发展。通俗地来说，B2B 就是“你也成立了公司买我公司的东西”。B2B 型产品分为两种：一种双方交易的是具体的产品，交易的双方往往是生产商（经销商、批发商）与零售商，如中国化工网、全球五金网、阿里巴巴、环球资源等；另一种双方交易的往往是服务，如阿里云、腾讯云、百度云等各种云服务。

（二）B2C 型

B2C 是企业对消费者的电子商务模式。这种形式的电子商务一般以网络零售业为主，主要借助互联网开展线上销售活动，即企业通过互联网为消费者提供一个新型的购物环境——网上商店，消费者通过网络在网上购物、在网上支付。通俗地来说，B2C 就是“我成立个公司卖东西，你来买”。B2C 型的新媒体产品包括天猫、京东商城、当当网等。

（三）C2C 型

C2C 是个人对个人的电子商务模式，即消费者个人间的电子商务行为。通俗地来说，C2C 就是“我卖东西你来买”。C2C 型的新媒体产品包括闲鱼、淘宝、百度有啊等。

（四）C2B 型

C2B（Customer to Business）是互联网经济时代新的商业模式，这一模式改变了原有生产者（企业和机构）和消费者的关系，是一种消费者贡献价值（create value）、企业和机构消费价值（consume value）的关系。真正的 C2B 应该先有消费者需求后有企业生产，即消费者根据自身需求定制产品和价格，或主动参与产品设计、生产和定价，产品、价格等彰显消费者的个性化需求，生产企业按需求进行定制化生产。C2B 型的新媒体产品包括全球旅拍、聚想要等。

这四种模式只是最基本的商业模式形态。随着新媒体产品的不断发展，商业模式也一直在创新，比如电商平台类产品里还有 S2B2C 型（Supply chain platform to Business to Customer）和 LBS 型等模式。S2B2C 型是自带社交电商基因的销售平台，从零开始组建商品供应、物流、售后等零售服务功能，并通过小型的分销商 B 分销、分享裂变等多种形式引流变现，同时将商品销售给 C 端客户，比如云集、微店、贝店等。LBS 型是以特定的物理空间为边界，背靠传统供应链，通过培育或签约团长的形式，进行社群运营，集聚规模订单并完成物流配送。这种模式在各大小区的微信群里最为常见，比如南方优品、食享会等。

在从事具体的产品工作时，对新媒体产品进行分类，不但有助于确定产品所属的行业、明晰竞争对手，更有助于产品的定位，这对于产品研发设计和发展策略制定而言有着十分重要的作用。

第三节 新媒体产品的特性

虽然人们几乎每天都在使用新媒体产品，但如果想要描述一个最喜欢的新媒体产品，应该怎么形容呢？新媒体产品如何定位？新媒体产品的生命周期又该如何划分？每个产品都因自己的一些特性而与众不同，本节就将对新媒体产品的这些特性进行梳理和分析。

一、新媒体产品的五要素

每一个新媒体产品都是由五个要素组成的，即内涵、形式、外延、理念和终端。深刻理解产品的五个要素是研究分析产品的基本功。下面以喜马拉雅音频分享平台（以下简称喜马拉雅）为例，对新媒体产品的五要素进行具体说明。

产品的内涵，指的是产品为用户提供的基本效用或利益，满足的是用户的本质需求。简单而言就是用户购买某个商品最核心的功能性目的，也就是产品的核心功能。喜马拉雅作为音频分享平台，其官网的介绍为“听书听课听段子，6 亿用户的选择”，因此该产品的内涵是解决用户随时随地听取各类音频产品的需求，正如喜马拉雅的使命所述，“用声音分享人类智慧”。

产品的形式，指的是实现产品的内涵所采取的方式，包括功能、内容、设计等。作为一个围绕音频“做文章”的产品，喜马拉雅在内容方面，生产上首创 PUGC 内容生态，既有名人、大家、好声音等具有明显内容生产者标签的内容产品，也有《盗墓笔记》等以文本内容为基础的有声书，还有适应部分广播重度用户使用习惯的广播频道；功能方面，用户可以通过筛选搜索条件（比如诵读者名字、书名、广播电台名字、课程名字等）快速找到符合自己需求的音频信息；设计方面，整体以白色为主，红色为点缀，网页清新、简洁。

产品的外延，指的是用户在使用或购买产品时所得到的附加服务或利益，也就是用户在使用或购买商品时，超出用户期待的附加功能。喜马拉雅不仅提供了创建私人电台节目、评论、私信、关注、直播、全民朗读等一系列功能，以此提高用户的参与感和互动性，增强用户的卷入度，满足用户分享的需求；还打造了听友圈的特色功能，以节目为依托，将喜欢同一节目的用户集结成圈，同时还能通过找听友，实现与微信、微博、QQ 等主流社交媒体的互通，满足用户社交的需求。

产品的理念，指的是产品的信念和宗旨，是用户使用或购买产品时期望得到的价值。产品理念可被视为产品的灵魂，是企业或产品的创造者对产品核心价值的定义。喜马拉雅的理念是成为全球声音生态的领导者、全球最佳内容创业平台和中国创业企业最佳雇主，因此喜马拉雅在“好声音”的挖掘和内容创业者服务上做了大量的工作，如全民朗读、直播、我要做主播、我的作品等，多手段全方位挖掘“好声音”，同时增加用户黏性；通过声音测试报告等，给参与者以反馈，体现出较高的专业性。

最后就是新媒体产品的终端，简单而言就是用什么样的产品形态承载产品的内涵。就喜马拉雅而言，目前已经推出了 iPhone 版本、安卓版本、iPad 版本、Windows 版本、MAC 版本、WP 版本和车载版本七个版本，以适应用户在不同场景下的产品使用需求。

二、新媒体产品的用户

在新媒体时代，用户群体越来越被重视，其作用也越来越大。新媒体产品与传统产品一样，都是可以满足人们需求的载体，那么被满足的人群就是新媒体产品的用户。

根据不同的划分依据，可以对用户进行不同的分类。例如：根据用户与产品的关系，可以将用户分为本产品用户、竞品用户和潜在目标用户；根据用户的自身属性，可以将用户分为明星用户、KOL（key opinion leader）用户和普通用户等；根据用户对新技术采取的不同态度，可以将用户分为领先接受者、早期接受者、早期多数、晚期多数和滞后者；根据客户生命周期模型，可以将用户分为潜在用户、新增用户、留存用户、活跃用户、忠实用户和流失用户。

对于新媒体产品而言，最常见的用户分类方法是根据用户在产品生命阶段中出现的顺序和包含的范畴进行分类。具体而言可以分为以下四类：种子用户、目标用户、活跃用户和核心用户。他们出现在不同的产品阶段，对产品的发展也有着不同的意义。

（一）种子用户

种子用户（seed users）指产品的第一批用户，通常是在产品已具雏形但尚未正式上线之前或是刚上线时就开始使用产品的用户。种子用户往往是该产品领域的狂热者，会积极主动地关注该领域的信息，乐于尝试新鲜的产品或功能。同时对该领域又有较为深入的了解，具备一定的专业性，可为产品的迭代开发提供自己的意见和建议，并能在一定范围内影响外围用户。更为重要的一点在于他们可以接纳尚未完善的产品，不会因产品一时的不完美而离开。

种子用户一般由产品团队或运营团队自行招募而来。如知乎创始人周源最开始采用的就是熟人策略，在产品上线前两个星期，通过邮件邀请好友的方式获得大约 200 位用户——多数为创始团队的朋友或同事，几乎全部来自 IT 创业圈，其中不少是媒体人或行业评论员。① 再如微博发展初期通过媒体关系邀请到大批意见领袖、知名人士，特别是娱乐圈明星开通微博撰写博文，从而吸引其他群体的加入。现在在网上也可以看到各种新媒体产品的种子用户招募，有的是直接发帖子，有的甚至拍一段广告视频，在介绍产品时明确提出招募种子用户的意图。

（二）目标用户

目标用户（target user）指产品可以满足的所有用户的总和，换言之，市场需求有多大，目标用户群就有多大。这个定义看上去会让人觉得宽泛而没有边界，甚至会觉得没有操作的可

---

① zchhst. 知乎产品分析 | 变现路上的商业尝试［EB/OL］.（2016-05-23）［2021-02-26］. http://www.woshipm.com/evaluating/341191.html.

能性，因此在实际工作中，目标用户其实是有“潜台词”的。第一，目标用户是有边界的，就是认可产品和服务的价值，且有能力使用产品和服务的人，简而言之就是有意愿、有能力的人。第二，目标用户是可以被产品团队定义的，比如想做一款打车软件，既可以把目标人群定义为“所有有出行需要的人，帮助他们更高效地到达目的地”，也可以把目标人群定义为“大城市里需要通勤的上班族，帮助他们更高效地上下班”。

在确定目标用户时，除了要关注用户的基本属性，也需要重视用户的行为属性、认知属性等其他方面的特征。综合考虑这些因素，能够帮助产品经理在进行用户调研等工作时，进一步精准地确认产品的目标用户。以孕育类 APP 为例，母婴用户可以被定义为产品的目标受众，但一个孕妈如果自己就是孕育行业的专家，那她是否需要下载一个孕育类的 APP 辅助孕育？一个从来不信任网上购买奶粉、凡事一定要亲力亲为的用户即便是母婴用户，她是否会在网上下单买奶粉？这些用户行为和认知上的差异也会影响用户的产品使用行为。因此，当进行细致的产品研发、市场调研等工作时，需要综合考虑各方面因素，精准定位目标用户。

（三）活跃用户

活跃用户（active user）指近期使用过此产品，并为产品带来一些价值的用户。活跃用户的定义中有两个关键点，第一是“近期使用”，第二是“带来价值”。“近期使用”是指用户在最近一段时间内，在产品上有一定的停留时间，“用户误点了应用，然后在 1～3 秒内马上回到桌面”“用户看见产品的推送信息后点进去停留时间不到 3 秒”等情况都不在我们讨论的范围内。至于“带来价值”则不能笼统地一概而论，而应该根据产品类型具体讨论。比如网易云阅读（阅读类）中，用户看了某本书的目录、作者简介，或者下载阅读，都算带来了价值；用户进行了某些设置，如更换头像，或者完善个人信息，也都算带来了价值。再比如虎牙（直播类）中，用户看了某段直播、关注了某位主播、点赞了某个直播间，这些都算带来了价值。对于新媒体产品来说，活跃用户对衡量产品的运营现状具有重要意义，运营人员可以针对活跃用户进行更有效的数据分析和运营，产品经理也可以更好地去规划产品。平时经常听到的 DAU、MAU 等就是用于衡量产品用户活跃程度的重要指标，也往往是衡量产品功能、考核产品经理工作的重要指标。

（四）核心用户

核心用户（core user）是产品赖以生存和发展的用户群体。核心用户是目标用户的一个子集，但核心用户提供了其他目标用户无法提供的价值。核心用户是目标用户中对产品发展具备极大推动力，甚至为产品贡献了巨大收入的群体。凯文·凯利曾提出过一个“一千粉丝理论”，大意是为了谋生，作为一名工匠、摄影师、音乐家、APP 制造者、企业家或发明家，你只需要 1 000 个铁杆粉丝。这足以体现核心用户对于产品的重要性。

按照产品生命周期理论，在不同的阶段，产品发展的侧重点是不同的，核心用户也并非一成不变。比如一个社区产品里的 A 和 B 两个用户，他们都是产品的目标用户，其中 A 是内容消费者，B 是内容贡献者，同时也是建议提供者。如果这个产品刚刚问世，为了吸引更多的用户，就需要先有大量的内容贡献者，因此 B 是核心用户。但是，如果产品发展到一定阶段，已经形成了稳定的内容供求关系，A 和 B 就都是核心用户。所以每个阶段核心用户的特征，都是依据产品发展的阶段以及当前阶段产品的运营需求决定的。

不同类型产品的核心用户可能千差万别，而且对于新媒体产品而言，需求是需要迭代的、产品是需要迭代的，所以核心用户也是需要迭代的。同一个产品在不同时期的核心用户可能截然不同，例如微信刚开始时的核心用户就是拥有智能手机的普通 QQ 用户，后来才慢慢扩展为基于熟人关系有社交需求的用户群体。

三、新媒体产品的生命周期

产品生命周期（product life cycle，PLC）是市场营销学中的概念之一，它对产品各个时期制订营销计划有一定的指导意义。对于新媒体产品来说，产品生命周期的概念依旧存在，而且具有十分重要的作用。

（一）新媒体产品的生命周期

新媒体产品的生命周期是指用户对新媒体产品的接受轨迹。根据用户的活跃程度，产品的生命周期可分为引入期、成长期、成熟期和衰退期四个阶段（见图 2-4）。

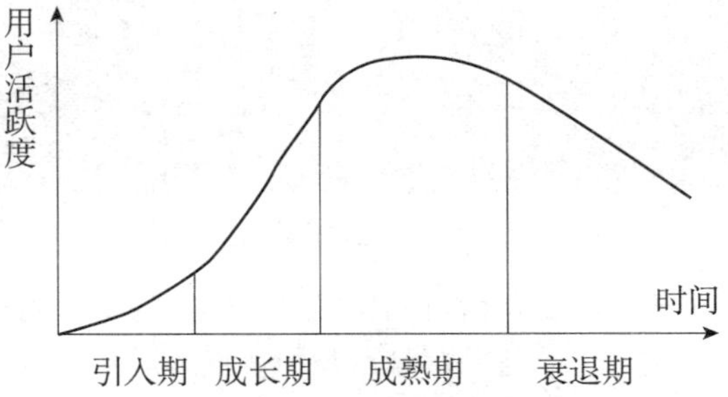

图 2-4　产品生命周期示意图

整体而言，新媒体产品的生命周期往往短于传统产品的生命周期。洗衣机、电视机、汽车等传统产品的生命周期可能长达数十年甚至上百年，但新媒体产品的生命周期可能就只有几年甚至几周。即便同为新媒体产品，也会因产品不同而造成生命周期的差异。例如，微信是腾讯公司于 2011 年 1 月 21 日推出的一款免费应用程序，目前已经进入成熟期，微信也从一个通信工具发展成了一个包括社交、支付、内容、小程序等在内的大生态，腾讯 2020 年 Q1 财报显示，微信及 WeChat 的合并月活跃账户数已达到 12.03 亿。而一些火极一时的小程序、H5 产品，它们的生命周期相对就比较短了。比如微信推出的小程序游戏“跳一跳”，在 2017 年 12 月 28 日上线后直接刷爆朋友圈，每天的活跃用户均在千万量级，但不到两个月其热度便迅速消退。

（二）新媒体产品生命周期的作用

新媒体产品的生命周期对新媒体产品具有至关重要的作用。具体如下：

首先，新媒体产品生命周期推动着产品的研发与升级。如今新媒体产品的生命周期持续缩短，产品的开发周期不断压缩，因此要求新媒体产品的开发必须加速。以 2014 年 7 月 22 日面世的“围住神经猫”为例（见图 2-5），该游戏创造了 3 天 500 万用户和 1 亿次访问量的奇迹，但其开发时间仅为一天半。此外，新媒体产品也必须快速适应市场，并不断进行更新迭代，以面对激烈的市场竞争，进而延长产品的生命周期。

其次，生命周期理论可以为产品的营销策略提供参考。产品生命周期概念并不能告诉产品经理一个产品的生命周期有多长，每个阶段会持续多久，但营销人员可以借助这一理论预测产品的发展趋势，并针对性地制定符合产品发展的营销策略。例如，可以用 SWOT 分析法结合产品所处发展阶段，来分析产品的竞争力，从而确定产品策略。在引入期，可以采用偏激进的 SO 策略，成长期则采用 ST 或 WO 策略。

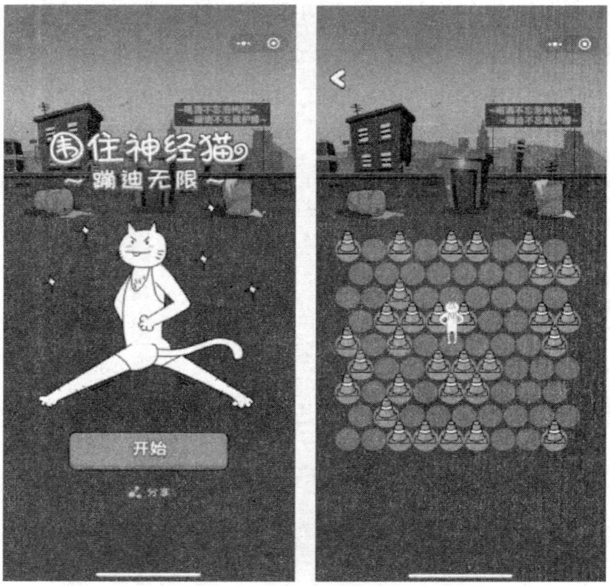

图 2-5 围住神经猫 H5 游戏页面

最后，产品生命周期对于产品的运营也同样重要。不同的生命周期阶段需要做好不同的运营工作。例如在产品的引入期，产品与用户是运营的重点，运营人员需要将产品呈现到大众眼前，找到最需要产品的人群，吸引他们使用产品并根据他们的建议调整产品。而且，考虑到后续会有大量的用户进入，为了防止混乱、失控等情况发生，在这个时间，还需要确定好产品的调性。产品正式进入成长期后，则需要更大量的用户，因此运营人员的重点是对产品进行推广。而当产品进入成熟期后，运营人员除了要注重用户运营、提高用户活跃度外，还要注重品牌运营。在产品进入衰退期后，运营人员则需要结合产品自身的优劣势，尽可能延长产品的生命周期，促进价值转化，或者摸索适合自身的新的产品方向，带领产品走向新的发展。

（三）新媒体产品生命周期各阶段特点及主要工作

产品生命周期的不同阶段有着各自不同的特点，产品经理也有不一样的工作需要完成。

1. 引入期

新媒体产品的引入期指的是产品问世以及在市场上进行全面推广的阶段。具体来说，这个阶段就是产品初入市场，通过调整和磨合，不断适应用户需求和体验，最终形成一个较为成熟的产品的过程。处于这一阶段的产品会因为新上市，为市场带来一些新意和亮点；但由于用户认知度较低，下载量和用户量增长会比较缓慢，而与低收益相对的是（较）高的成本。

对于不同的新媒体产品而言，引入期的长短也各不相同。在引入期和成长期中间存在一个拐点，也就是产品的爆发点。业界有一个共识就是，通过了爆发点的产品，死亡的概率将大大降低，但绝大多数新媒体产品都死在了爆发点之前。因此在这个阶段，新媒体产品发展的目标就是迅速地通过这一阶段，以最快的速度到达爆发点。简而言之就是尽快让更多的用户了解并接纳产品，同时通过产品的不断升级，满足用户需求，促使用户一直使用该产品。

在这个阶段，用户对产品还不了解，产品也处于探索当中，市场前景并不明朗，因此产品经理一般考虑的是“产品是否能够解决用户的痛点”以及“产品的用户体验到底如何”等问题。据此，本阶段最核心的工作主要包括以下三个：一是获取种子用户，并主动对外宣传产品；二是调整产品以适应用户需求，这就要求产品研发人员采取MVP策略①，即“小步快跑，快速迭代”策略，围绕产品核心功能，不断打磨产品，通过快速迭代，弥补产品缺陷，从而提升用户体验；三是提升种子用户留存率。

2. 成长期

通过了引入期的新媒体产品就迈入生命周期的成长期。在这个阶段，产品已经逐渐被用户和市场认可，用户数量迅速增长，生产成本大幅下降，盈利逐渐增长。因此本阶段产品发展的目标就是增加用户数量，进而提升产品盈利能力，产品经理应当更多地考虑“应该如何运营产品才能快速提升流量和品牌知名度”以及“在获取流量之后应该如何转化或者如何变现”等问题。具体而言产品经理在本阶段的核心工作主要有二：一是持续不断地通过改良产品，提升用户体验，实现用户不断迅速增长，从而巩固产品在市场中的地位；二是精心设计产品盈利模式，促成产品用户数量向产品变现能力的转化。

3. 成熟期

新媒体产品进入成熟期的标志，是产品已经拥有了一定的用户数量和市场占有率，产品形态和商业模式日趋成熟，但市场面临饱和，不再有无限量增长的新用户。因此产品经理需要考虑的是“应该如何增强产品老用户的活跃度，尽最大能力保持新用户的稳定增长”以及“如何稳定地将用户变现从而实现盈利”等问题。通常来说，这个阶段是新媒体产品生命周期中最长的一个阶段。现在的微博、微信等产品已经进入成熟期，在经历了用户大量增长后，陆续出现新用户增长缓慢甚至负增长的情况。

对于成熟期的新媒体产品来说，其目标主要体现在两个方面：对内延长自身产品停留在成熟期的时间，推迟进入衰落期的时间，并尽可能进行微创新，争取发现新的增长点；对外则需要深挖用户需求，完善自己产品的性能和体验，增大竞争对手的“超车”成本。

这个阶段产品经理的主要工作应包括以下三点：一是进一步提高产品黏性，使用户向核心用户转化；二是提升产品的盈利能力，在用户分层的基础之上，进行促活并提升核心行为的转化率，更好地将用户资源转化为经济资源；三是完善原有的产品服务或功能，或将新的趋势和产品结合，找到新的发力点，以保障产品能够具有持续的生存能力。微信近年不断开发产品的新应用场景，除公众号外，小程序、视频号等新功能陆续登场，无疑是对现有庞大用户群体资源的有效转化，增强了产品的用户黏性。

4. 衰退期

产品进入衰退期的标志是活跃用户和核心用户在整体上呈现出一种流失的状态，而且往往是加速流失。对于这个阶段的产品来说，最主要的目标就是：尽力做好用户回流工作，使用户流失速度下降甚至使用户增长；同时更新产品线，寻求创新和转型，以求解决用户新的痛点，从而继续占领市场。

要实现这个目标，产品经理应该完成以下几点工作：一是想办法了解和触达流失用户，然后通过运营使他们最大限度回流；二是继续做好其他方面的运营工作，重点关注回流率；三是关注竞品的动态，做好竞品分析，借鉴竞品模式，提升产品竞争力，以求从竞品手中抢夺用户，或者不被抢走用户；四是进行市场调研、竞品分析，寻求新的项目机会，或者更新产品

---

① MVP（minimum viable product，最小化可行产品）是埃里克·里斯（Eric Ries）《精益创业》里提出的概念，是关于“精益创业”的核心思想。简单地说，就是指开发团队用最快、最简明的方式建立一个可用的产品原型，通过提供最小化可行产品获取用户反馈，测试产品是否符合市场预期，并在这个最小化可行产品上持续快速迭代，直到产品到达一个相对稳定的阶段，最终适应市场需求。

线，想办法满足用户日益增长的新需求。

作为产品研发与设计的第一责任人，产品经理只有不断地跟踪自己的产品所处的生命周期阶段，清楚地认识和了解产品当下的实际情况，尽早计划以占领先机，才能更好地制定产品迭代以及运营的策略，从而实现产品的商业目标和用户目标。

（四）新媒体产品生命周期案例——Keep

下面以 Keep 为例，看看活跃用户与产品迭代和运营事件之间的关系，体味产品生命周期在产品研发设计和运营中的重要性。

1. Keep 发展大事记

2014 年 10 月，Keep 团队成立；

2015 年 2 月，推出 iOS 版，上线 8 天，用户突破 100 万；

2015 年 3 月，获 500 万美元的 A 轮融资；

2015 年 4 月，上线安卓版；

2015 年 7 月，获得 1 000 万美元 B 轮融资；

2015 年 11 月，上线 268 天，用户数量突破 1 000 万；

2016 年 5 月，获得 3 200 万美元的 C 轮融资；

2016 年 8 月，获得 C+轮融资；

2016 年 10 月，用户数量突破 6 000 万；

2017 年 8 月，上线 921 天，用户数量突破 1 亿；

2018 年 7 月，获得 1.27 亿美元 D 轮融资；

2019 年 6 月，用户数量突破 2 亿。

2. 发展路径

根据网友整理的 Keep 活跃用户数变化图（见图 2－6）[①]，结合 Keep 的版本迭代信息等，可将 Keep 从成立至 2018 年 1 月划分为四个不同的产品发展阶段。

第一阶段：2015 年 2 月到 7 月。Keep1.0 版上线后产品基本功能搭建结束，且主功能自上线以来变化不大，训练、发现、运动记录、成就体系几个核心功能在 2.0 版之前均已确定完成。在此期间收获第一批用户，从而促成 A 轮和 B 轮融资。Keep 社区冷启动时期，主要针对产品逻辑进行打磨。打磨核心功能“训练课程”，引导用户只有训练完成之后才能发表动态。通过赞助综艺活动、微博活动以及企业联名话题活动等方式，提升产品曝光度，让更多的人知道并了解产品。

第二阶段：2015 年 7 月到 2016 年 7 月。在资本的助力下，Keep 开启迅速增长之路。从活跃用户数量上看，这一阶段的增长率非常高。在功能上增加了跑步板块。在第一阶段沉淀的用户数据基础上，开始建立用户等级，逐渐有了社区的雏形。2.0 版本产品在功能上加强社交网络构建，采取导入微信和微博好友、分享到第三方平台、同城等一系列措施，结合运营和市场全方位的立体推广，充分利用前期用户的社交关系链形成的良好口碑引爆产品。除强化自己的产品功能外，Keep 还推出了商城功能，开始变现之路的探索。

第三阶段：2016 年 7 月到 2017 年 7 月。这一阶段活跃用户增速开始放缓，但用户总量仍在进一步增长，因此 Keep 一方面不断开发新运动场景、强化社区功能，另一方面也加速变现

---

① 梁面面 . Keep 全流程解读：3 年时间，如何收获 1.4 亿用户［EB/OL］.（2018－09－05）［2021－02－26］. https：//www.sohu.com/a/251990934_114819.

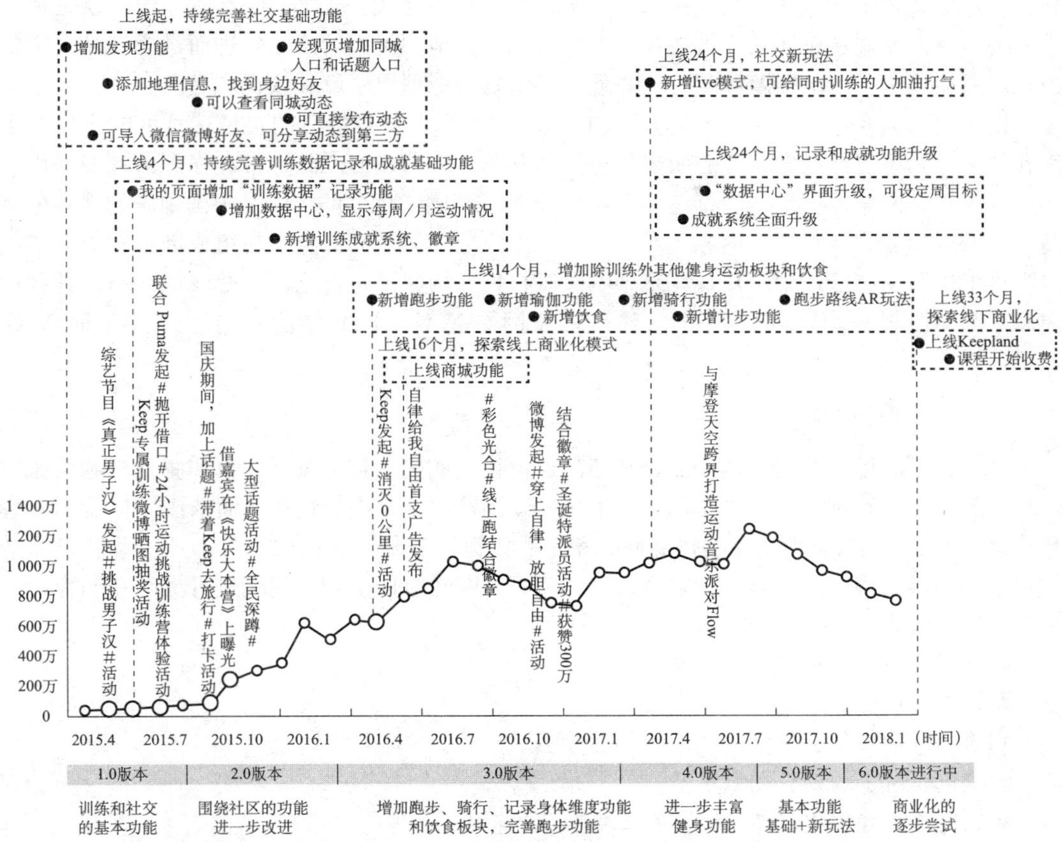

图 2-6　Keep 活跃用户、产品迭代、重要运营事件一览表（2015 年 4 月—2018 年 1 月）

资料来源：

梁面面 . Keep 全流程解读：3 年时间，如何收获 1.4 亿用户［EB/OL］.（2018-09-05）［2021-02-26］. https：//www. sohu. com/a/251990934 _ 114819.

渠道的探索，促进用户资源向经济资源转化。Keep 在功能上增加骑行板块；在社交方面支持建立小组、点赞、Keep 动态分享和转发、好友信息等操作，强化社交关系；继续强化商城功能，推荐用户分享自己购买的商品；新增饮食模块，提供菜谱，为商城引流。

第四阶段：2017 年 7 月到 2018 年 1 月。这一阶段活跃用户数量出现一定程度的回落。Keep 继续发掘更多的运动场景，强化户外运动场景的相关功能，对户外健走、瑜伽等活动的支持做了优化，并为用户提供了奖励机制，打造“自由运动场”的同时建立“用户成长体系”，以期尽可能增强用户黏性。

从 Keep 的分析中不难看出，活跃用户的数量和增长率是划分产品所处阶段的重要依据；产品的发展与产品市场策略、运营推广息息相关。在实际工作中，可多结合相关数据与营销事件，来辅助判断产品所处生命周期阶段。这种分析方法不仅适用于自家产品，同样也适用于竞品。

四、新媒体产品的定位

新媒体产品定位是在新媒体产品设计之初或在产品市场推广的过程中，通过广告宣传或其他营销手段，在用户心中为产品确立具体形象和地位的过程，简而言之就是为用户创造产品选择的决策捷径，也就是《定位》一书中所强调的——占领用户心智。[①] 具体地说，就是在用户心中为自家产品塑造鲜明的个性或特色，以区别于其他同类型的产品，进而赋予产品一定的形象，以适应用户一定的需要和偏好，并使市场上的目标用户了解和认识产品。

以国内三大互联网巨头 BAT 为例，它们的产品都有自身特有的定位：百度的定位在于搜索和技术；阿里巴巴的定位有着明显的电子商务属性；腾讯的产品则带有强烈的社交基因。再比如同为视频网站，优酷、爱奇艺和 B 站定位各不相同：优酷的定位是中国领先的视频分享网站，虽然近年开始强势进入内容生产板块，但用户分享仍是其最重要的组成部分；爱奇艺的定位则是中国第一高清影视门户，花重金购买版权，并构建了包含电商、游戏等在内的视频商业生态；而 B 站以一家深耕 ACG[②] 的弹幕视频网站起家，2019 年前它的用户大多是 ACG 爱好者。

（一）定位六问

一款合格、优秀的新媒体产品，其产品定位往往能用一句话概括。比如腾讯电脑管家——全球首款杀毒＋管理二合一安全软件；手机 QQ 浏览器——提供快速、简洁浏览体验的效率工具；QQ 邮箱——为亿万用户提供高效、稳定、便捷电子邮件服务的工具。从这些新媒体产品的定位中不难发现，对产品进行定位，其实就是不断地对以下六个问题进行提问和解答：

- 什么行业什么类型的产品？
- 目标用户是谁？
- 解决用户什么问题？
- 给用户带来什么价值？
- 跟竞争对手的差异在哪里？
- 如何匹配和强化产品与用户心智模型[③]的连接？

以下将以网易蜗牛读书为例进行说明。根据其官网介绍，“网易蜗牛读书致力于为热爱阅读的用户提供沉浸、简洁的电子阅读体验，并希望与用户一起构建起立体化、全方位的移动阅读社区，满足不同阅读层次用户的个性化阅读需求”。“移动阅读社区”表明网易蜗牛是互联网阅读领域的移动端社区型产品；“热爱阅读的用户”“不同阅读层次用户”指出了其目标用户群；“提供沉浸、简洁的电子阅读体验”“立体化、全方位的移动阅读社区”解决了阅读用户的痛点问题，同时也强调了产品沉浸式的特点，并明确其拥有精品阅读社区，凸显自身的差异化；“个性化阅读需求”表明给用户带来的价值；“希望与用户一起构建……移动阅读社区”则在一定程度上匹配和强化了产品与用户心智模型的连接。

但同时，值得注意的是，一款新媒体产品的定位并不是一成不变的，而是根据用户需求和市场情况不断变化的。以小红书 APP 为例，在上线之初，小红书只是一个单纯的 UGC 购物笔记分享社区，当时中国跨境游市场正处于高速上涨阶段，旅游期间的购物选择是一大痛点，小红书正好切中了这个痛点，从 PDF 版的境外旅游攻略试水起家，随后转战境外购物分享社区。确立了购物分享社区的早期产品形态后的小红书，用户量慢慢增加，社区运营规则和运营策略随着社区的发展也逐步确定，社区慢慢成熟。在此基础之上，小红书又开始了“社交＋电商”

① 里斯，特劳特．定位［M］．北京：机械工业出版社，2021.

② ACG 为英文 animation、comic、game 的缩写，是动画、漫画、游戏的总称。

③ 心智模型的理论是基于一个试图对某事做出合理解释的个人会发展可行的方法的假设，在有限的领域知识和有限的信息处理能力上，产生合理的解释。心智模型是对思维的高级建构，心智模型表征了主观的知识。通过不同的理解解释了心智模型的概念、特性、功用。

的发展模式，并建立了自营海外购电商平台，为用户提供精选海外单品的购物服务。自2015年以来，小红书再次转型升级，逐渐把电商的标签摘下来，换上内容平台的标签，但电商功能依然是小红书的主要功能之一，一个发现、分享、购买的商业闭环正式形成。

（二）定位五步法

里斯在《定位》一书中说，“为了应付产品爆炸，人们学会了在心智上给产品和品牌分级”，这也为产品的定位提供了依据。可参考市场营销中产品定位的方法，对新媒体产品进行定位，即通过目标市场定位（Who）、产品需求定位（What）、产品测试定位（IF）、产品差异化价值点定位（Which）和营销组合定位（How）五步法进行定位。

1. 目标市场定位（Who）

新媒体产品市场经过十余年的发展，特别是互联网巨头形成后，适用于所有人群的产品的生存空间越来越少。以电商平台为例，近五年只有拼多多一家跻身竞争队伍，与淘宝、京东等电商前辈同台竞技。产品的垂直化已经成为一种必然的趋势，因此针对目标市场的定位，就是一个市场细分并进行子市场和目标用户选择的过程，即明确产品是为谁服务（Who）。

首先，要确定市场细分的标准，然后用此标准对整体市场进行细分，选择一个或几个目标子市场；其次，对细分后的市场进行评估；最后，确定所选择的目标市场和目标用户。根据市场细分程度及产品提供策略，公司在产品研发时可采取以下三种不同的目标市场定位策略。

（1）无视差异策略。即将整个市场里的所有用户视为自己的服务对象，对整个市场仅提供一种产品。例如：腾讯电脑管家、有道词典、百度地图、高德打车、墨迹天气等工具类产品，它们对整个市场提供无差异的服务；再比如淘宝、京东等电商平台，对整个市场提供无差异的交易服务。

（2）重视差异策略。希望整个市场里所有用户都是自己的服务对象，但承认不同的用户之间存在差异，会为每一个细分的子市场提供不同的产品。人民日报社全媒体就采用了这样的策略，例如微信上除人民日报官微之外，还有人民日报数字西北、人民日报评论、人民日报英文客户端、人民日报等微信公众号。

（3）仅选择一个细分的子市场，提供相应的产品。这类新媒体产品往往是垂直类的产品，主打垂直细分市场，例如主打母婴垂直市场的宝宝树、柚宝宝、妈妈帮等。

还有一些产品在选定细分的子市场后还会进行进一步细分，分别提供更垂直、更有针对性的产品。例如，淘宝在手机淘宝APP的基础上，拆分出了飞猪和闲鱼等APP；字节跳动也在短视频市场中孵化了抖音、抖音火山版、抖音极速版、西瓜视频等针对不同受众的产品。

2. 产品需求定位（What）

新媒体产品的需求定位是了解需求的过程，即明确产品是在满足谁的什么需要（What）的过程。对目标市场的需求确定，不是根据新媒体产品的类别来进行，也不是根据用户的表面特性来进行，而是根据用户的需求价值来进行。用户选择任何一款新媒体产品，都是为了获取其价值或使用价值。产品价值组合是由产品功能组合实现的，不同的用户对产品有着不同的价值诉求，这就要求提供与用户诉求点相同的产品。在这一环节，产品经理往往需要调研目标用户的需求，这些需求的获得可以指导新媒体产品的研发与升级，具体做法将在后面的章节中进行详细介绍。

3. 产品测试定位（IF）

新媒体产品的测试定位是指进行产品创意或产品测试，即确定向用户提供何种产品或提供的产品是否满足其需求（IF），该环节主要是进行产品的设计或改进。在敏捷开发的指导思想下，用于测试的是最小可用性产品或高保真产品原型，来展示产品（未开发和已开发）的特性。这一环节的测试研究需要从心理层面到行为层面进行深入探究，以考察用户对产品概念的理解、偏好、接受程度，从而获得用户对产品的整体接受情况。

首先，需要进行产品概念与用户认知、接受的对应分析。针对某一新媒体产品的概念，主要考察基于目标用户群的可解释性与可传播性。简单来说，就是把产品或产品概念说给目标用户听，看他们的反应，是愿意接受，还是感到无法理解甚至是拒绝。当然，用户的反应也受宣讲者影响，很多公司的CEO或产品经理都肩负着新品推介的责任，比如乔布斯、罗永浩、张小龙。

其次，需要进行同类产品的市场开发度分析，包括产品渗透水平和渗透深度、主要竞争品牌的市场表现、市场已开发度、用户可开发度、市场竞争空隙机会等，从而衡量产品概念的可推广度与偏爱度。从可信到偏爱，这里有一个层次的加深。有时，某些行业会因为一些事件遭遇信任危机，此时推出此类新媒体产品就会面临产品概念不被信任与不被认可的风险。

再次，分析新媒体产品价格和功能等产品属性定位与用户需求的关联。因为无论用户对产品概念的接受和理解程度有多高，如果没有对该产品的需求，或是如果产品的功能不能满足用户某方面的需求，又或者用户的这种需求能够被很多的产品满足，那么该新媒体产品都很难有好的市场前景。产品经理可以通过对影响产品定位和市场需求的因素的关联分析，对新媒体产品的设计、开发和商业化进程做出调整。

最后，探究用户是否可能将心理的接受与需求，转化为行为上的使用与付费，即对用户的使用和付费意愿进行分析，以测定产品定位的最终效果。

4. 产品差异化价值点定位（Which）

产品差异化价值点定位即需要解决目标用户需求、新媒体产品自身以及竞品的特点的结合问题，同时，还要考虑提炼的这些独特点如何与其他属性综合（Which）。在上述研究的基础上，结合对竞争对手的研究，进行产品自身的营销属性定位。简单来说，就是在知道该市场用户的需求的前提下，明确有哪些需求还没被竞品满足，哪些需求可以升级优化，最后选取最核心、最有吸引力的需求作为卖点。一般来说可从产品独特价值、产品解决问题、产品使用场景、用户类型等方面进行产品的特色定位，同时还可以与竞争对手对比从而进行综合定位。在此基础上，还需要进行相应的差异化品牌形象定位与推广。

5. 营销组合定位（How）

新媒体产品的营销组合定位即如何满足需求（How），它是进行营销组合定位的过程。在新媒体产品真正推出面向用户之前，往往需要设计一个营销组合方案并实施这个方案，让用户接触、了解到产品，或者说让用户通过营销活动了解产品定位。有时营销推广过程也是一个产品再定位的过程，因为在产品差异化很难实现时，必须通过营销差异化来定位。今天，只要市场推出一款爆款新媒体产品，可能过不了多久，就马上会有“模仿品”出现，而营销差异化要比产品模仿难得多。因此，仅有产品定位对于新媒体产品来说已经远远不够了，产品经理的工作必须从产品定位扩展至整个营销的定位。新媒体产品可以采用以下三种方式从营销层面进行定位。

（1）产品名和口号。例如“微信红包”这个产品名传达出以下信息：第一，让用户可以清晰地知道其所属公司；第二，红包这个概念与中国人的风俗有关，不说也知道和钱有关；第三，与产品推出时机有关，该产品是在春节期间推出的，与使用场景形成天然结合。再比如Keep曾经的口号“自律使我自由”，传递了很强的产品价值观，也贴合减肥健身活动本身的特点，容易让用户产生共鸣。产品名和口号，是用户在使用产品前最优先知道的信息，会影响用户对产品的第一印象。所以，在产品名和口号上，要反映出内部制定的产品定位，让用户知道产品的特点。

（2）产品功能。比如“BOSS直聘”强调求职者与公司老板直接沟通这一功能，使用时会有种与众不同的感觉，加深了用户对产品定位的印象。

（3）视觉效果。冷色、留白，能给予用户高档的感觉；暖色、密集，能给予用户低价便宜的感觉。此外，视觉元素的选择还与用户的常识有关，比如谈到医疗相关产品时，脑中往往呈现的是白底红十字，或者蓝色、白色、绿色等色调，而不是橙色、紫色等颜色。网易云音乐APP iOS端的6.0版本就在视觉上进行了全新的改版和调整，减少红色占比，红色的图标改成黑色，红色的标签也改成了全局统一的黑色，原来皮肤选项里面的红色皮肤也去掉了；整体背景换成纯白色。通过这样的改动保证了全局色调的统一，保持清爽通透，免除红色给人的强烈的品牌冲击感。整体视觉更显轻盈简洁，帮助凸显音乐内容和信息，为用户提供沉浸式的音乐体验。

定位对于新媒体产品的研发和设计而言是最重要的工作之一，对于从0到1的产品而言，更是如此。但市场是变化的，产品的核心用户群也是变化的。因此产品发展的生命周期阶段不同，产品的定位也可能发生变化。以B站为例，2009年B站创立的初衷是为了满足ACG爱好者分享视频弹幕的需求，定位是“弹幕分享网站”；2010年定位为“二次元垂直内容社区”。2013年内容向泛二次元扩展，探索盈利途径，定位拓展为“泛二次元社区”。2015年以bilibili动画角色人气大赏（简称B萌）为契机，B站降低了入站门槛，涌入大量新用户，对原有的核心用户形成巨大冲击，然后B站借新用户爆发增长之势，从以二次元为主体文化的网站开始向综合性网站发展；2017年逐渐发展为今天的“为年轻人服务的泛娱乐社区”。2018年B站上市后，Z世代也越来越频繁地被公司高层提起，“Z世代乐园”或许将成为目前的公司定位（见图2-7）。

图2-7　B站的公司定位

资料来源：

bilibili. 关于我们［EB/OL］.［2021-02-26］. https：//www.bilibili.com/blackboard/aboutUs.html.

虽然定位不易，而且还会发生变化，但万变不离其宗，把握好用户、数据和以终为始的思考，将有助于应对市场中不断变化的挑战。产品定位随用户变化而变，永远贴近用户，从数据看用户的反应，倾听用户的声音，才能把握市场变化。而以终为始的思考，以“成功产品的样子”作为目标，然后根据它来倒推，则能够更好地澄清产品的定位。

【思考题】

1. 你觉得除了文中提到的新媒体产品分类标准外，还可以根据什么进行产品分类？尝试对新媒体产品进行分类，并举出相应的例子。
2. 试分析“微信”这一新媒体产品的五要素。
3. 请说出一款你最喜欢用的新媒体产品，并说明原因。
4. 请问新媒体产品的生命周期的重要性体现在哪些方面？
5. 根据你自己的理解，对你熟悉的一款新媒体产品进行定位。

第三章 新媒体产品经理

通过本章学习，你将能够：

1. 掌握新媒体产品经理的定义。
2. 明确新媒体产品经理的基本类型和工作职责。
3. 知晓新媒体产品经理的能力要求。

近年随着各种数字产品的风行，产品经理也逐渐进入了人们的视野。在周鸿祎、乔布斯、张小龙等人的强大感召下，“成为一名出色的产品经理”成为当下部分年轻人的职业理想。那么究竟什么是产品经理呢？新媒体产品的产品经理与传统行业的产品经理相比，又有哪些不同？招聘网站上产品经理、运营产品经理、AI 产品经理、视频产品经理，它们是同一种岗位吗？如果想成为一名产品经理，需要具备哪些能力？又将面对怎样的职业晋升路径呢？本章将围绕这些问题呈现新媒体产品经理的方方面面。

第一节 产品经理的基本概念

产品经理并非一个天然存在的概念，在商品（或者说是产品）存在很多年后，才在美国宝洁公司第一次出现了产品经理的概念，至今还不到 100 年的时间。20 世纪 20 年代，美国宝洁公司推出了一款佳美牌（Camay）香皂，但销售业绩比较差，一方面是因为新品的消费者认知度低，另一方面则是因为自家另一款同类商品象牙牌香皂（Ivory）带来了强大压力。象牙香皂是诞生于 1879 年的经典产品，经历数十年的经营，销售业绩良好，拥有大批忠实的消费者，是佳美牌香皂最大的竞争对手。当时的宝洁公司不允许自己内部的品牌进行自由竞争，所以即使公司对新品的不佳表现很是着急，也不允许佳美抢夺象牙的用户，佳美就成了避免利益冲突的牺牲品。

为了改变销售不佳的状态，佳美的销售负责人麦古利提出，这一局面的出现是因为佳美与象牙的广告及市场销售手段太过于类似了，换句话说，佳美香皂在一定程度上成了象牙香皂的翻版。而且由同一团队负责同类产品的广告和销售，不仅造成了人力与广告费用的浪费，更重要的是容易令顾客造成错位混淆的印象。于是，他提出了“一个人负责一个品牌”的构想，由品牌经理接手销售经理大部分的工作，使后者能将主要精力放在产品的销售工作上。麦古利的品牌管理法，得到了以醉心于改革创新而闻名的宝洁公司总裁杜普利的赞同，麦古利由此成为全世界第一位产品经理。

一、变化中的产品经理定义

宝洁公司第一次提出产品经理概念的时候，强调的是产品经理对产品进行管理的职能，负责的是产品的品牌建设、市场销售等几乎所有产品生产以外的环节，这与当时兴起的市场营销概念也有一定的关系。从诞生到现在，伴随商业行为不断发展和深入，产品经理的概念也发生着持续的变化。

（一）传统行业的产品经理概念

1978 年改革开放后，产品经理这个词也随着中外交流的加强进入国内。1980 年《包装研究资料》杂志4月期的一篇翻译的行业信息里，就已将产品经理作为职位进行使用。[①] 从那以后，该词逐渐出现在国内各类合资和外资企业的岗位列表中，并慢慢扩展至传统行业的中资企业中去。

宝洁公司也是一个传统行业的公司，在近100年前提出产品经理概念时，公司里只有产品的生产和销售两大环节，一个环节是把东西造出来，另一个则负责把东西卖出去。生产产品的地方叫工厂，里面有着无数的岗位细分。卖出去的过程中，需要对产品的品牌定位、销售策略、流通渠道、客户服务、售后保障等一切能够帮助产品"卖出去"的行为负责。在帮助"卖出去"的过程中又产生了无数的岗位细分，产品经理就是其中一个。从麦古利"一个人负责一个品牌"这个岗位定位来看，当时这个岗位虽然也叫产品经理，但是性质上更接近于今天所说的品牌经理，公司有多少个品牌，就有多少个负责把产品"卖得更好"的产品经理。

那对于现在的宝洁公司而言，产品经理又是负责什么的呢？如果以"宝洁公司"和"产品经理"作为关键词进行搜索会发现，无论是在宝洁公司的网站，还是在智联招聘等求职网站，都找不到宝洁公司产品经理的招聘信息，更为常见的是消费者/市场研究经理/助理，岗位职责如下：

- 基于对消费者和市场的洞察，指引商业团队前进方向，制订计划以做好产品选择、创新规划，触及更多用户，提升用户满意度；
- 基于对消费者的洞察，指引品牌战略制定，发展和完善消费者沟通机制，提升品牌效果；
- 基于对消费者、购买者、零售商和市场的洞察，在发挥宝洁品牌优势的前提下，指引宝洁零售策略制定；
- 基于对消费者和市场的洞察，提出基于品牌和投资的优化举措，带动投资，提升宝洁活动效率。

再看看国内其他传统行业的公司，对产品经理又有些什么样的要求。表3-1是某汽车制造企业和某化工企业产品经理招聘的岗位职责描述。从描述可以看出，虽然具体的工作内容不完全相同，但与宝洁公司市场研究经理的岗位职责，有异曲同工之处，依然围绕销售产品、提升品牌影响力在进行。

表3-1　某汽车制造企业和某化工企业产品经理招聘岗位职责描述

企业性质	产品经理招聘岗位职责描述
汽车制造企业	1. 负责竞品配置对比及PVA* 分析。 2. 负责跟踪、收集并汇总细分市场行业趋势，包括前瞻技术趋势、用户需求变化、竞争企业产品动态情报等。 3. 负责跟踪和收集主要竞争企业发展战略、产品型谱研究、产品规划平台等。 4. 负责用户需求调查相关辅助工作等。 5. 负责相关部门的日常工作协调，推动项目按计划进行。
化工企业	1. 完成市场信息收集、植物保护技术应用、推广方案制作。 2. 产品策划，制定与组织实施完整的销售方案；开展市场调研，对相关行业的发展进行研究、分析，对产品提出整改计划。 3. 产品应用技术开发、管理、推广，监督产品发展情况；负责组织产品管理、产品的功能设计和实施。 4. 准确把握市场，提供符合客户需求的产品定义、推广方向和有效的市场建议。 5. 负责联系相关部门（销售、研发、生产）进行落实，进行协调；完成领导交办的其他工作。

* PVA，指 present value analysis，即目前的价值分析。

资料来源：

智联招聘：https://xiaoyuan.zhaopin.com/job/CC000300814J90000859000? traceId=&jobSourceType=0; https://xiaoyuan.zhaopin.com/job/CC548687623J00505617903? traceId=&jobSourceType=1.

---

① 陈忠平．无形眼镜片清洗液画面重新设计［J］．包装研究资料，1980（4）：27.

可以说，传统行业的产品经理是企业中专门负责产品管理的职位，它通过市场分析，了解产品所面临的市场和营销环境，从而有针对性地制订产品策略和营销计划，同时协调生产、营销、财务、推广等多个部门，最终有效地执行产品营销计划，落实其他一系列相关的产品管理活动。产品经理对产品负责，尤其侧重于产品的生命周期管理、销售和品牌推广。

（二）新媒体行业的产品经理概念

2009年，随着iPhone手机登陆中国，追求极致用户体验和极简美学的iPhone手机背后的乔布斯，也引起了人们的关注。乔布斯被誉为世界上最伟大的产品经理，但在中国，新媒体产品经理早在人们认识乔布斯之前就已经出现了。在中国互联网进入第三次发展浪潮后，三大门户、QQ等一批新媒体产品已经进入人们的生活，负责这些产品的人就是最早的一批新媒体产品经理，只不过那时候他们并不被称为产品经理而已。被称为微信之父的张小龙，也不只是靠微信这一款产品走红的，要知道在微信问世之前，他就已经于1997年上线了自己的产品Foxmail，但并没有因此被称为Foxmail之父或Foxmail产品经理。网友"wzmin"在CSDN论坛上发布的一个帖子里明确写道，自己"从2002年开始，从单纯的技术人员转向为做产品经理"①。

从2004年开始，"产品经理"一词越来越多地出现在互联网上；2005年伴随着网络游戏的兴盛，游戏产品经理也越来越多地出现在人们面前。2010年4月，原阿里巴巴产品经理苏杰所著的《人人都是产品经理》一书上市，不仅标志着产品经理这一职业结束了野蛮生长的状态，开始步入专业化和体系化的新阶段，还引起了不同岗位成员转型产品经理的热潮。2011年微信上线，微信产品团队的故事宣扬"好的产品可以改变世界"的产品经理职业信念，这成为更多人投身新媒体产品经理的驱动力。

那新媒体产品经理究竟是一个什么样的岗位呢？如果在招聘网站上输入"产品经理"进行查询，会出现产品助理、产品经理、后台运营产品经理、数据产品经理等五花八门的名称，而且就算是岗位名称一样，职责要求也会存在差异。表3-2是两家互联网公司商业产品经理的岗位职责描述，可以看出，用户需求分析、解决方案、产品上线、产品升级迭代是新媒体产品经理的主要工作。

表3-2　两家互联网公司商业产品经理岗位职责描述

岗位名称	岗位职责描述
互联网公司A商业产品经理	从事旗下核心产品的商业化工作，追求用户体验与公司经济效益的双赢。 1. 挖掘、分析客户需求，提出有针对性的产品策略，提升变现能力； 2. 负责相关产品的方案设计及效果评估工作； 3. 负责推动产品上线，协调技术、运营及其他部门，保证项目按时完成； 4. 研究竞争对手及市场走向，把握产品和运营现状，调整并优化产品策略。
互联网公司B商业产品经理	根据商业产品发展目标，参与产品的规划与设计。 1. 根据产品与业务发展情况，发现问题、分析需求，提出并实施解决方案； 2. 持续监控并分析产品数据，发现可改进之处，提出并推进优化方案； 3. 管理并组织项目，与技术团队和运营团队合作推进产品发展； 4. 基于网民和客户行为的海量数据挖掘和建模； 5. 商业产品变现策略调研、设计、分析和评估工作； 6. 行业和竞争环境的调研和分析工作，完成产品策略研究或评估报告； 7. 把握、理解网民和客户的需求变化，推动产品策略进行升级改进。

资料来源：
智联招聘：https：//xiaoyuan. zhaopin. com/job/CC000869776J90000001000？traceId=&jobSourceType=0.

① Wzmin. 产品经理的酸甜苦辣［EB/OL］.（2005-04-18）［2021-02-26］. https：//bbs. csdn. net/topics/70257941.

综上所述，不管岗位名称是什么，从本质上来看，产品经理就是依托企业或团队的战略方向，对某个产品负第一责任的专业人员。也可以简单地将产品经理视为是帮助团队，为用户打造有价值产品的人。结合新媒体行业的特点，可以对产品经理做如下定义：新媒体产品经理（new media product manager）是公司中负责把控新媒体产品生命周期全过程的专职管理人员，通过精细的市场分析和用户需求洞察，确定开发何种产品，选择何种技术及商业模式，对产品的策划、开发、优化和迭代升级做出决策，并联合研发、设计和营销团队实现产品价值的落地。

（三）新媒体行业产品经理与传统行业产品经理的异同

既然产品经理是一个不断变化的概念，那么对于迅猛发展中的新媒体行业，它的产品经理和传统行业产品经理有哪些区别呢？在智联招聘上进行搜索可以发现，产品经理招聘需求来自各行各业，从银行到服装公司，从咨询公司到电商，其岗位职责大相径庭。表 3－3 是两则产品经理的招聘信息，一条来自某教育科技公司，代表新媒体公司；另一条来自某知名药企，代表传统公司。

表 3－3　新媒体公司和传统公司产品经理的招聘信息对比

	某教育科技公司	某知名药企
产品经理岗位职责	1. 负责公司产品的规划、策划和推进执行； 2. 负责产品市场调研，需要收集、分析和管理市场数据； 3. 持续分析运营数据，改进产品用户体验，对用户体验好评度负责； 4. 负责跨部门协调沟通，协调产品、研发、运营及市场等各部门工作； 5. 提供产品原型设计文档和商用文档，包括 MRD、PRD 流程图、白皮书、产品使用手册、FAQ 等； 6. 了解互联网及移动互联网领域的相关产品，分析行业发展热点，并提出创新或改进需求。	1. 组织拟定本部门相关制度与业务流程，并监督执行； 2. 依据公司年度工作计划和部门年度工作目标，组织制订月度工作计划和阶段性工作计划，并负责落实到位； 3. 负责公司产品战略和政策制定、市场调研与分析、策划工作； 4. 负责制订年度营销计划和预算编制； 5. 负责提升所负责产品的竞争力，发掘新卖点，开发新产品； 6. 负责营销数据信息分析与管理，行业趋势、市场竞争态势研究； 7. 提出媒体投放建议，协助选择投放媒介，并进行投放沟通； 8. 负责本部门的基础管理； 9. 完成上级领导交办的其他任务。

资料来源：

智联招聘：https：//xiaoyuan. zhaopin. com/job/CC000869776J90000001000？traceId＝&jobSourceType＝0.

从上面对两个行业产品经理的概念分析，以及表 3－3 的对比不难发现，传统行业的产品经理的工作无论是否涉及线上内容，都更倾向于产品的销售端，工作大多与产品的管理、营销、推广等相关；而新媒体行业的产品经理，虽然也要进行市场和消费者洞察，但工作的主要内容前移，侧重产品本身“从无到有”“从有到优”的过程，参与甚至主导了产品的研发和设计，需要具备用户调研、需求分析、产品规划、功能设计、项目管理、数据分析等多种能力，这一点在纯互联网公司中表现得尤为明显。乔布斯、马化腾、张小龙、周鸿祎、罗永浩等人都带着“产品经理”标签，他们身份的共同点往往是负责产品开发、决定产品长什么样子、给用户带来什么价值，有时还负责把产品“卖出去”。

同为产品经理，工作内容的区别竟如此巨大，究其原因，与企业所处行业的特点有关。传统行业与新媒体行业在行业形态、产品形态、产品生命周期、产品盈利模式和用户心态等多个方面存在明显差异，具体如表 3－4 所示。

表 3－4　传统行业与新媒体行业的差异

行业定位	传统行业	新媒体行业
行业形态	成熟行业	新兴行业
产品形态	实物	数字化物品
产品生命周期	经年	经年甚至几天不等
产品盈利模式	贩卖产品	多元盈利
用户心态	付费购买	免费使用

资料来源：
苏杰．人人都是产品经理：纪念版［M］．北京：电子工业出版社，2014：24.

1. 行业形态差异造成工作侧重不同

传统行业里的企业和产品大多问世良久，上百年的品牌比比皆是，无论是市场、消费习惯、产品还是用户都已经趋于成熟，新的品牌难以突转，现有品牌增长空间也有限。在这样的背景下，产品经理的工作更加侧重营销方面的创新。以牙膏品牌为例，高露洁、佳洁士、黑人、云南白药等品牌长期占据市场份额前列，近五年内未有明显变化。产品经理们的创新，更多的是在消费者分析的基础上，提出新产品品类的概念，并将其落实，或通过品牌的并购、拆分、售卖等方式，不断提高公司的竞争力，以保证公司的市场份额和销售数据。还是以宝洁为例，该公司在 2014—2015 年卖出了包括南孚、金霸王等在内的 50 个品牌，清理了公司旗下的宠物护理和电池业务；后又于 2020 年 1 月宣布收购女性除毛和身体护理 DTC（direct to customer）品牌 Billie。

而新媒体产品市场争斗正酣，市场在不断培养壮大，用户的使用习惯也在不断被养成。每天都有新产品问世，每天也有次新产品死亡。随着产品的不断大量涌现，用户注意力成了各家争夺的最大资源，“新”和“快”已经成为这个时代的产品经理面对的最大挑战。因此，产品经理的工作重心前移，更重视产品功能的规划，不但要有对市场发展趋势的敏锐洞察力和创新意识，有良好的分析研判能力，还需有不断推出有竞争力的产品或者不断改进现有产品的能力；要能深入了解业务，挖掘用户的多种需求，占领用户并主导用户习惯；同时还要能制定所负责产品线的发展草图和实施路线图。以微信 iOS 版为例，2017 年共更新 23 次，2018 年更新 12 次，2019 年更新 7 次，近三年平均一个月不到就更新一版。

2. 产品形态差异造成工作重点不同

传统行业的产品多以实物形态呈现，产品成本包含生产成本和销售成本两部分。其中生产成本包括直接材料、直接人工和制造费用等；销售成本包括渠道成本、仓储成本、办公费用等。因为生产和销售涉及的环节和步骤较多，所以传统行业产品经理工作有很大一部分是考虑如何把整个供应链打通，怎样更合理、更有效地进行销售。

而新媒体产品的生产、销售和流通都在互联网上进行，基本都以数字形态出现。这类产品的边际成本①几乎为零，规模效应②显著，可复制性较强，一旦问世，复制成本极低。因此，不管是团队还是产品成本的投入，都更加集中在产品研发过程，重点资源也会投入到产品本身，而较少考虑实体经济中供应链上下游联系问题。由此，新媒体产品经理的工作侧重于用户需求分析、产品规划和设计等与产品本身相关的工作，虽然也会涉及市场、宣传、推广和公关

① 边际成本：每一单位新增生产的产品（或者购买的产品）带来的总成本的增量。

② 规模效应：指因规模扩大带来的经济效益提高，即通过一定的经济规模形成的产业链的完整性、资源配置与再生效率的提高带来的企业边际效益的增加。

等，但投入程度较小。

3. 产品生命周期差异造成工作流程不同

传统行业产品的生命周期一般较长，以汽车为例，一款车的流通时间可达十余年，例如大众汽车公司的甲壳虫问世81年后才于2019年结束了产品历程。与此同时，产品的开发资金要求较高，一个全新车型的开发需要几亿甚至十几亿的资金投入，投资风险非常大。如果不经过周密调查研究与论证，就草率上马新项目，轻则会造成产品先天不足，投产后问题成堆，重则造成产品不符合消费者需求，没有市场竞争力，甚至发生“召回”事件，导致更大损失。因此，传统行业的产品研发周期可达几年甚至更久，需要比较复杂精细的流程来支撑产品的开发。以红旗汽车为例，2012年公司在新闻发布会上就透露，当时一汽已经为红旗投入了52亿元人民币，后期还将追加105亿①；苹果公司2020年预计也将在汽车研发上投入约190亿美元（约合人民币1 354.79亿元）②。而且一款新车的研发过程涉及造型设计、工程设计、样车试验、投产启动等多个阶段，其中包括不下300个评审点，需要造型设计师、油泥模型师、发动机设计工程师、底盘设计工程师等多方面的专门性人才共同参与完成。

新媒体产品相较于传统行业产品而言产品生命周期短很多，有的产品甚至从问世到消亡也仅数月，例如由锤子科技发布的社交产品“子弹短信”，从2018年8月上线至2019年1月下线，仅存在了5个月左右。所以其研发管理过程推崇精简，要求能对市场需求进行快速响应，采取先占领市场推出产品，后更新迭代优化产品的策略，也就是平时经常听到的“小步快跑，快速迭代”策略。因此，新媒体产品典型的研发周期通常只有几个月，一般只有不到10个评审点。产品经理对产品研发中一些关键点的判断，除基于必要的市场分析外，更多靠的是自己经验累积产生的行业敏感和直觉。这也就是为什么数字产品经理的招聘中，经常会见到有诸如“关注行业趋势、产品技术和客户需求”“具备成功的产品规划和开发项目执行经验”等岗位要求。

同时，新媒体产品的研发过程充满灵活性，即使产品经理在某个项目上判断失误，也可以通过快速迭代的方式进行修正，从而减少甚至不对产品产生不良影响。2018年，国内知名短视频APP“快手”就曾因低龄用户（以未成年人为主）发布过多恶意炒作、低俗八卦的视频和巨款打赏等问题被诟病，后来快手团队迅速对产品进行更新改版，在APP首页左上方侧栏增加了一个带有未成年图标的“家长控制模式”，只要用户开启这一模式，APP就会自动呈现只适合未成年人观看的视频内容，并禁止打赏、充值、提现和直播行为，为产品形象起到一定的修复作用。

也正因为新媒体产品的研发是快速和灵活的，因此在产品的整个生命周期中，迭代优化持续高频存在，需要以产品不断地研发迭代，去完成它持续的价值实现；而传统产品的研发工作在产品面世后就退出了关键位置。因此，传统行业产品经理的工作更多地侧重于产品的销售和推广，而新媒体产品经理的职能重心则在于推动产品的研发优化，兼顾销售和推广。

4. 产品盈利模式差异造成服务对象不同

传统行业大多靠销售产品、置换产品本身的价值来获得利润，而新媒体产品虽然前期研发投入没有传统行业大，但因其自身经验性的特点，仅靠贩卖产品本身很难或者至少在短期内难以填补研发造成的前期投入，无法直接依靠出售商品盈利，因此往往采用免费试用甚至终身免

① 一汽研发红旗真的用了500亿吗？[EB/OL].（2017-06-08）[2021-02-26]. https://www.sohu.com/a/147239564_625518.

② 陈驰．血战特斯拉？苹果汽车研发投入超190亿美元：比大众还多[EB/OL].（2020-05-27）[2021-02-26]. http://news.mydrivers.com/1/691/691574.htm.

费的方法来获取用户。比如有赞微商城就采用免费试用的方式来吸引新用户加入，再通过优质内容带来规模流量、用户关系沉淀和社区氛围，继而借助广告、微商、会员等多元流量变现方式实现盈利；再比如今日头条的盈利方式就有广告投放、付费订阅、游戏和其他增值业务、电子商务和 O2O 业务、提供渠道获得利润分成等多种（见图 3-1）。

图 3-1　今日头条 APP 的多种盈利方式

资料来源：

https：//wenku. baidu. com/view/6a25bc39590216fc700abb68a98271fe910eaff9. html.

盈利模式的差异造成了产品服务对象的不同。对于传统行业产品经理而言，产品的购买者是最重要的服务对象，而购买者并不一定是使用者。比如婴儿用品的使用者是婴儿，而购买者是其父母等成人；再比如护理床等老年人用品的使用者是年长者，但购买者往往是其子女等人群。因此，传统行业产品经理的工作主要是针对购买者进行广告推广或营销，力求得到购买者认可，促成购买行为的发生。

而新媒体产品经理面对的往往是直接用户，而且往往是海量的直接用户，用户产品使用体验的好坏直接影响到产品用户量的多少，而用户量又是影响新媒体产品盈利的最重要因素之一，因此新媒体产品经理会更重视用户研究、数据分析等工作，力图把握并实现用户需求，从而获得用户的使用或用户注意力。例如，淘宝在成立之初面对来自竞争对手 eBay 易趣的巨大压力，为了抢占市场，开始走以用户为中心的路线，高度重视用户的需求和体验。其中负责产品的员工每天都会浏览易趣的卖家论坛，看易趣卖家在抱怨什么、吐槽什么，由此对竞品动态和用户痛点了解得一清二楚；他们还会在淘宝社区中主动发帖，与买家和卖家交流问题，探讨解决方案。这种主动挖掘用户需求的方式，让淘宝更加贴近并理解用户，最后技术团队根据搜集到的痛点、建议与反馈意见进行相应的功能开发与系统升级。很快，淘宝就积累了良好的口碑，并在用户间相互传播，为淘宝赢得战役打下了坚实的用户基础。[①]

① 沈宇星. 中国产品经理 20 年：从哪里来，到哪里去？[EB/OL].（2018-12-26）[2021-02-26]. https：//mp. weixin. qq. com/s/L1EYpUsQRnSTfwYk1AVVWw.

5. 用户心态差异造成产品研发着眼点不同

传统行业的产品大多采用预付费的形式，即消费者先付费购买后才能使用或体验产品。在已经产生使用成本的条件下，消费者对产品的容忍度也会有所提升，当一件产品并不十分令人满意或有轻微损坏时，消费者的态度大多是忍受，而非马上扔掉该产品。例如，消费者购买了一台汽车，取回后发现因车辆设计的原因，车子行驶时胎噪比较大，此时消费者通常并不会将车子开回店中要求退换，而是在自己的容忍范围内，接受这样的事实，然后继续使用。因此，产品经理在进行产品研发时，虽然也要在真实用户需求的基础上设计产品，但只要产品使用体验在用户可接受的合理范围内即可，容许有少量的不完美。

但新媒体产品大多采用免费试用的方式，先让用户体验，再产生购买行为，而且存在同质产品，用户的转移成本几乎为零，因此用户对产品的要求也更高，只要产品使用上有不如人意之处，弃之换新绝非难事。比如一个 APP 从下载、试用到删除，这一系列的操作只需要几分钟就可以完成。在这样的背景下，新媒体产品经理在进行产品研发时更重视用户体验，除了重视满足用户需求的产品功能设计外，还很重视交互设计、视觉设计、文案设计等；如果是内容方向的产品经理，还需要对文字内容的标题、结构、排版、互动等细节问题进行大量研究，甚至对产品进行大量的 A/B 测试。总而言之，新媒体产品研发工作的落脚点就是提升用户体验，以保障用户的下载量、试用量和留存率，尽可能扩大产品的用户群体。

（四）千人千面的产品经理

随着中国移动互联网时代的到来，手机端的应用日益变得丰富，产品的快速推出和迭代升级使得行业对产品经理的需求大增，新媒体产品经理的队伍不断壮大，这一职业也越发为人们所知。百度指数显示，从 2011 年至今“产品经理”一词热度不断上升，2015 年 6 月至 2021 年 2 月，搜索指数一直在 2 000 点左右上下波动（见图 3－2）。

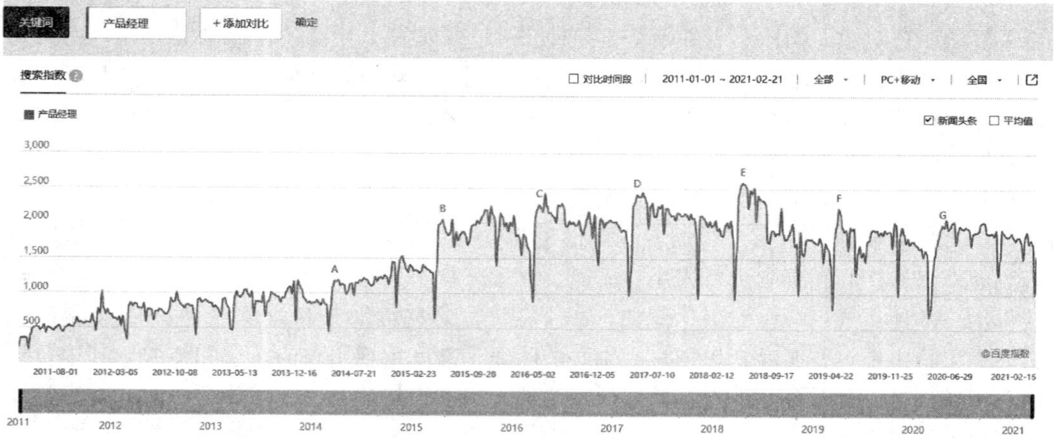

图 3－2　“产品经理”一词百度搜索指数趋势图（2010 年 12 月—2021 年 2 月）

资料来源：

百度指数．“产品经理”搜索指数［EB/OL］．［2021－02－22］．https：//index. baidu. com/v2/main/index. html＃/trend/％E4％BA％A7％E5％93％81％E7％BB％8F％E7％90％86？ words＝％E4％BA％A7％E5％93％81％E7％BB％8F％E7％90％86.

2010 年 4 月，《人人都是产品经理》与《结网》两本书相继上市，打破了国内长期以来没有产品书籍的尴尬局面，也标志着中国新媒体产品经理多元化、专业化、精细分工的开始。随着微博、微信、支付宝、淘宝、京东等国民级产品的兴起，产品经理岗位迎来了职业红利期。然而，近几年资本的疯狂投入加剧了产品市场竞争的激烈程度，互联网企业收购与合并现象屡见不鲜，各类产品同质化严重，竞争维度更加多元化，使得整个互联网行业都弥漫着“焦虑”气息，对产品经理提出了更严峻的挑战……那么，究竟什么才是产品经理？每个人说的产品经理指的都是同一种工作岗位吗？其实，一千间公司有一千个产品经理的定义。先来看看以下几位“产品书”作者对产品经理的定义：

- 产品经理就是以解决问题为核心，整合和管理各种人力、物力等资源，高效地将解决方案变成实际产品输出的领导者。

——王淮（《打造 Facebook》作者）

- 产品经理就是在整个产品生产过程中，从功能策划到用户反馈都需要负责的人。

——胡澈（《缔造企鹅》作者）

- 互联网产品经理通常是指负责对现有互联网产品进行管理及营销的人员，同时也负责开发新产品。

——王坚（《结网》作者）

- 在产品发现过程中，你（产品经理）不仅要确保你提出的解决方案有价值，对客户而言是可用的，对工程师而言是可以实现的，还要确保你的利益相关者会支持你提议的解决方案。

——Marty Cagan（《启示录》作者）

在学术研究中，对产品经理也无统一的界定。有学者认为，互联网产品经理是互联网公司中的一种产品管理职位，负责互联网产品的设计开发、市场运营等方方面面的产品管理工作。主要职能包括：产品的定义、定位、定价；逻辑、功能、界面设计；跟踪用户反馈、竞争对手动态；优化产品使用体验；制订产品改进、运营、营销计划；与技术、设计等各部门协调合作，对产品开发项目过程进行管理与跟踪；配合市场部进行商务合作、产品营销等。[①] 还有学者认为，互联网公司的产品经理，是一个主要负责互联网产品的策划和推广以及产品更新换代演变的职位，在互联网公司中处于核心地位；需要很强的沟通协调能力、市场分析洞察力和商业意识；不仅要分析消费者行为，了解市场规则，同时也要具备适应各种不同风格的团队的能力。[②] 这些观点或强调了产品经理的管理职能，或强调了产品经理的能力要求和在公司中的地位，分别描述了产品经理工作的不同侧面。

再看看招聘网站上的职位信息，单从名称上看就已经是五花八门了：产品助理、产品经理、后台运营产品经理、数据产品经理、金融科技产品经理：岗位需求也各不相同。这种情况的出现，一方面与公司追新潮用新词的想法有关；另一方面也确实是因为互联网经济发展迅速，越来越多新兴行业和公司兴起，促使职业划分越来越精细。

二、新媒体产品经理的分类

在传统行业中通常会根据企业所属行业对产品经理进行细分，在新媒体行业则一般按服务端口、工作内容和行业领域三个维度对产品经理进行分类。

---

① 董清清．互联网产品经理的个人知识管理［J］．科技资讯，2012（3）：179.

② 马伟．互联网行业产品经理职能研究［D］．北京：北京邮电大学，2013：5.

（一）按服务端口划分

1. C端产品经理

C是英文单词“customer”（顾客）的缩写，C端产品经理即指“面向大众用户的产品经理”。通常而言，C端产品经理解决的是“人性问题”，为用户个人提供价值。他们要洞察和挖掘用户的真实需求并精准提炼出来，再将这些需求转化成具体功能，落实到产品设计及功能规划中。除此之外，C端产品经理还需要关注用户的产品体验，即产品的感性价值所在。这就要求C端产品经理能够经常在用户和设计师的逻辑思维间转换：既要充当用户，亲身使用产品，以获得用户最直接的感官体验及可能产生的心理动态，由此评析产品的优缺点；又要有设计师的视角，掌握一定的用户行为和心理学知识，通过数据分析用户的需求痛点、痒点和爽点，具备较好的审美观和技术理解基础，用情感化设计、人性化设计来打动用户。例如，抖音的产品经理需要思考如何让用户在观看短视频时获得轻松感和惊喜感，于是通过功能的优化设计，用户只需要用手指轻轻向上或下滑动界面便可直接跳转至新视频，而且他们永远无法预测下一条视频会是什么新奇有趣的内容，很容易产生期待心理。

2. B端产品经理

B是英文单词“business”的缩写，B端产品经理即“面向企业用户的产品经理”。B端产品经理解决的是“客户问题”，为企业提供价值。他们在工作过程中不再扮演“天然用户”角色，而是一个既懂产品知识又懂业务的第三方专家，需要熟悉企业用户的业务流程、行业规范以及友商的解决方案，为某个具体企业提供专业化的咨询服务和具象的IT解决方案。[①] B端产品面向的是集体用户，创造的是理性价值，最终目的是提高企业的工作效率，因此往往针对企业的具体岗位角色来设计产品功能，追求简约、实用，有时会忽略掉用户体验中感性的部分。例如，需要做一个供项目经理使用的项目管理系统：小张和小朱都是产品的终端用户，也许小张在上班之余是个新潮的少女，喜欢玩抖音购物，小朱是个宅男，就喜欢宅在家里打游戏；小张喜欢炫酷的界面风格，小朱喜欢简约的界面风格。这些都不会影响系统功能的设计，因为功能设计的主要依据是企业对项目经理这个角色的业务定位和考核目标，他们共同的角色是项目经理，所以系统只需要提供相同的能力和体验即可。可以说，B端产品经理的工作就是搞清楚如何把用户的问题抽象成一个行业通用的功能，并梳理出适用于大部分同行的业务操作流程，通过对用户专业领域操作流程的深度挖掘，来发挥集成化的、系统化的作用。因此B端产品经理需要具备抽象化、模块化思维，拥有较强的需求整合能力和逻辑梳理能力。

综上不难发现，C端产品经理和B端产品经理的主要区别在于：前者注重优化用户体验，而后者更注重产品的效率和功能的可用性，产品能否解决企业的效率问题是最重要的，体验感不过是个加分项。当然，C端产品有时也需要调用B端产品接口，两者一起带给用户最佳的服务和使用体验。

（二）按工作内容划分

有行业从业人员曾说：“各行各业都有产品经理，但不同的行业、岗位对产品经理的技能要求是完全不同的。”比如说，一个做社交产品的经理可能会把洞察用户在使用社交产品时的心理、如何驱使用户与他人产生交流作为最重要的工作；一个做客户系统的产品经理，则需要

---

① 奋斗De奶爸．从3个角度分析：为什么说B端产品和C端产品是2个物种？［EB/OL］．（2019－10－18）［2021－02－26］．http：//www.woshipm.com/pd/2987191.html.

负责打通信息流，也就是整合客户信息、用户信息、业务信息等到一套信息流里面；而工具类产品的产品经理，如微信的产品经理或QQ邮箱的产品经理，最重要的技能就变成思考如何把工具做得更好，怎样保障信息收发监控流程的顺畅运行。再比如，美团的产品经理工作的重点是商家后台和工具，帮助几万名快递员解决效率问题。从事以上这些职业的产品经理，虽然从技能、性格、业余爱好来看不像一类人，但大家都是产品经理。因此也可以根据产品经理的工作内容对产品经理进行分类，具体而言可大致分为功能型产品经理、策略型产品经理、运营型产品经理和管理型产品经理四类。

1. 功能型产品经理

功能型产品经理就是负责设计产品功能的人，掌握产品设计工作中各类软件的使用、了解产品的各类模式和功能结构是他们最核心的技能。从工作流程看，功能型产品经理首先会聚焦用户提出的需求，将其转化为产品需求，然后据此去寻找和研究相关竞品，分析用户画像并绘制出其使用行为路径，撰写BRD（商业需求文档）和PRD（产品需求文档），由此提出产品功能。其次，在既定的产品功能基础上，拆分功能需求点，绘制功能结构图、信息结构图，并结合产品的业务流程进行描述设计，列出功能实现的优先级，逐一对功能进行详细的设计。其间，功能型产品经理需要反复审问自己功能的价值和意义，比如这些功能是否能满足用户的需求，是否可能引爆其他潜在需求等。

功能型产品经理往往由初级产品经理或产品助理来担任，通常而言他们只需要考虑产品的功能设计，而不需要顾及其他产品相关事宜。比如，某公司需要做一个B2C模式的电子商务网站，功能型产品经理需要做的就是在市场上寻找相似的产品，对这些产品进行功能分析，然后将B2C模式的功能规划输出成原型图，一般不用全局性地考虑产品的市场和后续的运营问题。所以有人认为功能型产品经理更像是工匠，要懂得各类模式的产品功能结构及其实现方式，当公司提出需求时，能够第一时间输出产品形态和功能结构的初步思路。①

2. 策略型产品经理

策略指一种实现目标、解决问题的手段，因此，策略型产品经理的职责就是基于某种功能，通过一定的策略，实现不同用户在不同场景下精细化需求的满足。这一目标的实现需要策略型产品经理能够宏观地分析不同用户在具体场景下形成的不同诉求、分析不同用户群体的规模及其需求的强度；在这些分析的基础上，综合考虑影响用户需求的因素，确定最终产品需要满足用户的哪些需求，满足的广度和强度分别是怎样的，并通过搭建各类因素间的逻辑关系解决问题。

简而言之，策略型产品经理解决的核心问题是人与物（信息）的匹配问题，即要让用户在有限的碎片化时间里，尽可能多地看到他感兴趣且有价值的内容。举个例子，某新闻客户端APP的功能型产品经理小A发现，有很多用户在阅读完一篇文章后，因为没翻到其他喜欢的文章而退出应用，他由此设计了相关文章推荐功能。在功能上线之后，他发现用户点击率很低，经过用户调研得到的反馈是：用户觉得推荐的内容和自己没什么关系，并不是自己感兴趣的。于是，小A总结出产品的现状：用户量和文章库存巨大，但无法通过某个特定的文章提取规则，满足各类用户的阅读需求。此时，策略型产品经理小B就需要设计了一个综合考虑用户画像、内容属性、历史阅读记录、热点舆情、地理自然环境等因素的，基于用户行为分析、内容关系分析等策略的个性化推荐系统——“猜你喜欢”，更好地满足了不同用户在相关推荐中看到自己感兴趣的文章的需求，从而提升了用户在该新闻客户端APP的留存率。

---

① 然姐．产品经理的职责和分类［EB/OL］．（2018-05-04）［2021-02-26］．https：//mp.weixin.qq.com/s/0HnaEkuwj85zR01UieZDbQ.

策略型产品经理的工作内容决定了这一岗位的能力要求。一方面，策略型产品经理要能够借助用户视角，分析各类用户在不同场景下的一致需求；另一方面，策略型产品经理也要能跳脱出来，分析各类用户在各自不同场景下分别存在哪些特殊需求，对相关影响因素进行判断，并通过一定的计算逻辑进行转化，使解决方案能随着外部因素的变化而不停地调整，最终更好地实现问题的解决。

3. 运营型产品经理

业内流传这么一句话："好产品是运营出来的。"从这句话我们不难看出运营对于产品的重要性。运营型产品经理就是负责产品运营的产品经理，其使命是拉近用户与产品之间的距离，使产品能够走得近（用户）、黏得住（用户），进而促使产品最终变现。因此从宏观上看，运营型产品经理需要对产品有全局性的思考，充分了解当前市场的主要和流行玩法，明确用户需求，在策划产品时侧重考虑产品的整体运营规划，制订多方面的运营目标和计划，包括产品宣传推广计划、产品营销计划、产品对外商务合作计划、数据分析及市场监测等等。必须明确的是，这些计划的开展，一定都是围绕着"用户"进行的，因此，从微观角度来说，运营型产品经理的工作职责就是关注用户的产品使用情况、互动情况、付费情况和口碑情况，通过各种手段加强用户与产品之间的联系，组织各种"贴心"的活动拉近与用户的距离，增加用户对产品的使用时间，提升用户在产品上的活跃度，最终实现产品的商业价值。

4. 管理型产品经理

管理型产品经理，从名字上不难看出，其工作职责倾向于管理，在许多公司往往指的是"产品总监"，主要负责产品的生命周期演化、计划和推广等全部过程的管理。由于管理型产品经理不仅全权控制着产品的生老病死，还会对公司的产品线进行管理，沟通和协调公司资源，对接产品和业务，力求实现产品与市场的高度契合，因此它也被视为"小 CEO"。管理型产品经理的工作重心在于产品的全面管理，包括版本管理、运营管理、市场管理等，通常不会参与产品流程中比较具体和细节的工作，如产品功能设计等。管理型产品经理往往需要具备很强的战略思维和决断能力，除了对产品本身进行管理外，还要擅长对不同的团队和项目进行协调管理。

（三）按行业领域划分

除了按服务端口和工作内容对产品经理进行划分外，还可以按产品所属的行业领域甚至业务进行分类。这种分类方式在招聘网站上非常常见，便于快速匹配求职者的岗位经验。表 3-5 就简单列举了部分行业产品经理的类别、典型产品和能力要求。

表 3-5　按行业划分的产品经理类别、典型产品和能力要求一览表

产品经理类别	典型产品	产品经理能力要求
电商产品经理	淘宝、唯品会、京东、网易严选	• 了解物流、仓储、供应链、商品体系、支付系统、订单系统知识； • 掌握活动运营、用户运营方法。
社交产品经理	微信、QQ、微博、陌陌	• 掌握社会心理学和传播学知识； • 了解用户关系链与互动行为； • 深刻认知用户的行为和动机。
搜索产品经理	百度、360、搜狗、Google	• 掌握一定算法知识和搜索技术，提高搜索相关性； • 具备良好的设计感和逻辑，设计搜索结果呈现方式，优化性能； • 搭建搜索运营平台，提供用户想要的信息； • 挖掘用户深层次搜索需求。

续前表

产品经理类别	典型产品	产品经理能力要求
互联网金融产品经理	支付宝、微信支付	• 具备一定金融知识背景； • 擅长将功能模块化，能够梳理复杂的交易流程； • 了解用户购物心理和决策因素，并能将理论反映在产品设计上。
打车类产品经理	曹操出行、神州专车	• 了解车载行业知识、O2O 知识、乘客端和司机端的不同需求及交易知识。
外卖类产品经理	美团、饿了么	• 了解餐饮行业知识、O2O 知识、消费者倾向需求。
在线教育产品经理	网易公开课、中国大学 MOOC	• 掌握在线教育平台规则、知识付费玩法； • 分析用户教育知识需求缺口； • 提升用户在线学习的互动频率和体验感。
在线医疗产品经理	阿里健康、丁香医生、春雨医生	• 掌握一定医疗领域知识、健康传播知识； • 能够搭建医患咨询互动平台，促进患者购买行为的转化。
在线旅游产品经理	去哪儿、携程旅行	• 掌握旅游业知识，了解旅游相关产业链运作模式； • 能够构建平台生态体系，提升商家和消费者的满意度。
在线视频产品经理	爱奇艺、优酷、腾讯视频、B 站	• 了解影视传媒知识、娱乐圈和文化圈 KOL 流量动态； • 掌握账号体系、会员付费体系知识； • 拥有界面优化审美能力。
短视频产品经理	抖音、快手	• 制定平台准入、奖励审核机制； • 培养和扶持各领域 KOL； • 界面互动体验设计； • 具备内容宣传推广、商品消费者引流等运营能力。
在线音乐产品经理	网易云音乐、QQ 音乐、酷狗音乐	• 了解音乐领域知识、音乐圈 KOL 流量动态； • 掌握账号体系、会员付费体系知识； • 增加 UGC，进行动态栏目设置及宣传推广活动； • 拥有界面优化的审美能力。
网络游戏产品经理	王者荣耀、英雄联盟、开心消消乐	• 掌握手游及网游流行文化、术语； • 洞察玩家需求，更新游戏玩法机制； • 提供优质的游戏社区服务。
资讯产品产品经理	今日头条、网易新闻、腾讯新闻	• 了解内容生产、筛选和展示机制； • 设置生产奖励机制、优化数据算法、优化交互设计、合理分配流量，实现对用户的精准内容分发。
企业服务产品经理	OA 系统、企业邮箱	• 掌握一定企业信息管理知识，寻求提升企业办公效率的办法。

资料来源：
根据智联招聘的相关岗位信息整理。

从上表可以看出，不同行业对产品经理的能力要求是不一样的，会因应行业属性和服务特色而产生差异化要求。举个例子，每个行业都有产品经理必须掌握的专业术语和沟通话术，例如电商产品经理常用 GMV、ASP（产品的平均销售价格），搜索类产品经理常用 SEM（搜索引擎营销）、SEO（搜索引擎优化）、ASO（提升 APP 在各类 APP 电子市场排行榜和搜索结果中的排名）等。这些都体现了作为产品经理，除了共通性工作职责和流程之外，还必须掌握差异化基础专业知识。当然，不同行业的产品经理也存在共性，那就是必须对自己产品所处行业有精深的了解，熟悉市场玩法和用户需求，只有这样才能帮助产品提供优质服务，而这也是产品经理最根本的生存之道。

第二节　新媒体产品经理的工作职责

既然新媒体产品经理存在不同的分类方式，各种不同的新媒体产品经理岗位又有着不一样的具体工作内容，这是否意味着新媒体产品经理的工作职责是一个说不清道不明的“东西”？在回答这个疑问之前，先看看互联网巨头 BAT 招聘中对新媒体产品经理的职位描述（见表 3－6）。

表 3－6　　京东、阿里巴巴、腾讯的产品经理职位描述

公司名称	岗位名称	职位描述
京东	京东高级产品经理	• 负责整体规划京东云网络安全与数据安全产品方向、功能设计、用户调研分析、竞品分析等工作，并协助开发团队理解和实现需求； • 负责行业市场与竞争分析，掌握目标行业和竞争对手动态，对产品进行持续改进和优化； • 配合市场人员进行产品的推广，关注产品运营状态和运营数据，并做出相应产品规划和运营策略调整。
阿里巴巴	商业产品经理	• 负责阿里巴巴数据中台数据业务的商业产品规划、产品设计、产品落地； • 分析大型品牌商、天猫商家市场策略的需求，根据客户需求抽象提炼产品计划，并推进执行； • 完成产品方案，包括产品文档编写、产品原型设计、用户流程图等； • 组织和推动各团队协同，确保产品快速迭代； • 分析产品上线后数据和效果，引导以用户为中心的产品迭代。
腾讯	广告商业产品经理	• 收集运营侧对流量、平台产品以及运营流程的反馈，提供系统化、基于数据的分析梳理，理清需求的商业价值及优先级，持续推进需求的落实执行； • 梳理了解广告主侧数据及平台架构的基础，结合广告主需求及腾讯能力，为广告主提供基于产业升级的创新产品方案； • 基于对行业趋势、技术以及平台的了解，为日常运营提供技术和产品支持； •从产品和技术层面，配合运营团队，进行产品形态创新和运营方式探索。

资料来源：
猎聘网：https：//www. liepin. com/job/1918893945. shtml.

从上表可以看出，虽然不同公司的不同产品岗位在职位描述上有所差异，但总体而言产品经理的工作主要围绕以下几个核心要素展开。

- 围绕外部环境：市场分析、竞品分析；
- 围绕用户：需求挖掘、用户增长、用户体验、用户反馈；
- 围绕产品及功能：规划、设计、迭代、运营、推广、数据分析、评估；
- 围绕沟通：资源协调、跨部门合作；
- 围绕团队建设：团队成员培养。

上面的分类看上去十分全面，但值得注意的是，这些工作并不是同一性质的工作，比如围绕用户的工作更加具体，也更加偏向前端，而围绕团队建设的工作更加偏管理。这也就意味着这些工作不会由同一个人负责，或者说不会由一个人同时完成，肯定还需要借助其他的逻辑，对产品经理的工作进行进一步细化区分。时间跨度和工作流程，是最常见的两个辅助划分维度。

一、从时间跨度看产品经理的工作

曾任QQ邮箱产品经理、高级战略经理的王坚在自己的著作《结网》一书中提出，互联网产品经理的工作职责可以分为战略性工作、阶段性工作和日常性工作三大块。

（一）战略性工作

这类工作贯穿产品的整个生命周期，要求产品经理运用战略性的眼光审视产品以及产品的战略布局，从而实现对产品发展轨迹的有效把控。具体而言战略性工作主要包括以下几项：

1. 为产品建立长期的战略布局

战略布局按从小到大，又可细分为产品局、公司局和产业局。产品局最小，指的是对产品内部各模块相关性进行探讨，探讨的目的是使各模块可以有效地组织在一起协同运作，比如支付宝中的余额与城市服务的相关性。公司局大小居中，指的是一款产品在公司内部的位置，以及该产品与其他产品之间的关系，比如微信与QQ在腾讯公司内部的关系。产业局最大，指的是一款产品在产业链中扮演的角色，以及该产品对产业链的影响，比如微信理财通在互联网金融中的角色和地位。

2. 发现新的产品机会

新媒体产品的生命周期较传统产品而言明显缩短，因此，时刻关注宏观环境、行业及用户需求的变化，发现新的产品机会，无疑对公司的持续发展、产品生命周期的延续以及产品经理个人的职业生涯都具有十分重要的意义。

3. 持续打磨产品

一个产品对于产品经理而言就像是自己的孩子，把负责的产品做好，就是产品经理最基本的工作之一。新媒体产品因为生命周期相对较短，因此在研发时往往采用MVP策略，这也就意味着，产品是在用户使用的过程中不断成长和完善的。因此，持续关注用户需求变化，根据实际情况为产品的改进和迭代提供方向和建议，以保证产品的竞争力，就成为产品经理一项常规持续性的战略工作。

（二）阶段性工作

这类工作往往有明确的起始时间，强调产品经理在工作中的项目管理和时间管理能力。具体而言主要包括如下几项工作内容：

1. 年度商业计划的制订

一般来说，公司层面每年会更新一份整体的商业计划，确定公司未来几年的财务目标。这份整体的商业计划是由公司内各个具体产品的商业计划汇总而成的，产品经理需要参与制订自己所负责产品的部分，预测产品未来几年的收入和成本。

2. 新产品的开发

新媒体产品的新品开发有着明确的节奏和时间限制，而且往往开发者不止一家公司，因此推出时间的早晚对产品能否获得市场认可有着十分重要的影响。作为产品的第一负责人，产品经理在新产品的开发过程中，不但要做好开发计划，要输出产品原型、需求文档，还要跟进开发进度，保证产品按时保质地落地实现。

3. 市场和竞争分析

产品之间的竞争就是商业战争，市场、竞品、竞争力分析就是对敌情的基本分析，在掌握了市场的走向和竞争对手的下一步意图后，有针对性地制定应对方案，才有可能取得商业上的竞争优势。因此，市场和竞争分析是与产品经理联系最为密切的工作之一，不但在新品研发的前期十分重要，在产品运营，甚至产品进入稳定期后都需要进行此项工作。

4. 市场培育和营销活动策划

“只有具有一定市场份额的产品才是成功的产品”，除了练好内功，把自己的产品做好，产品经理还要考虑如何把产品推广出去，让更多的用户能够使用它。在营销行业里有个共识：市场是需要培育的，用户是可以教育的，营销是有节奏的。比如在摩拜出现之前，用户并不知道原来日常通勤使用的自行车是可以租的；网约车平台出现之前，用户也并不知道原来自己车上的空位也是可以共享的。这些市场就是被培育出来的，用户也被教育了一个新词——“共享经济”。在完成了市场培育、用户接受过教育后，营销进入协助产品争夺市场份额，这才有了新媒体产品史上的“百团大战”等。通常这些工作由营销经理来负责，但在没有营销经理的情况下，这部分工作则默认是由产品经理完成的。产品经理需要利用公司内部、外部资源，开展市场培育、用户教育和产品营销活动。

5. 增加盈利

产品要想活下来，盈利是必需的前提条件。创造盈利的路径有两条，一是赚，二是省，而两者的实质其实都是提升产品的利润率。产品经理一方面要负责产品盈利模式的设计，使产品尽可能地在多方面进行变现，实现利润最大化；另一方面还要研究如何降低成本，使产品在有限的预算下存活更久。

6. 重新规划产品线

与传统产品一样，新媒体产品也会有自己的产品线，产品线中的产品也会有各自不同的生命周期。产品经理需要定期重新审视产品线中所有的产品，针对企业发展的方向、目标和需要，结合产品的发展阶段，扩展、合并或取消一些产品，以保持产品线的竞争力。这一点在产品进入成熟期或衰退期后，显得更为重要。

（三）日常性工作

这类工作往往是以天为单位安排执行计划的，主要包括以下几项内容：

1. 竞争情报的收集分析

这项工作是战略性工作和阶段性工作的基础，具体包括行业趋势与机会、竞争对手及其产品发展动向、竞品运营数据和状况等。

2. 协调开发、运营、客服、销售等资源

产品的设计、研发和运营过程涉及多部门的协作，只有将相关部门的资源都协调好，形成合力，才能保证产品从设计到运营各环节的顺利进行。

3. 执行商业计划

产品经理需要带领产品团队完成商业计划中的财务目标，包括获得收入和控制成本。但因应产品所处的不同生命周期阶段，有时候产品的目标并不是直接盈利，这种情况下就会有类财务目标的考核，比如活跃用户数、网页浏览量等，俗称产品经理的 KPI。这些目标在商业计划中会被分解成若干个关键任务和具体目标，比如要通过任务 A 提升 8%的浏览量、通过任务 B

提升 5%的浏览量等。所谓执行商业计划，就是要将这些关键任务进一步分解为每天的工作，通过逐日执行完成关键任务，进而完成（类）财务目标。

任何一个产品经理，都不会一开始就接触所有的工作内容，也不可能负责所有的工作内容。新晋产品经理通常会先从日常性工作做起，熟悉产品的运营状况，然后参与阶段性的项目，在掌握了足够的行业知识之后，再尝试进行战略性工作，通过这样一种循序渐进的过程，全面掌握产品经理的工作。理想状态下，战略性工作约占产品经理总工作时间的 15%～25%；阶段性工作约占 20%～30%；日常性工作是基础，约占 40%～55%的时间。

二、从工作流程看产品经理的工作

在进入产品设计工作流程之前，产品经理通常会收到一个大概的“想法”或者说是“需求”。这个想法可能来自老板，他希望创造一款新的产品，丰富公司的产品线；可能来自业务部门，比如销售部、运营部、客户服务部等，他们希望优化产品性能，提高用户的使用率，改善用户的体验感；也可能来自产品经理本身的体会，通过对行业的观察或数据分析发现自家产品还有进步空间等等。在收到“想法”之后，产品经理就可以开始进入产品的设计工作流程了。主要的工作内容包括如下几项：

（一）市场调研及需求分析

1. 了解市场

通过资料收集和分析，了解产品所处市场的宏微观环境、产业发展趋势、资金走向和市场现状，描述产品发展的市场背景；了解产品所处行业的竞争态势、市场份额情况、已有竞争对手信息，绘制产品竞争图谱；通过研究市场分析报告及文章，思考市场数据如何变化、行业如何实现商业化、当前市场常见的推广策略有哪些、行业的潜在机会在哪里等等。

2. 用户分析

产品需求的直接来源是产品的用户和潜在用户，所以可以通过问卷调查、用户访谈及行为跟踪等方式接触用户，勾勒出用户的基本画像，了解用户的使用场景和行为习惯的关系，解析用户行为与心理变化所反映出的背后需求，思考如何把用户需求向商业行为转变。此外，还可以与直接面对用户的一线同事交流，根据他们的观察和经验总结出存在的需求缺口，并与他们探讨可能的解决办法。那些不是来自用户的产品需求，有些时候并不能让用户产生对产品的好感，比如在产品中投放广告，因此还可通过用户分析，了解用户对这些需求的接受程度，为后续的风险评估和产品优化提供参考。

3. 竞品分析

竞品与本品其实是一种“相爱相杀”的关系：没有竞品，则行业发展受限，一家难以独大；竞品太多，则市场竞争激烈。但竞品带给产品经理的不只是竞争，还可能是借鉴、参考甚至未来发展思路。产品经理通过了解竞品、收集市场中的竞品资料，甚至亲自试用竞品，可以对竞品的发展史、功能结构、交互设计、视觉呈现、推广运营等多个维度进行分析，从而可以进行经验借鉴和弯路规避的总结。

4. 优劣势评估

在进行完前述的调研和分析后，产品经理就可以进入自省状态，对自己的产品做设想和优缺点归纳，列举已经能满足的要求、还能满足的要求和未能满足的要求，明确产品设计可能带来的风险和收益，由此确定下一步产品定义和设计的目标。

在市场调研及需求分析阶段，产品经理通常会整理输出一份 BRD 作为产品定义和设计的依据，以充分说明产品的可操性。

（二）产品定义及设计

1. 产品定义

产品定义，即确定产品要做哪些事情。产品的孵化好比建一座房子，产品定义就是在打地基，只有地基打稳了才能进入施工状态，逐渐建起高楼。这就需要产品经理对产品的愿景、市场竞争情况及目标市场定位进行阐述，也可以视为是产品最终目标的确立。

2. 产品设计

产品设计，即产品定义的具体实现方式。通常而言产品定义是依靠各种产品功能来实现的，所以产品设计也将围绕产品功能展开，包括产品需求清单或需求池建立、产品功能描述、产品功能优先级排序、产品业务流程图绘制、产品功能结构图绘制、产品页面信息架构图绘制、产品原型设计、各类需求（如系统需求、性能需求、销售及支持需求等）说明，并辅以产品用例（use case）进行说明。在这个过程中，产品经理通常会借助 Axure RP、墨刀、MindManager等产品原型设计工具和思维导图工具将产品的概念全貌可视化，并将这些文档与实施人员沟通。在大型公司里，产品经理通常和 UI（user interface）设计师或交互设计师一起完成产品设计，不过在小公司或者创业公司里，产品经理可能需要全权负责这些工作。

在这一环节中，产品经理会将所有内容整合成 PRD 进行输出，详细描述产品功能应该怎么做，以便与设计、开发、测试等实现顺畅沟通，达成良好共识。

（三）项目管理

项目管理是指产品经理带领来自不同团队的人员（如工程师、UI 设计师、市场、销售、客服等），在预算内按时开发并发布产品。在项目管理前期，产品经理要确保有足够的资源投入以支撑项目的成立和运转；还要为产品孵化的过程制订项目计划，作为跟进项目进展的依据，有效把控项目开发的进度。项目管理中期涵盖产品的设计周期、开发周期、测试周期和验收周期，产品经理需要向相关团队的同事讲述清楚整个产品规划，确保信息的公开和对称；协调各方资源依次有序参与产品的设计、开发和运营过程；并依照项目计划，分别对相应的产品工作进行数据收集、分析和产品验收，以保障整个产品设计流程的顺利进行。一个产品从前期筹划到最终发布，是一个需要不断优化的过程，产品经理除了坚持跟进最初的计划，还应该妥善记录下随时可能产生的灵感与产品反馈，及时地跟团队成员沟通、分配任务，并向企业高层进行汇报。

总的来说，要实现高效的项目管理，产品经理需要具备很强的综合能力。既要对项目本身目标达成有坚决的掌控能力，又要熟悉商业模式、业务规则、产品功能、开发成本等，对公司资源有一定的调动能力，还要有清晰的逻辑思维和沟通表达能力，让自己的专业观点有强大说服力，促进跨部门的协调合作。

（四）产品宣介

产品宣介包括对内宣介和对外宣介两类。对内宣介的对象为公司内部成员，如老板、相关部门同事等，宣介的目的是与这些对象沟通产品的优点、功能和目标市场，从而获得他们的支持和协助，保障产品设计过程的顺利进行。对外宣介的对象则为用户、媒体和行业分析师等公司外部人员，宣介的目的是提升产品的知名度，迅速扩大产品的社会影响力。虽然在大公司里往往会有专门的宣传策划部门来负责产品的对外宣介推广活动，但对于产品经理本身而言，向他人介绍和推荐自己的产品，是最容易获得价值感和兴奋感的事情之一。产品经理作为产品的“亲爹/亲妈”，也是最熟悉产品的人，他们不仅能为产品选择最适合的推广方式，还能通过个人特质魅力成为“行走的产品代言人”，比如大家熟悉的张小龙，无疑已经成了微信的官方代言人。

（五）产品上线后管理与迭代

前面说过，新媒体产品采用的是快速迭代的优化方式，因此产品上线后迭代的好坏，直接影响到产品的成败。一般而言，迭代的原则是用户需求驱动，也就是围绕用户需求进行迭代。因此，在产品上线后，产品经理需要关注产品后台的各项数据，通过对这些数据的整理和分析，辅以市场调研和用户分析结果，了解用户的最新需求和反馈，并结合产品所处的生命周期阶段和用户特征，确定产品的优化目标和迭代频率。这一环节，对产品经理最大的考验，就在于对迭代机会的判断与决策，只有在对的时期做对的事，不越期、不迷恋虚假数据，才能保持产品在市场中的活力，延续产品的生命周期。

从整个工作流程来看，产品经理往往一人分饰多角，身兼多项工作职责。他们既是业务需求的收集者、原型和文档的撰写者，也是工作汇报的发言者，还是客户问题的跟进者和项目进度的跟踪者，这些身份都对产品经理的自身能力提出了极高要求。

第三节　新媒体产品经理的能力要求

如果在与产品经理相关的论坛或社群中进行搜索，不难发现大家对产品经理这一岗位的感知是不同的。有人说，产品经理听起来高大上，本以为每天西装革履、光鲜亮丽地和客户谈商业投资合作，进了圈才知道得有强大的抗压能力，忙起来灰头土脸，自己对着镜子还得问一句“Who are you?”。有人说，产品经理就是一条能文能武的“产品狗”，文能画图、写代码、编文案，武能懂哲学和人性，用三寸不烂之舌和领导、团队、客户斗智斗勇。还有人说，产品经理职业门槛低，看过几本书，掌握“产品经理三件套”，人人都是产品经理。那么，产品经理究竟是不是谁都能做的呢？一名合格的产品经理又应该具备哪些能力？本节将围绕一位合格的产品经理应该具备的能力展开讲述。

不同的人对产品经理应该具备什么样的素质和能力有不同的理解，但总体而言，产品经理的能力包括两大组成部分，分别是个人素质和专业技能（见图 3－3）。个人素质是以人的先天

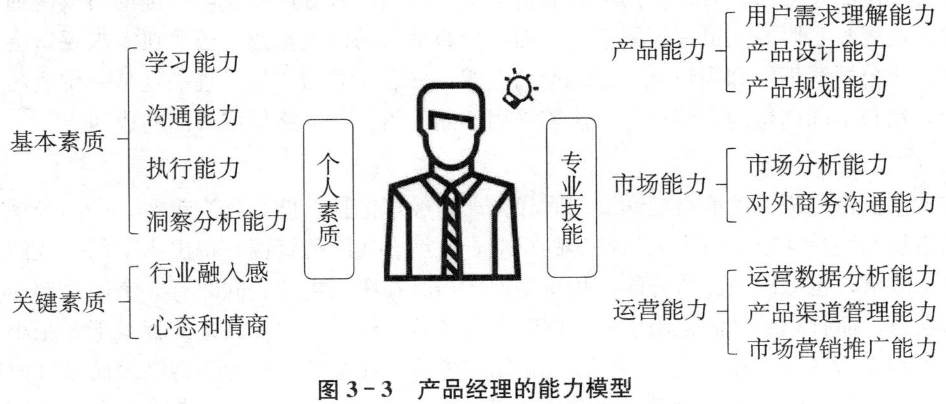

图 3－3　产品经理的能力模型

禀赋为基础，在成长和教育过程中形成和发展起来的相对稳定的个性和能力，可以称之为软实力或通用能力，分为基本素质和关键素质两大类。专业技能则指的是与产品经理工作密切相关的专业能力，包括产品能力、市场能力和运营能力三大类。想要成为一名合格的产品经理，就必须在个人素质和专业技能上都有所长。

一、产品经理的个人素质

（一）基本素质

基本素质指的是产品经理必须具备的基本能力，包括学习能力、沟通能力、执行能力和洞察分析能力。这四类能力不只适用于产品经理工作，也适用于其他各种类型的工作，是任何人迈入职场后都必须快速掌握的能力。

1. 学习能力

作为与市场直接接触、对用户负责的产品经理，想要适应飞速变化的市场环境，就必须具备持续学习新知识的能力。举个例子，2020 年被人们称为 5G 元年，那么什么是 5G？5G 与 4G 有什么不同？5G 的落地会对产品产生什么样的影响？再比如区块链技术对于产品数据的存储是否会产生影响？在这个技术背景下，数据是存放在本地还是云端更好？

对于入门产品经理而言，学习的内容包括行业知识、工作流程知识、产品技术知识等。这些知识的学习不是一蹴而就的，需要依靠强烈的好奇心与勤于总结反思的毅力，在日常工作和学习中吸收和消化所面对的复杂信息，归纳产品项目实践经验，逐渐积累，从而实现能力的提升。在工作之余还可以选择阅读互联网产品、心理学、逻辑学等相关方面的书籍，参与产品经理相关课程的学习，提高知识的系统性和专业性。有一句话值得初入门的产品经理反复品味——“历史上很多伟大的产品都是从模仿开始的”，一个成功的产品经理首先一定是一个优秀的模仿者，因此在工作之初，要勇敢地去模仿，在模仿中深度学习，将发现的亮点运用于自家产品实践当中，并不断积累经验，最终促成创新灵感的产生。

2. 沟通能力

尽管很多人说“产品经理一个人就活成了一支队伍”，但实际情况是，产品经理只是背负着产品往前冲的人，他的身后还有无数协同的合作伙伴。从一个需求的诞生，到最后以产品形态落地，乃至后期的运营，整个流程中产品经理都需要不断地与用户、公司高层、各相关部门负责人、各项目具体执行人等多种角色进行沟通。因此，为了保证产品设计和需求表达过程的高效进行，产品经理需要有优秀的沟通表达能力：不但要做好产品团队内部的协助沟通；要帮助技术、销售和客服等人员理解需求，从而实现跨部门的协同作业；还要在需求评审会和对外宣介时，让公司管理层和用户充分理解产品全貌。一名优秀的产品经理一定是一位成功高效的沟通者，在与不同岗位的人沟通时，能够采用不同的语言，最终促成产品的成功。

3. 执行能力

在“谁抢占先机谁就取得胜利”的时代，产品经理的执行能力相当重要。产品经理需要对多变的市场和用户需求，做出灵活快速的反应，并结合实际的资源，得出当下的最优解。从微信的诞生故事，也可以看出执行能力的重要性。当时在腾讯内部，同时有 3 个团队都在做类似微信的项目，而且小米已经推出了一款即时通信工具米聊。在内外夹击的背景下，张小龙率领了一支不到 10 人的邮箱团队，只用 70 天就完成了第一代微信，并最终将该产品发展成国民级社交软件。除此之外，产品经理还需要综合考虑需求的优先级，尽可能地提升执行效率。当然，对于初级产品经理而言，负责的工作内容往往是具体的日常性工作，所以任务完成的方式、程度和效果，就成为衡量工作质量的重要指标。

4. 洞察分析能力

每一款新媒体产品都源自真实的需求，因此作为产品经理，就需要对自己所处的行业环境、产品定位、用户需求，甚至未来社会发展趋势有深刻的洞察力，善于从一切变化细节中发现问题、思考变化原因和影响，最终找到产品的发展机会。产品经理日常工作中接收到的需求往往十分具体，大多是源自微观视角的碎片化、表象化表达，因此如果能够运用分析能力，快速发现事物之间的联系，由点及面地去分析问题，建立看待需求的立体视角，就有可能更快地挖掘现象背后的深层次信息，为产品的发展带来机会。例如我国在2020年初遭遇了新型冠状病毒肺炎疫情，深圳市锐策互动科技有限公司迅速响应，开发出微信小程序“疫况”（见图3-4）。小程序会为用户提供疫况定位，用户可基于LBS技术，发现距离自己最近的发病地点，避开相关地方，降低感染风险。再比如，针对口罩紧俏、市民无法及时了解口罩售卖信息的情况，广州市政府也联合腾讯云开发上线了穗康小程序，采用线上预约、线下定点购买的模式，帮助广州市民更方便、高效地买到口罩（见图3-5）。

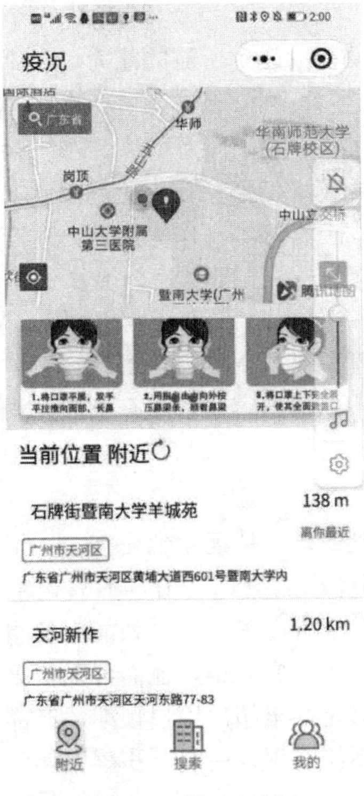

图3-4 疫况小程序

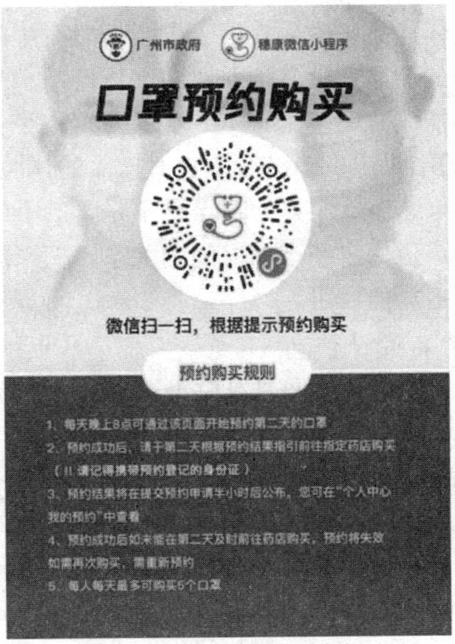

图3-5 穗康小程序

（二）关键素质

如果说个人的基本素质是产品经理求职的敲门砖，那么个人的关键素质就决定了产品经理职业发展的好坏。关键素质包括行业融入感、心态和情商。

1. 行业融入感

所谓行业融入感，就是产品经理对新媒体行业和产品工作是否有足够的热爱与坚持。产品的研发始于需求，但从0到1的过程，会受大量外部和内部因素的影响。因此，作为产品经理，需要深入了解公司所属行业的上下游产业链、政策环境、最新的行业动态等。经过一段时间的观察，可能会发现行业内普遍存在的困境或漏洞，这时就需要对这种困境或漏洞进行判断，积极寻找解决方法。在尚未找到可行的解决方法之前，如果有人宣称“行业寒冬来临”，是否会保持足够的信心，以“主人翁精神”与行业和产品共进退。这种种情况下的选择，都是产品经理行业融入感的体现。良好的行业融入感不但有助于产品经理融入行业，真正了解产品的发展背景，还将促使产品经理形成以行业或产业发展为背景的宏观视角，有利于在产品规划和开发时站得更高、看得更远。

2. 心态和情商

新媒体行业发展迅速，市场变化日新月异，高强度、快节奏的工作状态使得产品经理成为“非典型高压职业”之一。这就要求产品经理能够积极主动面对困难及压力，少抱怨多思考，以开放的心态和良好的情商迎接变化和挑战，推动问题的最终解决。

二、产品经理必须具备的专业技能

（一）产品能力

产品经理的产品能力，顾名思义，就是围绕产品或功能的诞生所需的能力，包括用户需求理解能力、产品设计能力和产品规划能力。

1. 用户需求理解能力

新媒体产品来自人在社会中生活时产生的抽象情绪和诉求的形象化表达，因此产品经理要想做出好的产品，就必须花时间去琢磨用户的性情、习惯、喜好等。作为用户，对产品或功能的评价可能只是简单的一句“好”或者“不好”。但作为产品经理，就必须从这个“好”或“不好”的结果出发，结合用户对产品的体验，发现究竟“好”是哪里好、怎么好，“不好”又是哪里不好、怎么不好，甚至是不是真的不好。产品经理只有从用户视角切入，去建立体验路径，精准定位用户和产品之间的关系，把产品打造成用户的情感容器，才有可能获得用户的喜爱、得到市场的认可。

2. 产品设计能力

如前所述，产品设计涉及非常广泛的内容，从功能到逻辑，从视觉到交互，一切用户看得到甚至看不到的东西，都饱含产品经理的设计巧思。因此产品设计能力，不只是字面上的设计，更不是视觉呈现或交互设计，而是包含逻辑思维和美学等在内的一系列能力的组合。一般来讲，掌握丰富的专业策划设计理论和实践经验的产品经理非常难得，他们可以依据用户使用场景，使用相关专业领域的知识、工具和技巧，设计出满足甚至超出用户预期的产品。而非专业设计出身的产品经理，也应对大型互联网产品和整体系统有深入研究，积累案例经验，争取在对产品功能提优化建议时展现新意。

3. 产品规划能力

好的产品规划能让产品有良好的节奏感，有利于产品经理对产品生命周期进行把控，同时它也是产品线调整的重要依据。产品经理需要具备独立完成产品短期及长期规划设计的能力，要能提炼产品的关键功能特性，并结合市场特点、竞争态势和产品目标，制定产品路线规划和版本计划。需要注意的是，优秀的产品是迭代出来的，规划不可能一步到位，因此除了产品规划能力外，产品经理还需要具备根据市场验证、用户反馈和运营数据，及时调整产品规划，以适应市场发展的能力。

（二）市场能力

产品经理的市场能力，就是对产品所处的市场环境进行研判，以促进产品市场发展的能力，包括市场分析能力和对外商务沟通能力。

1. 市场分析能力

任何企业或者产品的发展，都不可避免地受到宏观和微观市场环境的影响，这些因素是左右产品发展的核心因素和最大力量，正所谓“站在风口上的猪也会飞”。因此产品经理需要对产品所处的市场和行业情报、竞争对手动态和用户变化保持敏感，基于市场分析、用户分析和竞争分析，确定产品的市场地位，掌握竞争格局，预测市场变化，确定战略战术；甚至基于这些分析，识别出市场的新发展趋势和商业机会，找到新的产品发展突破口，独立提出项目或方案。

2. 对外商务沟通能力

在现今的新媒体时代，合作才能形成共赢，所以产品经理有时也需要为自己的产品寻找合作资源，明晰理解合作方的利益点及自己可提供的资源，通过一定的谈判技巧，形成共赢的成交方案。

（三）运营能力

产品经理的运营能力，指的是在产品上线后，产品经理在现有版本运行的基础上，为下一版本迭代做准备的过程中所涉及的一系列能力，包括运营数据分析能力、产品渠道管理能力和市场营销推广能力。在大公司里，运营往往是独立的部门，但在小型或初创公司，产品经理往往也需要充当产品的运营经理。

1. 运营数据分析能力

数据不但可以提供产品优化的依据，更是产品优劣的重要衡量指标。运营数据分析，即产品经理通过收集并分析现行版本产品数据，来发现并挖掘出存在的产品问题，进而为运营指引方向。产品经理不仅要清楚地知道应该收集哪些数据，从而在产品规划中做好数据埋点设计；要能看得懂数据，熟练掌握数据统计原理及分析方法，对数据进行处理和分析；还要能根据不同目标，选择数据不同维度，使用合适的组合方法进行综合数据挖掘，找出内在的隐形规律，以优化产品和支撑决策。

2. 产品渠道管理能力

与传统产品一样，新媒体产品也有产品渠道，甚至比传统产品的渠道种类更多、组合更个性化。因此产品经理一方面需要充分运用各种平台资源、人脉资源，开拓和维护用户或内容的来源渠道，实现产品渠道的多元化，保障产品的快速高效分发，从而迅速占领市场，赢得市场优势；另一方面还需要对产品渠道结构进行优化，形成渠道合力并规避风险，建设有利于产品发展的优质渠道体系。

3. 市场营销推广能力

产品经理在产品价值创造的过程中，扮演的是一个“中场”的角色，具体工作内容可概括为“拉”和“推”两部分。前期通过需求挖掘和产品规划“拉动”研发新产品；后期通过营销策划和销售支持“推动”销售“卖好”产品。正所谓酒香也怕巷子深，现阶段市场变化如此迅速，产品想要立足，必要的推广不可缺少。然而实际工作中，很多产品经理在市场营销推广阶段却参与不足。其实产品经理是产品最好的“行走的代言人”，因此产品经理应学习营销传播新玩法，根据目标用户、产品特点及品牌塑造需要，进行营销及公关策略的制定和执行，以促进有效传播、危机化解和产品推广目标的达成。

第四节　新媒体产品经理的晋升路径

产品经理作为一种新兴职业，目前在新媒体行业中尚无统一的职业岗位评级标准，产品经理的职责划分和晋升路径规划，也会因公司不同而有所差异。在招聘网站、产品经理的网络社群和论坛上可以看到，业内人士、HR对产品经理做的职业规划都有一个共同点——等级评定标准和工作内容紧密挂钩。下面就结合招聘网站上的产品经理招聘信息，学习不同级别的产品经理在工作职责和岗位要求上的区别。

一、产品助理

应聘产品岗的人接触到的第一个职位大多是产品助理，又叫作产品专员，是产品类岗位的起步职位，一般由刚毕业的应届生担任，产品岗位的相关经验往往为0～1年。

图3-6中呈现的是一家在线教育公司产品助理岗的招聘要求。该岗位的主要工作内容是将业务需求转化为产品的功能需求和产品优化迭代的需求循环，工作职责上偏执行方向，如绘制流程图、撰写PRD文档、视觉和交互设计、原型图绘制、跟进研发进度、数据分析等。在这一阶段，产品助理需要做的事情多而杂，因此要有学习主动性、极大的耐心和细心去扎实打好产品的基础逻辑和技能功底。

职位描述

岗位职责

1. 根据公司产品发展策略，提出各种产品规划、改良建议，把握产品的发展方向；
2. 负责互联网项目的用户核心需求挖掘，设计极致用户体验的产品，负责产品研发管理及进度把控，对产品质量负责；
3. 负责项目需求规格说明书的撰写，包括功能设计、用户界面设计、处理逻辑设计等文档的撰写和原型设计；
4. 负责跨部门协调和沟通，推动开发、测试、市场、服务等人员紧密合作达成产品目标，负责项目实施过程中各部门之间的沟通、资源协调、进度把握；
5. 负责跟踪用户使用情况，收集用户反馈，不断完善和优化产品，提升产品的用户体验。

任职资格

1. 本科及以上学历，1年以上经验；
2. 熟悉互联网或软件产品整体实现过程，包括从业务调研、需求分析到产品发布；
3. 较强沟通能力和团队精神；
4. 能熟练应用Mindmanager、axure、omniGraffle等软件；
5. 头脑灵活，执行力强，有良好的客户服务意识。

图3-6　某在线教育公司产品助理职位描述

资料来源：

光伏人才网：https：//gfhr.ofweek.com/jobs/jobs-show-2272657.html.

二、初级产品经理

第二阶段是初级产品经理。初级产品经理有时也直接被称作产品经理。图 3-7 显示的是京东产品经理岗的招聘需求，由此可见初级产品经理一般至少需要具备 2 年的产品工作经验，可以独立负责小型产品或是大型产品中的一个完整功能板块。除了常规工作，初级产品经理在用户研究和需求管理方面的能力要更突出，能思考产品的原点；同时还应对技术有一定了解，可以和开发团队交流讨论方案，实现需求和输出结果的一致性。前文所述的功能型产品经理指的主要就是产品助理和初级产品经理。

职位描述

公司：京东(JD.COM)

岗位：技术研发产品经理岗

工作地点：京东集团总部

工作职责：

1. 独立跟进商城相关产品的需求搜集、产品设计、产品沟通以及项目推进等；
2. 充分理解需求方的业务需求，设计合理的产品方案；
3. 将产品方案准确无误地传递给研发；
4. 管理项目参与各方，推进项目顺利上线。

任职要求：

1. 大学本科毕业，至少拥有2年产品经理经验，3到8年经验者优先。
2. 有医疗医药产品工作经验者优先。
3. 工作认真细致，富有责任心，逻辑性强。

图 3-7　京东集团产品经理职位描述

资料来源：

BOSS 直聘：https：//www.zhipin.com/job_detail/cf45ec349829c8c31XR-29-0EVQ~.html.

三、高级产品经理

产品经理生涯的第三阶段是高级产品经理，或称资深产品经理。图 3-8 是京东高级产品经理的招聘需求。高级产品经理往往要求 3～5 年及以上相关工作经验，能够独立负责完整的、规模较大的细分型高级产品，能够对产品资源进行协调，并制定产品迭代规划等。同时，高级产品经理应具备较强的项目管理能力、无授权领导的管理能力和跨团队沟通能力，既能提出问题，也能给出解决方案。有的公司甚至要求高级产品经理在市场运营层面有实战经验，能独立负责一条产品线。前文所说的策略型产品经理和增长型产品经理，就属于高级产品经理。

四、产品专家

高级产品经理再晋升就成为产品专家，或者叫产品总监。从京东集团产品专家的招聘要求

职位描述

1. 负责京东物流客服产品规划，对用户的客服体验负责
2. 负责京东物流销售产品规划，围绕客户支持销售过程管理
3. 深入了解客服和业务需求，以提升客服体验和效率为目标，通过产品形式，达到客服效率最大化
4. 客服和销售工作数据化，提炼业务需求，推进业务产品优化，最大化客服工作价值
5. 能对产品进行长期规划和系统性设计，对复杂需求能快速拆解、落地实施
6. 组织、协调相关资源，高效完成跨团队跨部门的合作

能力要求

1. 国家统招本科学历以上，5年以上互联网产品经验
2. 有客服系统或crm系统等后台产品经验优先
3. 对物流领域有产品热情，有强烈的用户同理心
4. 较强的逻辑思考能力、抗压能力和需求分析能力，善于跨部门协作

图 3-8　京东集团高级产品经理职位描述

资料来源：

BOSS 直聘：https：//www. zhipin. com/job _ detail/2ba4993f77bdcd511X1z2di9EFo~. html? ka=search _ list _ 3.

（见图 3-9）中可以看出，这个岗位一般要求 5 年以上相关产品经验，能够负责复杂的产品线，对行业和市场认识较深，对市场需求和产品的商业模式有更深层的谋略和远见，甚至能做出预测，并进行相应的产品规划，也就是要拥有为公司新开辟一条产品线的能力。对应聘者的行业经验、逻辑分析能力、决策能力、组织和管理能力要求较高。产品专家的主要工作是思考策略（产品应当怎么做）、做出决策（选择最适合产品发展的道路）、多项管理（目标管理、任务管理、团队管理）并对结果负责，重大决策需向上级汇报以获得认可或授权，汇报对象通常是 CEO（首席执行官）或者 VP（副总裁）。前文所说的管理型产品经理就属于这一层次。

职位描述

职位描述：

（1）统筹京东大件物流开放平台、仓配、调度等系统总体规划；

（2）参与部门产品战略和计划的制定，对各产品线推广结果进行追踪和分析，制定优化改进方案；

（3）关注国内外行业动态，定期进行行业对标分析，挖掘行业痛点，提供创新产品规划和建议；

（4）帮助团队成员提升产品设计和规划能力，针对关键性难题给予有效的指导和决策支持。

任职要求：

（1）国家统招本科学历以上，物流、互联网等相关专业优先；

（2）5年以上电商或物流系统产品设计经验；

（3）具备很强的产品规划能力和创新能力；

（4）善于跨部门/团队沟通，有较强的自我驱动、时间管理、项目推动、抗压能力及追求极致的精神；

（5）英语能力强优先。

图 3-9　京东集团产品专家职位描述

资料来源：

BOSS 直聘：https：//www. zhipin. com/job _ detail/9222a1a4bf22f6521XVy3tW _ GVQ~. html? ka=search _ list _ 1.

在产品专家之上还有一级，叫产品副总裁，很多时候是产品经理的最高级，属于公司核心

高层职位，一般不会公开进行招聘。他们的工作更偏重战略规划，主要参与公司产品战略的制定，比如为公司制定里程碑、线路图，追求实现关键指标和业绩增长目标等，并需要帮助公司对接有利于产品发展的资源。产品副总裁通常对与公司产品（线）相关的重大决策有决策权，往往具备跨职能部门的管理经验，很有可能产品、运营、推广、技术、测试相关职位都由他们来统一管理，被视为CEO的左膀右臂，甚至有时被戏称为公司里的“小CEO”。

当然，产品经理时常扮演多个核心角色，集产品、技术、市场、运营、设计能力于一身，他的职业顶峰也有可能是一家企业的CEO。创新工场创始人李开复先生就曾说，产品经理是CEO最好的预科。（见图3－10）由此可见产品经理是一项具有挑战性的“高能”的职业。

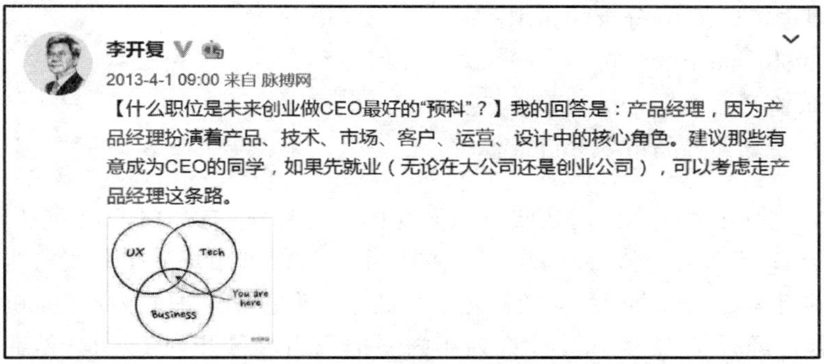

图3－10　2013年李开复发表微博称产品经理是CEO最好的预科

资料来源：

李开复．新浪微博［EB/OL］．（2013－04－01）［2021－02－22］．https：//weibo. com/1197161814/zq65M5aaQ?type＝comment＃_rnd1619570830760.

在成为产品经理之后，要想实现最快的进步和升职，除了要注重个人素质和专业技能的提升外，最重要的就是行业经验的积累。这就回到了“初心”问题，你是否足够热爱自己所在的行业，愿意在某一细分垂直领域深耕，对行业、产品有透彻理解，能帮助公司做正确的选择，节约资源成本的同时创造收益。知乎上一位账号为“Lebanner”的互联网工作者就说过，产品经理的阶段壁垒是走行业路线，即你对这个行业比别人的理解更深，你更懂用户，通过你的经验，可以帮公司做出对的决策，少走很多弯路，帮公司节省了很多资源和时间，这就是公司给你开出高于平均值的薪水的原因。

【思考题】

1. 请阐述新媒体产品经理的工作职责范围。
2. 请查找一些知名的产品经理成功案例，归纳一下他们身上都有哪些特质。
3. 你如何看待新媒体产品经理的职业发展前景?

第四章　新媒体产品市场分析

通过本章学习，你将能够：

1. 了解新媒体产品市场分析的作用。
2. 明确新媒体产品市场分析的步骤。
3. 掌握新媒体产品市场分析的基本方法。
4. 能够撰写新媒体产品市场分析报告。

2003年初，刘强东的京东当时还叫京东多媒体，是一家主要卖CD光盘和刻录机的公司。作为一家成立于1998年的小公司，京东多媒体从中关村海沙市场一个几平方米的小小柜台起步，用4年多的时间，成为全国最大的光磁销售商，一度占到全国光磁产品60%的市场份额。当时京东多媒体已经开了12家店，并计划年内要把门店数量开到18家。然而，突如其来的“非典”，让这个扩张计划成为泡影。此前生意正在高速发展的京东多媒体囤积的货物，一下子全都积压在仓库。公司账面上的2 000多万元的资金，在北京“非典”爆发21天后就亏掉了800多万元，剩下的钱只够再撑三个月。就在大家手足无措之时，一个经理提出不如试试在网上卖东西。但即使刘强东在各大论坛里发了好几天广告，也没带来一个客户，直到CDbest论坛上的一个版主在刘强东的帖子后跟帖说：“这家公司我知道，是我认识的唯一一家不卖假光盘的公司。”这一句话为京东带来了历史上第一批电商客户，共21人。这批生意让刘强东看到了一个新的生意模式。他白天开着红旗轿车出去送货，晚上就在网上泡着，不停地发帖、回帖。依靠网上卖货，刘强东和他的京东多媒体撑过了“非典”的艰难时期，他也根据那段时间的试水，判断中国将迎来电子商务的大爆发，因此决定自己开一个电商网站，这就是京东的前身。

上面的例子是网友们对京东转型历史的一种解释，从例子中不难发现，在2003年那样一个特殊的时间，京东多媒体自身原本良好的发展势头，会因为疫情的影响，而陷入几近破产的境地；也会因为CDbest上版主的一句话而获得一线发展新生机；因顺应了用户购物习惯的改变，踩准了中国电子商务大发展的趋势，而最终成为中国第二大电商平台。通过这个例子，市场条件变化对一家公司或者具体产品的影响得窥一斑。因此，充分了解新媒体产品所处的市场环境，对其中的影响因素进行分析，并得出可操作性的结论，对于新媒体产品的发展而言尤其重要。市场营销学里有这样一句话：营销人员必须是环境趋势跟踪者和机会寻求者。（Marketers must be environmental trend trackers and opportunity seekers.）此话同样适用于新媒体产品经理。虽然知道市场分析很重要，但在实践中还是经常能听到这样的话语：“这个项目我觉得挺有/挺没有市场的。”若再追问原因，往往会得到以下回复：“就是感觉嘛。”“因为我身边没有人在用这类的产品啊。”“因为我和我的朋友们没有人有这样的需要啊。”……再问除此之外是否有数据可以支撑目前的观点，答者往往闪烁其词。综上所述，市场分析对于一个产品而言有着十分重要的作用，特别是对于新产品或产品的新功能而言，市场分析更为重要。那么市场分析应该包括哪些内容？如何获得这些信息？做到什么程度算是一个充分的市场分析呢？本章将对这些问题进行一一解答。

第一节 市场分析相关概念

人们的日常谈话里经常会提及“市场”这个词，那究竟什么是市场，市场分析为什么又是产品经理的日常重要工作呢？市场分析对于新媒体产品而言有哪些重要的作用？作为新手产品经理，又应该通过什么样的方法完成一份优秀的市场分析呢？本节将着重对以上问题进行回应。

一、市场的定义

市场，是经济学、市场营销学里最核心的概念之一，也是最宏大的概念之一。不同的学者和研究人员都从一个或多个维度对其进行定义：有的认为市场就是交易发生的场所，如某某批发市场；有的认为市场是某一产品的用户总数量，比如经常可以听到人们说“某某某产品的市场很大”；还有的认为市场是一个系统，所以时常可以听到人们在呼吁加强市场监管。这些看法都没有错，总体而言，市场就是由各方参与交换的某种系统、机构、程序、法律强化或基础设施。这里的“各方”可划分为两个部分：一部分由买家与需求组成，另一部分由卖家及产品组成。换句话说，市场的基本组合是人、利与需求。人即买卖双方，利即资金，需求就是购买欲，这也是最能反映市场变动的三大因素。

二、市场分析的定义

买家在市场中的主要行为就是交换，也就是一种为从他人那里得到想要的物品，而提供某些东西作为对价的行为。想要得到的就是对自身需要、欲望、需求的满足，而愿意提供的往往是个人的时间、金钱等。卖家在市场中的主要行为就是向市场提供能满足买家需要、欲望和需求的产品、服务信息或体验。市场活动可以视为试图建立和维持合理的交换关系的过程。因此市场分析通常指对市场供需变化的各种因素及其动态、趋势的分析，通过收集相关的资料和数据，采用适当的方法，分析研究、探索市场变化规律，了解市场对某种产品的需求量、销售趋势和可供量的变化，了解产品的市场占有率和竞争对手市场占有情况，了解用户对产品功能、价格等的意见和要求以及他们的消费习惯和购买力，从而为新媒体产品的发展提供市场背景信息和竞争情况，判断市场上新媒体产品的供需情况，最终为新媒体产品研发与设计提供管理和决策依据。

简而言之，市场分析就是帮助公司/产品经理摸清市场、理清并制定战略思路、确定战术，同时了解内外部环境和竞争对手情况的一项分析及预测工作。对公司而言，市场分析是策略制定的基础，是规划实施的保障，是商业模式构建的依据；对产品经理而言，市场分析既是入门基础工作，也是日常工作之一，它不但要求产品经理有系统性思维及信息采集、整理、加工能力，还要求产品经理主动培养自己更高、更广的产品视野和大局观，当然它也有助于产品经理快速了解行业、摸清行业格局。

具体而言，新媒体产品的市场分析包括宏观经济、竞争态势、行业动态预测、行业市场阶段、市场规模等多个层面的分析，是基于市场与用户数据展开的一种理性判断。

三、市场分析的作用

由于新媒体产品生命周期相对较短，生命周期各阶段变化快，因此在实际工作中，市场分析已经成为产品经理的日常工作。市场分析的作用主要可以体现在以下几方面：

(一) 市场分析有助于发现市场机会

市场分析可以帮助企业或产品经理解决重大的决策问题。一个企业若想在一个新市场开辟自己的业务，或者在市场中推出一款新产品，需要了解市场的竞争现状。比如在自己计划出击的业务或产品领域，是否有竞争对手？如果有，有哪些？它们的市场占有情况如何？是否存在龙头企业？它们提供的业务或产品是否已经满足了用户的需求？通过市场分析，企业可以知道自己在某个市场有无经营机会，或能否在另一个市场将已获得的市场份额扩大。如果确定存在自己出击的市场机会，就还需要对市场环境进行了解，比如对市场的容量、政策环境、用户特征等进行分析。只有通过细致的市场调查和分析，利用科学的方法去分析和研究市场，企业和产品经理才有可能做出正确的决策。

(二) 市场分析有助于发现适合的发展条件

新媒体产品的发展和成长是内外部条件共同作用的结果。外部条件包括技术的发展、企业与上下游企业的合作情况、企业与第三方公司技术合作、用户的消费习惯等因素。比如电商的发展需要以互联网技术，特别是移动互联网技术的广泛普及为基础。再比如，一些用户对于一些新技术是需要时间接纳的，支付宝作为第三方支付平台出现时，或者说淘宝刚刚问世时，绝大多数的用户对于这种模式存在着深深的疑虑，不少人认为这就是个骗人的网站，东西怎么可能这么便宜，还有人担心钱先付给支付宝后会不会被卷走。很多抱着试试看心态的“吃螃蟹用户”，也只敢尝试一些便宜的货品。而现在，小到上万块的电视，大到数十万的汽车都已经在网上进行售卖了。内部因素包括企业对新技术的掌握和应用水平、公司内部各部门的协同水平等，如语音识别技术、人脸识别技术、物流配送等。只有对这些内外部因素充分了解和掌握，才有可能提高企业决策的科学性和准确性，降低决策和经营风险。

(三) 市场分析有助于制定产品节奏

在企业运作过程中，产品节奏是个很关键的因素。从上面的分析可以知道，一款产品是否能为市场及用户所接触和接纳，影响因素有很多，通过市场分析可以掌握这些因素的动态变化情况，从而判断市场发展趋势，并以此为据制订产品推广和营销的计划，根据内外部条件现状推出最适合的业务或产品。这里需要强调的是，任何企业或产品经理都不能只埋头于当前的业务，都需要判断未来发展趋势，并及早做好迎接变化的准备。在产品推广和营销计划的实施过程中，也可以根据市场分析取得的最新信息资料，检验和判断战略计划是否需要修改、如何修改，以适应新出现的或事先未掌握的情况，从而保证营销战略计划的顺利实施。

举个例子，2016 年 10 月 25 日，蚂蚁金服宣布支付宝与美国最大商户收单机构 First Data 和美国最大的支付读取器制造商 Verifone 正式达成合作。作为类似合作的红利，现在国民出国游越来越少用到现金，正如那句广告词所说，“一机在手，天下我有”。但这种合作的达成绝非公布前一两天的草率决定，而是蚂蚁金服等公司与相关合作公司长期磋商，并进行了大量技术准备后的最终成果。这与中国出境游市场的火爆也不无关系，据国家旅游局发布的《2015 年中国旅游业统计公报》，2015 年我国出境游 1.17 亿人次，比上年同期增长 9.0%；出境旅游花费 1 045 亿美元，比上年增长 16.6%。[①] 迅速增长的出境游人数和花费金额预示着强大的用户需求，而选择做好准备后在全球支付行业峰会 Money20/20 期间公布，则体现了企业运作产品的节奏。

---

① 2015 年中国旅游业统计公报 [EB/OL]. (2016-10-18) [2021-02-26]. http://zwgk.mct.gov.cn/zfxxgkml/tjxx/202012/t20201204_906456.html.

(四) 市场分析有助于进行产品数据分析

市场分析可以帮助产品经理对已做的经营决策进行分析。如迭代后的版本是否达到了既定目标?如何进行促销活动,以及应该选择什么样的促销手段?促销方案是否有效?产品价格是否需要适当调整,以适应用户在特殊节日期间的消费行为?哪种类型的广告更适合自己的产品?广告传播的效果如何?这些问题都可以通过市场分析得到答案。比如产品某个迭代版本的迭代目标是要实现新增功能的日活用户达到 3 000 人,并协助产品提升市场份额。如果市场分析的结果显示日活数据达成,并且市场份额有明显提升,则可认为该版本迭代成功;反之则不成功,需要寻找问题所在,甚至返回之前的版本。QQ 音乐有一次迭代就完全将移动端的产品使用方式照搬至 PC 端,造成 PC 端用户因使用不便而产生大量“吐槽”,QQ 音乐团队只好将产品返回至之前的版本。

除此之外,市场分析还可以帮助企业发现经营中的问题并找出解决的办法。经营中的问题范围很广,包括产品、销售、广告等各个方面。造成某种问题的因素也不是那么简单,尤其是当许多因素相互交叉作用的时候,市场分析就显得格外重要。比如某软件在一段时间内出现大量用户流失,可却搞不清楚问题出在产品迭代上,还是出在前期的推广方案上,此时就可以针对这两点进行市场分析。假设分析结果显示:产品功能迭代在前,推广活动在后。功能迭代后用户数量保持稳定且略有增长。推广活动是扫码下载送好礼类型的活动,在推广活动过程中,产品出现了用户的大幅增长,但很快就出现了用户的大量流失。由这些分析可以判断,问题出在产品的推广活动上,也许活动的对象并不是产品用户,可通过进一步的市场调研分析工作来进行判断。

总而言之,市场分析是发现商机的基础,是制定战略节奏的依据,是有效发展的保障,同时还可以担任企业与政府、企业与用户沟通的桥梁。通过市场分析,企业可以主动服务于政府的产业规划,主动满足用户需求,形成政府、企业、用户之间良性的关系。

四、市场分析的分类

(一) 按市场分析的作用进行分类

市场分析按其作用可分为三类。

1. 预测性市场分析

预测性市场分析包括未来市场趋势预测、市场需求量估计及产品竞争能力预判等,常用于分析市场机会、安排产品节奏等。预测性市场分析有助于协调决定企业内各部门工作重心和主要任务,提高产品竞争能力;有助于采用最小成本法则,合理布置产品研发与设计。常用的方法有调查分析法、统计分析法和相关的分析预测方法。

2. 陈述性市场分析

陈述性市场分析包括各类与产品或功能相关的现状信息分析,常见的包括行业现状分析、宏观经济现状分析、产业政策与发展方向分析、市场份额占比分析、竞争对手分析、企业自身特征分析等。陈述性市场分析有助于了解市场现状的全貌,便于做出合理决策。常用的方法有调查分析法、直接资料法等。

3. 判断性市场分析

判断性市场分析包括存在问题分析和效果分析等,常用于出现问题后的原因分析、新产品或新功能上线后的市场目标实现情况分析。判断性市场分析有助于了解现存问题的原因所在,便于调整相关策略;有助于对新产品或新功能预期效果达成情况进行科学化、数据化的分析,做出下一步动作的决策。常用的方法有系统分析法、调查分析法和统计分析法等。

(二) 按市场分析的对象进行分类

1. 市场分析的角度

市场分析的研究对象是整个市场，可以从纵横两个角度进行切入。

从纵向角度看，市场分析要研究从卖家到买家的所有商业活动，揭示卖家和买家各自在市场活动中的行为和遵循的规律。无论是卖家还是买家，在开展市场活动时都必须既了解自己，又认识对方。生产与消费是一对矛盾，它们在整个市场活动中达到对立的统一。卖家和买家只有按照固有的规律行事，才能把生产和消费有机统一起来。分析的内容包括企业/产品自身资源盘点、产品发展策略分析、用户需求分析、用户消费行为分析、用户消费心理分析等。

从横向角度看，在现代市场经济体制中，市场活动是一个全方位的活动。一方面，不同的国家和地区由于受到政治、文化等方面的影响，它们的市场活动是有差异的，市场分析必须揭示这些市场活动的特点和规律。另一方面，即便是同一市场活动的主体，由于各种不同市场的交互作用，它们活动的内容也是极为广泛的。也就是说，市场的类型多种多样，各种不同类型市场的特点和运行规律，成了市场分析的又一重点的研究对象。总之，市场分析的研究对象是极为广泛和复杂的，比如宏观环境分析、行业分析、竞品分析、社会心理分析等。

如果纵向是从过去到现在再到未来的时间线，那么横向则为一个时间断面或时间点，横向上的分析可以看成是对纵向的横向切断。纵向更强调延续性，而横向更强调即时性。两者并非没有关系，而是交织在一起的，在谈论横向上的市场分析时，一定要了解当下生产者和用户的状态，比如在讨论 2018 年上半年的市场分析时，除要讨论宏观市场环境，还要讨论在这个时间段内企业和用户的特征。

2. 市场分析的对象

按分析对象层面的不同，可将市场分析分为三类。

(1) 宏观层面市场分析。主要是指对公司或所处行业进行的背景分析，如行业宏观背景分析、竞争态势分析、行业技术趋势分析等。常用方法包括 PEST 分析法、波特五力模型等。

(2) 中观层面市场分析。主要是针对公司/产品所处的市场现状进行的分析，如市场阶段分析、市场规模/市场容量分析等。常用的方法有直接资料法、统计分析法等。

(3) 微观层面市场分析。主要是指针对公司/产品/功能自身，或针对竞争对手进行的分析，如用户研究、需求分析等。常用的方法有 SWOT 分析法等。

结合产品经理的工作，当面对的是新产品、新功能或新业务时，也就是处在产品的 0 到 1 阶段时，往往更侧重宏观和中观层面的分析；而产品上市后迭代时，则更侧重微观层面的分析。新媒体产品的市场分析往往以市场分析报告作为最终输出物，宏观、中观和微观三个层面的市场分析形成了新媒体产品市场分析的面、线、点立体架构，也是市场分析报告中的核心内容。后面的章节将围绕这三个层面的分析展开学习。

第二节　宏观层面市场分析

市场分析工作的起点，也是最为关键的一步，就是确定好自己所属的行业，并开展行业宏观背景分析。这是因为宏观背景分析中涉及的许多分析着力点，与行业属性有着十分密切的关系，如国家政策、社会消费心理、技术发展水平等。在确定好行业后，可采用 PEST 分析法对行业宏观背景进行分析。

一、细分市场确认

行业，也叫产业，指的是一组提供同类型并相互关系密切的替代商品或服务的企业，通常由一群生产替代品的卖家及其产品组成，包含了企业的竞争对手、潜在进入者，也涉及供应商。确认细分市场的第一步，是确认自己的公司及产品所处的产业。

图 4-1 是北京易观智库网络科技有限公司绘制的 2019 中国 AI 产业生态图谱。AI 产业就是图中所示各公司旗下产品所处的大产业，但是虽然同属于 AI 产业，不同公司的业务侧重也会有所差异，根据产品属性的差异可分为应用领域、通用 AI 技术及平台、底层硬件三大板块。应用领域又可根据使用场景划分为智能家居、服务机器人、移动设备和智能驾驶等，还可根据所应用行业的不同，划分为金融行业、安防行业、医疗行业、教育行业等。这就涉及确认细分市场的第二步——市场细分。

图 4-1 2019 中国 AI 产业生态图谱

资料来源：

金羽豪．中国人工智能产业生态图谱 2019［EB/OL］．（2019-05-21）［2021-02-26］．https：//www.analysys.cn/article/detail/20019337.

市场细分（market segmentation）是由美国市场学家温德尔・史密斯（Wendell R. Smith）于 1956 年提出来的概念，指的是营销者通过市场调研，依据用户的需要和欲望、消费行为和消费习惯等方面的差异，按照某种分类标准将总体市场中的用户，划分为若干用户群体的市场分类过程。每一个细分市场都是具有类似需求倾向的用户构成的群体，不同细分市场用户的需求与特征存在着明显差异。比如根据市面上医疗 APP 提供的服务功能，可将移动医疗市场分为 6 个细分市场，分别是在线问诊、体检预约、疾病自测、健康数据监测、健康饮食、病友社区等①，还可以根据需要进行更小颗粒度的市场划分。在史密斯看来，不进行市场细分，企业

① ANDY. 移动医疗 APP 统计分析：移动医疗产品的市场细分［EB/OL］．（2018-03-31）［2021-02-26］．http：//www.woshipm.com/evaluating/978954.html.

的选择注定是盲目的。

(一) 市场细分的原因

为什么要进行市场细分呢？究其原因主要有以下几点：

1. 市场发展的必然

新媒体产品市场虽然发展时间并不长，但在部分领域已经形成了领导梯队。处于这一梯队的企业和产品，往往问世最早，抢占了市场龙头位置，也已经形成了稳定的用户心智认知。后来者若采用同样的方式与这一梯队的公司或产品正面对抗，往往成本倍增而胜算不大。举个例子，如果请大家不假思索地分别说出国内的社交媒体、搜索引擎、电商平台、短视频平台的代表，很多人脑海中浮现的可能都是微信、百度、淘宝/京东和抖音。回看近五年的电商平台市场，也仅有拼多多一家，跻身电商第一梯队，与淘宝和京东抗衡。而其得以成功的主要原因之一，就是进行了市场细分，避开淘宝和京东发展较为成熟的一、二线城市，而以网络使用发展迅猛的三线及以下城市作为主要目标开展业务。

2. 企业资源配置的要求

企业的资源限制和有效竞争是市场细分的外在强制条件，市场需求的差异化是市场细分的内在依据。为了更好地获得竞争优势，以市场总人口中的一小部分作为目标市场，集中资源有效地服务市场，以其需要为导向，进行产品开发和市场营销活动，有利于发掘特定市场上大部分的购买力，提升用户的忠诚度，这样的做法对于企业而言既经济又有效率。而尚未涉足的细分市场，也将成为企业未来的市场机会。举个例子，对比 2018 和 2019 年的抖音用户画像可见，2018 年 20～24 岁的用户占比为 32.8%，2019 年 19～24 岁的用户占比为 21.7%；2018 年 25～29 岁的用户占比为 27.9%，2019 年 25～30 岁的用户占比为 24.8%；在前两个年龄段用户占比减少的同时，40 岁以上用户占比则从 2018 年的 1.6%上升为 2019 年的 12.5%。[①] 出现这种现象的原因一方面与不同年龄层对新技术、新产品的接纳有关，另一方面也可以看出抖音细分市场重心的改变：在年轻用户群体增长速度放慢时，主动将目光投向中老年群体，开拓新用户市场，从而保障产品的持续发展。

(二) 市场细分的作用

从市场细分的定义可以知道，细分市场是市场中的子市场，通常是从用户角度进行划分的。在如今新媒体产品高度竞争的时代，垂直型产品似乎拥有了更多突围的可能，因此市场细分对于企业的生存和发展起着极其重要的作用。

1. 市场细分有利于选择目标市场

市场细分是目标市场选择的基础，市场的用户及其需求是多种多样的，不进行市场细分，就不知道要研发什么产品、卖给谁，也就不可能得出针对性的产品研发有效结论了。细分后的市场比较具体，市场大小对于企业和产品发展而言应该是合适的，同一细分市场中的用户需求具备同质性，可以方便企业根据自身情况（愿景、资源、技术能力等）确定自己的目标市场。只有找出细分市场，企业才能够有针对性地开发产品，做到有的放矢。

细分市场的划分对初创产品尤为重要，企业只有把有限的资源集中到一个细分市场，才能

---

① 陈微. 2018 年抖音用户规模、用户画像回顾及 2019 年抖音行业发展趋势 [EB/OL]. (2019-02-18) [2021-02-26]. https://www.huaon.com/story/404240. 黄 sir. 2019 年最新最全面版-抖音短视频用户画像分析报告-垂直行业人群画像 [EB/OL]. (2020-11-26) [2021-02-26]. https://zhuanlan.zhihu.com/p/91111712.

把产品做好，在市场中立足。市场细分越合理，找到的竞争对手就越准确，对于后续的市场分析而言帮助就越大；而且无须再为非目标用户浪费资源，这也将有助于企业减少不必要的风险，降低成本并提升收益。

2. 市场细分有利于确定竞争对手

市场细分很重要的一个功能，就是确定目标市场里的市场格局，也就是明确竞争对手们现阶段的发展情况，确定市场中是否已经出现龙头集团或巨头垄断的情况，从而判断自己可能的生存空间的大小。竞争对手的确认除对市场分析有着重要作用，对于后续的产品功能开发、运营节奏等都起着对标的作用。细分市场决定了客户和竞争对手是谁，举个例子，同样都是旅游类 APP，携程、去哪儿更倾向于综合旅游预订，而 12306 和智行火车票则倾向于火车票预订，两类 APP 分属不同的市场细分领域。

3. 市场细分有助于挖掘用户痛点

用户痛点简单来说就是用户的麻烦或者遇到的困难，而产品就是消除这个痛点的解决方案。可以说痛点是产品存在的前提，产品是否有价值，或者说是不是个成功的产品，就看它是否很好地解决了用户痛点，因此挖掘用户痛点也是所有产品经理的日常工作。用户痛点的挖掘方法有很多，其中一个就是市场细分。以美图秀秀为例，用户在美化图像时，一般涉及选择图片源（寻找或者拍摄）、处理图片、发布图片三个过程。在图片处理这个环节上，以 PS 为主的图像处理软件，一直专注于提高性能和可靠性，软件使用门槛很高。这时候阻碍普通用户使用 PS 的痛点不是专业性，而是易用性。如果能够解决易用性问题，降低使用美图软件的门槛，那么产品一定有市场。美图秀秀正是抓住了这一痛点，获得了初期的成功。

4. 有利于制定差异化的市场策略

市场分析的作用之一就是协助产品经理制定产品节奏，而其中就包括市场策略的制定，市场分析报告的结论部分也需要明确指出产品未来应采取的策略。产品有着自己的生命周期，行业发展同样也有着自己的生命周期，因此产品经理应分析市场，找出行业、竞品和本品所处的生命周期阶段，并结合细分市场中的用户需求，选择与目标市场更匹配的市场策略。此外，细分后的市场比较具体，用户相对比较明确，用户痛点和需求清晰，企业可以针对自己的用户群体进行营销。比如，在推广渠道选择上，一款面向老年群体的产品在《老人报》、微信公众号等渠道上的推广效果，可能要优于在抖音或 B 站上的推广效果。针对具体的细分市场，更容易获取和反馈信息，一旦用户的需求发生变化，企业便可以迅速改变营销策略，甚至改变产品功能，以适应市场的变化，提高产品竞争力。具体的市场策略选择方法将在微观层面市场分析中进行详述。

5. 有利于企业对市场变化做出反应

市场细分后用户群体和业务更加聚焦，企业通过对每个细分市场的用户需求、现阶段需求满足程度，以及各细分市场的特征、市场份额、盈利能力等进行分析，结合企业和产品特质，将更容易发现细分市场中出现的新商机或潜在威胁，通过调整产品功能定位或市场策略，可以应对可能的变化，从而提升自身的竞争力。在市场分析报告中不难见到以下语句："依据××维度将市场细分为细分市场 A、细分市场 B、细分市场 C……在不考虑竞争因素的前提下，我们优先考虑的将是市场份额最大、增长潜力最大的细分市场。"一般而言，成长中的细分市场蕴含机会，衰退中的细分市场蕴含威胁。

（三）市场细分的标准

市场细分成功与否，核心在于细分维度的选取。从市场细分的定义来看，每一个用户群都可以被视为一个细分市场，因此用户群体特征也就成了市场细分的依据。市场细分的标准有很多，最为常见的四种市场细分标准是地理细分、人口统计细分、心理细分和行为细分。细分方案是一个完全动态的指标，没有标准答案。每一个大行业都可以进行不同维度的细化切分，比如移动医疗APP就可按健康服务功能、疾病内容、用户属性等不同的划分依据进行细分；在线旅游行业也可以划分成票务-酒店模式、团线电商模式、自助游分享模式、B2B模式等。

1. 地理细分

地理细分就是根据市场中的用户所在的地理位置、自然环境来进行市场细分，比如地区、国家、省、市、区、县、乡或是社区等。地理变量之所以能够成为市场细分的依据，是因为处在不同地理环境中的用户对同一类产品往往有不同的需求与偏好；用户的需求、偏好和兴趣也会随所处的地理环境不同而有所差异，比如生活在一线城市的用户可能更倾向于选用共享单车来解决最后一公里的通勤问题，而生活在农村地区的用户可能根本就没有这个需求。

2. 人口统计细分

人口统计细分是根据市场中的用户的性别、年龄、收入、受教育水平、种族、生命周期阶段、职业、家庭规模、婚姻状况、宗教信仰等维度对市场进行细分。用户需求是产品存在的基础，用户使用哪些产品和服务、如何使用、付费意愿和金额，这些问题的答案可能会因消费者人口特征的不同而不同。比如老年人对共享汽车的使用需求就明显低于年轻人。再比如，根据年龄与生命周期阶段可将市场细分为婴幼儿市场、儿童市场、青年市场、中老年市场等。大家经常在电视上看到的VIPKID就是针对青少年市场的产品，而宝宝树孕育、怀孕管家等则是针对孕期妈妈的产品。虽然有人诟病人口统计细分略显粗放，但由于人口统计信息相对其他细分维度更具体、更简单、适用范围更广，而且它与用户需求有着密切联系，又十分容易辨认和衡量，因此它仍是使用最广泛的市场细分方式。

3. 心理细分

心理细分就是根据市场中用户的生活方式、社会阶层、性格特征、价值观、信仰和兴趣等心理维度对市场进行细分。根据马斯洛需求层次理论，人们的需求往往会从低层次的功能性需求向高层次的体验性需求发展，而用户心理特征则会影响他们对产品的体验性需求。同一个人口统计细分、地理细分、行为细分的用户群体，可能会具备不同的心理特征。例如，同处一个城市的三个年龄均为22岁的男性游戏玩家，可能会因心理特征的不同，而表现出“氪金型玩家”“冒险型玩家”“娱乐型玩家”的不同特征，游戏开发商就可以根据这些心理因素的差异，有针对性地开发不同的游戏产品。但心理细分相对更抽象，比地理细分或人口统计细分更难操作，需要企业进行大量用户研究，以充分掌握用户心理状态，进而进行判断和细分。

4. 行为细分

行为细分是指根据用户对产品的使用情况、了解程度、购买模式、忠诚程度等维度对市场进行细分。例如，根据用户对产品使用的情况，将市场细分为潜在用户、新用户、老用户、沉没用户等。产品经理用户运营的工作之一就是转化潜在用户、吸引新用户、黏住老用户、激活沉没用户。有人认为，行为变化能更直接地反映用户的需求差异，因此可以将其作为市场细分的最佳起点。

以上就是市场细分的四种主要标准，其他的细分标准，则大多是由上述四种细分方式衍生出来的。通常，企业会综合运用有关变量来对市场进行细分，不会仅将单一变量作为细分标准。而且细分市场的依据并非一成不变的，而是会随着社会生产和用户需求的变化而不断变化，还会随着企业/产品的不同生命周期而发生改变，同一企业同一产品在不同时期也可能会采用不一样的市场细分方法。

无论采用什么样的细分方案，都应该满足三个核心前提条件。首先，市场细分需服务于明确的目的，通常在产品定位/调研层面，有针对性的市场细分将服务于评估细分市场吸引力、洞察用户需求、协助设计具体产品形态和模式等几个主要需求；其次，市场细分方案需可行且有效，即细分市场之间存在明显的差异，每一个细分市场都可以达到一定体量；最后，还需要考虑市场细分方案的可操作性，根据目的、时长、数据资源决定细分方法和深度，最终确定最优方案。

(四) 有效细分市场的特征

从新媒体产业的发展现状看，有效的细分市场应该有如下特征，否则便是无效市场。

第一，可衡量性。具体是指用于细分市场的标准和维度，以及细分后的市场关键要素，必须是可衡量的，不能带有模糊的主观要素，否则细分的市场带有很大的不确定性。

第二，可进入性。指的是选择的细分市场，一定是企业可以进入的市场。这里的“可进入”包含两重意思：一是市场里没有不可逾越的强大竞争对手或市场领导者；二是企业所具备的能力和资源，与市场的独特需求相符合，也就是说企业有能力满足该市场的需求，具备一定的竞争优势。只有这样的市场才能为企业/产品提供发展空间。

第三，可盈利性。设计一款产品的最终目标就是要盈利，因此细分市场的规模应该足够大，存在尚未满足的需求，有一定的发展潜力；且市场中的用户具备一定的购买力，当产品投入市场后，能获得自身生存和发展所需的收益。

第四，稳定性。虽然市场细分依据有一定的动态性，但对于已经确定的细分市场，在确定后的一段时间内应该保持稳定，否则企业将会面临很大风险。

只有具备以上四个特征的细分市场，对于企业和产品而言才是好的细分市场，也才是值得投入资源去开拓和发展的市场。在确定了市场细分依据后，也可参照这几个特征进行分析，检验市场细分依据是否合适且合理。

对于既有产品而言，若不发生大的产品方向变动，所属的细分市场也不会发生变化。在进行市场分析时，既可以延用既定的细分市场概念，也可以在七麦数据、易观千帆等产品分析平台上进行搜索，确定产品所属的细分市场。图 4-2 是七麦数据的 Keep 信息页，可以看到 Keep 在该平台中所属的细分市场是体育运动。这里有两点值得注意。一是平台上的分类仍然是一个相对较大的市场范畴，如 Keep 和趣运动虽然在七麦数据的分类中同属于体育运动，但两者一个主打健身课程，另一个主打体育场馆预订。二是不同平台的市场分类标准可能并不完全一样，比如 Keep 在 TalkingData 中被归为健康美容-运动健身类。因此在进行细分市场确定时，除参考平台的分类外，还需进一步结合其他因素进行综合考虑。

图 4-2 七麦数据 Keep 信息页面

资料来源：

七麦数据. Keep 应用信息 [EB/OL]. (2013-04-01) [2020-08-01]. https://www.qimai.cn/app/baseinfo/appid/952694580/country/cn.

二、市场宏观环境分析

市场宏观环境分析指的是从宏观的角度，解读行业的经济发展状况，对整个行业进行一个大致分析。简单来说，就是对外部环境中促进及阻碍企业发展的因素进行分析。宏观环境往往指的是一些企业自身无法控制的巨大力量，比如政治、经济、文化、技术、人口和法律等，它们将对企业和产品的发展产生间接影响。宏观环境是企业自身的生存环境，企业就扎根在这些宏观环境的土壤中。当企业决定做某一个产品或新增某一项功能时，需要判断自己生长的土壤是否允许。即使是最具统治力的公司，也会受到宏观环境中动荡和变化的力量影响。其中一些力量是无法预见和控制的，有一些则可通过熟练的管理来预测和处理。例如现在移动互联网行业发展势头迅猛，国家大力支持该领域的发展，技术逐渐成熟，社会上人才众多；反观煤炭行业，总体产能过剩，发展滞缓；人工智能行业则处于探索的阶段。了解并适应环境的公司，能够茁壮成长；不了解环境的公司，则会经历困难的时光。

在市场分析中通常会使用 PEST 分析法对行业发展宏观背景进行分析。该方法以企业战略的眼光来分析外部宏观环境，能从各个方面较好地把握宏观环境的现状及变化趋势，有利于企业对生存发展的机会的利用，能够辅助企业及早发现并避开环境可能带来的威胁。PEST 是政治环境（political environment）、经济环境（economical environment）、社会环境（social environment）和技术环境（technological environment）英文首字母的缩写，也就是从政策法律、经济、社会人口和科学技术四个角度切入，对产品发展的行业宏观背景进行分析。

（一）政治环境分析

政治环境因素是指一个国家或地区的政治制度、体制、方针政策、法律法规等，是所有宏观环境因素中最坚硬的条件。这些因素常常影响着企业的经营行为，其中最主要的两个影响因素是政策和法律法规。

1. 政策

政策就是国家政权机关、政党组织和其他社会政治集团为了实现自己所代表的阶级、阶层的利益与意志，以权威形式标准化地规定，在一定的历史时期内，应该达到的奋斗目标、遵循的行动原则、完成的明确任务、实行的工作方式、采取的一般步骤和具体措施。

政策可视为行业发展风向标，广泛影响着企业的经营行为。一个政策可能会新兴一个行业，也可能会加速一个行业的衰亡。例如，李克强总理在 2015 年政府工作报告中首次提出“互联网＋”概念，指出制定“互联网＋”行动计划，推动移动互联网、云计算、大数据、物联网等与现代制造业结合，促进电子商务、工业互联网和互联网金融健康发展，引导互联网企业拓展国际市场。从政府工作报告就可以看出，电子商务、互联网金融等行业将成为当时及之后一段时间内政府扶持的主要产业。

再比如，2017 年习近平同志在十九大报告中指出，坚持人与自然和谐共生，必须树立和践行绿水青山就是金山银山的理念，坚持节约资源和保护环境的基本国策，像对待生命一样对待生态环境，统筹山水林田湖草系统治理，实行最严格的生态环境保护制度，形成绿色发展方式和生活方式，坚定走生产发展、生活富裕、生态良好的文明发展道路，建设美丽中国，为人民创造良好生产生活环境，为全球生态安全做出贡献。这就预示着国家将大力发展绿色经济，也将进一步限制那些高能耗、高污染产业的发展，其中无法进行升级转型的产业可能面临淘汰的结局。因此，企业在进行产品设计时，要密切关注自己行业的相关政策，做到提早布局、抢占风口，促进国家和企业自身的发展。

2. 法律法规

法律法规作为国家意志的强制表现，对规范市场和企业行为有着直接作用。立法在经济上的作用主要体现在维护公平竞争、维护消费者利益、维护社会最大利益三个方面，因此企业在设计产品以及制定市场策略时，要充分了解既有的法律规定，特别要关注那些正在酝酿之中的法律，这是企业在市场中生存、参与竞争的重要前提。

具体的影响因素主要有，企业和政府之间的关系、环境保护法、外交状况、产业政策、专利法、政府财政支出、政府换届、政府预算和政府其他法规。产品因违反了法律法规而被下架的消息屡见不鲜，例如2019年8月30日，一款名为ZAO的AI换脸APP火爆全网。用户只要上传自己的头像照片，就可以用其替换影视视频片段中的角色形象，满足了用户猎奇和虚荣的心理。该应用在iOS商店内的下载量超越爱奇艺、腾讯视频两大应用，攀升至娱乐类第二位。但很快媒体和部分用户发现该软件用户隐私协议不规范，存在数据泄露风险等网络数据安全问题。根据《中华人民共和国网络安全法》和《信息安全技术个人信息安全规范》，网络运营者收集、使用个人信息，应当公开收集并遵守规则，明示收集、使用信息的目的、方式和范围，并征得被收集者同意；个人面部识别特征属于个人敏感信息，传输和存储个人敏感信息时，应采用加密等安全措施。9月3日，工业和信息化部网络安全管理局对ZAO APP的开发者北京陌陌科技有限公司相关负责人进行了问询约谈。

（二）经济环境分析

经济环境因素是指一个国家的经济制度、经济结构、产业布局、资源状况、经济发展水平以及未来的经济走势等。主要包括宏观和微观两个方面的内容。宏观经济环境主要指一个国家的人口数量及其增长趋势，国民收入、国民生产总值及其变化，以及这些指标所反映的国民经济发展水平和发展速度。微观经济环境主要指企业所在地区或所服务地区的用户收入水平、消费偏好、储蓄情况、就业程度等因素。构成经济环境的关键要素包括GDP的变化发展趋势、利率水平、规模经济、政府预算赤字、通货膨胀程度及趋势、失业率及趋势、劳动生产率水平、消费模式、居民可支配收入水平、居民消费（储蓄）倾向、不同地区和消费群体间的收入差别、价格波动、货币与财政政策、汇率水平、证券市场状况、能源供给成本、市场机制的完善程度、市场需求状况等。

简单来说，经济环境因素就是由各种影响用户购买能力和支出模式的因素组合而成的，这些因素直接决定着企业目前及未来的市场大小。经济环境主要分析三个点：用户消费态度、整体经济走势、消费力。举个例子，根据中国旅游研究院联合蚂蜂窝旅行网（现更名为马蜂窝）发布的《2017全球自由行报告》，自由行成为当下主流的旅游模式，2017年国内自由行人数占比97%，出境自由行人数占比53%，由此可见国人的旅游消费模式已经由原来的跟团游转为自助游。[①] 根据国家统计局数据，2017年国民经济发展持续向好[②]，居民人均可支配收入25 974元，较上年增长7.3%[③]。综上可以推断，与自由游相关的行业、产品、功能将得到发展，如共享公寓、租车服务、保险业务等。

---

① 国家旅游局 & 蚂蜂窝：2017全球自由行报告［EB/OL］.（2018-01-03）［2021-02-26］. http://www.199it.com/archives/670757.html.

② 中华人民共和国2017年国民经济和社会发展统计公报［EB/OL］.（2018-02-28）［2021-02-26］. http://www.stats.gov.cn/tjsj/zxfb/201802/t20180228_1585631.html.

③ 第一财经．统计局：2017年居民人均可支配收入25 974元［EB/OL］.（2018-01-18）［2021-02-26］. https://baijiahao.baidu.com/s?id=1589914639373949626&wfr=spider&for=pc.

（三）社会环境分析

社会环境因素的分析通常可以从社会和人口两大维度切入。

1. 社会因素

社会因素包括一个国家或地区的居民受教育程度和文化水平、宗教信仰、风俗习惯、价值观念、审美观点等。文化水平会影响居民的需求层次；宗教信仰和风俗习惯会禁止或抵制某些活动的进行；价值观念会影响居民对公司目标、公司活动以及公司存在本身的认可；审美观点则会影响人们对公司的活动内容、活动方式以及活动成果的态度。

每一个社会都有其核心价值观，这些价值观和文化传统是历史的沉淀，通过家庭繁衍和社会教育而传播延续，因此具有相当的稳定性和高度的持续性，而一些次价值观是比较容易改变的。每一种文化都由许多亚文化组成，由共同语言、共同价值观念体系及共同生活经验或生活环境的群体构成，不同的群体有不同的社会态度、爱好和行为，从而表现出不同的市场需求和不同的消费行为。

2. 人口因素

人口因素主要包括人口规模（含妇女生育率、出生死亡率、结/离婚率、节育措施状况等）、人口流动性（含移进移出率、城市城镇和农村的人口变化等）、年龄结构（含人口预期寿命等）、平均教育状况、收入分布（含人均收入、平均可支配收入、储蓄倾向等）、生活方式、消费结构和水平（含购买习惯、对质量的态度、对服务的态度、对闲暇的态度等）、对权威的态度、对工作的态度、对退休的态度、对道德的关切度等社会生活方方面面的因素。其中人口规模直接影响着一个国家或地区市场的容量，年龄结构则决定消费品的种类及推广方式。人口分析重点集中在世代、地理、家庭和个体。

比如艾媒咨询发布的《2019 中国银发经济消费市场研究报告》中指出，随着老年人口比例上升（预计到 2050 年该比例将上升至 34.9%），中国人口平均寿命的不断增长（中国人均寿命从 1990 年的 69.3 岁上升至 2017 年的 76.4 岁），中国社会老龄化程度逐渐加深；较理想的收入财产状况（2017 年 2 000 万老人的家庭月收入超过了 1 万元）推动“银发经济”消费升级。因此，预计未来老年产品及服务市场将快速增长，2021 年总体市场规模将达到 5.7 万亿元。①

（四）技术环境分析

技术环境指产品所涉及国家和地区的技术水平、技术政策、新产品开发能力，以及与企业生产有关的新技术、新工艺、新材料的出现、发展趋势以及应用前景。报纸、电视、网站和各类新闻 APP 的兴起，已经让人们感受到了技术对于产品命运的巨大影响力。对于新媒体产业中的诸多产品而言，技术就是命脉。技术环境分析可以从行业技术变迁、当前行业技术的发展现状、企业的技术位置三个角度展开。

1. 行业技术变迁

通过梳理行业技术的变迁史，找出技术革新的关口，发现技术给行业带来的重大变化，分析技术变化对行业竞争格局产生的影响，这样在下一次技术到来的时候就会形成较为宏观的判断，有利于产品发展方向的选择。

2. 当前行业技术的发展现状

梳理完行业技术变迁史后，还需要明确目前行业的技术现状。比如现行的主流技术是什

---

① 艾媒产业升级产业研究中心．艾媒报告｜2019 中国银发经济消费市场研究报告［EB/OL］．（2019－05－29）［2021－02－26］．https：//www.iimedia.cn/c400/64579.html.

么？技术的发展趋势如何？有哪些前沿技术正在研发或将要投入使用？任何行业都有自己的技术前沿，前沿就是标杆，大多数情况下技术前沿也是行业的领导者。摸清楚前沿技术和可能出现的技术趋势，就是对未来风向的监控和把握。每一次分析都要重新调查和更新。

3. 企业的技术位置

了解了整个行业的技术现状后，还需要对企业自身的技术水平进行评估，看看自己的技术水平在行业中所处的位置，明确优劣势所在。可以根据企业自身技术水平的情况，来决定产品的发展方向。比如字节跳动公司在个性化推荐方面处于行业领导者地位，所以它的产品也大多是基于这种技术进行开发的。

技术环境除了要考察与企业所处领域的活动直接相关的技术手段的发展变化外，还应及时了解国家对科技开发的投资和支持重点、该领域技术发展动态和研究开发费用总额、技术转移和技术商品化速度、专利及其保护情况等信息。

此外，根据宏观市场的具体情况和产品属性，还可以在 PEST 的基础上发展出多种变体，如将法律法规因素（legal）单独进行分析，变为 PESTL；在 PESTL 的基础上，再把人口因素（demographic）单独提出，变为 PESTLD 等。产品经理在进行市场分析时可以根据需要灵活选择使用。

（五）行业分析案例

下面提供一个 PEST 分析法分析的案例，供大家参考。案例分析以 2017 年共享单车在广州投放为背景，通过宏观层面市场分析，判断该项目的推广前景。需要说明的是，所有资料均收集于 2017 年 5 月前，只对当时的情况进行说明，不能直接照搬来说明现在的情况。

1. 政治因素

随着城市私家车增多，交通拥堵、环境污染等问题越来越严重，城市交通拥堵已经成为最大的“城市病”之一，如何缓解城市交通压力成了让政府头痛的问题。许多城市通过限制牌照发放、单双号限行、限制外来车辆通行时间等措施来解决城市出行问题，但无法从根源上解决这一城市难题。

现在越来越多的民众推崇绿色环保健康的出行模式，政府对这类模式持鼓励、支持态度，并希望 ofo、摩拜单车等互联网企业可以为城市发展贡献力量。2016 年 10 月 27 日，广州市海珠区人民政府与摩拜单车签署战略合作备忘录，商定利用“摩拜”开发无桩智能共享单车的技术与经验，结合海珠区城区管理体系的优势，推动制定无桩智能共享单车行业标准，逐渐完善一套可复制可推广的城市慢行交通体系，为城市慢行交通系统建设提供示范。2017 年 3 月 23 日，在交通运输部年度第三次例行新闻发布会上，新闻发言人吴春耕也表示：“共享单车是城市交通的一个组成部分，在解决最后一公里的问题上发挥了积极作用，大家有非常好的体验。……我们鼓励支持这种互联网＋交通出行的创新的方式，政府部门要加强规范和指导，企业要承担管理责任，提升服务水平，公众也要文明出行，共同促进共享单车的发展。”①

综上，国家大力提倡低碳环保出行方式，共享单车发展有利于节约资源、保护环境、缓解城市交通拥堵问题；共享单车作为公共服务领域的一大创新，有利于提高公共服务质量，提高人民生活水平。由此可以推断，共享单车这类企业将在未来一段时间内得到政府的支持和协助。

2. 经济因素

交通拥堵会产生一系列的社会和用户成本，具体包括：

● 基础设施损耗成本：拥堵时，道路负荷过大，造成道路使用年限缩短，道路损耗和维护

① 亿欧．交通部：鼓励支持共享单车发展［EB/OL］.（2017－03－23）［2021－02－26］. http：//tech. sina. com. cn/roll/2017－03－23/doc-ifycsukm3319204. shtml.

成本增加；

- 资源损耗成本：堵车时，车辆油耗和硬件磨损增加，造成车辆维护成本上升；
- 社会成本：堵车时的等待时间，会对社会个人生产力带来损耗；
- 身心健康成本：堵车时的废气会对人体产生危害，而心理上也容易产生严重焦虑。

根据高德地图发布的《2016年度中国主要城市交通分析报告》①，广州人均年拥堵成本为9 376元，约合人均月拥堵成本781.4元。以摩拜为例，对比公交车来计算出行成本，两者成本如表4-1所示。

表4-1　最后一公里出行采用摩拜和公交费用对比一览表

出行方式	单价（元/次）	使用次数（2次/日，21日/月）	月费用（元/月）	优惠后月费用（元/月）	优惠原因
摩拜	1	42	42	2	购买月卡
公交	2	42	84	62.4	每月刷羊城通满15次后，从第16次起打6折

最后一公里出行选择摩拜，相较于公交，出行成本节省率为96.8［(62.4－2)÷62.4×100%＝96.8%］；即便是不买月卡，出行成本节省率也依然为32.7%［(62.4－42)÷62.4×100%＝32.7%］。

根据CNNIC发布的《第39次中国互联网络发展状况统计报告》，截至2016年12月，我国手机网民规模达6.95亿，网民中使用手机上网人群占比达95.1%。移动互联网为社会公众塑造了一种全新的生活方式，移动互联网发展为共享经济提供了平台支持，推动消费模式共享化，提高了资源利用效率，减少了交易成本。

由此不难得知，在人们越来越习惯于移动互联网消费的今天，共享单车符合当前共享经济模式，适应互联网时代发展要求；共享单车在使用时通常通过微信或支付宝等网络支付形式完成支付，与公交车相比无须准备现金；租金便宜，比公交更实惠更经济，极大降低人们最后一公里出行上的花费；还将有利于降低城市因拥堵而产生的一系列成本。

3. 社会因素

第一，随着互联网技术的不断发展，社会公众对新鲜事物的接受度越来越高，如滴滴平台用户2016年就已累计达4亿，覆盖城市超过400个；饿了么2016年市场交易规模就已经达到了609.5亿元。

第二，文化是人在特定的社会环境中形成的生活方式、价值观念等。从某种意义上来说，共享单车的出现，唤醒了中国自行车传统文化的回归。摩拜单车的创始人胡玮炜说过，她是一个有自行车情结的人。自行车对于很多人来说都是小时候的回忆，单纯而美好。

第三，高德地图发布的《2016年度中国主要城市交通分析报告》中还显示，一线城市的拥堵有从中心城区转移至郊区的趋势。这与居民居住分布有很大关系，随着一线城市中心城区房价的高企，越来越多的人选择将家安置于郊区，其中不乏公共交通未能全面普及之地，由此市民只好选择自驾或经由别的交通工具转搭公交。若共享单车在这些区域落地，将有望解决郊区市民通勤问题，有效缓解郊区早晚高峰交通拥堵情况。

此外，骑共享单车出行不仅仅是出行的需要，还是一种健康的锻炼方式，甚至在近年成为一种说走就走的旅行方式。

---

① 高德地图交通大数据团队.2016年度中国主要城市交通分析报告［EB/OL］.（2017-01-10）［2021-02-26］. http://report.amap.com/share.do?id=8a38bb865986fdfd0159870377260001.

由此可见，共享单车符合广州市民文化传统，吻合现阶段人们的消费习惯，并且是具有一定健康、时尚象征意义的出行方式。

4. 科技因素

科学技术给互联网企业带来新的市场机会，以下几项科技的进步将有助于共享单车的推广和使用。

● 智能手机的普及：使人们日渐习惯于移动互联网消费，改变了人们从出行到购物的生活方式；

● 通信技术的发展：二维码智能解锁、精准的GPS定位和互联网移动支付等高科技技术的工业化使用，开创了人与物互联互通的新模式，使以摩拜为代表的共享单车的使用成为可能，推动了共享单车行业的发展；

● 工业技术方面：实心轮胎、轴传动、铝合金车架焊接工艺等都使共享单车比传统的单车骑行时更为稳定、维护成本更低，为用户创造了更好的骑行体验。

综合政治、经济、社会、技术等方面的分析可得，共享单车在广州的落地，将有助于满足市民最后一公里出行的需求，同时与当下崇尚低碳环保、健身强体的生活理念相吻合，具有很强的发展潜力。

上面对宏观层面市场分析的四个要素分别进行了阐述，宏观层面市场是产品生存的“土壤”，只有充分了解了环境特点，才有可能真正找到适合自己和土壤特质的发展路径。但在实际工作中，不少的市场分析被批评为“为了分析而做的分析”。为了避免出现宏观环境分析变为套路的情况，产品经理们在分析时，一定要抓住分析要点，得出跟产品自身相关的结论，而且一定要落在产品自身身上，得出指导性意见，发挥宏观环境分析的作用。

三、竞争态势分析

市场营销学里有两个经典的竞争态势分析方法：一是竞争态势矩阵（competitive profile matrix，简称CPM），即通过确定行业竞争的关键因素及其重要程度权重，继而计算关键竞争对手加权得分，最后对总分和各因素得分进行比较，来确定企业的竞争力；二是波特五力模型，即行业中存在着决定竞争规模和程度的五种力量，分别是供应商的议价能力、购买者的议价能力、同行业内现有竞争者的竞争能力、潜在竞争者进入的能力、替代品的替代能力，这五种力量综合起来影响着行业的吸引力以及现有企业的竞争战略决策。产品经理在进行市场分析时，多数时间并不需要涉及里面的所有因素，行业领导者分析、核心竞争者识别、潜在竞争者分析、市场集中度分析是竞争态势分析中最核心的因素。

（一）行业领导者分析

市场分析中很重要的一步是进行市场细分，通过市场细分确定了目标市场后，就需要对市场里存在的竞争对手进行系统的梳理，毕竟市场里有多少细分市场，每个细分市场有多少竞争者，第一梯队有多少企业/产品，它们的市场布局情况，都是市场分析真正想要了解的内容。分析的最终目的是判断在现有市场格局下，是否有自己产品的生存空间。根据波特五力模型，行业内竞争压力主要取决于自身与竞争对手的市场地位、市场占用率等因素，而竞争对手中最重要的就是行业领导者、核心竞争者和潜在竞争者，针对三者的分析也将构成竞争态势分析的主体。

行业领导者往往是行业或者说是细分市场中最有资源、实力最强的企业或产品，代表了一定时期产品的发展方向。行业领导者分析有助于了解龙头企业已经占据的市场份额规模，判断是否还存在尚未被其占领的市场机会点。值得注意的是，行业领导者分析不只是分析市场中处于第一位的企业或产品，一般来说前五位都应该被列入研究和梳理的范畴。

行业的龙头老大，其核心产品往往也是处于行业领先地位的，能引领一个行业的产品技术革新。可以先研究行业领导者的产品，特别是产品中涉及的技术和主要卖点，再来决定自身企业在进行产品设计时，是采取跟随策略，还是另辟蹊径，走差异化路线。在分析时还需要注意，有些行业龙头老大在同一个细分市场中可能不止一个产品，比如字节跳动在短视频细分市场中就同时推出了抖音、西瓜视频和抖音火山版三款产品，但三款产品在用户群体、内容方向、视频时长等方面存在一定差异。因此在进行行业领导者分析时，也需要注意这种存在产品线的企业，留意产品线中不同产品的差异，根据自己的需要进行合并或单独分析。

除此之外，产品的运营模式和盈利模式也需要进行重点分析。以 2017 年知识付费行业为例，知名度位列前四的平台分别是喜马拉雅、知乎、得到和分答，四者虽然都是行业龙头，但在运营模式上却各有千秋（见表 4-2），这也为产品经理提供了更多的参考。①

表 4-2　　四大知识付费平台运营模式对比分析

平台名称	运营模式	具体描述
喜马拉雅	平台模式	基于平台进行运营，平台原有大量不同领域内容生产者，对内容生产者有扶持体系，同时保障平台消费者权益。
知乎	市集模式	任何用户都可以作为内容生产者，基于兴趣贩卖知识经验，消费者根据需求寻找不同领域知识生产者。
得到	自营模式	类似于传统出版社，所提供内容经由平台把关，从 KOL 物色到作品售卖，平台方高度参与付费内容制作与运营。
分答	商超模式	覆盖各类知识付费产品，网红、各行业达人入驻，设置擅长领域并自定回答费用，小讲、社区则由 KOL 生产内容。

资料来源：

艾媒咨询 .2017 年中国知识付费市场研究报告 [EB/OL].（2017-12-05）[2021-02-26]. http://www.iimedia.cn/59925.html.

（二）核心竞争者识别

虽然行业领导者很重要，但在做竞争态势分析时不能只盯着行业领导者。举个例子，如果现在要做一款新闻聚合平台产品，应该选择哪些产品作为自己的竞争对手？人民日报 APP，澎湃新闻，还是今日头条？事实上，作为一个新兴的产品，与这些优秀产品的距离还很远，甚至可能只能和其他一些产品共同分享行业龙头市场份额以外的市场。因此识别出产品的核心竞争者对于竞争态势分析而言十分重要。核心竞争者指的是跟自家产品规模差不多，并且抢夺同一个细分市场的其他产品，这样的产品之间形成的竞争最激烈。

（三）潜在竞争者分析

潜在竞争者往往是其他细分市场的龙头老大，意图借助自己原有的资源积累进行跨界经营，以拓宽自己的市场版图。它们一旦进入市场，往往会带来新的生产能力和新的资源，从而导致细分市场内的原有企业盈利水平降低，并对该细分市场原有企业产生威胁，甚至导致行业的洗牌。比如 2017 年 2 月，以外卖著称的美团点评集团公司，在江苏省南京市试点上线运行打车业务，对滴滴出行等网约车市场既有公司产生了威胁。滴滴出行公司很快做出“回应”：

① 艾媒咨询 .2017 年中国知识付费市场研究报告 [EB/OL].（2017-12-05）[2021-02-26]. http://www.iimedia.cn/59925.html.

2017年12月，滴滴外卖部被曝光；2018年4月，滴滴外卖业务于无锡上线。两家公司分别在对方的“根据地”涉足，引发了两个细分市场的跨界大战。

潜在竞争者进入行业的可能性大小，取决于进入者主观估计进入后能够带来的潜在利益、所需花费的代价与所要承担的风险这三者的相对大小情况。而潜在竞争者的威胁取决于市场壁垒的高低，市场壁垒越高，潜在进入者的威胁越小。一般来说，不同行业都会存在自己的行业壁垒，或对资本有要求，或对销售渠道有明显依赖，或受政府政策影响较大，或受别的因素支配。还是以美团和滴滴的跨界大战为例，美团作为外卖市场的领军人物，拥有庞大的用户基数，打车功能的上线不过是多了一个端口而已，可以很便捷地引流与转化，相较于其他想进入网约车市场的企业而言，获客成本比较低，运营成本上比较占优势，这也是外界推测美团决定进军网约车市场的因素之一。

还有一类潜在的竞争是替代产品竞争，指的是两个处于同行业或不同行业的企业，因所生产的产品互为替代品而产生竞争的情况。新媒体行业产品形态复制成本低，产品是否能成为其他产品的替代品不再看重产品的形态，而在于用户黏性、数据沉淀情况，有的甚至是用户消费时间或注意力的争夺，比如抖音与微信之争。因此在分析这类潜在竞争对手时，侧重的是行业上下游链路关系、沉淀的数据是否可复制或是否存在被整合的风险等。

（四）市场集中度分析

同一行业中的竞争状态最终会通过市场集中度和各企业市场份额分布来体现，常用分析指标为行业/市场集中度（CR）。在新媒体行业，产品的市场渗透率也是反映行业集中程度和分布格局的重要指标。市场集中度反映一个行业的竞争程度，具体的计算方式根据不同行业/项目需求而定，比较常用的计算方式为前3/5/10名市场参与者的市场销售额占比。一般情况下，前3名竞争对手的市场份额占比超过75%说明行业集中度较高，低于30%则说明行业集中度较低，行业集中度越高的市场通常竞争越激烈。市场集中度也是后续进行市场吸引力评估的一个重要依据。

通过竞争态势分析，可以梳理出行业龙头、核心竞争者和潜在竞争者名录，了解它们产品的不同特点和市场份额，明确市场中存在的空间及其大小，为后续的市场选择、产品设计提供参考。有两点值得注意：第一，这里的分析是对行业当下状态的反映，是一种静态模型，不能做动态监测；若想了解行业的动态变化，可以利用大数据的行为跟踪做综合分析。第二，此处的竞争对手分析与后面章节要谈到的竞品分析有所不同，竞品分析是有目的、有重点的分析，是对已经确定的产品发展或迭代方向的预设进行的深入分析；而在竞争态势分析中要做的是对竞争对手进行市场份额、产品特点、盈利模式、运营模式等方面的分析，以期找到突破口。

四、行业技术趋势分析

行业技术趋势分析往往可以通过技术成熟度曲线进行判断。技术成熟度曲线（the hype cycle）又叫技术循环曲线、Hype曲线、Gartner曲线，或者直接叫炒作周期，是指新技术、新概念在媒体上的曝光度随时间的变化曲线，往往被企业用来评估新科技的可见度，是企业利用时间轴与市面上的可见度（媒体曝光度），决定要不要采用新科技的一种工具。该曲线将技术发展划分为5个阶段，分别是技术萌发期、过热期、低谷期、复苏期和生产力成熟期。

技术萌发期（technology trigger）：这一阶段从新技术取得突破、进行公开示范和发布，继而引起媒体和行业的兴趣开始。由于媒体对新技术进行过度报道和非理性渲染，技术的知名度极大提升；然而受限于新技术的不成熟性，缺点、问题和限制也纷纷出现。这个阶段应用新技术的失败案例多于成功案例。

过热期（peak of inflated expectations）：也叫过高期望峰值期。在此阶段，媒体和早期大众对技术过分关注，在这种新技术上的建设和预期出现高峰，但这种预期往往超出其当前的现实能力，有些情况下会形成投资泡沫。

低谷期（trough of disillusionment）：受限于新技术的现实能力，不断出现绩效问题、低于预期的技术采用率和财务收益问题，这些使得人们对其应用结果的失望逐渐取代了最初对其潜在价值的热情，人们的期望从高峰跌到了谷底。

复苏期（slope of enlightenment）：一些早期采纳者克服了最初的困难，开始获得收益，并继续努力前行。基于早期采纳者的经验，人们加深了对可以获得良好效果的技术应用区域和方法的理解，更为重要的是，人们知道了这种技术在哪些方面没有或几乎没有价值。在此基础上，成功并能存活的经营模式逐渐成长起来。

生产力成熟期（plateau of productivity）：技术产生的实际效益与潜力在得到证明和认可后，实质支持此经营模式的工具、方法论经过数代的演进，进入了非常成熟的阶段，越来越多的企业感到可以接受当前已经大幅降低的风险水平。由于新技术带来的生产价值和使用价值，技术采用率开始快速上升（呈现出曲棍球棒形），新技术在各行业和企业中的渗透加速。

高德纳（Gartner）咨询公司自 1995 年起，每年都会针对各种技术和应用（例如社交软件、ERP）、信息和 IT 服务（云计算、大数据）与行业（零售、人寿保险）领域创建技术成熟度曲线，用来帮助客户跟踪技术的成熟度和未来潜力。图 4-3 是高德纳公司 2019 年公布的新兴技术成熟度曲线。根据该公司的预测，5G 技术已经处于过热期的峰顶。这就意味着，如果产品想借 5G 概念来获得资金的关注，那么这个时间点已经过去；但是该技术将在 2～5 年内达到生产力成熟期，如果想在产品中运用该技术，则可持续关注前期存活的项目，从中获得技术的指引。

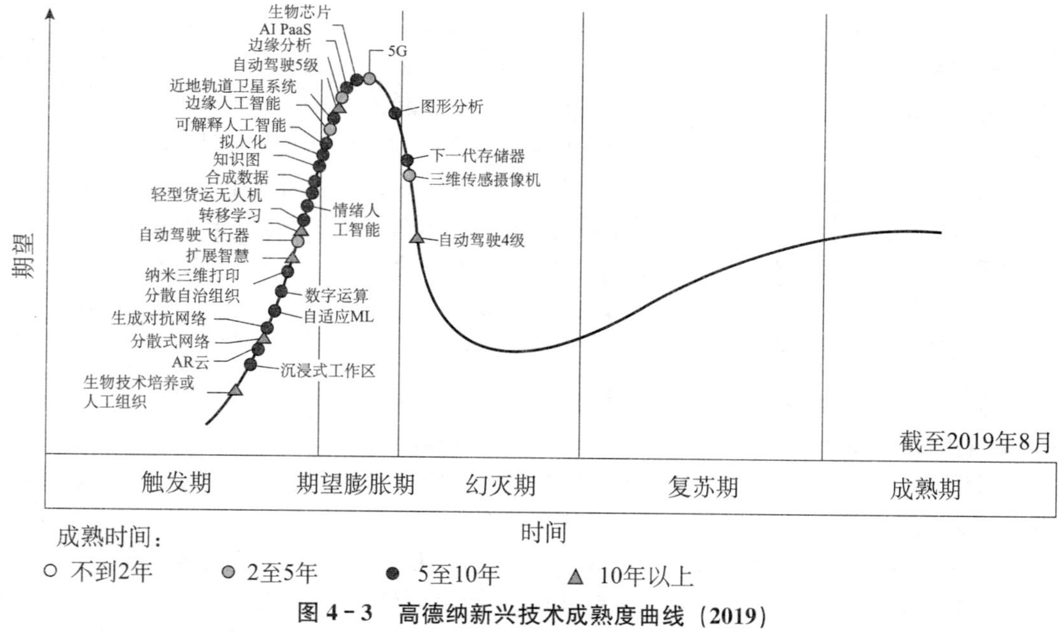

图 4-3　高德纳新兴技术成熟度曲线（2019）

资料来源：

肖永威. 2020 年 Gartner 新兴技术成熟度曲线，AI 持续增强 [EB/OL].（2020-09-24）[2021-02-26]. https://blog.csdn.net/xiaoyw71/article/details/108779003.

第三节　中观层面市场分析

做完宏观层面市场分析后，就进入中观层面市场分析，中观层面市场分析主要是针对公司/产品所处的市场现状进行的分析。看到这里大家可能会觉得奇怪，分析了行业的宏观背景不就可以直接进入对手和用户分析了吗？为什么要进行市场潜力判断？理由其实很简单，因为任何一个非公益性的公司或产品，进入市场的目的无非是想赚钱，而如果不做市场潜力分析，所选择的业务市场可能会很小，直接导致的结果就是赚不到钱。

如何分析呢？派人做调研？根据调研报告结果来进行判断？不可否认，市场调研是非常重要的一种判断依据，但仅依靠市场调研是否就足够了呢？让我们先看一个往非洲卖鞋的故事。一家鞋厂准备进军非洲市场，于是就按习惯的商业做法，派出了一个业务员先行到非洲进行市场调研和考察。结果这个业务员回来向老板汇报说："老板，我们放弃进军非洲的打算吧，非洲人都不穿鞋子，那里没有市场。"老板一听，心中大呼不妙，但为了避免调查出现的误差，他又派了一位业务员再去做一次市场调研。没想到这个业务员回来向老板汇报说："恭喜老板啊，您准备进军非洲这个想法太妙了，非洲简直是块宝地，那边的人都没鞋子穿，我们的市场很大啊。"

这个故事很多人应该都听过，同一个公司的两个不同的业务员，去同一个市场竟然调研出完全不同的结果。市场调研很重要，但还需要结合其他方面的数据进行综合的分析和判断，才能形成正确的市场认知。中观层面市场分析主要包括市场阶段分析和市场容量分析，常用的方法有直接资料法、市场调研法和统计分析法等。

一、市场阶段分析

中观层面市场分析的目的有两个，一是了解市场趋势，二是判断市场规模。了解市场趋势主要就是了解市场是处于上升黄金期还是下降衰落期，从而决定是否要入局。在第二章曾经介绍过，产品有自己的生命周期，行业与产品一样，也有其生命周期，生命周期的不同阶段，会呈现不一样的行业竞争状态。行业生命周期也可分为四个阶段，分别是探索期、红利期、成熟期和衰退期。

探索期：这是行业发展的最早时期，此时技术可能尚未完善，只有一些创新者在做技术和模式的探索，市场参与者并不多，产品开发成本高，但市场收益尚未显现，甚至有亏损的危险，市场风险较大，例如当下的新能源汽车市场。

红利期：也叫成长期。在本阶段的前期，一部分早期观察者进入市场，并逐渐主导市场。新行业产品经过媒体的宣传和用户试用后的自主传播，逐渐为市场所广泛了解和接受，市场热度不断提升，出现供需两旺的景象。由于市场前景良好，市场参与者数量大幅增加，市场竞争加剧。在本阶段的后期，随着行业市场不断向好，资金、技术、人才都大量涌入，行业进入了红利殆尽的最激烈的竞争时期。此时竞争参与者已经无法轻松地获得自身发展所需要的利润，市场的需求也日趋饱和，必须通过提高生产技术水平、降低生产成本，甚至通过研制和开发新产品的方法来获得竞争优势、提升市场份额，从而战胜竞争对手和维持企业的生存。通常只有资本和技术力量雄厚、经营管理有方的企业才能在市场上立足，一些实力较弱、经营乏力或新入局的企业，则往往被淘汰或兼并。例如现在的共享单车、共享充电宝市场等。

成熟期：这一时期市场上的竞争者数量大幅下降并最终趋于稳定，一部分企业成为行业的领导者，共同占据了绝大部分的市场份额。但由于彼此势均力敌，市场份额比例发生变化的幅度较小。竞争手段也转向产品质量和性能提升等方面。除非有新技术的创新，否则行业增长速度会出现下降甚至完全停止增长。

衰退期：行业经历较长的成熟期后，新产品、新技术和替代品逐渐出现，原行业的市场需求开始减少，市场逐渐萎缩，利润率增长停滞或不断下降，部分市场竞争者将资金、人力转至新产品、新市场或新行业的开拓，至此，整个行业便进入了生命周期的最后阶段。

一般而言，红利期蕴含机会，应以快速占领市场为主要策略；而成熟期或衰退期隐藏危险，此时企业应以市场细分和产品差异化策略为主要应对方法。在做市场阶段分析时，可以从市场参与者数量及其发展趋势、市场容量及其变化趋势等方面做辅助判断；还可以参考专业的咨询公司、券商等机构不定期发布的行业分析报告。图 4－4 是 2015—2020 年我国餐饮外卖市场规模及增长速度变化图，从图中可以很直观地看出，市场规模不断增长，但增速持续下降。可以根据生命周期理论猜测，2015—2017 年市场处于红利期；2018 年往后，市场进入成熟期。

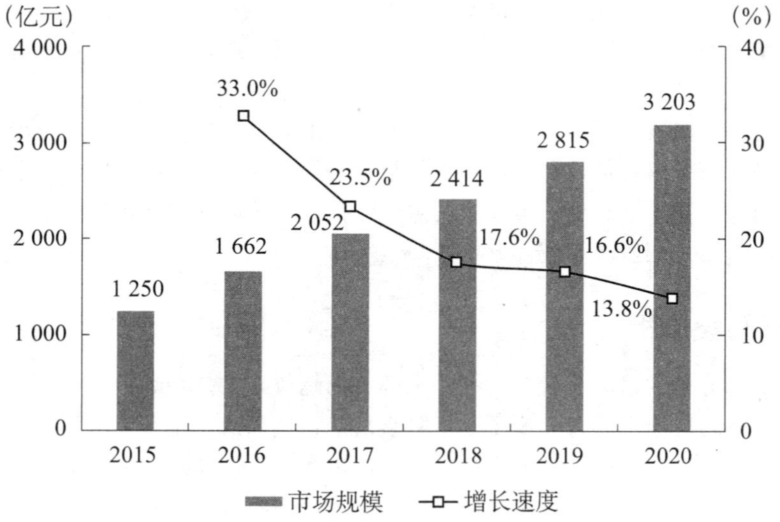

图 4－4　2015—2020 年中国餐饮外卖市场规模、增长速度及预测

资料来源：

韦婷．2019 年中国餐饮外卖行业发展现状及趋势分析 数字经济已是大势所趋［EB/OL］．(2019－07－17)［2019－02－26］. https://www.qianzhan.com/analyst/detail/220/190717－df490b13.html.

二、市场容量分析

市场容量分析即研究目标产品或行业的整体规模和增长情况。简单点讲，可以理解为一定时间内，一个（类）产品或服务在某个范围内的市场销售额。如 2018 年我国数字音乐市场规模为 76.3 亿元①，2019 年我国电子竞技市场规模为 982.2 亿元②等。分析市场容量其实就是观

① 艾瑞咨询．艾瑞：中国成为全球第七大音乐市场，数字音乐正版化带来商业复兴［EB/OL］．(2019－04－09)［2021－02－26］．http://report.iresearch.cn/content/2019/04/287339.shtml.

② 中国电竞市场规模将超千亿，WCAA 探索云上电竞新模式［EB/OL］．(2020－07－08)［2021－02－26］．http://news.iresearch.cn/yx/2020/07/329670.shtml.

察交易规模和用户数量，从而判断市场大不大。举个例子，我国人口众多，经常会听到有人开玩笑说，如果全中国每人给我一块钱，那我身家马上就上亿了。虽然这只是个笑话，但道理是一样的。《从0到1》的作者彼得·蒂尔（Peter Thiel）认为："我们要建立垄断，要当小池塘的垄断者。"互联网时代的许多公司都是但不知寻求更大市场，先从垂直领域进入，继而不断成长扩大的。但如果想要成长为一家大公司，那么比池塘更大的市场或者需求就显得十分重要。否则，开始创业时称霸了一个小池塘，但不知寻求更大市场，那就只能待在这个小池塘了。

互联网行业通常用营收、用户数量等来对市场容量进行衡量，以外部数据为起点，通过自身的估算推演进行佐证。

（一）分析及估算的数据来源

用于判断市场趋势、测算市场容量的数据主要来自行业报告。通过行业报告可以了解行业发展的宏观背景、行业相关的政策法规、行业发展现状、行业发展前景趋势、产业竞争格局、市场供需状况、重点企业分析、市场规模分析和投资机会分析，甚至还可以通过综合对比多份报告，形成对整个行业生态图谱的把握。行业报告的来源主要包括以下几种。

1. 官方统计数据

官方统计数据包括国家统计局、中国人民银行、商务部等政府职能部门发布的年鉴或统计报告，如《中国互联网络发展状况统计报告》《中国统计年鉴》等。国民生产总值、居民收入水平、货物进出口统计等数据都来自官方数据。如果做跨境业务，还需要收集一些国际数据，如世界银行公布的数据等。这类数据的特点是皆为一手数据，具有权威性，相比而言偏宏观，但这也导致数据颗粒偏大，有时略显不够精细。

2. 咨询/数据分析机构报告

很多咨询公司和智库会建设自己的数据库，然后对外发布调研数据或定期发布行业研究报告。常见的有德勤、易观、艾瑞网、波士顿咨询公司（BCG）、中国行业研究网、中国报告大厅、中国产业信息研究网、清科研究中心等的研究报告，如《2019年全球教育智能化发展报告》《中国互联网医疗年度综合分析2018》《2019年中国数字音乐产业研究报告》《2019年中国数字阅读行业年度报告》等。研究报告里会包含很多行业数据，这些数据较为全面，往往能够很好地反映一些市场现状，但是数据未必具有连续性，分布较为零散，而且有时会让人质疑数据的真实性。

3. 券商/投资机构

各家券商和投资机构作为离资本市场最近的研究者，会因投资需要而密切关注某些行业或领域的发展，如招商证券、中信建投、KPCB、摩根大通（J. P. Morgan）等，出品的报告有《2018中国游戏市场发展 & 投融资分析报告》《全球金融科技的发展趋势》《大数据与人工智能战略：机器学习和其他投资数据分析方法》《建筑工程行业深度报告》《银行业周报》等。这类机构有专门的研究人员长期关注某一个或某一些领域，还会组织专业的行业调研或机构调研，数据面向实战，且具有受国家法律保障的独立性，因此价值较高。但由于是提供投资参考的数据，因此这类报告具有较强的时效性，受市场环境影响也很大，而且报告质量还与分析师的特点和从业经历有关，在引用数据和观点时也应充分考虑市场环境是否变化以及分析师的个人背景和从业经验。

4. 官方机构或行业协会

很多官方机构或行业协会是本行业权威数据的发布方，他们所拥有的数据能够深入到细分领域，如景气指数、价格指数等。一些比较大的行业网站发布的数据已经成了整个行业研究的标准，经常被引用。例如物流行业的中国物流与采购联合会、茶叶行业的中国茶叶流通协会、汽车行业的中国汽车流通协会、游戏行业的中国音数协游戏工委等，报告如《中国物流年鉴(2020)》《2019 中国茶叶行业发展报告》《2018 年 12 月全国二手车市场分析》《2018 中国游戏产业报告（半年报）》等。这类机构的数据一般比较翔实，较为全面，因此可作为政府主管部门数据的一个补充。一般可以从“行业网站大全”（http：//www. hangyewz. com）等地方查到行业协会信息，但不同行业协会运作状态差异较大，信息的全面性和时效性也有所不同。

5. 业内公司

随着互联网技术的不断发展，以 BAT 为代表的国内龙头互联网企业借助自己已经具有的行业或领域优势，特别是数据优势，开展了一系列的互联网产业趋势研究、案例与数据分析等研究工作。如腾讯旗下的企鹅智酷、阿里巴巴旗下的阿里研究院、百度旗下的百度指数、京东旗下的京东大数据研究院，已经出品的报告包括《中国商业教育辅导市场消费力报告》《世界与中国：2019 年全球电竞运动行业发展报告》《2020 中国市场 IP 电商指数报告：母婴亲子篇》《2019—2020 线上睡眠消费报告》等。这类报告的优点在于数据来源是 BAT 等互联网企业自己的一手海量数据，可以直观地反映变化趋势。但由于数据大多只来自某一家企业的后台数据，因而具有一定的片面性，而且观点往往也会有一定的倾向性，在使用时应注意。

6. 媒体网站

一些媒体网站在转型时借助自己的媒体优势，定位于为互联网创投或数据分析与共享服务，因此也会特别关注各行业发展动态，比如科技创投类的 36 氪、致力于互联网数据共享的 199IT 中文互联网数据资讯网、扎根教育产业的芥末堆、专注游戏的 GameLook 等。这类网站自己会发布一些行业分析报告，有的也会转载其他专业性的机构的研究报告。无论是自己出品还是转载，其报告往往都比较综合、及时，观点也比较突出。

7. 企业自己的数据库

有的公司也会建立自己的数据库，但相对比较少。公司建立自己的数据库比较少主要原因有两点：第一，专业数据公司的业务已经非常成熟，可以提供大量可供使用的可靠数据；第二，公司自建数据库是一件非常烦琐的事情，对技术和能力都有一定的要求，因此只有在涉及敏感或特殊数据时，公司才会考虑自己维护一个小型的数据库。

8. 咨询行业专家

行业专家指行业领域的资深专家、学者、行业精英，他们往往长期关注某些行业的发展，拥有丰富经验和深刻见解，有的自身就是行业从业人员，向他们请教有时候会获得意想不到的信息。这类信息有时未经整理，会比较零散；有些可能只是他们长期观察后形成的一种直觉，但对企业发展或能起到至关重要的作用。

9. 市场调研

如果无法找到可信的二手数据，就需要产品经理自己动手收集一手数据，也就是亲自进行市场调研。调研的方法有很多，比如调查问卷法、焦点小组法、核心用户深度访谈法等。但是对这类数据需求要控制量，除非数据本身是交付内容之一，否则没必要为这个中间过程花费太多时间和精力。

10. 用户

有些数据可以直接来源于用户，尤其是专业性较强或者需要长时间积累的数据，比如行业薪资数据等，往往由用户直接提供。这类情况多见于 B 端产品。

以上列出的只是平时工作中常见的数据获得途径，有的公司或产品经理还会有一些特殊的数据获取途径。只要路径可行、数据可靠，都可以作为市场容量判断的依据。应注意的是，在寻找行业数据时，不要一味追求穷尽，想要又大又全的行业数据。收集数据是为了判断市场趋势和规模，从而判断产品发展前景，并为产品/功能争取项目资源提供论据，因此抓住关键数据即可。

（二）市场潜力估算

通过各种数据很容易就可以估算出当下的市场容量，但未来的市场容量，也就是市场潜力，则需要产品经理根据现有数据进行估算。常用的市场潜力估算方法按出发点来分，可分为自上而下法和自下而上法两大类。

1. 自上而下法

自上而下法是一种演绎性的方法，它先预测总的经济形势，确定市场在一定时期内吸收某种产品的能力，再分析与产品目标市场相关的数据和资料，从而推算出产品市场潜力和企业市场潜力。具体步骤是：

- 选择估算市场潜力的目标市场；
- 收集、整理某种产品使用的相关因素和资料；
- 推算出某类产品的市场总潜力；
- 扣除与目标市场无关的因素，推算出产品的市场潜力；
- 根据某一产品的市场占有率，以市场潜力乘某企业的市场的占有率，即可得出这个产品的市场潜力。

本方法在实际应用中被变形扩展，衍生出以下两种主要的具体操作方法。

（1）强相关数据推算法。

强相关数据推算法是利用与本行业关系密切的行业的数据，对本行业的市场潜力进行估算的一种方法。强相关行业可以是本行业的源行业，如房地产行业与装修行业；也可以是在市场发展上具有很强关联性的行业，比如电商行业与物流行业。两个行业的产品之间有一定的相关，产品数量也存在一对一或一对多的固定比例。此时，就可以先测算强相关行业的市场容量，再根据两个行业产品的平均价格换算成目标行业的市场规模。计算方法如下：

$$目标行业市场规模=\frac{相关行业市场规模}{相关行业产品均价}\times 目标行业产品均价\times 两行业产品数配比$$

举个例子，假设某市 2019 年电商行业的市场规模为 200 亿元，每次交易的平均金额为 500 元，每单交易平均会产生 1.5 个物流订单，每个物流订单的价格为 15 元，那么根据公式可以推测该市 2019 年物流行业市场规模为 9 亿元。具体算式如下：

$$200亿（元）\div 500（元）\times 15（元）\times 1.5（个）=9（亿元）$$

（2）需求推算法。

从产品目标用户的需求出发，也能够测算市场规模，但仅限于目标用户或者需求较为明确，且目标用户数量较易获得的情况，这也是本法的局限所在。比如，为孕期女性提供服务的行业，目标用户即为孕期女性，该群体的数据比较容易获得，此时只需要再知道目标用户的使用比例和产生的平均价值，即可计算出市场潜力。计算方法如下：

$$目标市场规模=目标需求人群数量\times 购买率\times 目标行业产品均价$$

业内有一个传说，称滴滴出行的创始人程维在创业初期就是用这样的计算方法来为投资人描绘未来市场前景的。因为滴滴出行最先是从呼叫出租车业务切入的，所以程维的分析逻辑是从全国出租车数量数据出发，结合人均每天在出租车出行上消费的金额，算出出租车市场的规模；然后再做假设，如果每天乘坐出租车的人中有一定比例是通过滴滴软件来完成叫车的，那么滴滴会有多少收益，如果市场份额提升，滴滴又会有多少收益。虽然这是个传说，也没有人证实过，但从这个推论过程中，一方面可以看到对市场规模的推算，另一方面也说明只有市场容量足够大，才值得去开发一款产品。

2. 自下而上法

自下而上的估算法是一种归纳性的方法。一般是先统计“子样”单位的调查结果，确定何种用户有条件购置，再分析购买用户的数量，从而估算总的市场潜力。具体步骤是：

- 选定测算市场潜力的目标市场；
- 准备市场潜力的测算资料，包括选择的“子样”单位、有关行业统计资料、产品生产量、产品保有量和价格等；
- 掌握“子样”单位的产品普及率/使用率；
- 确定用户特性；
- 根据该特性用户在特定区域内的比例，测算市场总潜力；
- 调查分析企业产品市场占有率，用产品的市场总潜力，乘某企业产品市场占有率，即得出这个企业产品市场潜力。

与自上而下法一样，自下而上法在实际工作中也被进行了具体化衍生为两种方法。①

（1）抽样分析法。

抽样分析法是一个简单且直接的方法，即在总体中抽取一定的样本，再根据样本的情况推断总体的情况。抽样方法主要包括随机抽样、分层抽样、整体抽样、系统抽样和滚雪球抽样等。计算方法如下：

$$目标市场规模=\frac{购买数}{样本数}\times 购买个数\times 样本平均价格\times 总体数$$

例如，在全国抽取了1 000户的样本，发现共有100户计划未来一年购买冰箱，每户一台，每台冰箱平均预算为2 000元，全国共有5亿户，则可计算出：

$$冰箱的市场规模=\frac{100}{1\ 000}（户）\times 1（台）\times 2\ 000（元）\times 5亿（户）=1\ 000亿（元）$$

该方法虽然简单直接，但要注意以下几点：第一，合理选择抽样方法，做到样本能够代表总体的情况；第二，样本的数量不能太少，否则也无法代表总体。因抽样法所需样本量大，耗财耗力，一般大型机构才会采用此方法。

（2）典型反推法。

本方法也是借小映大的一种估算法，通过确定单个产品（尤其是龙头产品）的销售额和市场份额，然后倒推总体市场的大小。计算方法如下：

$$目标市场规模=\frac{单品牌销售额}{该品牌市场份额}$$

需要注意，通常而言单一产品的市场销售额比较容易获得，但市场份额则未必有现成的数据，有时可以从多渠道的公开材料中整理获得，有时则需要测算者本人根据经验进行假设，这就需要测算人对行业的发展非常了解，能够对市场格局有敏锐的判断。

---

① 无知红．一文看懂市场规模（市场容量）测算［EB/OL］.（2018-01-24）［2021-02-26］. http://www.woshipm.com/it/919489.html.

3. 其他方法

估算市场规模的方法远远不止以上几种，有些产品经理拥有丰富的行业经验和敏锐的市场嗅觉，甚至可以直接凭经验或直觉做出正确的判断；有些则借助新兴的数据和手段，创新性地开拓了新的估算方法。下面列举一个网友借助百度指数分析共享单车市场趋势的案例①，供大家参考。

在百度指数中以关键词“共享单车”进行搜索，可以发现在 2016 年才第一次有了共享单车的搜索记录，因此可将显示范围缩小至 2016 年 1 月 1 日至做市场分析时的时间，得到图 4-5 所示趋势图。从图中可以看出，共享单车的搜索热度大概从 2016 年 10 月开始增长，在 2017 年 2 月左右出现爆发式增长，并从 2017 年 7 月开始逐步降低并趋于平缓。从关键词的热度趋势能够大致估计出该行业的热度走势。

图 4-5 “共享单车”一词百度搜索指数趋势图（2016-01-01 至 2020-08-05）

资料来源：

百度指数．“共享单车”搜索指数［EB/OL］．［2021-02-26］．https：//index.baidu.com/v2/main/index.html#/trend/%E5%85%B1%E4%BA%AB%E5%8D%95%E8%BD%A6？words=%E5%85%B1%E4%BA%AB%E5%8D%95%E8%BD%A6.

然后再看看在相同时段内，该关键词的媒体指数，并挖掘出每个时段内值得关注的信息点，具体如图 4-6 所示。

通过上图可以看出，在 2016—2020 年间，关键词“共享单车”的媒体指数与热度趋势基本趋同，说明媒体的报道与用户关注度是相互促进的。再对 2016 年 10 月至 2018 年 2 月，也即从共享单车开始引起人们注意到关注度下降至平缓的这段时间最热的相关媒体报道进行梳理，可得到以下一些信息：

- 共享单车行业在 2016 年 11 月的时候已经进入恶性竞争阶段；
- 2016 年 12 月共享单车已经出现野蛮生长态势；
- 共享单车的管理、回收、监管等问题亟待解决；

① 菜花．巧用百度指数进行市场和竞品分析［EB/OL］．（2018-04-20）［2021-02-26］．http：//www.woshipm.com/evaluating/998245.html.

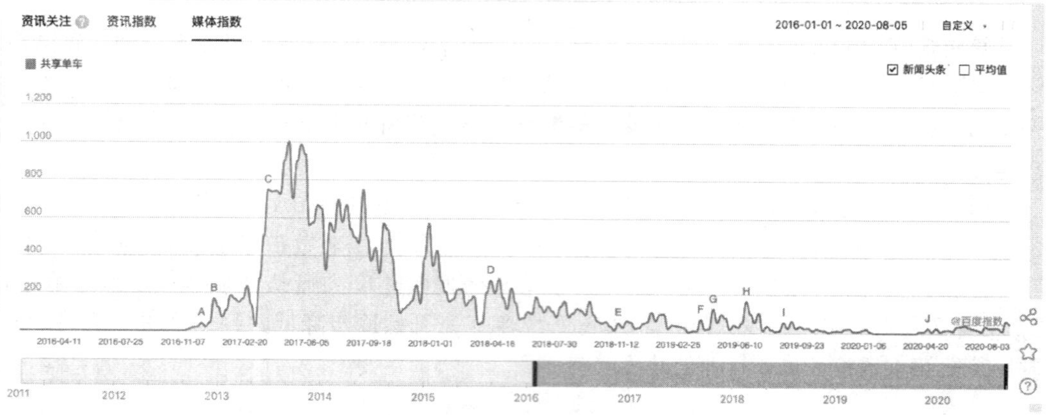

图 4-6 “共享单车”一词百度媒体指数趋势图（2016-01-01 至 2020-08-05）

资料来源：

百度指数．“共享单车”媒体指数［EB/OL］．［2021-02-26］．https：//index.baidu.com/v2/main/index.html#/trend/%E5%85%B1%E4%BA%AB%E5%8D%95%E8%BD%A6？words=%E5%85%B1%E4%BA%AB%E5%8D%95%E8%BD%A6.

- 共享单车押金问题存在安全隐患。

如果计划要进入共享单车这个领域，就将面临以上问题和外部环境。因此上面的简单分析不但可以帮助产品经理了解行业的发展趋势，还可以帮助他们判断是否有足够的优势进入该领域。

综上所述很容易看出，市场容量分析有两个重要的作用。

（1）市场容量分析是产品落地的基础，只有容量足够大才值得介入，也才值得产品经理投入精力和时间去打造产品和功能。有时在选择产品或功能的切入点时，一些新晋产品经理总希望选择那些市场上竞争对手少，甚至没人在做的点去切入。这种情况往往有两种可能：一是这个点确实还没有被发现，或者已经有人在关注或者发现了这个点，但还没生产出可以投入市场的成品，这种情况下，产品经理就需要抓住这个机会，快马加鞭进行研发，以便抢占市场先机；二是可能产品市场容量太小，以至于竞争对手不去切这个点，这就需要产品经理们用自己扎实的数据挖掘功底，结合自己的“火眼金睛”进行判断。

（2）市场容量足够大，也并不代表就一定能成功。市场容量分析只是第一步，市场容量足够大，只代表有成功的可能，而且市场越大，成功系数也会越高一些。但并不是说只要市场容量足够大，投入这个市场的产品或功能就一定能成功。这是因为：第一，影响产品成功与否的因素有很多，时机、产品与用户需求的契合程度、推广和运营的方式等都可能造成意想不到的影响；第二，每个公司的主营业务和每个产品经理擅长的领域不一样，并不是市场容量大、热度高的产品他们就一定能做好。

第四节 微观层面市场分析

宏观和中观层面的市场分析做完后，产品经理已经对产品所处的市场环境和市场容量有了基本的判断，但这仍不足以让产品经理做出是否需要进入市场，以及进入市场后应该采取何种市场策略的判断，这时就需要从微观的角度继续进行市场分析。

市场营销学中将微观环境定义为与企业联系紧密，且能对企业顾客服务能力构成直接影响的组织或个人，包括企业内部各部门、供应商、市场营销中介、竞争者、公众和顾客等六个影响因素。在进行新媒体产品微观层面市场分析时，这些也将成为分析的重点。产品经理既需要对企业/产品/功能自身进行分析，也需要对竞争对手、用户、需求等多方面进行分析，并且要将它们归纳成微观层面市场分析结构矩阵，以便在决策时参考。SWOT 分析法是最常使用的矩阵框架，即从产品/功能出发，通过调查分析，将微观层面市场分析所涉及的各类相关因素按 S（strengths，优势）、W（weaknesses，劣势）、O（opportunities，机会）、T（threats，威胁）四个部分进行归类，再用系统分析的思维，将各种因素进行匹配，最终形成结论。其中 S 和 W 是企业/产品自身的特征，而 O 和 T 则来自企业外部。

一、内部因素分析

内部因素指的是企业内部环境，或产品自身特征，例如企业本身的技能、资产等，这些技能和资产会增加或减少企业/产品的价值。内部因素分析包括优势分析和劣势分析，也就是 SWOT 分析法中的 S 和 W 分析。大家不难看出，所谓的优势和劣势都是一种比较的概念，而比较的对象就是产品的竞争对手。内部因素分析有两个主要目的：一是通过分析和对标竞争对手，了解行业中的能力全景，尽可能做到知己知彼；二是回归企业自身，思考并定位产品的核心竞争力是什么。

（一）能力分析维度

在进行 SWOT 分析之前，首先要对公司进入某一行业、开发/迭代某一产品或功能的能力进行分析。一般而言可按基础能力、加分能力和独有能力三个维度进行能力归类。

1. 基础能力

基础能力指的是产品进入目标市场必不可少的要素，是企业/产品能否在行业内生存的基本条件。无论是进入一个行业还是做一款产品，都不可能是独家的事情。随着行业的发展和众多竞争者的不断努力，会形成某一行业或某一类产品的能力门槛，这个门槛就是基础能力。比如说想在某 APP 产品中增加商城功能来创造更多盈利渠道，那么在线支付功能就成为必须具备的基础能力；不具备这一能力，则无法实现该功能。

2. 加分能力

加分能力指的是企业做产品/功能的创新或迭代时所具备的充分但不必要的条件。比如说一款在线音乐类 APP，UI 设计十分美观，在用户反馈中发现不少用户都是因为这一点而下载使用 APP 的。这种能力能够提升用户体验，却并不是产品攻占市场的必要条件。对于在线音乐类 APP 而言，也许音乐资源的数量和所拥有的版权才是市场中的制胜法宝。

3. 独有能力

独有能力指的是竞争对手无法取代、无法复制的能力，如产品的专利技术等，这就是平时常说的产品核心竞争力，也是产品能够在市场中扎根下来的重要原因。比如今日头条所拥有的强大算法推荐能力就是其在市场上的独有能力，用户每一次的行为，都为系统提供了算法的训练素材，使推荐结果越来越精准，也越来越个性化。网友们戏称："你的男/女朋友不一定懂你，但是抖音懂，今日头条懂，你每点开一条信息，算法都进一步得到进化，吸引你不可自拔地刷下去。"

（二）优劣势分析

优势是指一个企业超越其竞争对手的能力，或者指企业所拥有的能提高自己竞争力的东西。劣势则指的是企业缺少从而无法提升竞争力的因素，或者某种会使企业处于劣势的条件。优劣势分析呈现的是企业或产品相较于竞争对手所处的竞争地位。产品涉及的因素很多，每一个因素都可以用于对比，但通常而言，可以从以下四个角度切入进行分析：公司、产品、用户、技术。

1. 公司相关因素分析

与公司相关的因素包括公司组织架构、人力资源情况（包括各核心团队的人员组成等）、公共关系、资本和投资状况等。

2. 产品相关因素分析

与产品相关的因素包括产品生命周期阶段、产品结构、产品功能、商业模式等。

3. 用户相关因素分析

与用户相关的因素包括用户数量、用户构成、用户行为模式等。

4. 技术相关因素分析

与技术相关的因素包括研发能力、技术专利、技术水平在同行业中所处的位置等。

通常而言，产品优势可以用两句话概括，"人无我有"或"人有我优"，也就是在具备了基础能力的前提下，拥有加分能力和独有能力。同理，劣势的特征也可以概括成两句话，"人有我无"或"我有人优"，也可以理解为缺乏独有能力和加分能力，甚至都不具备完备的基础能力。

（三）优劣势分析案例

计划对喜马拉雅 APP 的泛娱乐功能板块进行优化迭代，这里的泛娱乐板块包括直播、趣味配音、录音（有声漫、读长文、读短文）、小视频等。

1. 优势分析

喜马拉雅的优势主要体现在公司、产品和用户三个方面，具体如下：

（1）公司相关因素。

- 拥有优秀的运营团队，营销活动收效显著。喜马拉雅运营团队通过"造节"，举办了一系列的知识付费活动，如"4·23"听书节、"1·23"知识狂欢节、"6·6"会员日等。通过合理安排时间，使活动常规化，形成了自己独特的文化节日；并通过不同的优惠措施，实现拉新、促活、创收的目的。例如2017年的"6·6"会员日，就召集了342万会员，知识消费超6 100万元。
- 已完成E轮融资，估值达200亿元。

（2）产品相关因素。

- 丰富的内容矩阵，满足用户的多种场景需求。喜马拉雅将自己定位为"综合在线音频平台"，在全场景化趋势下，音频产品内容的种类非常多，能够满足多元用户的多种场景需求。例如儿童故事板块，就满足了家长做饭场景下儿童陪伴问题的用户需求。
- "UGC+PGC+独家版权"内容生产战略。喜马拉雅采用PGC与引进、扶持优质的UGC主播的方式来满足主流需求，其余散养的UGC满足长尾需求。喜马拉雅平台本身拥有一批自带巨大流量的内容主，能够维持较高的人气，同时喜马拉雅庞大的主播群体也助力其音频内容生态的建设，从而能够打造强大的内容竞争壁垒。
- 拥有较完备的版权库。喜马拉雅与多家一线出版商在有声改编、版权保护等方面达成战略合作，为喜马拉雅带来极大的内容版权优势，推动行业形成版权壁垒。

（3）用户相关因素。

● 用户规模大，在线音频市场占有率高。喜马拉雅的用户超 6 亿[①]，移动音频市场行业占有率达 73%[②]。

● 用户黏性较高。据艾媒咨询数据，喜马拉雅的产品复购率为 52.4%，高于其他同类产品。[③]

● 用户的付费意愿较高。喜马拉雅的会员性价比高，优质且多元的内容加上会员的等级服务，使得用户为知识及内容付费的意愿较高，形成了良好的会员经济模式。易观《中国知识付费行业发展白皮书 2017》显示，喜马拉雅的会员满意度和 ARPPU（每付费用户平均收益）在典型知识付费平台中排名均位列第一。

2. 劣势分析

喜马拉雅的劣势集中在产品层面，具体包括：

● 内容分类不够清晰。喜马拉雅是一个综合在线音频平台，音频内容覆盖面广，但是目前分类不够清晰，用户选择类别时需要思考，产品使用成本因此提升，影响用户使用体验。例如内容分类的标准不统一：有的按用户特点划分，如儿童故事；有的则按内容类别划分，如免费小说。

● 使用步骤链路过长。以发布内容使用流程为例，用户至少需要操作五步，才能完成发布，即打开喜马拉雅 APP—选择“我的”—点击录音按钮—自制录音文件—发布至个人专辑。烦琐的操作提升了用户的产品使用成本，降低了用户创作体验。

● 内容覆盖面广但缺乏深度。喜马拉雅的内容丰富，具有很大的包容性，但在具体的垂直领域，内容的数量和质量无法保持同等的水平，有的分类内容过少。

● 内容体量大，容易产生版权纠纷。随着聚集在平台的用户越来越多，用户对平台内容的丰富度要求也越来越高，“UGC＋PGC＋独家版权”内容生产战略的设置固然好，但从具体落实的状况看，喜马拉雅在版权方面仍涉及纠纷案件。

通过优劣势对比分析，产品经理可以更清晰地了解自家企业和产品的优势与不足，从而发现未来需要努力的方向和突破口。在进行优势和劣势分析时，也可以通过提问的方式来开拓思维。比如为什么用户喜欢竞品？在该行业或产品领域内，哪家公司的技术处于领先水平？做好某一类产品的关键资源是什么？自己是否拥有这些资源？

此外还需要注意两点。首先，优势和劣势是可以相互转化的。所以分析时，对于近期有可能转化为优势的因素，可以先写在优势里，最后在进行策略选择时还可以调整。在找寻优劣势时需要做的则是把所有可能性尽量囊括进来。其次，对优势和劣势的评估是存在相对性的，不能完全靠主观臆断。比如公司拥有的某项技术在 A 领域处于中等水平，但该公司却是将该技术运用于 B 领域的第一家公司，那么这也算是一个优势。

二、外部因素分析

外部因素指的是那些导致外部市场环境变化、竞争者或用户行为改变的，企业无法创造或改变的因素，比如政府加强行业监管、新技术诞生等。外部因素分析包括机会和威胁两部分，

---

① 喜马拉雅．公司简介［EB/OL］．［2020－08－13］．https：//www.ximalaya.com/more/aboutus/.

② 喜马拉雅 FM 传估值 200 亿元，获科创板潜力企业百强提名［EB/OL］．（2019－01－08）［2021－02－26］．https：//finance.sina.com.cn/stock/t/2019－01－08/doc-ihqfskcn5237078.shtml.

③ 艾媒咨询．艾媒报告｜2017 年中国知识付费市场研究报告［EB/OL］．（2017－12－05）［2021－02－26］．https：//www.iimedia.cn/c400/59925.html.

也就是SWOT分析法中的O和T分析。

(一) 机会和威胁分析

机会指的是企业外部一些利好的环境变化，比如政策放宽、资本青睐等。威胁则指的是企业外部一些不利的市场环境变化，比如强大竞争者的出现，甚至一些科技的出现也会对企业造成冲击，它们会带来产品运营成本提升、市场份额降低或者利润空间被压缩等消极影响。

产品发展所面临的机会和威胁，可以通过分析经济、社会、政策法规、科技、文化等去识别，例如法律法规变化、技术变化、竞争对手变化、新客户产生、新市场出现、新商业模式出现、市场趋势改变等。影响因素和分析方法与前文所述的PEST分析法基本一致，在此不再赘述。对于机会和威胁的分析也需要尽可能多地先找到相关因素，同样也可以通过提问来进行头脑风暴。比如现在有哪些机会是有利于产品发展的？最近行业里有没有一些新的技术应用趋势？最近的市场环境是否会对公司的经济状况产生影响？

(二) 机会和威胁分析案例

还是以喜马拉雅为例来进行机会和威胁分析。

1. 机会分析

(1) 政策环境。

内容管控愈严格，独家优质内容价值愈彰显。《中华人民共和国著作权法》明确音频制品版权保护。“剑网2018”重点打击网络转载和重点领域版权乱象，其中就包含知识付费领域的问题，市场进一步得到了净化。国家网信办会同有关部门，针对网络音频乱象启动专项整治行动，下线26个违法违规音频平台。

(2) 经济环境。

国民消费结构的转化和升级，推动泛知识付费发展。居民人均可支配收入增加，居民恩格尔系数下降，文化类消费支出比例上升。2019年全国居民人均消费支出21 559元，扣除价格因素，实际增长5.5%。全国居民恩格尔系数为28.2%，比上年下降0.2个百分点。[①]

(3) 社会环境。

- 近6成网民有使用在线音频的习惯，在线音频用户娱乐需求大。在线音频显著的伴随性特征，契合大众在休闲娱乐场景中日益碎片化的需求。数据显示，在线音频用户使用在线音频主要是为达到“放松身心”和“休闲娱乐”的目的，“排解情绪”“打发时间”等紧随其后。在付费内容方面，趣味段子、情感频道、脱口秀等泛娱乐节目类型需求日益增多。[②]
- 用户付费意愿提升，多数人愿意为高质量内容付费。2020年，中国在线学习用户中88.8%购买过知识付费产品。在线学习用户以“80后”和“90后”为主，主要分布在一线和二线城市，86.1%的用户月收入在5 000～25 000元，是知识付费的潜在消费者。46.8%的知识付费用户每月花费500～2 000元购买知识付费产品，82.0%的用户认为其购买过的知识付费产品比较符合或完全符合期望，约九成用户表示会再次购买知识付费产品。[③] 48%的用户认

---

① 国家统计局.2019年全国居民人均消费支出［EB/OL］.（2020-03-09）［2021-02-26］. http：//www.gov.cn/guoqing/2020-03/09/content_5362713.htm.

② 阿杰.PenyuFM完成500万元融资，2020年中国在线音频行业发展现状分析［EB/OL］.（2020-03-24）［2021-02-26］. https：//www.iimedia.cn/c1020/70275.html.

③ 艾媒新经济产业研究中心.艾媒报告｜2020年中国知识付费行业运行发展及用户行为调研分析报告［EB/OL］.（2020-02-14）［2021-02-26］. https：//www.iimedia.cn/c400/69029.html.

为内容质量在付费决策中最为重要，只有4%的用户认为价格是核心影响因素。①

● 私家车规模的增长刺激车载音频娱乐需求的产生。2018年我国小汽车保有量首次突破2亿辆，2019年小汽车保有量为2.6亿辆②。

（4）技术环境。

AI+5G力促技术升级，带动行业展开新一轮变革。4G技术的普及让在线音频的传播更为迅速和便捷，未来5G技术的应用将使在线音频的应用有更多的创新空间。人工智能、物联网技术为在线音频平台内容生产创造了良好的基础，大数据技术的不断应用则实现了针对用户的个性化智能推荐。随着终端智能化的升级，车载音频、智能家居等音频应用场景会越来越丰富。音频内容的传播途径将高度扩展，加速渗透各类人群。

2. 威胁分析

（1）政策环境。

版权保护法逐步健全，平台管控要求提高。近年在线音频行业管理、平台管控进展显著，政府对在线音频行业的管理更趋积极，除鼓励音频制品与文创产业融合发展外，还出台相关政策法规严格进行内容规范、版权保护，逐步培育内容创作主体。与此同时，为促进平台可持续发展，音频平台从主播、审核、技术等领域确保内容品质，建设平台和谐生态。目前喜马拉雅的部分内容涉及版权纠纷，“UGC+PGC+独家版权”的内容生产战略在内容审核和监督上仍存在漏洞，而法律的逐步完善将使“盗版”内容受到打击，这会给喜马拉雅音频内容的多元化以及内容总量带来压力。

（2）经济环境。

新冠肺炎疫情带来的全球经济下行压力。受疫情影响，各国经济存在下行压力，人民收入受到一定程度影响，这会影响人们的支出结构和付费意愿。此外，市场资金趋于谨慎，会对企业造成一定的融资和资金流转压力。

（3）社会环境。

版权监管加强造成免费内容减少，影响用户使用体验。免费内容带流量，收费内容造效益，是大部分软件的运营方式。但随着版权监管的加强，可以预见到免费内容将越来越少，付费行为造成的用户体验变差不可避免。

（4）技术环境。

● 竞争对手在线音频产品的场景智能化。5G和AI的发展促进了在线音频产品的场景智能化，在这方面，荔枝已经与百度进行了合作，在小度智能音箱中上线荔枝的音频内容，还将在音频内容中实现实时互动。这意味着在线音频行业进入了一个更为广阔的“硬件+内容+实时互动”的音频全场景时代。虽然喜马拉雅从2017年开始尝试小雅AI音箱在车载设备、便携音箱上的场景化，但相对来说合作效果不如小度与荔枝。

● 视频对音频行业的冲击。视频相较于音频呈现形式更加丰富，在用户体验上具有先天优势。随着5G的快速发展和普及、网络资费的下降，当流量不再成为限制因素后，视频将对音频行业产生巨大冲击。

在进行机会和威胁分析时也需要注意两点。第一，机会和威胁是相对的。比如市场监管总

---

① 易观．易观：2019中国泛知识付费市场专题分析［EB/OL］．（2020-01-19）［2021-02-26］．http：//www.199it.com/archives/983014.html.

② 国家统计局．中华人民共和国2019年国民经济和社会发展统计公报［EB/OL］．（2020-02-28）［2021-02-26］．http：//www.stats.gov.cn/tjsj/zxfb/202002/t20200228_1728913.html.

局公布的《关于加强网络直播营销活动监管的指导意见》对于一些合法合规的直播平台而言是机会，因为竞争更加规范，也为它们提供了更好的保护；但对于一些通过打“擦边球”来盈利的直播平台而言则无疑是一个重大的威胁。第二，机会和威胁的发现，是依靠眼界的。所以在梳理机会、威胁之前，一定要充分了解问题。比如在做分析时，可以多查阅他人做的行业分析或市场分析，了解其中可能存在的关键影响因素，否则分析很容易变成坐井观天式的观察。

三、市场策略选择

根据产品/功能所处的不同阶段，在充分了解自己的产品/功能的基础上，微观层面市场分析的目的可分为两种。第一种针对全新的产品/功能，也就是处于从 0 到 1 阶段的产品/功能，分析的目的是讨论项目的可行性，要形成的结论是确定企业是否可以进入该市场，这里的可进入不只是说存在市场空间，还包括企业是否有能力进入。第二种是针对已经存在的产品/功能进行优化迭代的分析，分析的目的是在竞争环境中找到战略机会，确定后续的市场策略，并且其市场策略应是一个企业“能够做的”（即组织的强项和弱项）和“适合现在做的”（即环境的机会和威胁）的有机组合。根据产品经理的职业生涯进程，初级产品经理或产品助理更多的是参与功能迭代，因此市场策略选择成为产品经理们必须具备的技能。

在分别完成了 S、W、O、T 分析后，就可以进入市场策略选择阶段了。正如上文所述，S 和 W 代表内部因素，O 和 T 代表了外部因素，因此分别将内部因素和外部因素进行组合，可以得到四种不同的市场策略，分别是 SO、ST、WO 和 WT。产品经理需要根据产品不同的生命周期阶段，选择不同的市场策略，并以此为依据安排产品工作。

（一）SO 策略

SO 策略，又称进攻策略。该策略侧重最大化自身优势，并极力抓住市场发展机会，迎难而上，简单来说就是继续加强企业做得好的产品，并利用外部机会把它做得更好。这种策略是风险最大的一种发展策略，常见于市场阶段的引入期与成长期，可是一旦成功，便能获得极高的回报。

小米手机是使用 SO 策略最成功的产品之一。雷军当初之所以会介入手机市场，就是因为当时的市场中有 68%的高端智能手机都是使用的 GPRS 服务，而千元机则被用户视为质量不好的手机。小米认为千元智能机市场大有可为，因此一举介入。发展初期的小米手机，其发热问题一直为用户所诟病，这个问题公司内部肯定也知道，但当时的技术水平成为制约问题解决的关键因素，而技术水平却不是短期内就可以提升的。虽然公司也在加紧提升自己的技术能力，但呈现在大家面前的是小米手机一直在强调自己的高性价比和便宜。充分利用自身手机高性价比的优势，抓住千元智能机的市场机会，成就了小米公司的手机业务。

（二）WO 策略

WO 策略，又称进攻型改善策略。该策略重点在于通过弥补自身产品的劣势，并运用好外部环境，来获得竞争机会以提高市场份额。WO 策略是一种立足于产品现状，小富则安的策略，适用于在市场成熟期尝试进入市场的产品。这种策略的风险也比较大，因为选择这种策略的企业往往看到了外部机会，但自身尚未具备相关的基础能力。

拼多多的发展史就是使用 WO 策略案例的逆袭史。拼多多创立时，电商平台已日趋成熟，淘宝、京东、苏宁、国美、亚马逊等平台已在中国市场存在多年，用户基本都已形成自己的购物习惯。此时如果与这些平台正面交锋，那么胜利的概率小之又小。针对自己是个新产品、用户数量少的劣势，拼多多从三线及以下城市入手，聚焦那些互联网新用户和大量被消费升级挤出的商户和消费者，并通过朋友砍价的方式，借助微信这一国民级社交软件，基于已有用户的关系网，迅速地进行了大量的用户裂变。努力改变自己用户数量少的劣势，抓住智能手机和移动支付的加速下沉产生的用户增量、因消费升级而产生的新市场、发达的社交媒体网络三大外部机会，拼多多得以跻身电商竞争舞台。

（三）ST 策略

ST 策略，又称防守策略。该策略强调运用并努力扩大自身优势，减少风险或合理规避外部威胁，从而维持产品现有市场份额。ST 策略是最为保守的一种模型，适用于在市场成熟期处于垄断或龙头地位的产品。正因为企业已经处于垄断或龙头位置，资本优势较为明显，所以采取这种策略的企业往往选择购买或收购相关的公司或产品，或者在自身优势产品的基础上增添新的功能或产品成员，从而使自己摆脱外部威胁。

QQ 目前使用的就是一种 ST 策略。QQ 无疑是国内最成功的软件之一，上线不到一年用户注册数就突破了 100 万，2014 年同时在线账户数超过 2 亿，而且无论是“80 后”“90 后”“00 后”，年轻人始终是 QQ 的主要用户群。面对不同时代的年轻用户群体喜好差异巨大的威胁，QQ 充分运用了自己多年的社交媒体研发经验，以及专业的用户需求洞察，不断针对用户需求的变化，对自己的产品进行更新。仅在 2019 年，20 岁的 QQ 就更新了 12 次，平均每月一次。2002 年的 QQ 群功能、2003 年的 QQ 秀、2005 年的 QQ 空间、2015 年的 QQ 红包、2016 年的厘米秀、2019 年的语音进度条拖动功能，这些都是 QQ 面对威胁不断进行的自我革新。资料显示，2019 年“00 后”已经成为 QQ 的主体用户，50%的 QQ 会员是“00 后”，QQ 空间每天发布的“说说”有 67%也来自“00 后”。①

（四）WT 策略

WT 策略，又称防守型改善策略。该策略重点在于最小化自身劣势，并努力避免与外部威胁正面交锋，换言之就是对于不擅长的领域，要努力去克服其中的困难，从而消除威胁带来的不利影响。WT 策略是一种较为保守，适合细水长流的产品策略模式，在市场处于衰退期时较为适用。

（五）市场策略选择案例

通常来说，SO 战略和 WT 战略最为直接和简单。大家在选择市场策略时，需要结合 SWOT 分析以及产品的生命阶段进行综合判断。前面谈到过，无论是优势与劣势还是机会与威胁，都是相对的，也都是可以相互转化的，因此对于同一种环境，不同的产品经理可能会选择不一样的市场策略，任何一个市场策略也都会生发出不同的具体执行方案，对于具体执行方案的选择也会有个人偏好的影响存在。但无论是哪种方案，只要符合以下三点，都是可以被列入考虑范畴的。第一，合理性，方案在逻辑层面符合市场分析；第二，可行性，方案在分析周期内切实可行；第三，有价值，方案产生的价值足够大。

网友 lc 对“凯叔讲故事”进行了 SWOT 分析，并基于分析的结果，拟出了四种市场策略

① QQ：2019 年中国 00 后用户社交行为数据报告［EB/OL］.（2019-05-05）［2021-02-26］. http://www.199it.com/archives/871033.html? weixin_user_id=14o6ETQjiNfZQcakkgFRXLlm2usCV8.

对应方案。[1] 该产品的 S、W、O、T 分析如表 4－3 所示。

表 4－3 “凯叔讲故事”SWOT 分析

优势 S	劣势 W
• 名人效应，强 IP，高人气； • 优质的平台内容和资源、极致化的用户体验形成天然产品壁垒； • 公众号平台辅助发展，微信有 20 万＋活跃用户，更懂用户，能根据场景精准抓住用户需求和痛点。	• 原创优质内容打磨周期长； • 高质量内容对用户素质要求高，不易下沉； • PGC 模式不能满足一些特殊需求和小众需求； • APP 缺少家长育儿交流社区； • 商城商品种类不够丰富； • 没有设置儿童屏幕时间管理和使用时长提醒。
机会 O	**威胁 T**
• 中产阶级收入提升，家庭教育投资逐年上升，家长对孩子的教育越来越重视； • 二胎政策带来人口红利，国家对儿童教育重视，政策扶持； • AI、5G 等科技发展赋能未来教育； • 合作伙伴多，其中不乏百度这种头部互联网公司； • 下沉市场潜力巨大，有待开发； • 知识付费行业，市场规模将持续增长。	• 知识付费领域盗版横行； • 下沉市场知识/内容付费习惯未养成； • 资本涌入，行业竞争激烈； • 对手强大，音频领域对标喜马拉雅，电商领域对标淘宝、京东和年糕妈妈。

资料来源：

lc. 凯叔讲故事产品分析报告［EB/OL］.（2020－08－10）.［2021－02－26］. https://www.sohu.com/a/412429367_114819.

基于以上分析，分别提出了四种市场策略：

1. SO 战略

● 持续开放合作，增加产品曝光率。

● 继续垂直深耕精品音频教育领域，同时增加精细化分类。

2. WO 战略

● 加入 UGC 模式和 PUGC 模式：UGC 增加更多形式的内容，如建立父母育儿交流分享社区；参考抖音、快手，建立家庭短视频分享社区，分享家庭幽默录像，记录孩子成长。PUGC 引入更多行业 KOL，产生更加垂直的内容，满足用户特殊和小众需求。

● 在追求极致内容和体验的同时，也要推出一些短小精悍、面对下沉市场更加大众化的内容，特别是在启蒙英语和儿歌方面。

● 设置父母监管机制，控制孩子使用手机或看屏幕的时间，进一步防止上瘾，保护孩子视力。

3. ST 战略

● 利用好的口碑和优质内容逐步培养用户付费习惯。

● 在内容和技术两方面建立壁垒，防止内容被抄袭剽窃。

● 探索竞争对手未涉足的其他领域或不被关注的领域，例如“网易云”变“网抑云”，其背后反映了当今成人心理健康问题的严重性，同时可见声音对人心情和情感都有放大或改变的作用，或许可以考虑切入心理健康行业。

---

① lc. 凯叔讲故事产品分析报告［EB/OL］.（2020－08－10）.［2021－02－26］. https://www.sohu.com/a/412429367_114819.

4. WT 战略

● 开放更多免费内容和儿歌内容，开拓下沉市场。

● 想仅仅依靠内容在竞争胶着的线上早教市场断杀出来，甚至是在巨头林立的互联网产品中树立自己的品牌是很难的，未来应当积极开发自身声音产品和智能硬件，以便更好地融入用户的学习和教育场景中。

市场分析是产品经理们的日常工作之一，也是最常做的工作之一，且往往以市场分析报告作为产物输出。一份好的市场分析报告是企业进入一个市场的最基本的判断依据，也是产品经理在整个工作流程中撰写的产品相关文档。有了这份文档就掌握了公司/产品所在行业的基本信息，有助于产品经理形成产品未来发展方向的雏形，并在此基础上，开展后续的分析，逐渐将发展方向进一步清晰化并转化为可执行文件。此外，市场分析还可以帮助公司或产品经理分析哪些项目暂时还不适合投入资金和人力，有效地规避可能存在的风险。

【思考题】

1. 为积极应对我国的人口老龄化，2021 年 7 月 20 日，《中共中央国务院关于优化生育政策促进人口长期均衡发展的决定》公布，提出实施三孩生育政策及配套支持措施。请思考该政策会对哪些行业产生影响，并找出对应的市场数据和产品来支持自己的观点。

2. 请选择自己用过的一款在线教育产品，对其进行 SWOT 分析，并结合产品的生命阶段，提出市场策略建议。

第五章　新媒体产品用户分析

通过本章学习，你将能够：

1. 清楚新媒体用户的定义及基本分类。
2. 了解新媒体用户分析的重要意义。
3. 掌握新媒体用户分析的常用方法。

Facebook 作为社交媒体龙头，在 2006 年至 2011 年的多次改版中，都遭到了用户的反对。2009 年 3 月的改版甚至遭遇 170 万用户要求公司放弃新版本，最后 Facebook 只得让步，对新版本进行了调整。① 在市场营销行业中流传着一句经典名言："顾客就是上帝。"意思是顾客永远是对的，企业应以服务客户为第一要义。新媒体时代，这句话同样适用，只不过顾客成了用户。雷军就曾说过，产品经理应该把用户当朋友看；周鸿祎也曾表示，用户至上才是硬道理。用户的喜爱与否才是对产品好坏的最终衡量标准，因此了解用户，从用户的行为、心理等多个角度进行分析，最终形成有利于产品设计和发展的建议，就成了产品经理的必修课之一。

第一节　新媒体产品用户分析相关概念

新媒体产品的用户与传统行业的顾客有区别吗？用户对于新媒体产品到底有什么样的作用，值得各一线互联网公司大佬们"膜拜"？用户分析对于新媒体产品而言有什么意义？能为新媒体产品经理提供一些什么信息？我们将带着这些问题，开启本章的学习。

一、新媒体产品用户相关概念

第二章中曾经谈到，新媒体产品作为满足人们需求的载体时，被满足的群体就是新媒体产品的用户。在传统行业中，产品的消费者被称为顾客或客户；而在新媒体行业中，新媒体产品的消费者被称为"用户"。这两者有什么区别吗？还是只是新瓶装旧酒？首先让我们来看看新媒体产品用户有什么特征。

（一）新媒体产品用户特征

受益于互联网技术的迅猛发展和社会生产力的提升，新媒体产品用户呈现出以下特征。

1. 用户需求个性化

无论是新媒体产品还是传统行业产品，它们的存在都是为了满足用户的需求，有所不同的是，新媒体产品的用户需求个性化程度更高，这为新媒体产品创造了非常多的细分场景。举个例子，小王和小张在同一家公司任职，中午 12 点，两人同时拿起手机打开了运动健身软件

---

① 新浪科技．回顾 Facebook 历次改版：均遭用户反对［EB/OL］．（2011－09－22）［2021－03－08］．https：//tech. huanqiu. com/article/9CaKrnJsvoZ.

Keep，但不同的是，小王希望通过查看 Keep 上的健康菜谱来确定午餐选择，小张则希望寻找冥想相关的课程来缓解一上午工作带来的紧张情绪。同一款软件，同样的时间点，最终目的都是保持身心健康，但不同的人有不同的需求。这些不同的需求，将成为产品不同功能甚至不同产品创立的依据。

2. 用户行为数据化

1996 年尼葛洛庞蒂在其著作《数字化生存》中就曾预言，信息 DNA 正在迅速取代原子而成为人类社会的基本要素；数字化成为一种社会生存状态。① 通过新媒体产品，用户将自己的数字化生存状态以数字印迹的方式留存下来，即刻画了自己的产品使用数据。数据不仅是用户思想与见解的记录，也是用户行为和活动的另一种形态，这也就意味着数据成了用户的映射与化身。用户在使用产品的过程中，通常会形成两种类型的数据：第一种是内容型数据，即用户直接发布的关于产品信息、使用体验、改进建议的内容，通常具有较强的主观性；第二种则是行为型数据，比如网页浏览习惯、关键字搜索记录、视频观看记录、时间戳和时间跨度、设备信息等，它们并不是用户有意生产的内容，而是对用户活动轨迹的记录，是一种产品使用行为的附属物，具有客观性。用户在产品中刻画出的数字印迹，成为产品团队研究用户个性、分析用户画像的重要依据。

3. 用户活动自主化

不同于传统行业的产销分离的状态，在新媒体行业中，用户不再只是产品的被动接受者和消费者，他们越来越多地参与到新媒体产品的生产、销售和流通过程中。首先，网络技术的发展为用户把握“产品接近权”提供了便利，用户可以根据自身需求主动搜寻合适的产品、信息和服务，其消费行为也有了更大的自由性，不必受时间和空间的限制。其次，发达的社交平台和产品社群为用户提供了产品反馈的渠道，用户可以根据自己的使用感受，对产品进行评价和反馈，甚至可以直接为产品的开发和设计团队提供建议。最后，生产、创作和传播门槛的降低，使用户参与产品生产和传播成为可能，例如 B 站、抖音、快手等平台上就集聚了大量的普通用户内容生产者，又如拼多多得以迅速发展的原因之一，就是用户的砍价拼团行为。

4. 用户群体部落化

麦克卢汉认为人类的文化进程表现为部落化—去部落化—重新部落化。新媒体产品为其用户提供了一个开放的、公共性的空间，使用同一款产品、有共同需求的用户聚集在一起并形成互动和交流，形成了新媒体产品的用户部落。部落内的互动氛围在很大程度上影响着每位用户的态度与行为并形成群体效应，甚至会衍生出产品的粉丝圈子亚文化，也就是核心用户群体所形成的亚文化，他们对产品信息的传播、产品社会影响力的扩大有重要意义。

（二）基于产品运营的新媒体产品用户分类

除了第二章所介绍的根据用户在产品生命周期出现顺序进行的分类外，还可根据用户在产品运营中的不同行为方式和所处状态，将用户分为潜在用户、新增用户、留存用户、活跃用户、付费用户、沉睡用户和流失用户等。

1. 潜在用户

潜在用户指还没有使用产品，但本身对产品提供的功能有需求、有购买能力和购买决定权的用户。有三种主要的潜在用户类型。第一种是“不知不觉”型，即用户并没有意识到自己存在这方面

① 尼葛洛庞蒂．数字化生存［M］．胡泳，范海燕，译．海口：海南出版社，1997：1-7.

的需求，也从未和同类产品发生过直接或间接接触。第二种是“知而不觉”型，即用户知道自己有这方面需求，但不觉得非要去解决。第三种是“先知先觉”型，即用户意识到自己存在某种需求，而且已经找到了解决办法，甚至已经成了竞品的用户。对于这三种潜在用户，在运营时需要采用不同的方法进行争取。简单来说，前两种潜在用户与产品存在一定的距离，因此要以市场教育为主，通过挖掘并戳中此类用户的痛点，借助恰当的传播渠道，营造产品的使用场景，向他们宣传需求对其自身的影响，从而唤醒他们的潜在意识；对于第三种则可通过性能对比、产品试用等方式，创造机会说服其转投自家产品。潜在用户在一定程度上影响着产品的发展空间，甚至决定了产品发展的天花板，因此把握潜在用户对产品的持续成长来说有重要意义。

2. 新增用户

新增用户从字面意义上看指的是新媒体产品的新用户，但对于新用户这个“新”的界定往往会引起争议。以 APP 为例，根据用户行为的先后顺序，可能存在不同的新增用户节点。比如对于渠道商而言，只要点击了广告页中的下载按钮的用户，就算一个新增用户；对于产品运营团队而言，只有真实做出了下载安装行为的用户，才能被算作新增用户；对于产品经理而言，仅下载仍然不够，还需要真实打开了产品并进行了功能体验，甚至是注册并激活了账户的用户才能被算成是新增用户。不同的新增用户算法各有自己的使用场景，比如出于提升产品性能考虑，实际注册并产生涉及关键业务的行为的新增用户最为有用；但如果只是出于宣传目的，那么往往会将各大实用平台和官网的下载安装量作为新增用户数量。

需要注意的是，虽然不做任何的宣传，用户数量也会以非常缓慢的速度上升，但正如前文所述，新媒体产品的生命周期一般不长，所以公司会通过各种办法来提升用户增长速度。这也就意味着新增用户是需要成本的，这个成本也就是大家平时经常听到的 CPA（cost per acquisition，单个用户获取成本）。随着互联网人口红利逐渐消失，新增用户成本越来越高。Wind 的数据显示，2019 年各类平台单个用户获取成本各不相同，如快手为 15 元，抖音为 20 元，拼多多为 284 元，阿里巴巴为 420 元，京东为 508 元。①

3. 留存用户

留存用户是指新媒体产品新增的用户中，经过一段时间后仍然使用该产品的用户。一般会按一定单位时间进行用户留存率的计算，例如以日、周、月为单位，计算次日、次周、次月留存率，也就是计算该时间单位里新增用户的留存比例。例如，某 APP7 月 3 日新增用户 1 万人，7 月 4 日这 1 万人中有 7 000 人在使用该软件，7 月 10 日这 1 万人中还有 4 000 人在使用该软件，那么该软件的次日留存率为 70%，七日留存率为 40%。留存用户和留存率体现了新媒体产品的质量和保留用户的能力。新媒体产品的用户留存率越高，意味着用户使用产品的时间越长，他们能够为产品带来的现金流和资本估值也就越高。除了常见的新增留存外，现在部分产品还提供了其他一些留存指标。比如活跃留存，即采样时间范围内活跃的设备/账号，在跟踪时间范围内，活跃后第 N 个单位时间的有登录行为的设备/账号数；又如自定义留存，即采样时间范围内的采样事件的设备/账号，在跟踪时间范围内，发生事件后第 N 个单位时间回访事件发生的设备/账号数。

4. 活跃用户

活跃用户的概念在第二章中已经进行过详述，以此不再赘述。但值得注意的是，活跃行为的定义根据产品性质的不同而有所差异，一般需要产品经理进行界定。例如社交媒体可能会将

① 郭全中．中国直播电商的发展动因、现状与趋势［J］．新闻与写作，2020（8）：84－91.

每天登录一次定义为活跃，视频类媒体也许会用观看半小时视频作为活跃的标准。再举个具体的例子，12306购票软件对活跃行为的定义肯定不会是每日登录，也许会用一段时间内产生过购买行为进行定义。DAU和MAU的计算方法是指标日/月的活跃用户数＝当日/月新增用户数＋之前每日/月留存用户数。

5. 付费用户

正所谓“付费的用户才是最好的用户”，对于新媒体产品经理而言，付费用户与免费用户不但存在行为差异，如对产品不足之处的包容程度不同等，更关键的是，付费用户是产品赖以生存和发展的重要支撑力量。虽然从用户个体角度看，并不是所有的产品都是付费产品，比如公众号文章大部分是免费的，QQ、微信、微博也都是免费的；但从产品经理角度看，产品并不免费，只是这部分费用由广告商或其他角色替用户承担了。但这种“免费”，难免带有附加条件，用户体验会在一定程度上受到影响，比如追剧时长达几十秒的广告等。为了提升体验，很多用户会选择付费成为会员，因此付费用户也逐渐成为新媒体产品的主要收益来源。

产品付费用户的数量和占比，付费用户的付费总额和人均付费额，都是产品发展前景和营收能力的重要指标。与付费用户相关的评价指标主要有付费率、ARPPU值和ARPU值。

付费率指的是付费用户占活跃用户的比例。一般以日为单位进行计算，即当日充值人数在当日活跃人数中的占比。比如某产品的当日活跃用户数为5 000人，其中100人在当天充了值，则当日的付费率为2%。

ARPPU值（average revenue per paying user），指的是单位时间内付费用户的平均付费金额，通常以日作为计算单位。例如某新媒体产品当日的用户付费总额为100万元，付费用户数为1万，则ARPPU值则为100，即每个付费用户平均支付100元。

ARPU值（average revenue per user），指的是一定时间段内用户平均付费金额，可以以日、月、年等作为时间单位。从定义上看ARPU的计算应该是该计算周期内的总付费金额除以用户数，但在新媒体产品中往往用活跃用户数来代替总用户数，即某日的ARPU值＝当日的付费总额÷当日的DAU。

6. 沉睡用户

沉睡用户是产品经理根据产品自身属性，结合活跃用户的定义和用户行为进行的产品用户定义，并没有一个统一的标准。但它一般有两个特点：一是用户行为频率低于活跃标准，比如某产品活跃用户的标准是每天打开一次，而沉睡用户可能是7天内没有打开过APP的；二是通过短信、通知等各种手段进行召回时，召回率比较高的一类用户。现在用户手机里都会安装数十个APP，但有的一个月只打开一两次，有的甚至好几个月都不开一次。这些低打开率的产品虽然没有被卸载，但使用频次已经远远低于平均水平了，对于产品而言实际价值很小。

7. 流失用户

流失用户可以理解为不再使用产品的用户。这里的不再使用包括两重意思：一种是可客观确认的流失，比如公众号的取关、产品账号的删除、产品的卸载等；另一种是主观认定的流失，比如用户长时间无使用行为等。由于大部分新媒体产品目前尚无注销账号功能，因此对于第二种情况的判定与沉睡用户类似，产品经理也会结合产品的特性、活跃的界定和用户行为特征，人为定义一个时间点作为流失节点。例如6个月未登录，满足节点条件的用户，即被定义为流失用户。第二种情况还有一个特点是，通过各种召回手段进行召回时，此类用户的召回率很低。

在统计流失用户时要注意两点：第一，在统计前需要先对流失的标准进行界定，避免流失用户与沉睡用户混淆。第二，界定时需要结合产品特性。比如共享单车，用户对产品的忠诚度可能不会太高，很容易因为竞品优惠更大而流失，但即使流失了也很容易拉回来；而社交媒体关系捆绑会比较多，用户忠诚度应当较高，但若其长时间不登录可能就永远流失了。

在产品经理中有这样的共识；唤醒成本比拉新成本低得多。这是因为相对于新用户而言，沉睡用户和流失用户已经对产品有了相当多的认知，不再需要产品经理投入教育成本。虽然不同的用户沉睡或流失的原因不同，但只要能找到这些原因，对应地给予足够的刺激，就有很大机会把他们唤醒，甚至将其转化为活跃用户。目前一些头部互联网公司使用的用户唤醒方式，效果最好的是结合大数据技术，通过用户画像进行用户分析，从而使用户唤醒更精准，用户反馈更活跃。

二、新媒体产品用户分析相关概念

新媒体产品的用户是一个集合的概念，不同的新媒体产品用户之间存在很大差异，就算是同一个产品的用户内部，也会存在各种各样的用户群体子集。虽然他们都使用某一款产品，但人口属性特征不同，产品使用偏好不同，不同子集之间的权重也会有所差异。这种差异不仅仅体现在数量上，更体现在用户和产品之间的关系、用户的影响力和商业价值方面。因此，如果产品经理想对自家产品进行迭代优化，那么仔细研究用户，进行足够的分析必不可少。下面就让我们一起来看看用户分析的 4W1H。

（一）什么是用户分析?

用户分析的第 1 个 W 是 what，即什么是用户分析。用户分析，也叫用户研究，指的是通过定义目标用户群，对他们进行任务操作特性、知觉特征、认知心理特征等方面的研究和分析，并在研究分析结果的基础上，促使用户需求成为产品及功能设计的导向，明确、细化产品及功能概念，将用户的目标、需求与企业的商业宗旨相匹配，最终使产品更符合用户的习惯、经验和期待的方法。用户分析的适用范围很广，从传统行业到新媒体行业，从网站、移动电话、软件、硬件消费类电子产品，到网上医疗、电子银行的各种服务等，都离不开用户分析。比如日常生活中常见的用户问卷、产品灰度测试等都属于用户分析。

（二）为什么要做用户分析?

用户分析的第 2 个 W 是 why，即为什么要做用户分析。做用户分析主要的原因有三点。

第一，了解用户的构成及其行为、心理等特征。年龄、地域、行为习惯和认知心理，都会影响用户的产品选择。比如抖音的用户虽然都在同一个短视频平台上消费内容产品，但其中也包含了许多根据不同维度划分的用户子集：“95 后”中，男性占比略高，且 TGI① 高；“90 后”中，女性 TGI 高。抖音不同年龄段人群画像，“85 后”中女性 TGI 高，低线城市占比超 6 成；“80 后”中男性占比高，TGI 高。② 不同的用户子集，其行为和心理特征也不同，《致命女人》中有这样的一幕：刘玉玲饰演的席梦·格罗夫与里奥·霍华德饰演的汤米·哈特第一次约会时，汤米将约会地点定在快餐店，想请席梦吃炸鸡汉堡大餐，同时送给她当时年轻人中非常流行的 Swatch 手表作为礼物。而席梦听到礼物时不禁问道：“是珠宝吗?”当得知礼物只是价值几十美元的手表，而且约会餐是炸鸡汉堡时，她一脸惊诧，同时说：“我不会把这些称作食物。”

第二，探究用户的真实需求。我们反复强调，产品满足的是用户需求，要能帮助用户解决

---

① TGI，target group index 的首字母缩写，中文名称为目标群体指数，可反映目标群体在特定研究范围（如地理区域、人口统计领域、媒体受众、产品消费者）内的强势或弱势。

② 巨量算数 . 2020 年抖音用户画像报告 [EB/OL]. (2020 - 03 - 11) [2021 - 03 - 08]. http://www.199it.com/archives/1017794.html.

具体问题。那用户需求是什么？用户说出来的话或者吐的“槽”就真的反映了他们的需求吗？最经典的莫过于福特公司的例子。顾客对福特说：“我想要一匹更快的马。”其真实的需求并不是表面上的“更快的马”，而是“更快的交通解决方案”。福特抓住了这句话背后的真实需求，为顾客提供了一台车。真实需求不仅指需求本身，还包括需求的使用场景。以用户出行需求来举例，同样的出行需求，可以根据不同的用户使用场景，产生不同的产品：1 公里以内的出行需求，可以用共享单车来解决；3 公里以上的可以用出租车或其他网约车来解决；而 10 公里以上的中长里程出行需求，对于用户而言拼车才是更为经济实惠的选项。

第三，对现有产品进行检验。网上曾经流传着一个产品经理与用户对话的段子。一个产品经理在与用户闲聊时说道：“你看我的头像牛吗？”用户回答：“像。”这个对话听起来没有什么问题，但产品经理其实是因为自己换了一个牛的形象的头像，所以想问用户这个头像是不是很厉害（牛气），而用户则以为产品经理在问头像是不是很像一头牛（见图 5－1）。知道了聊天的背景后，这段对话就有点让人啼笑皆非了。

图 5－1　网传产品经理与用户关于头像对话的段子

上面虽然是一个段子，但它却给产品经理的工作提了个醒。很多时候产品经理会根据自己做的各类分析，设计自认为符合用户需求的产品，但这个产品是否真的符合用户需求，用户是否真的懂得如何使用这个产品，还需要通过用户分析来验证。例如信息内容的分类是否符合用户习惯？一个设计精巧的按钮是否反而造成了用户使用的疑惑？类似的问题都可以通过用户分析来获得答案。

（三）什么时候做用户分析？

用户分析的第 3 个 W 是 when，也就是什么时候需要做用户分析。图 5－2 是产品产生的过程，一个产品从点子萌发到落地，一般需要经过点子萌发—市场调研—产品定位—产品设计—产品研发—产品测试—产品上线—持续迭代，继而进入下一个循环。

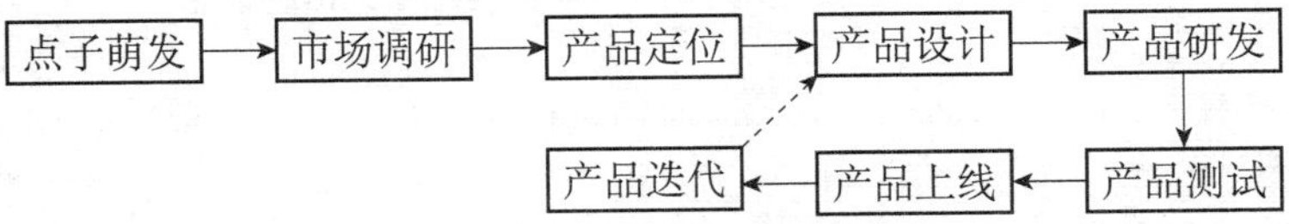

图 5－2　产品从点子萌发到落地的过程

在这个过程中，点子萌发不太需要用户分析，因为其有可能只是产品经理的灵光闪现。市场调研和产品定位是需要进行用户分析的，可以把这两个部分合称为产品概念期。产品设计是产品经理参与的主要工作之一，既然产品是围绕用户需求进行设计的，那用户分析肯定不可或缺。产品研发是研发人员的主要工作，因市场变化很快，产品与研发的沟通越来越密切，因此也会涉及部分用户分析的工作。可以将产品设计与产品研发合称为设计开发期。产品测试主要由测试人员负责，一般不涉及用户分析的工作内容。产品上线也就是平时所说的产品宣介，包括上线前的市场预热和上线后的市场引导等工作，需要产品经理根据用户特点有针对性地进行传播和制定竞争策略，因此也需要用户分析作为支撑。产品上线后，就进入了产品该版本的生命周期，同样也会经历引入期、成长期、成熟期和衰退期。但因为现在的新媒体产品迭代速度都很快，因此将引入期与产品上线期合并，称为宣传推广期，将成长期和成熟期合并，称为平衡发展期，产品衰退期则单独成为一个时期。

总结一下上面的分析：在产品从点子萌发到落地再到迭代和衰退的全生命周期中，用户分析存在于其中五个时期，分别是产品概念期、设计开发期、宣传推广期、平衡发展期和产品衰退期。

（四）用户分析的实施者和对象是谁？

用户分析的第 4 个 W 是 who，包括两个问题：谁来负责做用户分析？用户分析的对象又是谁？

虽然产品生命周期中涉及产品经理、设计人员、研发人员、测试人员和运营人员等多个不同的部门人员，但产品经理和设计人员是最主要的用户分析负责者。用户分析对于运营工作而言也十分重要，但现在许多公司都将运营定义为用户增长产品经理，将运营与产品视为同一岗位。一般来说，一线的互联网公司都有自己专属的用户调研部门，比如偏重设计的腾讯 ISUX①、CDC② 和 MXD③，相对独立的蚂蚁金服用户研究部等。但产品经理负责的用户分析工作大多不会成立独立部门，而是将其作为岗位的基本职责之一，如阿里巴巴集团在招聘手淘用户增长的运营专家时，就在岗位描述部分明确注明需要负责用户分析（见图 5-3）。

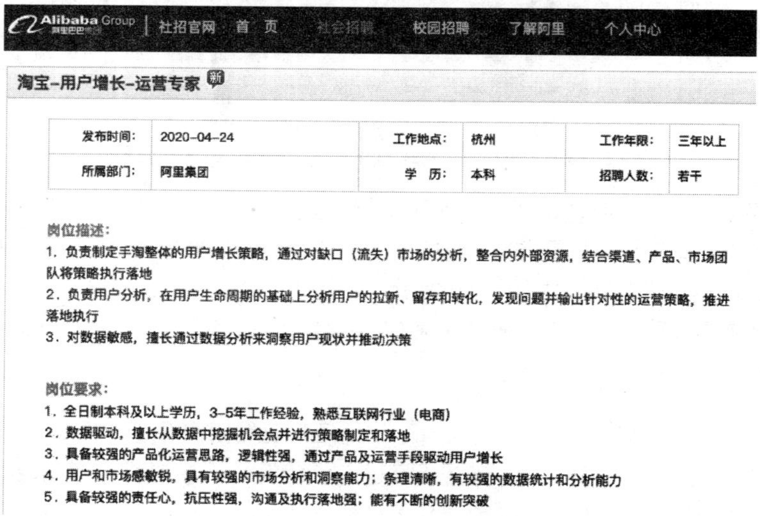
Alibaba Group 阿里巴巴集团 | 社招官网 首 页 社会招聘 校园招聘 了解阿里 个人中心

淘宝-用户增长-运营专家 新

发布时间：	2020-04-24	工作地点：	杭州	工作年限：	三年以上
所属部门：	阿里集团	学　历：	本科	招聘人数：	若干

岗位描述：

1. 负责制定手淘整体的用户增长策略，通过对缺口（流失）市场的分析，整合内外部资源，结合渠道、产品、市场团队将策略执行落地
2. 负责用户分析，在用户生命周期的基础上分析用户的拉新、留存和转化，发现问题并输出针对性的运营策略，推进落地执行
3. 对数据敏感，擅长通过数据分析来洞察用户现状并推动决策

岗位要求：

1. 全日制本科及以上学历，3-5年工作经验，熟悉互联网行业（电商）
2. 数据驱动，擅长从数据中挖掘机会点并进行策略制定和落地
3. 具备较强的产品化运营思路，逻辑性强，通过产品及运营手段驱动用户增长
4. 用户和市场感敏锐，具有较强的市场分析和洞察能力；条理清晰，有较强的数据统计和分析能力
5. 具备较强的责任心，抗压性强，沟通及执行落地强；能有不断的创新突破

图 5-3　阿里巴巴手淘用户增长运营专家招聘信息

资料来源：

阿里巴巴社招官网：https：//job. alibaba. com/zhaopin/PositionDetail. htm? positionCode=GP071532.

---

① ISUX 是腾讯社交用户体验设计团队，负责腾讯社交网络业务的体验与服务设计。专业包括用户研究、交互设计、视觉设计、品牌设计、多媒体设计、UI 开发、产品设计与市场研究等。网址：https：//isux. tencent. com。

② 腾讯 CDC，全称“腾讯用户研究与体验设计部”（Customer Research & User Experience Design Center），2003 年开始组建，正式成立于 2006 年 5 月，是腾讯公司级的设计团队，致力于提升腾讯产品的用户体验，探索互联网生态体验创新。工作范畴包括用户研究、品牌设计、交互设计、视觉设计、设计研发和设计管理等。网址：https：//cdc. tencent. com/。

③ MXD 是腾讯用户体验设计部，成立于 2012 年 12 月 1 日，是致力于提升互联网产品用户体验的专业设计团队。工作内容覆盖用户研究、交互设计、视觉设计、多媒体设计、创新产品与 UI 工程等多个互联网专业领域。网址：https：//mxd. tencent. com/。

第二个需要回答的问题是对什么样的用户进行分析。用户分析是个有的放矢的工作，产品的用户组成十分复杂，不同的用户群体又会有不一样的需求、行为方式和心理认知，因此需要结合不同的产品阶段所面临的具体问题，来选定不同的用户群体作为分析的对象。

结合产品生产需要用户分析的五个时期的工作内容、产品生命周期各阶段特点，以及生命周期和产品运营工作的用户分类，可以确定不同时期需要分析的用户主体（见表5-1)。在此仅以产品平衡发展期为例进行介绍，其他不再赘述。

表5-1　　产品生产五大时期用户分析的主要对象一览表

阶段名称	产品概念期	设计开发期	宣传推广期	平衡发展期	产品衰退期
主要分析对象	目标用户 竞品用户	核心用户	新增用户 潜在用户	留存用户 活跃用户 沉睡用户 流失用户 回流用户	进入新产品的生命周期

产品经理在产品平衡发展期中最重要的工作就是尽可能保持老用户的黏性和活跃度，努力唤醒流失用户和沉睡用户，在提升产品变现能力的同时，延缓产品进入衰退期的速度。因此主要分析的用户就是留存用户、活跃用户、流失用户、沉睡用户和回流用户。需要强调的是，这里列出来的是主要的分析对象，但这并不意味着其他用户不重要或者可以不关注，只是在资源有限的前提下，将主要的精力投放至列出的用户群体上效果更好。

（五）怎么做用户分析？

用户分析唯一的一个H是how，即如何进行用户分析。这里要谈的并不是用户分析的具体操作，比如方法选择、分析过程中的注意事项等，而是用户分析前的准备。前面提到过，用户分析是个有的放矢的工作，其实不止用户分析，所有的产品工作都有一个标杆，就是用最小的成本，在最短的时间内完成既定目标。因此确定用户分析的“的”十分重要。一般而言在正式展开用户分析之前，需要产品经理思考以下三个问题。

1. 决策背景

产品设计全流程的每一步，都有其当下的背景。了解当时的背景，分析产品经理在工作决策时遇到的困惑，以及这些困惑的具体表现，有利于明晰用户分析的目的。比如在产品概念期，产品经理拥有的可能只是一句来自软件平台的用户吐槽，这个吐槽是不是个真问题、有同样吐槽的用户在产品总用户中的占比是多少等信息并不充分，这时就需要借助用户分析来确认。一般而言，产品生产五大时期用户分析的主要工作如表5-2所示，存在的问题也大多集中在这些方面，可参考表中内容进行思考。

表5-2　　产品生产五大时期用户分析的主要工作列表

阶段名称	产品概念期	设计开发期	宣传推广期	平衡发展期	产品衰退期
主要工作	市场机会判断 用户需求挖掘 产品概念设计	目标用户定位 核心功能设计 付费策略设计	竞争策略制定 传播策略制定 核心卖点提炼	产品迭代优化 持续竞争策略 生命周期管理 品牌营销方案制定	再定位策略 退出计划

2. 用户分析的目标

如果大家有做调研问卷的经历，就不难明白，在做分析、调研、实验等的时候，目标越明确，问题就越聚焦，也就越有可能找到解决问题的方案。比如对于新产品来说，用户研究一般用来明确用户需求点，帮助产品经理选定产品的设计方向；对于已经发布的产品来说，用户研究一般用于发现产品问题，帮助产品经理优化用户体验。此外，还可以根据不同的目标来选用不同的分析方法，比如对于探索性目标，可以采用卡片排序、行为分析、焦点小组等方法，而对于评估性目标，则可以采用可用性测试、印象测试、热力图等方法。

根据产品生产五大时期的主要工作，用户分析所涉及的内容如表 5-3 所示。这些内容就是用户分析目标的大体方向，但落实到具体项目时，还需要进行细化，如进行人群、区域等细分，以便进一步提升工作成效。

表 5-3　　产品生产五大时期用户分析所涉及的内容

阶段名称	产品概念期	设计开发期	宣传推广期	平衡发展期	产品衰退期
用户分析内容	• 市场细分研究 • 市场规模与预测 • 竞品分析 • 用户需求挖掘 • 产品概念测试	• 美术风格测试 • 核心功能测试 • 产品名称测试 • 市场定位研究 • 商业化研究	• 宣传素材测试 • 宣传效果评估 • 用户媒体习惯研究 • 用户产品使用与态度研究	• 市场推广效果研究 • 版本迭代体验调研 • 用户满意度研究 • 流失用户研究 • 竞品用户研究 • 品牌定位研究 • 用户诉求与情感研究	• 市场趋势研究 • 竞品分析 • 新机会的探测性调查

在明确了大致的方向后，实际工作中还可以通过提问题的方式，帮助产品经理聚焦用户分析目的。用户分析的问题大致可以分为四个方面，分别是用户是谁，用户需要的是什么，用户喜好的是什么，用户是如何使用产品的。每一个大的问题又可以由若干个小的问题来支撑，例如：

- 用户是谁，可以分解为用户的人口统计学特征、用户的行为特点、用户的消费习惯等；
- 用户需要的是什么，可以分解为用户目前遇到的问题、用于解决问题的方法等；
- 用户喜好的是什么，可以分解为用户对现有产品的满意度、不同设计对用户选择的影响等；
- 用户是如何使用产品的，可以分解为用户目前使用产品的流程和方法、用户目前还使用哪些别的产品、用户在使用产品过程中有哪些问题等。

需要注意，用户分析的目标忌大而全，目标越聚焦，结果越有价值；大而空的目标往往价值不大，例如针对整个行业用户的调研等。表 5-4 中列出了一些需要进行修改的用户分析目标、问题所在及调整后目标。

表 5-4　　用户分析目标调整前后对比

原目标	存在的问题	调整后目标
对本产品的用户做针对性调研	目的不明确	• 在支付阶段用户流失原因调研分析 • 用户在不同购物平台购物过程调研
广州地区女性用户使用情况调研	背景不明确	• 广州地区女性用户下单转化率很高，调研分析其购买路径
全面了解产品的用户使用情况	假大空	• 了解用户在注册过程中的流失原因
新闻资讯行业用户使用习惯调研	大而全	• 网易新闻客户端在地铁上的用户使用习惯调研

资料来源：

志志志．产品基本功：用户分析基本方法与调研基础［EB/OL］．(2017-09-19)［2021-03-07］http://www.woshipm.com/user-research/792897.html.

3. 现有资源梳理

无论采取哪一种用户分析的方法，都需要有一定的资源以供调用。比如产品新增了一个跳转按钮，产品经理希望能够通过 A/B 测试来收集用户行为数据，以便进一步分析确定最终的版本，那么就需要看公司是否拥有大量的用户可以同时进行 A/B 测试。因此，了解自己目前可调用的资源，并将其与计划使用的用户分析方法进行匹配，方能找到最适合当下的有效途径。

（六）用户分析的作用

用户分析的最后一个 W 也是 what，即用户分析会起到什么样的作用。在移动互联网快速发展的头几年里，为了快速抢夺市场份额，也得益于早期的互联网人口红利，新媒体产品经理在收到一项需求时，往往照搬照抄境外或竞品的相似功能，不需要系统地进行用户分析，也可以实现产品的大热。但当人口红利逐渐消失，市场竞争加剧时，精细化管理和运营成为产品得以立足的关键之一，其中最重要的事情之一就是要做好用户分析。换句话说，在买方时代，用户分析是卖方能更高质量、更个性化地为用户提供服务的认知基础，也只有真正了解用户的产品经理才能把握产品的话语权。用户分析的作用可以从对外影响和对内影响两个角度来进行。

1. 对外提升产品的市场竞争优势

首先，用户分析有助于细化产品市场定位。在对产品进行设计之初，新手产品经理最容易犯的错误之一就是“贪心”，总希望设计出大而全、功能丰富的产品，将更多的用户圈进来，却往往忽略了用户圈画得越大，界限越不明确，在用户注意力分散的喧嚣市场中就越难“惹人注目”。明白了产品不可能满足所有人的需求的道理后，产品经理就可以通过对自家产品的核心用户、目标用户和潜在用户进行深度分析，专注服务特定人群，开辟具有特色的市场定位。例如购物电商 APP 拼多多，主要玩法就是允许用户通过发起和朋友、家人、邻居等的拼团，以更低的价格购买商品。经过详细的用户分析，拼多多将目标用户锁定为三、四、五线城市的青年，这些人具有一定的创造社会财富的能力，但对价格敏感，在购物时往往以价格为导向而对品质要求不高。因此，拼多多也以“拼单、廉价、省钱”的鲜明标签定位，在厮杀激烈的购物电商平台竞争市场中占据一席之地。

其次，用户分析促进产品的精准营销。随着大数据分析技术和个性化推荐算法的成熟，用户分析成为实现产品的精准营销的重要辅助手段。大数据对于用户的分析，可分为需求分析、行为与特征分析、态度与意见分析、传播效果分析等。因为是对用户自发行为本身进行分析，所以能更真实地反映用户的需求、偏好及行为模式，提高精准营销的有效性。如今正处于以用户为核心的消费升级时代，用户更加讲究自身的消费个性，拒绝千篇一律、平庸无奇的产品，希望获得个性化的产品或服务，“千人千面”的精细化用户运营成为大趋势。因此，新媒体产品经理可以在洞察用户需求和行为的基础上进行用户画像，制定出个性化精准营销策略，促进产品功能设计往人性化方向发展。淘宝手机客户端的“猜你喜欢”功能，就是通过用户分析促进产品精准营销的经典实例。淘宝通过大数据技术对用户的搜索记录、购买记录、收藏和加购记录进行分析，商家在淘宝直通车上开启人群定位功能，即可以通过推荐算法将商品精准送达用户眼前，由此提升商品的成交率。早在 2018 年，“猜你喜欢”的推荐机制已成形超 10 000 个精细的消费场景，与淘宝超 10 亿的海量商品形成匹配效应。[①]

---

① 快科技．回归初心 新版手机淘宝问世：“猜你喜欢”会比你还懂你［EB/OL］．（2018-08-31）［2021-03-08］．https：//baijiahao.baidu.com/s? id=1610276398183008416 & wfr=spider & for=pc.

最后，用户分析有助于提升产品用户体验。用户体验（user experience，简称 UE/UX）是用户在使用产品过程中建立起来的一种主观感受。ISO 9241－210 将“用户体验”定义为人们对于正在使用或期望使用的产品、系统或服务的认知印象和回应。若将用户体验进一步细分，则可表现为视觉体验、互动体验、内容体验、产品体验、功能体验、性能体验、信任体验、服务体验、购买体验和售后体验等。通过用户分析，产品经理可以了解用户的基本特征并产生同理心，推断其在产品使用过程中的能力水平、习惯偏好、可能碰到的困难以及希望满足的目标，据此创建解决方案，以消除不必要的痛苦和摩擦，从而有效改善用户的产品体验。例如，网约车平台的用户最常面临的一个状况就是等车：用户可能在冬天清晨六点独自站在街边瑟瑟发抖；可能在逛了一天街之后手提着大包小袋、腿脚酸软地等待司机；也可能因准备参加一个重要的会议而急忙赶时间……在这些情况下，用户对时间的感知是扭曲的，等一秒就像是一分钟，等一分钟就像是一个小时，看似漫长的等待严重影响了用户的体验。因此一些平台通过分析用户心理，将司机操作透明化，将司机的行车路径直接在手机地图上体现出来，并实时告知距离和到达时间，有效缓解了用户的等车焦虑。此外，根据用户分析结果去改善用户体验，也有助于增加用户的使用时间及留存率。

2. 对内优化团队产品决策

第一，提高产品设计的决策效率。用户分析结果通常是经过科学的方法测量和总结出来的关于产品用户的真实情况，它可以作为产品团队做决策的重要依据。当所有参与产品开发、设计和运营的人基于一致的用户信息进行讨论和决策时，就很容易使各方保持在同一个大方向上，促成意见统一，提高决策的效率。同时，用户分析还可以帮助团队内部确立适当的目标和期望值，用理解代替无意义的争论和猜测，一同制作一个精确的产品规划方案。

第二，避免产品设计人员的“替代发声”。用户分析可以在一定程度上避免产品设计人员草率地代表用户，替用户发声。每个产品经理都曾经是或现在依然是某款产品的用户，因此可能会不自觉地把自己代入其他用户角色中去，依据自己的喜好来判断其他用户的喜好，用自己的特征来描述其他用户的特征，在设计产品时很容易不自觉地认为用户的期望跟他们是一致的，并且还总打着“为用户服务”的旗号。这样的后果往往是：产品团队精心设计的服务，用户并不买账，甚至觉得很糟糕。

第三，透视产品的发展趋势。从宏观角度来看，通过用户分析可以了解行业动态和市场变化，比如“90 后”人群的消费偏好趋势分析、高端用户青睐品牌分析、不同地域品类消费差异分析等。这些行业的观察可以帮助新媒体产品经理把握大方向、调整未来的运营策略，也能给互联网中小企业提供细分领域的深入观察。从微观角度来看，用户分析还可以帮助了解产品发展的健康状况，例如根据用户画像的标签去做用户流失预警、用户生命周期检测、用户行为预测等，最大限度地减少产品危机的发生。

第二节　用户分析常用方法

用户分析的方法非常多，每种方法各有特色，但也有着各自的局限。产品经理应该根据具体的用户分析目标和产品所处的不同阶段，选择不一样的用户分析方法。本节将介绍用户分析方法的划分维度，以及几种常用的用户分析方法及其特点。

一、用户分析方法的划分维度

经过多年的发展，用户分析方法已经成为一个非常大的家族：从传统的问卷调研，到大数据时代的在线用户体验测评，新方法层出不穷，老方法依然适用。目前已有不少学者对现有的用户分析方法进行了总结，克里斯蒂安·罗勒（Christian Rohrer）绘制的用户研究方法全景图（见图 5-4）就是其中影响最广的一种分类方法。他将 20 种常见的用户分析方法，从原始数据类型、数据分析结果类型和用户使用情境三个维度，进行了划分和定位。

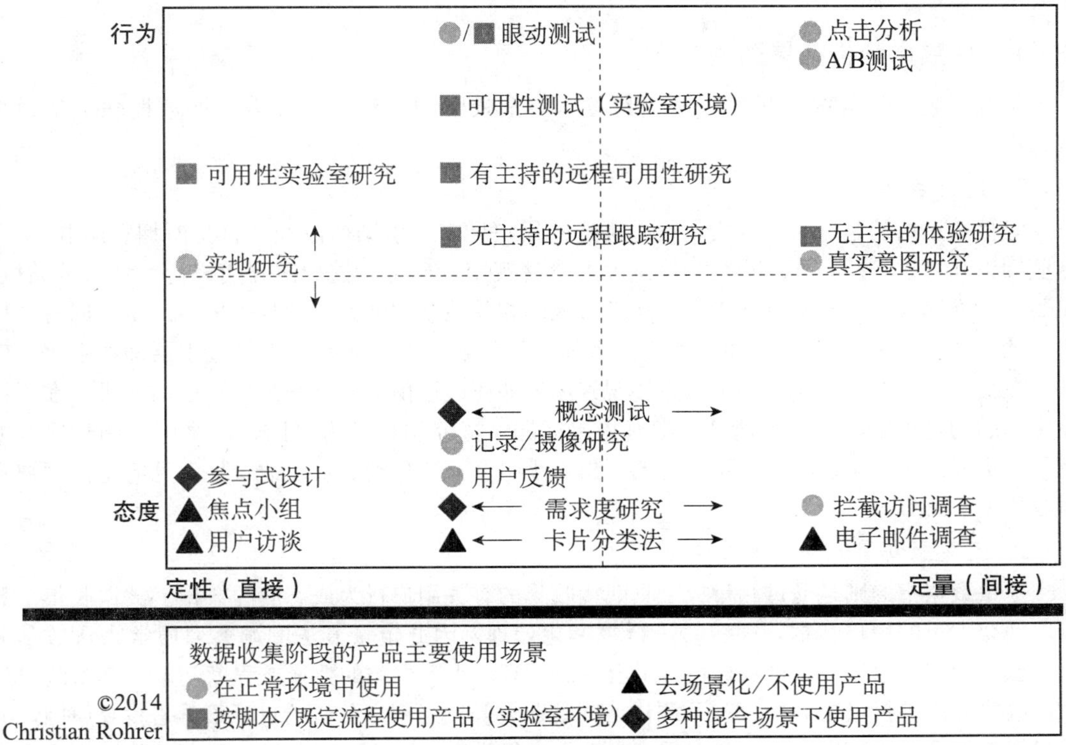

图 5-4　用户研究方法全景图

资料来源：

罗勒．用户研究方法的选择及使用时机［EB/OL］．(2018-07-02)［2021-03-08］．http://www.199it.com/archives/744255.html.

（一）原始数据类型维度

第一个维度是原始数据类型维度，即全景图的纵轴。罗勒根据用户分析所收集到的用户信息的类型，将原始数据类型划分成行为数据和态度数据两大类。有些方法收集的是行为数据，有些收集的是态度数据，还有些方法可以同时收集这两类数据。

1. 行为数据

行为数据聚焦于用户做了什么，也就是用户最终的行为反应，例如对于微信新出的“拍一拍”功能，有多少人使用、在一段时间内使用频次的变化等。收集行为数据的常见用户分析方法包括可用性测试、眼动测试、A/B 测试、后台用户数据等。

2. 态度数据

态度数据聚焦于用户说了什么，也就是了解用户所持的观点、意见和看法，例如通过网上问卷，请用户在两套不同设计方案中进行选择。收集用户态度数据的常见用户分析方法包括参与式设计、焦点小组、用户访谈、卡片分类等。这些方法往往是请用户进行自我陈述，主动表达自己的态度。

用户的行为与态度并不总是一致的。索尼公司在开发 PSP 时就曾经邀请了一批用户到公司进行产品颜色调研，结果显示，选择白色的用户较多。临走时，索尼告知用户，为了感谢他们的配合，将送他们每人一台游戏机，颜色随便挑，同样一批用户选择黑色的更多。因此，产品经理在实际工作中，不仅要注意用户怎么说，还应该关注用户怎么做，结合两方面的数据，更有利于得出正确的结论。

（二）数据分析结果类型维度

第二个维度是数据分析结果类型维度，即全景图的横轴，可分为定性数据和定量数据两种。

1. 定性数据

定性数据指的是针对小规模、精心挑选的用户样本，借助产品经理自身所拥有的洞察力、专业知识和过往经验，在用户行为或态度的直接观察基础上，挖掘研究用户行为背后的动机、需要、思维模式，以及痛点和需求，从而形成的相关数据归纳。定性数据更多的是在回答“用户为什么这样认为”“用户是如何解决需求的”等问题，因此通常并不是数学层面的数据。例如，在实地研究中，产品经理可以直接观察用户如何通过使用产品来满足自己的需求；在用户使用产品的过程中，产品经理可以随时提出问题，探究用户行为原因，甚至可以调整研究方案，以更好地实现调研目标。用户访谈、焦点小组、卡片分类、日记记录是常见的定性用户数据收集方法。

2. 定量数据

定量数据指的则是通过测量或工具间接收集的有关用户行为或态度的数据。数据收集工具可以捕获大量的用户数据，很容易进行数字化处理，因此定量方法的洞察力通常来自数学分析，也因为这个原因，定量数据往往适合解决“有多少”之类的数量或程度问题。常见的定量数据收集方法包括点击分析、A/B 测试、问卷调查等。当用户分析的目标不再是找寻原因，而是只需要得到最优解即可时，如对需求优先级进行排序，往往更倾向于使用定量数据作为决策依据。

（三）用户使用情境维度

第三个维度是用户使用情境维度，也就是用户分析过程中产品的使用场景，具体包括四种：在正常环境中使用产品、在分析过程中不使用产品、在实验室环境中使用产品和多种混合场景下使用产品。

1. 在正常环境中使用产品

在正常环境中使用产品，也就是让用户在自己日常的自然场景中使用产品，最大限度减少用户分析本身对结果造成的干扰，尽可能地接近或还原真实情境，以了解用户的真实行为或态度。真实意图研究、A/B 测试、用户数据挖掘、眼动或脑电测试等方法都是在正常环境中使用产品的例子。有两点需要注意：第一，测试使用的产品可以是自身产品，也可以是竞品，比如挖掘用户使用竞品时遇到的问题、观察用户用竞品解决需求的方案等；第二，虽然在正常环境中使用产品可以有效还原真实场景，但真实场景并不一定完全适合想要分析的主题，因此存在针对性不足的可能性。

2. 在分析过程中不使用产品

在分析过程中不使用产品，也可以被称为去场景化，通常用于探究用户态度，常见于用户访谈、焦点小组等方法中。例如产品经理可采用焦点小组法，了解用户对一种产品、观念、想法或组织的态度及态度产生的原因。

3. 在实验室环境中使用产品

在实验室环境中使用产品，也可被视为按脚本或既定流程使用产品，主要用于探索用户行为。在此情境下最典型的用户分析方法就是可用性测试。产品经理可以在实验室环境下邀请用户通过使用产品来完成某一项任务，并从旁观察用户的操作流程等使用行为。与第一种情境一样，这里的产品可以是自身的产品，也可以是竞品，产品经理可根据具体的用户分析目的进行产品设置。

4. 多种混合场景下使用产品

混合场景是为了实现调研目标而创造一种新的产品形态的情境。例如，作为产品用户体验的一部分，参与式设计方法允许用户与设计元素进行交互，甚至重新排列设计元素，产品经理在分析过程中观察用户的使用行为，以便了解当前的解决方案怎样能更好地满足用户需求，以及用户为什么做出某些选择。再比如，概念测试方法会向用户呈现一个低保真的产品或服务原型，从而了解用户是否想要或需要该产品或服务，而不是请用户体验产品的细节。

根据以上三个维度，几乎所有的用户分析方法都可以在全景图上找到自己所处的位置。比如点击分析，就是通过在正常环境中使用产品而得到的关于用户行为的定量数据。但在实际工作中，部分方法可以沿着一个或多个维度进行移动。比如眼动测试既可以在正常环境中进行，也可以在实验室环境中进行；实地研究既可以采用现场访谈的方式进行，关注点在于用户说了什么，也可以通过实地观察的方式进行，关注用户做了什么。

二、常见的三种用户分析方法

产品经理在进行用户分析时采用的方法非常多，也不断有新的分析方法涌现，最为常见的用户分析方法有问卷调查、用户访谈和用户画像三种。

（一）问卷调查

问卷调查（questionnaire）是大家非常熟悉也是使用最多的一种用户分析方法。它是以书面形式向特定的用户群体提出问题，并要求用户以书面或口头形式进行回答的一种资料收集方法。通常而言，产品经理将所要研究的问题编制成问题表格，以邮寄、弹窗、网络链接、当面作答或追踪访问的方式邀请用户进行填答，从而了解用户的态度、意见或行为。

问卷调查可以在较短的时间内收集到大量的数据，通过互联网等工具，还可以在较大范围内对问卷进行分发。因此该方法在组织实施、信息采集、信息处理、调查效果等方面具有明显的优势，具有高效、快捷、低成本的特点。但问卷分发和填写的便捷性，也使该方法存在调查过程难以控制、调研人员无法追问、调查过程细节黑箱、调查结果追踪困难等不足。所以，一方面产品经理需要在问卷调查流程各阶段中，不断提升自己的问卷调查专业水平；另一方面还可与其他方法共同使用，以实现较好的用户分析效果。

问卷调查方法的流程可分为四个阶段，分别是问卷准备阶段、问卷编写阶段、问卷分发阶段、数据分析阶段。

1. 问卷准备阶段

本阶段的主要工作是确定调查目标、确定调查人数、确定抽样方式。

（1）确定调查目标。问卷调查是需要有明确的目标的。举个例子，在问卷里提出被访者的性别、年龄等个人统计学特征的问题，并不是因为产品经理想知道他们每个人是什么样的，而是因为要了解群体的特征，分析这些不同的特征对用户行为和消费心理等方面的影响。一般来说，对于新产品而言，问卷调查的目标是明确目标用户、了解用户的痛点和需求、了解用户目前是如何解决该需求的；而对于已有产品而言，问卷调查目标则在于掌握群体特征、了解用户喜欢或不喜欢的部分、了解用户目前是如何使用产品的。

（2）确定调查人数。这一点与调查对象的性质相关，问卷调查的对象通常有三类：所有人、用户和客户（可视为付费用户）。如果是对所有人进行的调研，样本量大多在 1 000～2 500，而对用户和客户进行的调研，样本量则需要视产品的实际情况而定，也可参考其他产品类似的研究样本量来确定。

（3）确定抽样方式。抽样可采用随机抽样和非随机抽样两种类型。随机抽样方法中又以分层抽样使用较多，即将总体按某些指标（如城市、农村）分成若干不重叠、穷尽的子总体，在每层内分别抽取一个子样本，将各层的子样本综合成总样本。非随机抽样方法中则以配额抽样最为广泛，即按照调查对象的某种（或某些）属性或特征，将总体中所有个体分成不同的类，然后按照一定的比例，分别在各类中抽取样本。

2. 问卷编写阶段

本阶段的主要工作是编制问卷，并对问卷进行测试。在进行问卷编制时，需要考虑问卷结构、问题设置的一般原则，控制问卷的长度等。

（1）问卷结构。问卷一般分为开头、正文和结尾三个部分。其中第一部分由封面信或开头语、指导语构成；第二部分是问卷的正文，也是问卷最核心的内容；第三部分是结尾。

（2）问题设置的一般原则。问卷编写的一般原则如下：

- 以最一般的问答题开始，避免提有威胁性的或难答的问题；
- 开头部分是启动，会影响答卷人对所要发生事情的期望；
- 确保问卷的正文部分自然地从一个主题过渡到另一个；
- 按照对被访者来说是合乎逻辑的、有意义的顺序安排题目；
- 最敏感的问题和有威胁性的问题放在后面部分；
- 人口基本情况的问题列在最后，万一被访者不回答，数据仍有一定价值；
- 问题尽量清晰明白；
- 保持问题简短；
- 牢记调查目的；
- 避免提问双重问题；
- 避免使用有偏见的词语和题项；
- 避免提诱导性问题；
- 不要问过于详细、难以回忆的问题；
- 除非有绝对的必要，否则尽量避免提使人困窘的问题。

题目的设计要围绕调研目的展开，假设一款打车软件想研究用户的软件偏好和使用习惯，那就需要确定应该对什么样的用户进行调研，这些用户是否应该有相关软件使用经历，相关的软件有哪些，想了解的是用户对具体哪种类型车辆的使用习惯，出租车、快车还是商务用车。然后要分解影响用户偏好和使用习惯的因素，可以参看有关理论、其他研究资料或者其他部门同事的意见。得到相关因素后，还可以根据需要对每个因素进行进一步分解，得到更多指标。如果前期设计时题目结构已比较清晰，后期在结果分析时也可以使用更为高阶的统计方法，从而得出更有价值的结论。

这里举两个例子来帮助大家了解一下问卷询问问题的方法。案例 1：当想了解用户使用/

不使用短视频软件的原因时，不能直接问“您经常通过观看短视频来消磨时间吗”，因为这样的问题包括双重含义，一重含义是频次，一重含义是原因。因此应该将其分成两个问题，第一题问“您经常观看短视频吗”，第二题问“为什么经常看/不看”。案例2：当想了解用户的收入情况时，不能直接问“您每月的实际收入是多少”，因为这是个人敏感问题，在设置答案选项时，应当进行处理，使结果既模糊到可以保护个人隐私，又明确到可以进行统计分析，通常这种情况会设定收入范围，请用户在范围区间进行选择。

在问卷设计中可能出现的问题集中体现在如下方面：

- 主题不明确；
- 没有用户所要的选项；
- 预设的选项对用户有诱导作用；
- 答案有重叠；
- 没有关联性问题；
- 涉及太多用户隐私问题；
- 问题太多；
- 让用户填写一大堆文字表格。

再好的研究者，经验再丰富的产品经理，也很难一次就设计出好问卷。因此，在完成问卷编制后，还应该进行小范围的用户测试，以确保问卷的可读性、易读性、逻辑性、信度和效度等；还可以对照问卷设计的一般原则，对问卷进行重新审视。一般而言，好问卷一定是符合问卷编写的一般原则的；而且，好问卷是可以被分析的，如果通过前测发现问卷无法提供解决目标的决策支撑，那么也许就需要再次进行问卷的设计。

如果采用的是线上问卷形式，那么，除了问卷的编写之外，产品经理还需要与设计同事进行沟通，陈述调查的目的、提供问卷文本，并说明需要设计的页面和设计需求。其中最关键的就是信息说明和填写按钮。信息说明一定要以显眼的方式，简洁明了地告诉用户问卷的基本信息，比如“支付宝邀请您填写有奖问卷”。页面设计则要求大气清晰，千万不要像弹窗小广告一样繁杂，以免用户直接关闭该弹窗。

3. 问卷分发阶段

这个阶段主要需要确定的是问卷的分发渠道、分发时间和问卷筛选标准等。

（1）问卷分发渠道。问卷分发的渠道很多，比如软件内的推送、banner呈现、邮件发送、电话访谈、街访等。一般只要确定了调查的对象，问卷分发的渠道也就可以确定了。如果是向所有人推送问卷，可以在微博、知乎、今日头条、腾讯新闻等平台进行多渠道推送，确保该问卷能够尽可能多地触达社会大众；也可以根据前期的调研，有侧重地选择一些用户更为聚焦的平台，如豆瓣、小红书、抖音等。如果对象是内部用户/客户，则可以在软件内部进行问卷推送。若已经确定了分层或配额的原则，还可以在推送时对用户特征进行筛选。需要注意，虽然现在大量的软件都是以移动端APP的形式存在，但还是有许多的产品是多端口的，不同的端口选择可能就意味着面对的是不同的用户群体，需要避免因人为设置分发渠道而造成的分析偏差。

（2）问卷分发时间。问卷分发时间也需要根据不同的调查对象、使用的渠道和用户使用习惯而定。如果是面对所有人的调查，肯定希望获得尽可能多的数据，因此分发时间可以持续三至五天。但如果已经对所有人进行了分层或配额，又或者是针对具体的用户群体或客户进行的调查，则推送一至三天即可。至于推送时段，往往在固定时段推送或由用户特定动作触发，如果是前者，还需要考虑用户对不同软件的使用习惯。举个例子，如果选择微博作为推送渠道，资料显示用户打开微博的时间主要集中在上午 7—9 点、下午 6—8 点和晚上 10—12 点，也就是上下班通勤时间和睡前，那么便可以选择这三个时段进行问卷分发。但如果是在自家产品上进行推送，最简单的办法就是用户行为触发，比如打开软件后直接推送，或者根据用户对自家产品的使用习惯进行推送。例如，如果是一款办公软件，那么上午的 9—10 点可能是用户集中进入的高峰期，可选择在这一时段进行推送。无论选择什么时间或什么方式进行推送，主要还是要根据用户的使用习惯来确定，目标只有一个，就是用最低的成本接触到最大范围的用户。

（3）问卷筛选标准。在问卷回收完毕、进入数据分析之前，产品经理还需要对问卷进行筛选，选出其中的无效问卷，以免影响分析结果。问卷筛选一般以下面几个标准为依据。

● 空缺度。如果一份问卷漏答题目数量达到总题目数量的 60%或 2/3 以上，则可视为无效问卷。

● 完整度。调查对象在填写问卷过程中跳出或中途放弃作答的问卷，可视为无效问卷。

● 填写时间。每一份问卷都有自己所需要的完成时间，填写时间过长或过短的问卷，可视为无效问卷。具体的填写时间范围可在问卷前测时进行估算。

● 是否前后矛盾。通常需要在问卷中有意识地设置一些测谎题，来辅助产品经理确认问卷的回答质量。测谎题通常成对出现，即将相同目的的问题在问卷的前后不同位置通过不同的方法提出，比如“你喜欢观看什么类型的短视频”与“你最有可能点开以下哪些类型的短视频进行观看”。需要注意的是，两道题的答案虽然是一样的，但选项顺序需要打乱。当测谎题前后答案不一致时，可视为无效问卷。

● 雷同卷。如果多份问卷的答案雷同，或者填写的机器 IP 地址相同，则很有可能是同一人作答多份问卷，此时可将相关问卷视为无效问卷。

● 规律性作答。若问卷答案呈现出明显的重复性规律，通常可视为无效问卷。例如答案呈现“ABCDABCDABCD”或者“AAAAAAAA”等规律，又或者所有的程度题答案都是同样的数字（如都是“5”）等。

4. 数据分析阶段

数据分析其实就是从繁杂的数据中提炼出重要结论，并将数据调研结果变成可视化的图表。一般来说，要先对问卷对象的基本情况进行描述，例如问卷对象数量、应答数、人口统计学特征等；然后围绕想解决的问题，或者说聚焦调查目的进行相关的数据分析。数据分析方法视不同的目的和题目设置而有所区别，有些只需要进行简单统计，如“80%的受访者表示娱乐是观看短视频的主要原因”，“70%的受访者是通过朋友了解到该软件的”；但如果问卷前期结构设计合理，还可进行深入的统计分析，比如主成分分析、结构方程模型等，具体研究方法可参考相关的统计学教材。

在分析完成后一定要形成分析报告，报告最好以直观的方式，通过有说服力的图表进行呈现。报告无须完整呈现分析过程，关键在于针对调查目的提出结论和意见建议。例如“新功能受到了大部分用户的认可，但仍存在优化空间。根据用户反馈数据，未来可以在功能 1、功能 2……等方面进行优化”。

5. 常见的问卷问题类型

调查问卷中常见的问题类型主要有三种，分别是单选题、多选题和开放型题目。

（1）有结构式问题。

单选题和多选题属于有结构式问题，即规定了一组可供选择的答案和固定的回答格式，请受访者根据自己的实际情况进行回答。例如：

● 您最常使用的三个 APP 是（　　）？（多选题）

A. 微博　B. 微信　C. 钉钉　D. 抖音　E. 拼多多　F. 淘宝　G. 其他

● 您希望得到以下哪些类型新闻内容的推送？（　　）（多选题，限五项）

A. 时政新闻　B. 体育新闻　C. 娱乐新闻　D. 科技新闻　E. 民生新闻

F. 经济新闻　G. 社会新闻　H. 时尚资讯　I. 其他

● 您的年龄是（　　）？（单选题）

A. 18 岁以下　B. 18～25 岁　C. 26～30 岁　D. 31～40 岁

E. 41～50 岁　F. 50 岁以上

（2）无结构式问题。

开放型题目则属于无结构式问题，由被访者按照自己的语言、习惯进行回答。无结构式问题可以获得比较深入和丰富的信息，在探索性研究中，这种问题形式十分有用。但是，由于它没有固定的形式和框架，因此在编码和数据处理方面有一定难度。例如：

● 您对网易云音乐 APP 的以下功能，有什么建议或意见？

APP 界面：________________

音乐播放：________________

歌单：________________

电台：________________

（3）李克特量表。

李克特量表并不是一种问题类型，只是一种最常用的定距量表形式，经常在单选题中出现，用来测量用户的观念、态度或意见。李克特量表采用计分的方式来测量人们对一组陈述或说法的赞同程度。例如：

● 你会向他人推荐这款软件。

A. 非常符合　B. 比较符合　C. 不清楚　D. 比较不符合　E. 非常不符合

● 我可以通过全民 K 歌实现自我价值。

A. 非常同意　B. 同意　C. 说不准　D. 不同意　E. 很不同意

有两点需要注意。第一，量表测量的是多维度的复杂概念或态度，是通过一组陈述或说法进行测量，而不是通过单一问题进行测量。比如想要知道用户为什么会下载某一款 APP，如果采用多选题的形式，则只能知道认可哪种结果的人数更多，并不能说明哪个原因更重要，这时就可以通过李克特量表的形式请受访者根据自己的认可情况，对不同的选项进行评分，以便进行后续的分析（见图 5－5）。第二，李克特量表的选项一般设置为奇数，常见的是 3、5、7 个选项，但如果研究者希望受访对象对某些题目表达明确态度，避免他们选择“不一定”等中间选项的趋中效应发生，则可以将答案设置为偶数等级，如 4 个或 6 个。

6. 常见的问卷平台

除了自建的产品问卷调查系统外，产品经理还可以使用第三方问卷调查系统来辅助工作。常见的问卷平台列举如下：

（1）腾讯问卷。腾讯问卷是腾讯 CDC 根据多年问卷调查的经验开发的免费在线问卷调查平台，该平台前身是腾讯公司内部进行用户、市场、产品研究的重要工具，已积累了大量的问卷题型和问卷模版。为更好地为用户提供一站式互联网服务，腾讯问卷于 2014 年底正式对外开放使用。网址：http：//wj. qq. com。

（2）问卷星。问卷星是长沙冉星信息科技有限公司旗下的一个专业的在线问卷调查、测评、投票平台，专注于为用户提供在线设计问卷、采集数据、自定义报表、分析调查结果系列

*7.你为什么选择下载这些APP?

	非常同意	同意	无所谓	不同意	非常不同意
评分高	○	○	○	○	○
颜值高	○	○	○	○	○
根据排行榜	○	○	○	○	○
身边的人都用	○	○	○	○	○
社交平台或他人推荐	○	○	○	○	○
满足了我对功能的需求	○	○	○	○	○

图 5-5　采用李克特量表的调查问题

服务。问卷星具有快捷、易用、低成本的优势，已被大量企业和个人广泛使用。网址：http：//wjx.cn。

（3）金数据。金数据隶属于西安数据如金信息科技有限公司，是一款免费的表单设计和数据收集工具，可用来设计表单、制作在线调查问卷、组织聚会、询问意见、整理团队数据资料、获得产品反馈等。网址：https：//jinshuju.net。

（4）麦客。麦客是一款在线表单制作/收集、联系人管理的工具，可以创建各种在线调查、反馈、报名表单，用来公开收集信息，还能对数据进行统计分析。对于包含联系人信息的表单，还可以根据收集的数据自动创建联系人档案。网址：https：//www.mikecrm.com。

（二）用户访谈

用户访谈是另一种常见的用户分析方法。不同于问卷调查，用户访谈是一种定性的研究方法，产品经理通过面对面沟通、电话访谈等方式，与用户进行更长时间、更深入的直接交流。正因为是直接交流，所以可以深入地探索用户内心的真实想法与看法，也更容易找到用户行为背后的原因。但访谈法一般只适用于分析对象数量较少的情况，因此常与问卷调查等其他方法结合使用。

用户访谈的流程通常包括六个步骤，分别是确定访谈目的、撰写访谈提纲、招募访谈对象、实施访谈、调整和改进、结果分析（见图 5-6）。

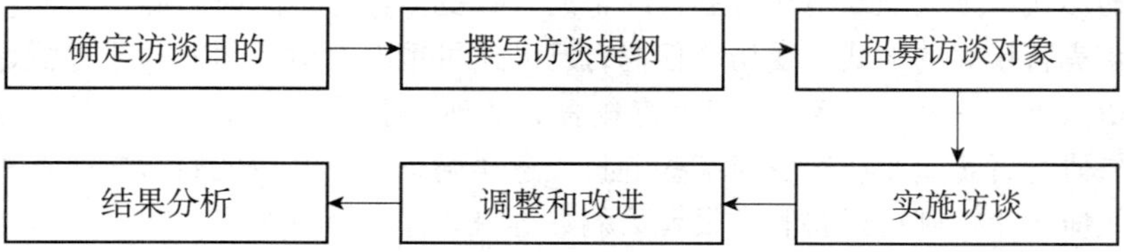

图 5-6　用户访谈流程

1. 确定访谈目的

这一步需要完成的工作包括确定访谈的目的、访谈的目标用户以及访谈方法等。

第一步要确定访谈的目的。用户分析是一个目的性非常强的工作，无论目的是什么，都必须是具体且切实可操作的，过于宽泛的目标很可能会导致访谈失败。例如想通过用户访谈来“了解用户”，获得的结果往往涉及多个方面，从而造成访谈结果无法聚焦到核心问题上。用户访谈的适用范围很广，可以从产品设计所处阶段以及产品经理工作中面临的具体问题两个方面来确定访谈的目的。表 5-5 列出了三个时间点不同的用户访谈目的。

表 5-5　　不同时间点用户访谈的目的

时间点	用户访谈目的
开始产品设计之前	收集用户画像、用户的产品使用流程及使用场景信息
产品迭代优化时	收集用户产品使用、体验流程、使用障碍等信息，从而获得更多用户对产品的认知
可用性测试结束时	观察用户的行为和习惯，收集用户反馈

第二步是确定访谈的目标用户。目标用户的选择与访谈目的、产品所处阶段是对应的，比如在产品设计之前做的用户访谈，那时候本品还没有用户，所以肯定是对目标用户或竞品用户进行访谈。产品所处阶段与用户分析对象的对应关系在前文已进行了详述，这里不再展开，具体可参考表 5-1。

第三步是确定访谈方法。根据访谈对象的数量、访谈问题复杂程度、访谈提纲结构性、访谈次数等因素，可对访谈方法进行如下分类：

(1) 个访与群访。个访是指一对一的深访，群访是一对多的访问。不同于焦点小组，在群访中起主导作用的还是访谈者，虽然同时有数人在接受访谈，但他们主要还是在回答访谈者的提问，而不是去主导或围绕访谈主题展开讨论、对答、提示和深化。

(2) 单一深访与复合深访。为回答一个特定且明确的问题进行的深访为单一深访，如用户使用软件的场景研究。但大多数时候，深访要了解的是综合性的问题，比如是什么原因造成了用户的沉没，像这样的问题往往包含了多个层次和角度的问题组，用户沉没的原因可能是功能不再匹配、内容推送准确度不高、界面不好看、广告太多、费用太高等，每一个原因都是单一性问题，访谈者可根据不同的回答进行深入挖掘。从复合型问题向单一性问题过渡的过程是逐步缩小问题范围及界定核心问题的过程，也是深度访谈的重要作用之一。

(3) 结构型与非结构型深访。结构型与非结构型谈的主要是访谈提纲的结构，将在访谈提纲撰写部分对此进行详述。

(4) 一次深访与二次深访。由于访谈用时一般较长，加之敏捷开发的趋势影响，因此一般不会对受访者进行第二次访问。但是如果未能在一次访谈中完成所有问题，或者之前访谈的问题有所变化而访谈者想了解变化的效果，则需要设计对同一对象的二次或三次深访。因此在第一次访谈结束后，需要很有礼貌地征询受访者，未来如果需要进行后续深访，其是否愿意接受；如果愿意可以保留其联系方式，以便后续沟通。

2. 撰写访谈提纲

这一步需要完成的工作是编写访谈提纲和测试访谈提纲。根据访谈的目的差异，用户访谈可以分为结构式、非结构式和半结构式三种，三种形式对应三种不同的访谈提纲要求。

(1) 三种访谈结构。

● 结构式访谈。

当访谈者已经对访谈对象所需回答的问题形成了一定的逻辑指标体系时，往往会采用结构式访谈，访问提纲就是指标体系的具体化。结构式访谈是非常标准化的，访谈者会预先准备好访谈提纲，问题形式、回答方式和访谈过程是固定程序。访谈者逐个问题向受访者提问、了解情况，访谈流程完全由访谈者主导。访谈者通过访谈，获得与既有逻辑指标体系相关的具体信息和资料。

通常而言，结构式访谈的问题是经过访谈者仔细推敲和打磨的固定问题，每一位受访者按照同样的问题进行回答，所以问题的质量成为影响访谈效果的关键。为了保证问题的质量，可以在正式访谈前请有经验的访谈者进行问题质量评估，甚至进行小范围的用户预访谈，根据评估和预访谈的结果，对访谈提纲进行调整和优化，以提升访谈效果。

结构式访谈的优点在于，结构化的问题保证每一位受访者的回答都在固定框架内进行，可以进行横向的比较；缺点在于访谈提纲的设置受访谈者影响大，而且很难有访谈框架以外的新发现。需要注意的是，虽然结构式访谈有固定逻辑体系和提纲问题，但结构式访谈并不是调查问卷的对话化，因为访谈的问题多为开放性问题，更多是在探究“为什么”，是在了解用户行为背后的真实感受。

● 非结构式访谈。

通常非结构式访谈要研究的目标问题的逻辑结构本身并不十分明确或清晰，因此这种形式的访谈没有结构式访谈中的既有逻辑指标体系，也没有标准化的流程和固定的问题顺序，受访者可以根据自己的想法进行全面回答或者简短回答。访谈的过程就是解决目标问题逻辑构成的过程，通过访谈，理顺问题构成逻辑，并获得逻辑结构中关键问题的具体信息。访谈以日常对话的方式进行，没有必须要询问或者必须要回答的问题，可以让受访对象充分表达自己的意见和观点，访谈者则根据受访对象的回答来追问，以获得更多的信息。虽然非结构式访谈没有预设框架，有可能获得更多的信息，但是这种访谈也存在明显的缺点，即访谈结果易受访谈者和受访对象的社会互动①的影响。除此之外，没有既定框架也容易让访谈变得过于发散。因此通常访谈者心中会有一个访谈计划和目标，尽量让访谈围绕着既定的主题展开。非结构式访谈与结构式访谈的比较如表 5－6 所示。在实际工作中往往先通过非结构式访谈确定解决目标问题的逻辑框架，再通过结构式访谈来获取解决目标问题的构成要素的内容和信息；或者直接采用半结构式访谈。

表 5－6　结构式访谈与非结构式访谈的比较

结构式访谈	非结构式访谈
具有明确的开始和结束	开始和结束可以不明显
问题顺序固定，面向所有受访者提问	问题和顺序可以根据受访者而改变
访谈者提问，受访者回答	受访者可以反问，提出新问题
研究者控制访谈进度和方向	研究者和受访者一起控制访谈进度和方向
封闭式问题为主	开放式问题为主
控制访谈情境的影响	访谈情境对于理解访谈内容十分重要

资料来源：
陈阳．大众传播学研究方法导论［M］．2 版．北京：中国人民大学出版社，2015.

● 半结构式访谈。

半结构式访谈介于结构式访谈和非结构式访谈之间，融合了两种形式，既有一份大致的问题框架，但又没有固定的问题和标准化的流程，比结构式访谈有弹性，又比非结构式访谈有条理。为了保持研究的一致性，访谈者需要有一个基本的提纲作为指导，以便让每一场访谈都可以契合主题。受访者可以在访谈者的访谈提纲内，提出自己认为重要的问题并进行回答。访谈者也可以根据访谈提纲灵活发问，还可以根据受访者的回答深入挖掘，甚至直接开启新问题的讨论。

---

① 社会互动（social interaction），也称社会相互作用或社会交往。群体活动和社会过程是以互为条件和结果的社会行动为基础的，当相关双方相互采取社会行动时就形成了社会互动。因此社会互动就是个体对他人采取社会行动和对方做出反应性社会行动的过程，即我们不断地意识到我们的行动对别人的效果，反过来，别人的期望也影响着我们自己的大多数行为。社会互动不但可以发生在个体与个体之间，还可以发生在个体与群体或群体与群体之间。

（2）访谈提纲内容。

访谈提纲的内容一般包括开场语、暖场、正式访谈和结束语四部分。

● 开场语。

在访谈双方刚见面之时，访谈者应主动向受访者介绍自己及访谈的基本情况，包括自我介绍、访谈目的和访谈内容的简介、访谈期望获得的信息等；同时说明因工作需要，需要对访谈全过程进行记录和录音，但只用于产品研究并且会为受访者保密，并征得受访者同意，比较严谨的企业还会要求受访者签署《录音许可协议》，以保障双方的利益。具体可参考下方案例。[①]

"您好，感谢参与访谈。我是网易产品发展部的用户研究人员，××，这位是我的同事，××。请您过来主要是想了解________，我们会通过聊天来聊这些问题。回答没有正确错误之分，我们想听到您个人的想法、经历，您只要说出真实的想法即可。您提供的信息，将帮助我们更加了解________，或者________。

"因为聊的内容比较多，为了有利于后续整理，我的同事××会一边听一边记录。记录可能有所遗漏，所以我们希望能录音，但请您放心，所有内容只会被用于研究，您的个人信息绝不会被泄露。请您不要有顾虑，畅所欲言。

"您还有什么问题吗？没有的话我们就开始吧！"

● 暖场。

暖场部分可被视为访谈双方的寒暄过程，目的是建立双方的信任关系，舒缓因陌生而产生的紧张情绪，同时还可以了解一些额外信息。通常可以解答用户在听完开场后的疑问；或者聊一些与受访者有关的信息，如以前有没有参加过类似访谈；还可以围绕计划访谈的主题聊天，例如要针对某款新闻APP产品进行访谈，那么在暖场部分就可以了解一下用户的信息获取或信息分享习惯，以便后续交流和对用户行为增强理解。

● 正式访谈。

访谈提纲内容根据访谈目的和访谈结构的不同而有所不同，但无论是哪一种结构，访谈提纲都是由根据访谈目的确定的大模块，以及每个模块下的具体问题组成。具体问题的设置是为了获得所需的信息、询问更广泛场景的因素，以及对主要问题做拓展和延伸。例如，如果某云笔记产品的产品经理要进行用户访谈，访谈目的是了解云笔记产品用户的行为特征及使用偏好，那么提纲中可能会包含用户基本信息、产品使用过程和产品使用感受等几大模块，每个大模块再被拆分成具体的小问题，通过小问题来形成对大模块的完整认知（见表5-7）。

表5-7　　某云笔记产品用户访谈提纲

了解云笔记产品用户的行为特征及使用偏好		
提纲模块	**访谈结构**	**具体问题**
用户基本信息	结构式访谈	• 您的年龄是？ • 您的职业是？ • 您在工作中会使用云笔记吗？ • 您通常在什么设备上使用云笔记产品？

① 用盐有点咸．听见更多：万能的深度访谈［EB/OL］．（2017-08-10）［2021-03-08］．http：//www.woshipm.com/user-research/746988.html.

续前表

提纲模块	访谈结构	具体问题
产品使用过程	半结构式访谈	● 您最常使用的云笔记产品是哪一款？ ● 您是否是云笔记产品的付费用户？ ● 您通常会在云笔记上记录什么内容？ ● 在记录时您是如何对内容进行分类的？ ● 您会使用什么方式进行记录？（纯文字？图文？视频？语音？……） ● 您最喜欢的功能是什么？为什么？ ● ……
产品使用感受	半结构式访谈	● 使用过程遇到过什么问题？是如何解决的？ ● 您觉得云笔记产品对您的生活/工作产生了什么样的影响？ ● 您会向朋友或同事分享这款产品吗？ ● 您对云笔记产品有什么改进意见，或者希望它能够新增什么功能？ ● ……

虽然访谈提纲里的问题设定有逻辑性和连贯性，但实际访谈中，并不一定非要按照提纲的顺序进行，特别是非结构式访谈和半结构式访谈中，跟随用户的思路和对话内容进行，会让受访者更自在。

一般来说，访谈可以对以下六类问题进行询问。第一类是事实性问题，指的是描述已经或者正在发生的客观事实的问题，如用户的年龄、事情发生时的场景。第二类是行为性问题，主要指用户完成具体行为的过程，比如请受访者描述使用某个产品或产品某个功能的过程（如使用抖音发布短视频的过程）。第三类是倾向性问题，多用于询问受访者的使用偏好，如更喜欢哪一款界面设计，在使用云笔记时会采取哪种记录方式。第四类是原因性问题，即直接询问受访者选择或行动的原因或动机，比如“市场上有多款云盘产品，为什么最终选择了目前这款”。第五类是主观性问题，即询问受访者的主观看法和意见，这类问题背后往往反映了受访者的价值倾向，比如询问受访者对产品使用时开启录音功能的看法。第六类是建议性问题，用于询问受访者对提到的问题是否有解决方案，或者对解决方案是否有改进性的建议，例如“您认为什么样的会员方案能让会员产生优越感”。

● 结束语。

在访谈结束时一定要向用户给予的帮助表示感谢。实际操作中，访谈的结束会事先由口头语言或肢体语言进行铺垫，但这些内容无须出现在访谈大纲中。例如对整个访谈的内容进行总结、询问受访者对前面的回答是否还有需要补充或修改的地方，又或者直接合上电脑，与受访闲聊一些与主题无关的话题等。对于一些参与度高、善于沟通的优质用户，可以在访谈结束后留下其联系方式并维护好关系，方便再次访谈。

（3）问题设置的原则。

在设置问题时，应遵守以下几个主要原则：

第一，多询问现实，而不是现实背后的原因。虽然访谈最终的目的是要深入了解用户的行为特征、消费心理、价值观等重要信息，但普通用户并不会刻意分析自己行为背后的原因，因此在被问及“为什么”时，往往难以做出回答，或者即使能够回答，答案也未必是真实的原因。因此在设置问题时，尽量多让受访者去描绘真实的事件、具体的行为，访谈者根据这些信息再进行归纳和总结。

第二，避免设计引导性问题。访谈者作为产品的创造者，往往会过于聚焦于自己的产品，将产品所反映出来的外部环境当成整个世界。因此在设置问题时，一定要避免这种先入为主的观念，让自己跳脱出产品经理的角色，以开放的心态来面对受访者，并无条件地相信受访者的想法。例如，“现在健康生活已经成为一种风尚，每个人都在追求健康生活，您是不是也会为了追求健康生活而使用智能手环产品”，这种问题就使受访者陷入一个尴尬的场景，感觉似乎如果回答不使用智能手环，就是自己落后或者不重视健康的表现。在访谈中遵循第一个原则，也可以有效避免访谈者在问题设置时带入自己的主观认知。

第三，避免采用封闭式提问。简单来说，封闭式提问就是受访者可以用“是”和“否”等简短言语进行回答的问题。访谈双方在绝大多数情况下都互不相识，在这种情况下信任关系是需要逐渐在访谈过程中建立的，如果过多采用封闭式提问，将不利于双方的互动及信任关系的建立。而且一般来说，人们的想法并不是那么极端而单一的，二元对立的封闭式提问会将问题简单化，不利于产品经理了解用户真实的想法和态度。例如，询问受访者产品的某个功能是否好用时，受访者很容易就用“好用”“不好用”或者“没用过”进行回答，甚至可能就此终结关于这个问题的讨论。但如果访谈者改变询问方式，先询问受访者是否使用过相关功能，如果使用过，再进行追问，请受访者谈谈自己在使用这个功能时的感受，那么这个问题将不会被用“是”或“否”来终结，访谈者获得的信息也将更加丰富。

第四，访谈问题的设计需要遵循问卷设计的一些一般性原则，例如问题设置应由简单到复杂，先聊聊轻松的一般性问题，再深入到敏感或沉重的核心问题或特定主题上。再比如要避免多重含义的提问，询问使用的语句措辞要精确，不使用对方不能或不易理解的专业行业语等。这些做法的核心其实就是要提出用户容易回答的问题，降低用户回答的难度，从而获得更真实直接的答案。例如上面提及的云笔记的例子，如果在没有任何前提的情况下，直接询问用户“您会使用线上笔记记录灵感吗”，就会很容易让受访者产生困扰：“什么是线上笔记?”“你们说的灵感是什么?”“记录的意思是什么? 文字吗? 还是拍照图片?”

第五，充分注意和发挥访谈的特点。在访谈过程中，访谈者应主动营造良好的访谈氛围，注意自己和对方的语气、语调、表情、肢体语言。同时在对方给出回答时要给予及时回应，并针对答案进行适当追问，从而了解更深层次的原因。

3. 招募访谈对象

一般而言访谈对象包括三类，即本品用户、竞品用户和潜在用户，其中潜在用户也有可能是竞品用户。可以根据具体的访谈目的和产品所处的不同阶段，进行用户类型的选择。

（1）访谈对象招募标准。

确定了访谈的用户类型后，产品经理还要对访谈对象特征进行进一步明晰，从而提升访谈效果。用户特征是一个逐步明晰的过程，第一步要确认的就是用户有能力接受访谈。例如，如果是做针对孕期女性的一款 APP 的用户访谈，那么受访者除了应该是女性外，还应该有过怀孕经验或正处于孕期，且使用过相关产品甚至本品。如果招募到的是一位尚未有怀孕经验的女性，则明显不太合适。因此，应该根据产品特性和访谈目的，对招募的访谈对象进行第一轮筛选。

第二步，根据访谈目的，寻找影响用户行为或认知的关键因素，基于这些变量进一步细化招募标准。例如常见的移动产品调研中，手机系统（iOS 或 Android）的差异是必须考量的因素，毕竟两种用户群体有着不同的操作习惯，对产品的认知可能存在较大差异；使用年限有时也会影响用户对产品的认识，对比新老用户的反馈，经常能得到有价值的发现。

第三步，也是最后一步，就是对招募对象结构和特征进行微调，添加人口统计学变量，以符合社会人口分布或产品用户总体特征，从而确保访谈样本的覆盖性、平衡性和代表性。调整因素包括性别、年龄、受教育程度、收入、职业等。对本品或竞品用户展开访谈时，可以参照产品自身的用户结构进行筛选，例如上面针对孕期妈妈的产品，选择男性受访者显然不太合理。但如果是对潜在用户进行访谈，则可以参照此类产品所在领域的行业市场分析报告中的用户画像，将其作为受访对象招募的筛选标准。

(2) 访谈对象招募渠道。

一般来说招募访谈用户的渠道有两个。第一个渠道是自家产品的用户库。当需要对本品用户进行访谈时，从用户库里进行筛选是最为直接、便捷的方法。通常用户在使用产品时都需要进行注册账户的操作，或者授权使用第三方账号登录，有些甚至会绑定联系方式。此外，数据库里还会有一些用户的基本信息，用户在使用产品的过程中还会产生使用行为数据，例如使用时长、功能使用情况等，这些信息都可以帮助产品经理更精准地进行用户特征定位。因此，如果在自有用户数据库中进行访谈对象招募，只需要根据访谈目的，选取本品用户中相应的群体组成访谈对象即可，例如活跃用户、沉没用户，或者经常使用某些功能的用户，抑或是某一地区某一性别某些年龄段的用户等。

第二个渠道就是公开来源招募，即产品经理设计好用户招募的需求及筛选问卷，借助人际关系网或网络社交关系网等关系网络，以及论坛、网站、公众号等网络平台对问卷进行传播，从而开展访谈对象招募和筛选。这种招募方式既可以找到本品用户，也可以找到潜在用户和竞品用户。公开来源招募有两种完成路径。一是可由产品经理自行完成，例如进入各大软件下载平台的论坛、知乎、产品讨论QQ群等，在这些社群里寻找那些对拟访谈内容了解较为深入、发帖积极、观点清晰，且发帖时间较近的用户；主动与这些用户通过私信等方式取得联系，告知自己的身份、访谈目的、调研形式及报酬等信息，邀请对方加入访谈。二是委托专门的调研招募公司执行招募和调研工作，产品经理只需要明确自己的用户招募需求并提供筛选问卷即可。

(3) 访谈对象招募的注意事项。

用户招募质量关乎访谈质量，因此除在前期做好访谈目的明晰、关键影响因素的确认和用户招募筛选问卷的设计外，还需要注意以下几点。

- 尽可能不要招募同行，或者与被调研产品功能密切相关的从业者，有的用户筛选甚至还要求，被访对象不能从事用户研究、产品经理等相关工作。这是因为一方面受职业习惯影响，这类用户很难以普通用户的视角看待产品及功能，并在不受自身职业影响的前提下完成访谈；另一方面也可以避免招募到竞品产品经理，避免公司未来部署因此提前曝光。
- 避免招募短期参加过同类访谈的用户，一般这个期限为三个月至半年。这是因为之前参与访谈的经历，可能会对用户的行为和认知产生未知的影响，从而导致本次访谈结构的偏误。
- 避免招募“职业受访对象”。无论在国内还是国外，都有一批人靠参与各种调研骗取报酬，他们也许是产品的用户，但在大多数情况下，他们并非产品的用户，只是熟悉公司进行用户分析的套路，有意识地迎合访谈的进行。这种情况在委托招募公司进行访谈对象招募时尤其容易出现，有些职业受访对象甚至一直存在于招募公司的用户库里。为了防止这种情况发生，一方面要与行业口碑良好的招募公司进行合作，另一方面是一旦发现这种“职业老手”，要立即终止访谈，且将此人列入公司用户招募的黑名单，最大限度降低其危害。

4. 实施访谈

访谈的实施过程其实就是访谈提纲的落实过程，也包括开场、暖场、正式访谈和结束语四个部分。但在实施过程中，需要注意以下技巧。

(1) 与受访者保持眼神和信息的交流。因为访谈是参与者双方的交流过程，因此在访谈过程中可以通过保持目光接触、点头、重复用户的回答等方式，与受访者保持良好的交流氛围，避免让受访者产生缺乏回应的感觉，影响访谈的顺利进行。

(2) 把握访谈的进度。不同受访者存在个体差异，有的表达欲望比较强烈，有的则比较内敛。因此在整个访谈过程中，不要轻易打断受访者的表达，要让他们完成自己的整体思考过程。如果遇到比较内敛或比较紧张的受访者，不要催促，可以适当放慢访谈速度，营造一个舒缓而稳定的环境氛围，并表达出愿意倾听的意愿；但如果遇到的是比较活跃的用户，则需要适当地把控访谈节奏，保持访谈是围绕着既定的主题在有序推进。

(3) 合理设置追问问题和探测性问题。一般来说，在访谈的过程中会出现三种问题，分别是主要问题（main questions）、追问问题（follow-up questions）和探测性问题（probes questions）。主要问题就是在访谈提纲中列出的，主要讨论或必须回答的核心问题。追问问题和探测性问题则是伴随访谈过程随机提出的。

追问问题指的是访谈者在受访者既有回答的基础上，为了挖掘更多受访者信息，使用访谈技巧提出的补充问题。追问问题一般出现在三种情况下：一是受访者无法提供有价值的信息或者提供访谈者期待的答案；二是受访者提供的信息非常重要或有启发性，值得进一步探讨，访谈者想了解更多；三是出现了不一致的回答，需要对受访者进行追问。举个例子，当要了解用户产品使用的付费意愿时，主要问题通常是“您是否付费购买过知识付费类产品”，当受访者回答“是”或“否”时可以分别按表 5-8 中列出的问题进行追问。

表 5-8　针对受访者不同回答的追问问题

主要问题：您是否付费购买过知识付费类产品？	
答案为“是”的追问	**答案为“否”的追问**
您当时购买的是什么类型的知识付费产品？	您为何不愿意付费购买知识付费类产品？
您是否认为这笔开销是值得的？	您曾经为其他哪类产品付过费？
您之后是否会为此持续付费？	当时付费的原因是什么？

与追问问题略有不同，探测性问题则是请受访者对自己给出的答案做详细解释或说明，但不一定是由访谈者继续提出问题，而可以以询问的方式直接请受访者进行解释。

(4) 巧用关键事件。对于大部分人而言，当被问及自己的产品使用体验或感受时，能记住的往往都是一种笼统的感受，这种感受可能是真实的，也可能是经过受访者加工的产物。但受访者对一些特定事件的印象则会特别深刻，在这些事件中，产品通常表现得特别棒或者特别差，如解决了受访者的痛点，或者恰好处于受访者的爽点。在这种情况下，可以鼓励受访者对这类关键事件进行深入描述，并请他们提供一些生动的细节。产品经理可以通过这些信息了解到产品的优点和缺点，从而有针对性地改进产品，实现更好的用户体验。

5. 调整和改进

用户访谈是在访谈者预先设计好的问题逻辑框架或者访谈提纲的指引下进行的用户沟通工作。这个框架或提纲的设计依据，是访谈者根据自己的工作经验提出的一种假设，有些问题和影响因素可能是成立的，有些也许并非如此。因此，在用户访谈工作进行过程中，每天或每次访谈完成后都需要对访谈方式和问题进行重要审视，如果出现不合适的地方，一定要及时调整，以保障访谈工作的质量和效果。

6. 结果分析

当完成用户访谈后，产品经理会根据访谈目的，设计访谈结果的分析指标，再结合访谈记录进行问题分析，并输出访谈结果。通常而言，用户访谈结果分析包括三个步骤。第一步，整理原始记录。一般会利用两个用户访谈的间隙进行访谈笔记的快速整理：一方面是快速地做检查，对之前记录不完全的部分进行补充；另一方面也可以根据前一个访谈的情况，对访谈方式和问卷问题进行调整。第二步，归类问题。将不同用户遇到的相同问题进行归类，以问题为单位进行分析，如问题出现频率、出现场景、具体问题描述及其他相关信息等。第三步，提出优化建议。正如之前所述，产品经理不会为了做用户分析而做访谈，一切分析都是为了使产品更好，因此要基于受访对象提出的现存问题，结合现有条件，提出产品的优化方案。

（三）用户画像

用户画像（user persona）是美国交互设计之父艾伦·库伯（Alan Cooper）1999年在《软件创新之路——冲破高技术营造的牢笼》（*The Inmates are Running the Asylum*）一书中提出的概念。库伯认为，用户画像是真实用户的虚拟代表，是建立在一系列属性数据之上的目标用户模型，是一种研究虚拟用户的方法。

用户画像并不是一个具体的人物画像，而是根据目标个体行为、观点的差异区分为不同类型，又迅速提炼、组织而成的一个综合的、多维的、标签化的用户情况说明。从本质上说，用户画像是一种描述目标用户、联系用户诉求与设计方向的有效工具，是对产品目标群体真实特征的勾勒，是真实用户的综合原型，是对真实用户的性格、喜好、行为、需求等特征进行挖掘提取，将要素抽象综合成的一组对典型产品使用者的描述。可以通过对用户的群体特征、心理认知、行为和需求进行细分，进而定义用户画像。

1. 用户画像的作用

与其他方法一样，用户画像作为一种用户分析的方法，是需要解决具体问题的。根据产品生命周期的不同阶段，面对不同的用户类型要求，用户画像所要解决的针对性问题都不同。一般而言，创建用户画像的目的包括辅助产品定位、辅助团队沟通、提升设计效率等。

（1）辅助产品定位。通过市场数据和市场分析，产品经理可以预测或了解产品用户的大体特征，但仍然无法明确产品用户与其他群体的需求差异所在。通过基于数据的用户画像，产品经理不但可以知道用户是谁，还能知道他们需要什么，从而从用户角度对前期制定的产品市场定位、功能定位等进行修正和调整，实现更精确的定位。在此基础上，还可以制定更为有效的营销策略，指导产品的持续优化迭代。

处于引入期的产品还未定型，这个阶段做用户画像的意义主要在于为产品定义一个市场。进入成长期后，在产品运营过程中用户画像的意义则在于精准营销，使产品的服务对象更聚焦、更专注，能更好地满足用户的需求，从而优化运营手段，并提升公司的经营效益。

（2）辅助团队沟通。用户需求是产品需求的重要来源，协助用户解决问题也是产品存在的原因。在沟通产品的方向和设计概念时，如果脱离用户，只是就产品谈产品、就功能谈功能、就需求谈需求，则很容易因个人工作职责和对工作理解的差异，造成团队内无法达成一致意见的情况。用户画像让空洞的“用户”概念变得具体，形成用户画像后，无论是在产品团队内，还是在产品、设计、研发、运营团队之间出现分歧时，都可以将用户画像作为沟通手段，促进一致认知和共识的形成。

（3）提升设计效率。

为了让用户有更好的产品使用体验，产品经理或设计人员经常会做一些创新设计和设计优化。无论是功能设计、界面设计还是UX设计，要想做出“有效”的创新和优化，都一定要从用户的角度出发，在设计之前都需要进行用户分析，以用户的行为习惯和喜好作为设计支撑。做用户觉得有用的设计和功能，这样用户才会真正地去使用和体验。在完成设计之后也需要请部分用户参与产品测试，验证设计是否可行。清晰的目标用户画像将提升设计的精准度，同时在测试时也可以有的放矢，针对性地邀请目标用户协助测试，从而降低成本。

总的来说，用户画像是精细化运营、数据化运营需求的产物，结合数据可以更加精准地分析了解用户特征/用户行为，以便更好地服务于大多数用户。从用户角度而言，用户画像可以应用于用户的整个服务生命周期，如用户拉新、用户体验提升、个性化推荐及交叉推荐等环节，从而提高用户转化率、用户留存率等。从产品角度而言，用户画像可以应用于产品的整个生命周期，配合诸如优惠券发放、反欺诈、动态调价、用户与服务产品及商家的智能匹配、消息推送等工作的展开。

2. 用户画像的分类和维度

用户画像的工作也可视为是在给用户贴“标签”。标签也称数据点，是对用户信息高度精练后形成的特征标识。一般而言，标签越精准，对应覆盖的人数则越少。所谓千人千面，就是指不同的群体有不同的特征和标签。

但标签并不直接组成用户画像，在标签之上还有一层结构——维度。维度可视为一系列标签的集合，例如地理位置维度下可包含用户/设备来源地、用户/设备当前位置等；设备信息维度下还可包含手机品牌、手机型号、手机操作系统等多种不同标签。用户画像可以视为是不同维度信息的组合，如喜欢看短视频的三线城市公务员，这一用户画像就同时包含了用户行为、用户地理位置和用户职业等维度信息。

用户画像分为两大类，一类是群体用户画像，一类是单体用户画像。两类用户画像因作用不同，所展示的维度也有所差异。

（1）群体用户画像。群体用户画像体现的是用户群体的整体特征，可以方便公司内部、媒体、投资者对人群总体情况形成基础认知。因为反映的是群体总体，因此标签维度主要是描述性维度，常见的维度包括群体体量、群体基础构成、群体中标签分布、群体的行为指标等。

- 群体体量，指群体数、目标群体在全部用户中的占比等维度，是反映群体规模的指标。
- 群体基础构成，指群体中新老用户占比，也可以作为用户市场发展潜力的参考指标。
- 群体中标签分布，即群体中标签值的分布占比。例如以性别为标签，那么“男”就是标签值，用户群体中男性占比为70%就是群体中标签分布。
- 群体的行为指标，即群体完成指定行为的总次数、人均次数等。

群体用户画像常见于公司或软件的分析报告中，例如《巨量算数：2020年抖音用户画像报告》[①] 就对抖音用户进行了以性别为划分依据的用户画像绘制（见图5-7）。

---

① 巨量算数：2020年抖音用户画像报告［EB/OL］.（2020-03-11）［2021-03-08］. http://www.199it.com/archives/1017794.html.

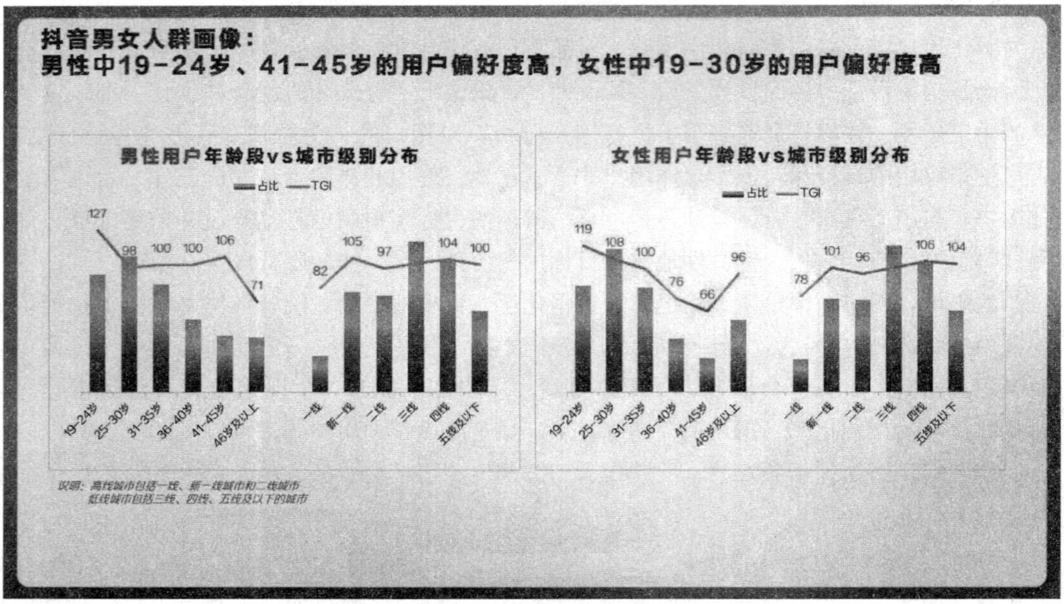

图 5-7 抖音用户画像

资料来源：

巨量算数：2020年抖音用户画像报告［EB/OL］．（2020-03-11）［2021-03-08］．http：//www.199it.com/archives/1017794.html.

（2）单体用户画像。单体用户画像也就是以单个个体形象出现的用户画像，主要用于描绘用户的使用轨迹和属性特征。这个也是产品经理、设计人员和用户研究人员平时使用较多的用户画像类型。通常会以具体人物照片或抽象形象为代表，并附以用户的人口统计学特征、消费行为、需求及爱好等特征。图5-8展示的就是网友分享的抖音单体用户画像。

图 5-8 抖音单体用户画像

资料来源：

腾讯大讲堂．如何通过建立画像洞察用户价值点［EB/OL］．（2020-07-08）［2021-03-08］https：//cloud.tencent.com/developer/article/1657563.

一般而言，单体用户画像的维度包括四大类，分别是用户基本属性维度、用户心理属性维度、用户行为属性维度和用户需求维度。

- 用户基本属性维度。这一维度主要是对用户的人口统计学特征和能力特点等信息进行的挖掘和提取，具体标签包括年龄、籍贯、学历、专业、职业、地域、性别、收入、家庭结构、软件使用程度、IT 知识、使用网络的能力等。
- 用户心理属性维度。这一维度用于创建出具有相似特征的用户群体心智模型，标签有性格特征、兴趣爱好、心理需求、生活价值观、消费态度、媒体态度、品牌态度等。
- 用户行为属性维度。这一维度是对用户的群体特征、心理认知、行为和需求进行的细分和归纳，例如休闲方式、生活方式、度假方式、信息获取习惯、网络浏览内容、消费模式、产品使用行为、网络社交方式等都是这一维度下的标签。
- 用户需求维度。这一维度是对用户产品使用偏好和用户需求的挖掘，具体标签包括用户目标、用户期望、用户痛点等。

3. 用户画像步骤

通常群体用户画像可根据产品数据直接生成。在实际工作中，单体用户画像对于产品经理而言使用率更高，在此仅介绍单体用户画像的绘制步骤。

既然用户画像是综合的、多维的目标用户模型和用户情况说明，那么它在成形之前一定需要经过详细规划、信息布置和数据收集等步骤。经典的用户画像创建方法包括艾伦·库伯（Alan Cooper）的“七步人物角色法”和莱恩·尼尔森（Lene Nielsen）的“十步人物角色法”。

（1）艾伦·库伯的“七步人物角色法”。

艾伦·库伯将用户画像模型建构分为七步（见图 5-9）：第一步，界定用户行为变量，即罗列出用户可能发生的数种行为的独特方面，并对其下准确定义；第二步，将访谈主体映射至行为变量，锁定具有上述行为的目标用户；第三步，界定重要的行为模式，将目标用户的显著行为进行一个系统性的归纳和总结；第四步，确定综合特征和相关目标，即从数据中综合细节，并通过观察行动和分析访谈主体对目标导向问题的回答来推导目标；第五步，检查上述特征和目标的完整性，每一个人物角色应该至少在一个显著的行为上与其他人物角色相异；第六步，针对数据分布和用户行为特征展开叙述，叙述包含一些虚构的事件和反应，应快速地从职业或生活方式方面介绍人物角色，并且简略地给出他们一天的生活梗概，包括焦躁、关注和兴趣等与产品有直接关系的各个方面；第七步，指定人物角色类型，即形成具有典型性的角色模型。①

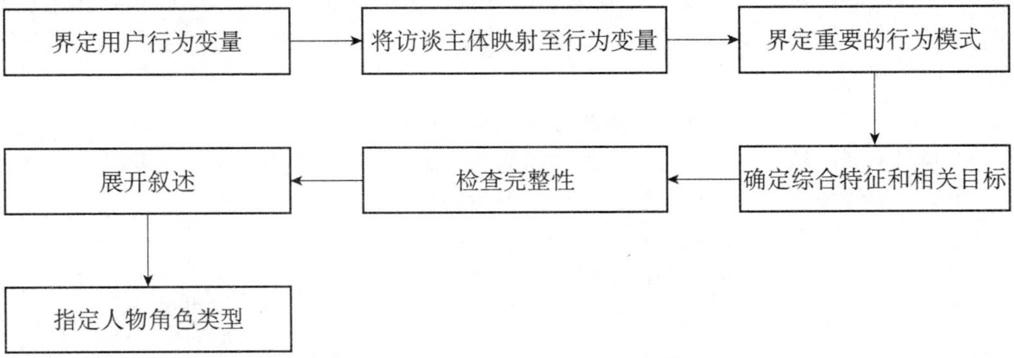

图 5-9　艾伦·库伯的“七步人物角色法”

① 库伯，瑞宁，克洛林. About Face 3 交互设计精髓 [M]. 刘松涛，等，译. 北京：电子工业出版社，2013：74-81.

（2）莱恩·尼尔森的“十步人物角色法”。

莱恩·尼尔森则从更细致的角度对用户画像构建进行规划，全过程共十个步骤。

第一步：发现用户（finding the users）。这一步主要解答用户是谁、用户规模有多大等问题，主要信息来自数据分析报告或产品自身数据。

第二步：建立假设（building a hypothesis）。假设不同用户之间存在着某些差异，通过查阅文献材料和数据材料来标记不同的用户人群，并大致描绘出自家产品的目标用户群。

第三步：开展调研（verifications）。调研的内容包括目标用户偏好、需求和价值观，用户产品使用场景、产品使用目标、信息策略等，调研结果以调研报告的形式进行呈现。

第四步：发现用户模式（finding patterns）。这一阶段最主要的工作是将用户分门别类进行描述，目的是通过发现用户的共性，归纳出重要标签，并查看是否还有其他用户群、他们的地位是否同等重要。

第五步：创设虚构角色（constructing personas）。根据真实用户特征建立起虚拟的用户角色，构建的维度包括用户的基本信息、心理特征、职业背景、对待技术的情绪与态度和其他个人特质等，再以标签化的描述方式说明虚构角色。

第六步：定义场景（defining situations）。思考虚构角色的需求适应何种场景，归纳出需求与场景相匹配的结果。

第七步：复核与买进（validation and buy-in）。这一步是对前面资料收集的加深工作，一般在用户画像创建过程中视情况决定是否跳过。

第八步：知识的散布（dissemination of knowledge）。与第七步一样，也是对前面资料收集的加深工作，一般在用户画像创建过程中视情况决定是否跳过。

第九步：创建剧情（creating scenarios）。这里的剧情指用户使用产品的情境，即探究虚构角色在使用产品的过程中可能会发生哪些情况、遭遇哪些技术性的难题，通常以叙述式的语句描绘，最终输出用户案例和产品需求规格说明书。

第十步：持续迭代（on-going development）。由每天和用户接触的人持续获取新的数据信息，进行有效性测试，并不断修正用户画像。

（3）新手产品经理用户画像步骤。

艾伦·库伯的“七步人物角色法”和莱恩·尼尔森的“十步人物角色法”都传递出关于创建用户画像需要注意的三个事项：首先，用户画像要建立在真实的数据基础之上；其次，当有多个用户画像的时候，需要考虑用户画像的优先级，通常不能为三个以上的人物角色设计产品，这样容易产生需求冲突；最后，用户画像不是一成不变的，它根据用户的动态变化永远处在不断修正的状态之中。

此外，以上两种方法都存在一个理想化的前提假设，那就是产品团队已开展了充分的用户调研，并能明确其产品会给用户带来价值。然而这种假设存在一定的问题，它假定用户不是普通人，而是关注特定细节的独特人物。尽管这两种构建方法能提供集中的设计思路并作为沟通工具完成产品讨论，却因为低估用户参与的价值而遭到业界批评。①

作为新手产品经理，可以采用以下更简洁清晰、更易上手操作、更具应用性的方法，来帮助自己完成用户画像。

---

① GRUDIN J，PRUITT J. Personas，Participatory Design and Product Development：An Infrastructure for Engagement［C］//Proc. PDC，2002，2：144－152.

● 第一步，结合业务分析用户画像目的。

如前文所述，用户画像是协助产品经理开展工作的工具，不同的企业、不同的产品经理、产品的不同阶段，绘制用户画像都有不同的目的。例如负责产品研发的产品经理可能更关注目标用户分析、产品定位等；而营销产品经理更关注个性化推荐、精准投放等工作。因此，在进行用户画像之前，先要明确待解决的具体目标和问题。表 5－9 中列出了一些常见的用户画像目的。

表 5－9　　常见的用户画像目的

工作目标	工作内容	用户画像目的
完善产品，优化用户体验	产品研发	• 目标用户分析 • 产品定位调整 • 用户体验研究
	业务运营	• 体验流程优化 • 用户关系维系 • 用户黏性提升 • 交易转化提升
对内促进销售，提升企业盈利能力	精细化营销	• 个性化推荐 • 个性需求分析 • 精准投放获客
	数据服务	• 相关业务拓展 • 数据供应商

● 第二步，选择合适的数据维度。

用户数据涉及方方面面，并不是所有数据对目前正在做的用户画像而言都是有用的，因此需要选择合适的数据维度，进而进行针对性的数据收集。要选择合适的数据维度，先要将用户画像目的涉及的问题进行细化，然后在细化问题的基础上提出可能的假设，最终围绕假设圈定数据的维度。

举个例子，产品新上线了一个变现功能，但从数据结果看效果不够理想，因此需要通过用户画像来分析原因，从而提出对策。首先要确定研究的对象范围。可以采用两种分析的思维：一种是分析已付费的用户，另一种是分析有浏览行为但最终在付费环节跳出的用户。这两种思维方式会形成不一样的数据收集内容。对于已付费用户可以分析用户来源、用户属性、功能使用场景、功能使用数据等；对于在付费前跳出的用户则除了了解用户来源、用户属性等信息外，还可以通过访谈了解其跳出原因等。如果确定分析对象是跳出用户，跳出的原因主要有以下几种：一是经济环境不景气，所以用户购买力不足；二是竞品功能更好；三是定价过高。针对三种不同的原因，就需要收集不同的用户信息以寻求解决方案。例如，如果是因为用户购买力不足而导致的跳出，就需要收集用户的消费行为数据，对于买不起的产品、买得起但买得少了的产品、买得起且保持恒定消费的产品分别进行分析，看看三类产品的数量、特征、替代产品、减少程度、找寻途径等。按以上思路，本案例的数据维度分析具体如图 5－10 所示。

● 第三步，收集数据。

用户画像一定是基于数据的，数据的来源主要有三类：第一类是第三方数据分析报告等二手数据，如通过市场分析或行业分析报告，可以获得用户体量等信息；第二类是产品自身的用户数据，如果是对一个既有产品进行分析，那么产品经理很容易就可以获得用户的数据，如用户数量、用户自己提供的人口统计学信息、用户的行为数据等；第三类是通过问卷调查、用户访谈等用户分析方式获得的一手数据。

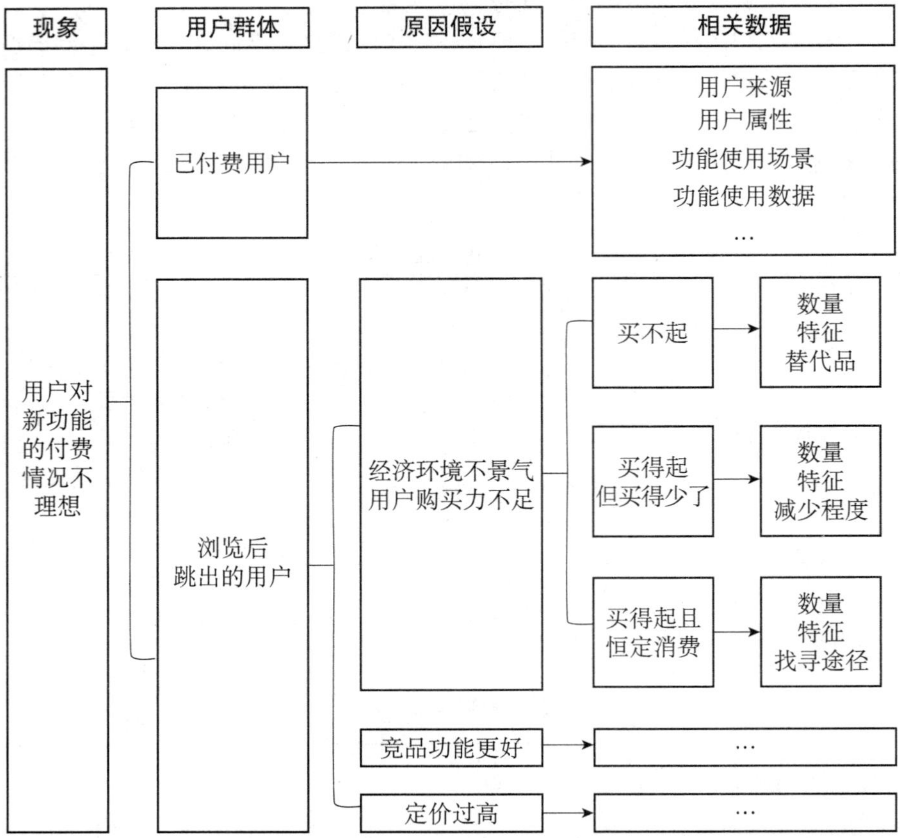

图 5-10　用户画像数据维度选择思考路径范例

要注意的是，单一数据来源难免会有自己的盲区，例如内部数据可能因埋点或资料填写设置而导致数据采集不全，二手的分析报告又可能存在抽样误差问题。因此，要想用户画像画得准，分析得当，必须真正深入用户，也就需要依赖多种数据来源，而且在前面的维度选择时要注意逐步验证假设，使得数据收集更为聚焦和精准。

● 第四步，绘制亲和图。

第三步收集到的数据既有定性数据，也有定量数据。对于其中的定性资料，可以通过亲和图的方式进行归纳和整理。这种方法就是把大量收集到的事实、意见或构思等定性资料，按其相近性进行归纳整理。好处是能将庞大的、定性的用户信息的分析过程可视化，能更清晰、方便地找出某一用户群的特性。

绘制亲和图的工作一般由参与数据收集的人员完成。其过程本质上是聚类分析、重新定义标签，主要包括以下几个步骤。首先将收集到的关于目标用户的关键信息做成卡片，每张卡片上只写一条信息："人＋目标/行为/遇到的问题"，如"王小兵喜欢玩狼人杀"，可以邀请其他的同事参与到制作和讨论中；其次对类似或相关的卡片进行移动和组织，可以贴在一起形成一组；最后对各组卡片进行概括性描述，归纳出几种不同的用户类型，形成较完整的亲和图。亲和图绘制方式通常比较灵活，比如说用户数量较少时可采用手绘便利签的方式，而当用户规模较大时则可以借助数据统计工具和绘图软件进行制作。

● 第五步，描述用户画像。

用户画像的价值在于根据用户的需求和目标产出解决方案、产品和服务。用户画像的描述一定要基于对用户的理解和共情，因此需要对所获得的数据进行故事化处理，从而让最终形成的用户画像更为真实，更容易引起用户的共鸣。

输出最终的用户画像之前，还需要进行一些完善工作。首先要结合真实的数据资料，赋予用户典型的特征；其次需要加入场景或细节的描述性元素，令用户画像更加丰满和真实；再次要将人物角色框架中的范围和抽象描述具体化，比如用户性格特征为“缺乏耐心”，则需举“对页面加载过程可忍受的时长为 n 秒”的例子等；最后对可视化内容，尤其是用户关键特征做精简提炼，减轻用户画像读者的记忆负担。

用户画像一般会包含以下信息：角色姓名、角色照片、角色基本属性、角色心理属性、角色行为属性、用户目标、用户痛点、用户最具代表性的一句话、用户标签、使用场景等。在实际工作中，视不同的目的和产品而可能略有不同。其中，角色姓名和角色照片可以是虚拟的；角色属性与前文所述的几个维度内容一致；用户目标指的是用户希望达成的目标，或者是用户想要完成的某个体验，又或者是产品经理工作上的某个目标；用户痛点则是用户竭力避免的问题，或者是阻止用户实现目标的障碍，又或者是现在产品存在的问题；用户标签则是产品经理选取的最能体现用户特征的总结性词汇，如商旅达人、计划狂等。图 5-11 就是网友绘制的 Keep 的用户画像。①

图 5-11　Keep 用户画像

资料来源：

OKXIN. Keep 用户画像［EB/OL］.（2020-03-18）［2021-03-08］. https://www.zcool.com.cn/work/ZNDM1ODg0MTI=.html.

4. 用户画像基本要素

用户画像的英文名称 persona 也常常被用来描述其必备的基本要素。②

P-基本性（primary）：用户角色是否基于对真实用户的情景访谈；

---

① okxin. Keep 用户画像［EB/OL］.（2020-03-18）［2021-03-08］. https://www.zcool.com.cn/work/ZNDM1ODg0MTI=.html.

② 伊飒尔 UXD. 用户研究：重新认识用户画像［EB/OL］.（2020-08-21）［2021-03-08］. http://www.woshipm.com/user-research/4147613.html.

E-同理性（empathy）：用户角色中包含姓名、照片和产品相关的描述，该用户角色是否能引起同理心；

R-真实性（realistic）：对那些每天与用户打交道的人来说，用户角色是否看起来像真实人物；

S-独特性（singular）：每个用户是否是独特的，彼此很少有相似性；

O-目标性（objectives）：该用户角色是否包含与产品相关的高层次目标，是否包含用于描述该目标的关键词；

N-数量性（number）：用户角色的数量是否足够少，以至于产品团队能记住每个用户角色的姓名，以及其中的一个主要用户角色；

A-应用性（applicable）：产品团队是否能将用户角色作为一种实用工具进行产品决策。

这些基本要素同时也是判断一个用户画像是否准确的重要指标。除此之外还需注意的是，用户画像是根据现有数据，从用户群体中抽象出来的一个或多个形象，它既不是用户细分，也不是代表用户比例的平均用户，更不是真实用户。通过用户画像来识别用户群体、分析用户需求、设计产品才是产品经理最关注的核心问题。

以上是三种最为常见也最为基础的用户分析方法。除了上述三种方法外，还有诸如关注用户行为的行为事件分析、用户留存分析、漏斗分析、行为路径分析、点击分析模型等方法，聚焦于产品优化的 A/B 测试和可用性测试，以用户为中心、专注于产品结构的卡片归纳法等一系列用户分析方法，在实际工作中可以根据需要进行学习和选择。

可能有人会问，为什么产品经理已经拥有产品后台的数据了，可以清楚地了解到用户群体的行为特点，还需要进行用户分析呢？原因可能包括两方面：

第一，如果产品处于 0 到 1 的阶段，那么产品经理无法得到用户行为的数据反馈。这里就需要借助第三方数据，或者产品经理自己采用多种方法进行用户数据收集，从而为后续的决策提供依据。

第二，即使是在迭代优化的阶段，产品经理拥有数据，但数据也只能解释用户做了什么，而无法解释他们为什么这么做。除此之外，不同用户群体在关注的内容、创作参与度等方面也有很大差异；用户的行为、心理特征也需要通过用户分析进行了解。在市场营销学中有一个关于消费者行为的刺激-反应模型，简单来说就是企业结合宏观及微观的市场环境特征，通过将诸如 4P 模型的营销刺激作用于消费者，最后可以得到消费者的购买态度和偏好，如购买发生的时间、购买的内容、购买发生的地点等信息。但在这个模型中存在一个消费者黑箱：外部刺激作用于消费者并产生结果的决策原因和过程是未知的。这个黑箱在新媒体产品中同样存在，因此需要通过用户分析去尽可能地了解黑箱内部的情况，更好地针对用户需求设计产品。

【思考题】

1. 除了问卷调查、用户访谈和用户画像外，你还了解或接触过哪些用户分析方法？这些方法的主要作用、优缺点和使用边界分析是怎样的？

2. 进入 5G 时代后，你认为新媒体产品的用户特征会有哪些变化？

3. 假设你是一名产品经理，准备开发一款运动健身 APP 产品，请你为这款产品做用户画像。

第六章　新媒体产品竞品分析

通过本章学习，你将能够：

1. 了解新媒体产品竞品分析的相关概念。
2. 掌握新媒体产品竞品分析的流程。
3. 能够撰写新媒体产品竞品分析报告。

只要谈及产品，一个必须谈及的概念就是竞品。这不仅是因为竞品与本品存在竞争关系，关乎本品的生存和市场份额，还因为以下几个原因。第一，竞品的多少是行业市场发展的重要体现。以我国短视频市场发展为例，2014 年 4G 网络在全国推广，短视频也开始进入自己的发展期；2016 年抖音、火山小视频、好看视频、梨视频纷纷上线，短视频行业进入高速发展阶段。第二，竞品也是产品发展中的重要参考。在产品行业有一句非常经典的话："一切好的产品都是从模仿开始的。"在产品初创和发展过程中，以行业龙头为代表的一批产品，可以为本品提供功能、结构、UI 甚至运营等多方面的参考信息，例如 QQ 的前身 OICQ 就借鉴了国外一款即时通信软件 ICQ。由此可见，竞品分析对于新媒体产品而言同样十分重要。

第一节　竞品分析的基本概念

竞品分析与市场分析、用户分析一样，都是产品经理的必备技能。那么什么是竞品？一种产品的竞品只有一种吗？还是有很多？一款基于线下社区的生鲜电商产品，它的竞品到底是社区大门外的超市，还是大型电商的生鲜市场部？竞品分析对于产品而言又意味着什么？什么时候该做竞品分析呢？面对这诸多的疑问，最好的办法就是回到本源，从竞品和竞品分析的定义入手展开学习。

一、竞品的相关概念

（一）什么是竞品?

简单地从字面上看，竞品就是与自家产品存在竞争关系的产品。根据这种竞争关系体现的领域，可以从狭义和广义两个维度对竞品进行定义。狭义上的竞品，指在相同领域内产生竞争关系的产品。比如同属在线音乐领域的产品 QQ 音乐、网易云音乐、酷狗音乐、酷我音乐等就是狭义的竞品。除了相同领域的产品外，还有些产品，虽然处于不同的领域，但也存在竞争关系，比如非常著名的柯达公司，作为世界上最大的胶片供应商之一，在数字科技飞速发展的背景下，被数码相机"打败"。广义的竞品指的是所有能够产生竞争关系（无论直接还是间接）的产品。例如网易云音乐、微信、抖音虽然是不同领域的产品，但因为它们都是针对用户休闲时间开发的产品，所以会产生间接的竞争关系，属于广义竞品。

（二）常见的竞品类型

在现行的新媒体产品设计过程中，经常会从用户需求出发，根据产品满足用户需求的不同情况，将竞品划分为直接竞品、间接竞品、潜在竞品和转移性竞品四种。

1. 直接竞品

直接竞品指的是产品的直接竞争对手，是解决用户同样需求的同样产品，也被称为对标品。直接竞品往往市场定位一致、用户群体相似、商业模式与产品思路差异不大、产品功能与用户需求相似度高。简单而言，就是满足同样目标人群的同样需求、提供相同服务、构成直接竞争关系的同类产品。因此直接竞品之间的竞争通常十分激烈，用针尖对麦芒来形容一点也不为过。例如在共享单车领域，哈啰出行、美团单车、青桔单车等就互为直接竞品。

2. 间接竞品

间接竞品的特点是市场范围相同但商业模式不同，它们是解决用户同样需求的不同产品。它们的产品形态可能不尽相同，但目标用户一致，也可称为非对标产品。它们有时会存在一定关联，例如矿泉水和绿茶饮料，都是解决口渴需求；但有时也无直接关系，比如网约车与共享单车，业务形态完全不同，但都针对人们出行的需求，那么有了共享单车后，近距离出行时人们便多了一种选择，使用网约车的概率则有所下降。对间接竞品进行分析时，不可以只分析自己的产品和某一间接竞品，而需要列举市场上主要的 TOP 级竞争对手，逐一进行单一分析，最后汇总。

3. 潜在竞品

潜在竞品即解决用户不同需求的同类产品。这类竞品目标用户相似，产品形态相同，但可能当下的产品定位不同，暂时没有相同的产品功能模块，目前并不产生竞争，但通过后期功能增加等方式，很容易实现潜在竞品向直接竞品的转化。最简单的例子就是陌陌与微信，陌陌是一款基于 LBS 的实时通信产品，微信是以熟人社交为基础的实时通信产品，两者形态相同，但定位存在一定差异。后来微信开发了一个功能叫“附近的人”，虽然产品目标不同，但这一功能却使两个产品由潜在竞品向直接竞品转化。潜在竞品有的是行业相关的产品，比如纵向的上下游产品，顺丰快递与天猫就是这种关系。还有的产品并非行业相关产品，例如近年流行的跨行业业务开展，就使得 BAT 教育平台与传统的教育培训机构成为竞争对手。

4. 转移性竞品

转移性竞品就是满足用户不同层次需求的不同产品。它们的目标人群具有一定共性，产品目标不同，但在特定场景下对用户使用时间形成竞争。比如大家在坐地铁的时候，可以有很多休闲的选择，可以刷短视频、看电影、读小说，这时就会有很多产品成为其他产品的转移性竞品。

转移性竞品的存在比较广泛且隐蔽，如果不留意甚至可能无法发现。业内有人打了个比方，认为转移性竞品与本品的关系就是“我消灭你与你无关”。比如有人将王者荣耀这款游戏视为口香糖的竞争对手。这是因为消费者购买口香糖的行为往往是一种冲动购买行为，或称为非计划购买行为，可能大多数人并非在食品区就把口香糖放进了购物车，而是在排队等待付款时，在收银机旁的货架上看到，然后顺手放进了购物车。针对这一购买行为的特点，商超往往将口香糖放置在收银台附近的货架上以提升其销量。但人们在消费者行为观察中发现，王者荣耀这款游戏产品对口香糖的销量影响很大。这款游戏产品一度风靡大江南北，甚至被称为“王者毒药”，让人沉迷其中、欲罢不能。重度游戏参与者绝不会放过任何可以玩的时间，当然也包括无聊的排队结账时间。游戏玩家的目光被死死地锁在小小的手机屏幕上，无暇顾及周围的货架，自然不会产生对口香糖的冲动消费。因此，在超市的购物场景里，看上去没有任何关系的王者荣耀与口香糖就成了竞争对手。

四种竞品类型也可以简单地从产品与用户需求的角度进行区分：解决同样需求的同样产品（直接竞品）、解决同样需求的不同产品（间接竞品）、解决不同需求的同类产品（潜在竞品）和不同层次需求的不同产品（转移性竞品）。四种竞品类型的区别总结如表 6-1 所示。

表 6-1 四种竞品类型区别一览表

竞品类型	市场定位	用户群体	商业模式	所满足的用户需求
直接竞品	一致	相同	相同	相同
间接竞品	一致	相同	不同	相同
潜在竞品	不同	相同	不同	暂时不同
转移性竞品	不同	可部分相同	不同	不同

二、竞品分析的相关概念

（一）什么是竞品分析?

竞品分析是根据产品设计、研发或运营需求，解决特定问题的、以阶段或功能为基准点的横向分析方法，是对现有及潜在的竞争产品优劣势进行的比较分析与评价。从这个定义不难发现，竞品分析应该是有求而做，即它是为解决某些问题而做的分析。因此竞品分析具备以下特点：

1. 目的明确性

竞品分析是为了解决工作中遇到的实际问题而进行的竞争对手分析，有明确的目的性，因此分析的结果也应有明确的指向性，应能解决引发分析的问题，存在明确的结论。

2. 内容客观性

竞品分析的内容来自竞争对手或市场相关产品，需要根据计划考察的角度，进行资料收集，从而分析实际情况。竞品分析虽然以竞争对手分析为主要呈现形态，但最终目的是解决实际问题，因此收集竞争对手的真实信息，对于做出符合客观事实的有针对性和有价值的决策至关重要。此时，不需要加入任何个人的判断，应该用事实说话。

3. 判断主观性

虽然竞品分析内容必须客观真实，但在竞品分析的策划和分析上则需要有着清晰的主观性。比如竞品分析开展的时机和必要性、竞品分析的目的和分析角度，都需要产品经理进行主观确定；竞品分析的结论，更是需要产品经理根据收集到的竞品信息进行总结，相当于产品经理体验了一遍竞品的用户流程后，列出竞品或者自己产品的优势与不足。

（二）竞品分析的目的

竞品分析虽然是为了解决具体的问题而针对竞争对手展开的分析，但落实到实操层面，通常体现为以下两个具体目的。

1. 对比和提升

互联网的发展日新月异，不仅竞争对手越来越多，用户也越来越“精明”，“货比三家择其优”已经成为用户普遍的消费理念。因此通过分析竞品，能够了解市场、了解竞争对手、了解用户需求，在与竞争对手的对比中，发现自身的优势和不足，为提升自己产品的竞争力做好准备，进而为占据有利的市场竞争地位和更大市场份额、快速调整制定可行的办法；同时为新产品或进入新市场形成系统化思维和客观准确方向。

了解市场，就是要看清市场的发展趋势、掌握技术发展动态，并在此基础上对自己的产品定位进行调整确认，找准市场切入点。

了解竞争对手，就是围绕具体的问题，找到与此相关的竞争对手，主要分析直接和间接竞品，同时发现潜在竞品：了解竞争对手的产品和市场动态；判断竞争对手战略意图和最新调整方向；掌握竞争对手资本背景、用户群体需求满足情况、空缺市场现状、竞品运营策略；分析竞品在用户需求满足、产品架构、功能列表等方面的优胜之处，从而进行行为移植或经验借鉴，也就是人无我有，人有我优，人优我学，人劣我避。

了解需求，就是围绕具体的问题，把握与此相关的用户需求对应的产品功能点、页面设计或产品结构，了解用户习惯，为后续产品的迭代优化提供参考。

2. 验证和测试

验证和测试一方面是对前期确定的产品发展方向的验证。竞品分析是有很强目的性的工作，是为了解决问题而做的一种分析，产品经理在进行竞品分析之前，其实已经有了应对和解决问题的大致方向和想法，通过竞品分析可以确定市场机会点，从而验证之前意向解决方向的正确性。另一方面是对产品优化效果的验证和测试。产品在新功能上线后或者运行一段时间后，需要进行阶段性总结，看新功能效果，或一段时间内的运行效果，竞品分析无疑是效果最直观的体现。

无论是哪种目的，用一句古话来总结都再恰当不过了，那就是“知己知彼，百战不殆”，而“百战不殆”体现在激烈的商业竞争中就是获得收益，这才是产品经理所应该牢记的。

（三）竞品分析的内容

竞品分析内容涉及的范围十分广泛，大到产品定位、公司背景、目标用户群体，小到产品功能、用户需求、用户体验、界面设计、盈利模式、运营策略等多方面的内容。简单而言，对产品设计与研发过程中涉及的所有工作内容，都可进行竞品分析。

1. 竞品分析内容的选择原则

竞品分析的强目的性、时机选择主观性、分析内容丰富性等特质，决定了在进行竞品分析时不可能也没必要去分析所有可分析的内容。因此在选择竞品分析内容时，应注意以下两点原则。

第一，竞品分析是有目的地寻求问题解决方案的过程，因此竞品分析的内容与所要解决的问题，以及竞品分析的时机密切相关。在分析的时候并不会将所有的内容都进行分析，而是有针对性地分析想要比对的维度。

第二，并非所有的分析内容都适用于所有的竞品。例如直接竞品与自己的产品基本处于针尖对麦芒的状态，产品各方面都基本一致，因此所有可分析的内容，都可以成为两者的对比点，既可分析用户体验，也可分析界面设计，还可分析商业模式。但如果是与潜在竞品进行对比，则无法从产品功能、交互界面以及视觉表达等方面切入，因为两者在这些方面并不相似，可比性不强，所以一般是对商业模式的冲突进行分析。

2. 竞品分析的维度

虽然竞品分析可分析的内容很多，但总体而言可分为三个层面。

第一，公司层面。比对的内容包括市场趋势、行业发展现状、市场份额、竞品企业愿景、竞品的产品定位、竞品的产品发展战略、产品等各业务团队人员规模、产品运营及推广策略、产品盈利模式等，以及有关市场、行业、竞品公司和竞品的宏观信息。

第二，用户层面。包括目标用户群体及其特征、用户需求及现阶段需求满足情况、用户体验、用户数据及其变化趋势等围绕用户的相关信息。

第三，产品层面。从产品自身出发，内容包括产品功能、产品结构、界面及交互设计、产品线路图、产品技术路线等信息。

值得注意的是，竞品分析虽然也有可能会涉及对市场相关信息的分析，但并不等同于市场分析。两者的区别主要体现在以下方面：一是出现时机不同。市场分析往往是在产品要进入一个新的市场领域，或者版本大迭代的时候才会使用，而竞品分析则是在进行一个具体而微的迭代时就可以使用的分析方法。二是分析的作用不同。市场分析最主要的作用就是发现市场机会，也就是在描绘出整个市场格局和竞争态势后找到自己的切入点；而竞品分析的作用更多是找出本品与竞品相比差异和优劣所在，从而找出未来迭代优化的方向。

（四）竞品分析的时机

竞品分析开展的时机需要产品经理进行主观判断，但这一判断并非“拍脑袋”的决定，而是一种有着一定规律的行为。开展时机的不同不仅体现了时间的差异，还会相应地产生不同的分析目的、分析内容及分析负责人员。通常可以从纵向和横向两个维度，对竞品分析的时机进行划分，其中横向维度以竞品分析出现的场景为线索，纵向维度则以产品设计和开发的过程为依据。

1. 横向维度的竞品分析

场景变化是决定竞品分析开展与否的重要标志之一。根据场景的不同，可将竞品分析时机从横向上分为以下五类。

（1）新产品研发。

在新媒体产品的研发过程中，当产品经理基于对目标用户的了解、对用户需求的挖掘和目标市场的分析，形成了产品或功能的模糊概念，但尚未进入正式的研发过程时，或是由产品、市场、运营、客服等团队，提出一份基于用户反馈或别的信息来源的产品需求时，就需要进行竞品分析。此时竞品分析的目的就是验证，通过参考竞品，来验证这个需求是否值得去实现；如果值得实现，竞品分析结果将帮助产品经理理清思路逻辑，此时进行竞品分析的任务也理当由产品经理承担。

（2）产品迭代优化。

在使用APP时不难发现，系统隔三岔五就会提示“您有新的版本可以更新”，这种产品的迭代就是对现有产品的优化。产品优化是在产品已经上线，但某些功能尚未完善，或者根据用户需求需要新增功能，又或者某些原有功能不好用需要替换、删除或升级时，需要进行的产品迭代动作。例如，微信在6.6.6版本更新后就可以保留未编辑完的朋友圈。

竞品分析对于产品迭代优化十分重要，通过参考竞品的功能设计、用户界面、信息结构、操作流程等，找出竞品的优胜之处，或者是更契合用户的地方，进而对自家产品进行优化。但这种竞品分析很容易变成抄袭，例如“百团大战”时，去除LOGO、图标、色彩等标志性信息后，基本上分不清哪个是哪家的网站，因此在实际工作中应尽力避免抄袭，以免产生法律纠纷。此时竞品分析的目的是对比，负责人主要是产品经理。通过竞品分析，找到与拟优化方向或功能相关的解决方案，并通过本品与竞品的对比，确定最终优化方案。值得注意的是，这种参考不仅可以来自与自己同一行业的竞争对手，有时也可以来自跨行业的竞争对手，甚至非竞争对手。

(3) 阶段性总结。

在新产品或者产品的新功能上线一段时间后，为了查看新产品或产品新功能的效果是否达到预期目标，也可以进行竞品分析；若更新后竞争力并没有提升，则可以通过竞品分析找出问题所在。此时的竞品分析主要由用户研究人员完成，但在一些初创公司往往也会由产品经理来负责。竞品分析的目的是验证产品或功能的效果，或寻找未产生理想效果的原因。以寻找原因为目的而做的竞品分析，如果在竞争对手的产品里面寻找不到突破口，还可以从外部来考虑，比如可以尝试分析行业的发展趋势、分析竞争对手的合作伙伴，甚至通过分析竞争对手的对手来寻找一些突破口。

(4) 应聘产品岗位。

这里说的应聘不仅是毕业生或非产品岗人员应聘产品岗位，还包括产品岗人员跳槽等情况。在应聘的时候，为了显示自己在产品相关工作上的逻辑和分析能力，同时表现自己对应聘公司产品的熟悉程度，表明自己能够胜任该岗位，应聘人可以选择目标公司产品的竞品进行分析以表达自己的诚意。这种分析只能由应聘者自己经过深思熟虑来完成，是真正体现个人能力的文档，往往要求逻辑严谨，考虑周全，且应具备一定的创新性，最好是能急公司所急、想公司所想。正因为应聘者往往对岗位有一定的渴求，会拿出自己的真正实力，所以也有部分公司在遇到发展瓶颈时，会利用招聘来“骗取”方案。但无论如何，应聘者都应认真对待，切勿照搬照套网上文章，毕竟公司内部的人员会更熟悉竞品，也更关注竞品，若行迹败露，不免尴尬，还会坏了自己在行业中的口碑。

(5) 争取投资。

由于互联网产品具有前期成本投入巨大，对资金需求量大、依赖性高，需要得到外界的支持的特性，因此在融资计划书中需要进行竞品分析，从而表明自身的产品优势，以求得到资方青睐。在这种情况下，竞品分析主要由创业公司团队或创业个体来完成。创业个体多为初出校门的学生，或是已经在某行业拥有丰富经验和阅历，希望通过单飞寻求突破的职场人，他们有着自己的产品规划和设想，甚至已经开始前期运作，需要通过产品计划书打动投资人，获取资金进行创业。

2. 纵向维度的竞品分析

产品设计和开发流程一般包括以下步骤：确定选题—产品定位—需求分析—项目立项—功能点转化—产品架构与流程设计—交互与视觉设计—上线验证。竞品分析不只在选题和验证测试时才会涉及，事实上在每一个步骤中都可以进行竞品分析，区别只在于分析的目的。简单来说，就是针对不同步骤中遇到的问题，借助竞品分析来寻找更高效的解决方法。

出现在不同阶段的竞品分析，其负责人和需要解决的问题也有所不同。一般而言，有五种不同的角色会负责竞品分析工作的展开，即产品经理、用户研究人员、交互设计师、视觉设计师和运营人员。各阶段竞品分析的内容及负责人一览表如表 6-2 所示。

(1) 选题和产品定位阶段。

选题和定位决定了一款产品或一个功能的市场位置和所处的竞争格局，对产品未来的发展有着重要的指引性作用。产品经理作为产品的第一责任人，是本阶段竞品分析的主要负责人。这一阶段竞品分析的主要目的是了解市场，明确产品或功能的方向。分析的内容包括相应领域市场的发展状况，如竞品所占市场份额等；还包括竞品的商业模式、竞品产品定位、竞品盈利状况等相对宏观的竞品信息。

(2) 需求分析阶段。

需求分析可以简单地认为是从用户的需求出发，通过各种方法挖掘用户内心真正的目标，并提出符合产品定位的解决方案的过程。这一阶段竞品分析的负责人往往由产品经理和用户研究人员担任。在没有用户研究部门的公司，则由产品经理全权负责。

竞品分析是用户研究部门的常规工作，分析内容主要是竞品的用户群体定位、群体特点以及产品需求优先级排序，从中推测竞争对手最近在做什么事情、做得怎么样，并将相关数据和分析提供给产品经理，帮助其了解竞争对手近期的产品动态和用户变化情况，为产品经理做产品规划提供参考。

产品经理在需求分析阶段所进行的竞品分析，主要针对竞品对用户需求的满足情况，例如用户的哪些需求已经被竞品满足，满足的情况如何，还有哪些需求尚未被满足等。在此基础上，再参考用户研究部门对竞品近期动态的分析，以及对自身产品的用户需求分析，对产品或功能的未来发展方向进行进一步确认。

（3）项目立项阶段。

在此阶段，企业或部门将进行初步的内部评审，确定可继续展开研发的项目，通常来说是比较具体的项目，如产品的某个版本的迭代等。在这个阶段，产品经理需要进行一个比较全面的竞品分析，此时的竞品分析针对的是产品本身，通过对竞品与自家产品的差异点、各自功能、框架、创新及优缺点进行对比分析，从而针对立项的产品/功能的设计逻辑和参照对象做说明，并对运营效果做评估。

（4）功能点转化、产品架构与流程设计阶段。

功能点转化又可称为功能设计，是以分析后的需求为依据，设计产品的功能，简而言之就是确定产品的功能列表。产品初始的核心功能基本上在这个阶段就定下来了。实际上，在做需求分析时思考的重点，也是保证产品的核心主线功能，只是功能设计阶段出来的功能列表更细化，甚至细化到任务级。在进行功能点转化时有两点必须要注意：一是要围绕功能框架来设计功能列表；二是要对功能列表进行分类。只有功能列表清楚了，才能在此基础上进行适合用户使用和产品发展的架构和流程设计。

这些阶段的竞品分析主要由产品经理负责，工作内容是将竞品的功能列表与自家产品进行对比，研究两者在满足用户需求上的差异，选择更合理的功能列表及分类方式。由于功能列表与用户需求的对应关系，不是通过表面观察就可发现的，所以有时还需要产品经理从竞品的功能列表分类方式及维度进行倒推，从而找出竞品满足用户需求的功能及列表分类。

（5）交互与视觉设计阶段。

交互与视觉设计是由交互设计师或视觉设计师，根据产品经理提供的 PRD 进行的低保真页面或高保真页面的绘制。因此在交互与视觉设计阶段，竞品分析的主要负责人为交互设计师和视觉设计师，分析的目的是通过与竞品进行比较，分析竞品与本品在交互和视觉方面的区别，并找出其中可借鉴之处，进而打造更好的产品体验。交互设计师在进行竞品分析时，更关注竞品的页面框架、交互动作、逻辑性和页面语言风格，比如页面颜色、交互性、排版和菜单设置、用户操作路径等。视觉设计师的工作是在维持用户对产品一贯认知的基础上，打造产品独特性，因此更关注竞品的语言风格、色彩、颜色层级、页面细节。

（6）上线验证阶段。

进入上线验证阶段，表示产品或功能的迭代或更新进入考核阶段。这个阶段的竞品分析主要由产品经理、用户研究人员和运营人员负责。产品经理从竞品的产品功能维度进行分析，通过下载体验更多友商新产品功能，为产品的优化迭代提供灵感。例如，苹果在 iOS9 系统对 Wi-Fi 联网的权限新增了在系统 Wi-Fi 列表标示，可以用于一键联网的功能，这一功能的发现，便来自对友商新版本产品的使用。用户研究人员主要工作是对比竞品，看本品任务或测试完成情况、用户反馈情况，并输出结果。运营人员则分析竞品产品推广维度，分析其采取的推广策略和具体行为，以及在各个流量渠道的部署。例如，查看友商产品在市场上的宣传文案和素材，学习友商对核心功能的包装宣传，将有助于对自家产品宣传文案及素材设计的拿捏。

表 6-2　　产品设计与开发各阶段竞品分析的负责人、目的和主要内容一览表

所处阶段	竞品分析负责人	竞品分析目的	竞品分析内容
选题和产品定位	产品经理	• 了解市场 • 明确产品或功能的方向	• 市场现状、竞争态势 • 商业模式、竞品定位、盈利情况等
需求分析	产品经理 用户研究人员	• 了解用户需求 • 确定产品需求优先级排序	• 竞品用户群体定位 • 竞品用户群体特点 • 竞品产品需求优先级排序 • 竞品对用户需求的满足情况
项目立项	产品经理	• 辅助说明拟立项的产品或功能 • 预估可能的运营效果	• 竞品与本品的差异点、各自功能、框架、创新及优缺点
设计阶段	产品经理 交互设计师 视觉设计师	• 寻找更合理的功能设计、产品架构和流程设计 • 优化产品体验	• 竞品与本品的功能列表 • 竞品与本品功能和用户需求的对应关系 • 竞品的页面框架、交互动作、逻辑性、页面语言风格、页面视觉设计等
上线验证	产品经理 用户研究 运营人员	• 寻找新功能灵感 • 验证产品或功能效果 • 提供推广方案参考	• 竞品产品功能 • 本品任务或测试完成情况，以及用户反馈情况 • 竞品产品推广方案

第二节　竞品分析的步骤

竞品分析虽然入门很容易，但要想做得漂亮却并不简单。就刚刚接触竞品分析的产品新人来说，往往会面临众多问题：简单堆砌竞品产品信息，表面看似很饱满，实则干瘪空洞；缺乏对关键指标的深入分析，数据维度展示不全面；胡乱套用“公式”，提炼不出有价值的可供参考的数据信息……

竞品分析工作很庞杂，查阅资料、分析、整理、汇总等，每一项工作都需要花费很多精力。要想做好竞品分析，往往需要产品经理以牢固的个人基本功作为基石，此外，还需要具备行业洞察、用户视角、经营理念等多方面经过长时间定期积累而获得的综合能力。也只有这样才能够对竞争对手或市场进行深入分析，真正做到“知己知彼”。

竞品分析报告是竞品分析工作的输出物，在网上搜索“竞品分析报告”时，最经常看到的就是对两个产品或多个产品功能上的比较分析。功能固然是新媒体产品的立足之本，但竞品分析绝对不只是功能分析。竞品分析可分为准备和分析两个阶段，每个阶段又有自己的主要工作。其中准备阶段包括确定分析目的及报告的阅读对象、选择竞品、收集竞品数据资料三项工作；分析阶段则包括确定分析维度及关键点、深度分析关键点、梳理并总结分析结果和输出竞品分析报告四项工作（见表 6-3）。①

① 岁月．5 个方面分析：如何做出一份高质量的竞品分析报告［EB/OL］．(2018-06-27)［2021-03-08］. http://www.woshipm.com/evaluating/1050725.html.

表 6-3 竞品分析的阶段划分及主要工作内容

竞品分析的阶段划分	主要工作内容
准备阶段	• 确定分析目的及报告的阅读对象 • 选择竞品 • 收集竞品数据资料
分析阶段	• 确定分析维度及关键点 • 深度分析关键点 • 梳理并总结分析结果 • 输出竞品分析报告

下面我们将其中一些工作内容加以合并，对确定分析目的、选择竞品、确定分析维度并获取数据、分析数据并确定决策依据、输出竞品分析报告五个最核心的工作内容进行介绍。

一、确定分析目的

许多新晋产品助理在做竞品分析时，会直接从网上找一个前人所做的“看上去不错”的模板，然后找一款直观感觉相近的产品，就直接从产品定位、用户、交互、视觉、运营、市场层面展开分析。这样的一份竞品分析报告在形式上看似“完美”，实则用处不大，“大而全”“宽而泛”，往往会造成竞品分析报告失焦。所以，没有目标导向意识的竞品分析报告是万万不可取的。

竞品分析可以发生在新媒体产品设计的全流程之中，竞品分析的目的是应特定的场景产生的分析需求，而在不同的场景下也必然会有不同的目的，因此确定竞品分析的目的是完成竞品分析的重要前提。目的不同，竞品分析的分析方向、分析手法以及聚焦点也会有所不同。比如同样是做公众号的分析，有的人关注的可能是公众号子菜单的设置，有的人分析的可能是推文的标题，有的人则觉得文章推出的时间很重要，所以做竞品分析首先应该明确的就是分析目的，这样才有可能知道分析重点所在，也才能让竞品分析的价值和效率变得更高。最常见的竞品分析目的包括开拓市场、竞争策略、学习借鉴、市场预警和求职加分五类。

（一）开拓市场

在新产品进入市场前，可以通过竞品分析了解市场的竞争格局，确定市场容积；同时看看目前有哪些竞争对手，以及它们的市场份额占比情况，从而侧面了解自身产品的生存空间和未来发展前景。而且因为新产品尚未进入市场，甚至还处于研发阶段，没有自身的产品数据可供分析，因此可以通过分析竞品的产品定位、用户群体，以及产品功能对用户需求的满足情况，为产品的研发和市场定位提供参考。这时直接竞品、间接竞品和潜在竞品都应被纳入考虑范畴，重点通过多维度的横向对比分析，了解行业发展的整体状况，为市场切入找准方向和角度。

（二）竞争策略

在产品进入市场后，会形成本品的数据信息，可以在数据的支撑下，了解自己与竞品各方面的差异，重点分析本品与竞品相比的优缺点所在，寻找竞品的弱项，进而调整自身的竞争策略，从而获得更大的市场竞争力。

（三）学习借鉴

正所谓“他山之石，可以攻玉”。通过竞品分析可以找出自身产品与竞品之间的差距，思考竞品的优点在哪里，有哪些值得学习的地方，以此发现自身不足，并为产品迭代过程中的升级优化寻找方法。这也是最为常见的竞品分析的目标，因为撰写竞品分析报告的人往往是产品助理或者初级产品经理，对产品功能、运营等具体细节层面进行优化，是他们工作的主要内容。因此也就不难理解，为什么网上看到的很多竞品分析分享，都是围绕着具体的功能、界面设计、使用流程等方面展开了。

（四）市场预警

市场瞬息万变，技术发展一日千里，要想保持自己在行业中的竞争地位，不断增强自己的竞争优势，就需要定期跟进、观察和分析各竞品的发展，保持对竞品信息的及时掌握。主要的分析内容包括竞品迭代情况、运营活动节奏和类型、技术采纳情况等，从而推测竞品的可能动向，提前做出预防性布局。

（五）求职加分

面试的时候向考官展示自己对竞品透彻且多维度的分析研究，可以充分地展现求职者的个人能力。由于目前大学里并没有设置产品经理专业，因此不少产品经理岗的求职者要么是不同专业的大学应届毕业生，要么是想从研发、运营等岗位转岗的在职人员，其中不少人没有产品相关工作经历。这时，如果能发现意向公司下辖的具体产品发展中存在的问题，针对性地做一个竞品分析，提出具体的改良方案，则不但能体现求职者对产品的熟悉程度，也能体现求职者的产品思维能力；如果还可以为公司决策提供有价值的参考，那么一定是求职过程中重要的加分项。

具体到某一次竞品分析的目标时，需要进行十分具体的表述。如：

- 了解市场发展行情，寻找新产品的市场切入点，为公司产品制定产品战略规划；
- 了解本品和竞品之间的差异，对现有产品的功能、可用性、技术进行优化；
- 了解竞争对手及市场动态，判断竞争对手在策略、商业模式上的调整，从而做好市场应对，提升自己的竞争优势。

因为新媒体产品研发具有“小步快跑、快速迭代”的特点，所以上面列举的每一个目标在具体执行中，还可以进一步细化，例如可以细化为“对比本品和竞品用户签到打卡功能”“通过了解移动互联网购物用户使用返利产品的行为习惯，分析用户的需求，来定位产品的核心功能”①，进而围绕该功能的操作流程、界面设计、交互设计、硬件响应等多个更具体的方面展开分析。

二、选择竞品

应用市场上的新媒体产品多如牛毛，怎样才能快速、全面地找到要进行分析比对的竞品呢？在实际工作中，行业前辈已经对此进行了大量的探索和总结，简单来说选择的原则就是“先全面后精选”。“先全面”指先尽可能多地搜罗竞品，其目的在于对行业进行全面了解，以便后续的分析聚焦。“后精选”就是聚焦关键竞品，从而可以进行一对一或一对多的、有针对性的分析比对。对直接竞品、间接竞品、潜在竞品和转移性竞品，存在不同的搜索方法。

---

① DRENCHED. 电商返利 APP 竞品分析［EB/OL］.（2020－08－09）［2001－03－08］. http：//www.woshipm.com/evaluating/4126845.html.

(一)直接竞品搜索方法

直接竞品就是解决用户同样需求的同样产品，对于这类产品的搜索相对比较简单，核心的搜索依据就是关键词。第二章中曾说过，新媒体产品有多种不同的分类法，这也就意味着同一个产品可能会被分到不同的领域，而且不同的应用市场或分析平台往往又有自己的产品划分依据，例如运动健身软件 Keep，在七麦数据、移动观象台和蝉大师三个分析平台上，分别被分在健康健美、健康美容和运动健身、健康健美三个分类下。因此搜索直接竞品的第一步是确定目标关键词，然后根据关键词找到对应产品。

1. 确定目标关键词

关键词通常以组合的方式存在，而且这个关键词的组合可以通过搜索过程不断进行扩大和优化。搜索一个关键词，由搜索结果可以提取更多相关的关键词，再通过相关的关键词继续搜索信息，提取更多的关键词，直到它们能够形成一个看起来相对完整的信息图谱，完成对该领域相对完整的了解。搜索引擎无疑是关键词搜索的主要来源。一方面是因为搜索引擎提供的信息丰富，能有效扩展关键词数量；另一方面搜索引擎也会根据算法，推荐一些相关的关键词搜索结果作为参考，当分析者没有头绪时，这种方式也是寻找关键词的好方法。例如想开发一款运动健身类软件产品，通过在搜索引擎上搜“运动 APP”，就可以发现很多相关的关键词，如运动健身、健身美容、陪跑、计步、游泳、减肥、瑜伽等。

2. 根据关键词，找到对应产品

关键词不但指明了产品方向，而且往往是市场细分的依据，可以在应用市场、专业网站及行业分析报告中，搜索提取出来的目标关键词，从而找到相应产品。

(1) 应用市场。

应用市场也可视为软件分发市场，包括手机端和 PC 端的应用市场和下载中心，例如 Google Play Store、App Store、太平洋下载中心、华军软件园、ZOL 下载、天空下载站、腾讯软件中心等。一些公司也会针对性地推出自己的应用市场，如腾讯的应用宝、百度手机助手等，部分手机商还会推出自己的应用商店，比如华为、小米、vivo、OPPO、锤子等。

一款 APP 或者软件上线，都会第一时间在各类分发市场发布产品，以抢占市场资源。所以，通过这些途径能够找到可见可用的竞品，而不是停留在概念上的竞品；而且这些竞品往往比较合适且相关性较高。通过分发市场的评分、下载量、产品介绍、截图等信息，还可以形成对竞品的初步判断，便于后续的竞品选择和数据收集。比较主流且常见产品的产品经理，大多会主动优化自身产品的 ASO①，使自身产品可以被用户通过热门核心关键词搜索到。因此在进行产品搜索时，设一个或比较少量的几个直接搜索关键词，就可以获得比较多的相关产品了。

(2) 专业网站及行业分析报告。

一些以新媒体行业为中心的网站，会在自己的网站、文章或分析中列出产品相关的竞品，比如专注科技、金融等的 36 氪，专注 TMT 领域②的创业投资的 IT 桔子等。图 6-1 显示的就

---

① ASO 是“应用商店优化”(APP store optimization) 的简称，是指提升 APP 在各类 APP 应用商店/市场排行榜和搜索结果中排名的过程。

② TMT 是数字新媒体产业，是电信、媒体和科技 (telecommunication，media，technology) 三个英文单词的首字母整合在一起，实际是未来（互联网）科技、媒体和通信，包括信息技术这样一个融合趋势所产生的大的背景。

是IT桔子网站上Keep的信息页，里面明确有一项内容是"产品&竞品"。上面提到的七麦数据、移动观象台和蝉大师等分析平台通常会提供APP产品榜单，这类榜单往往也是产品经理找寻直接竞品的重要途径。

图6-1　IT桔子网站上运动软件Keep的相关页面

资料来源：

IT桔子.Keep产品&竞品［EB/OL］.［2021-02-26］.https：//www.itjuzi.com/company/14236.

一些专注数据分析及服务的网站经常会发布行业、市场或产品的分析报告，里面也会提供直接竞品的相关信息，如艾媒网、易观千帆、百度数据、艾瑞咨询、Trustdata、Questmobile等。例如艾瑞咨询发布的《2018年中国运动大数据行业研究报告》中，就将Peloton、咕咚、Keep、悦跑圈、悦动圈、乐动力列为中国运动大数据典型企业。[①] 此外，部分公司还会根据自己的行业特点针对性地发布一些专业报告，如高德地图就曾发布中国主要城市交通分析报告，微信发布过微信政务民生白皮书、淘宝发布过中国消费趋势报告等。如果是新的领域和行业，还可以通过以下几个新产品发现平台进行查询：Product Hunt是新产品曝光平台的鼻祖，可以看到每天新产生的各种新产品；36氪旗下的Next是国内类似平台的追随者，更多国内的产品会在这个平台发布；创业邦的DEMO8也可以作为较好的补充。

一般来说，所有能够找到的直接竞品都应该纳入待分析序列，但在人力不足的情况下，可以选择行业排名最高的产品，或者是与本品竞争最激烈的产品，但所分析的竞品数量也不能低于两个。除此之外还要注意，在寻找竞品的时候，一定是要寻找与本品形成竞争的产品。举个例子，一个新入场的第三方支付产品，如无充分的理由，不应将支付宝和微信支付作为直接竞品，因为对于一般的新入场产品而言，这两个竞品过于强大，双方还未形成竞争关系。针对直接竞品是竞品分析最常见的方法，一般通过对比能直接看出本品的优劣势，以便后续对产品定位和运营方向进行精准化操作。需要提醒的是，由于直接竞品与本品在各方面具有高度一致性，所以对于这类竞品需要在日常工作中持续跟进。

① 艾瑞咨询.2018年中国运动大数据行业研究报告［EB/OL］.（2018-11-06）［2021-03-10］.http：//report.iresearch.cn/wx/report.aspx? id=3287.

（二）间接竞品搜索方法

间接竞品简单来说就是解决用户同样需求但形态不同的产品，因此对于这类竞品的搜索方法主要有用户访谈法和核心功能转换法。

1. 用户访谈法

最简单且最高效的搜索方法就是用户访谈法，也就是针对某个具体需求直接询问用户，了解他们目前所采用的解决方案，使用了什么样的产品，是否会使用其他替代品或其他解决方案，从而获得更多不同层面的竞品。例如新冠疫情期间，大中小学都开展了线上教学。如果你是在线教育产品的产品经理，则可以咨询教师群体用户：他们采用了哪些软件开展教学，原因是什么；他们比较喜欢用哪一种，为什么；产品有没有不如人意之处，在遇到这种情况时他们是如何处理的；除了最喜欢的软件还会用哪些软件，原因是什么；有没有一些功能他们觉得很必要，但软件并没有提供。

直接询问用户对本品和竞品的看法，无疑是了解竞品信息最好的方法，通过这种方法还可以了解受众真正的需求。在此应注意的是，产品的用户群体可能不止一类。还是以在线教育软件为例，使用者除了教师，还有学生，受在线教育影响的群体还有家长、学校管理者、新媒体产品经理等，因此在做用户访谈时，应根据分析目标，选定合适的群体，同时避免用户群体的遗漏。

2. 核心功能转换法

除了直接的用户访谈法外，还可以采取核心功能转换法来搜索间接竞品。这种方法是一种间接的方法，就是通过思考产品的核心功能是否还有其他实现方式，或者其他行业是否有解决该需求的方法，查找可能与所研究功能类似或者体验链路类似的产品。还是以在线教育为例，目前使用较为普遍的软件包括腾讯会议、ZOOM、钉钉等，但如果只希望实现语音授课的功能，便可以查找能够实现“群聊”和“语音”功能的软件，不难发现，包括微信、QQ、Line等在内的社交软件，都能实现这一功能；如果只是想实现讲义的传递和共享，则可以采用邮件、QQ群、微信群、云盘甚至论坛等方式。借鉴其他实现方式和其他行业的解决方案，往往能够带来不一样的启发，甚至能够帮助产品经理拓展自己的产品设计思路。

由于间接竞品的范围相较于直接竞品而言较广，因此需要定期关注和及时跟进，了解竞品动态，以便及时调整自身产品的竞争策略。

（三）潜在竞品搜索方法

从前文的描述中可以知道，潜在竞品在目前条件下，与本品并不产生任何的竞争，因此具有一定的隐蔽性。对于这类竞品的分析，往往需要从市场格局、产品演化路径等维度去展开。在搜索这类竞品时可以将范围适当扩大。主要的方法有两种，一种是功能扩大法，另一种是流程拆分法。

1. 功能扩大法

直接通过新增功能的方式产生的竞品，由于无法预判，因此不做讨论。大部分潜在竞品都是基于自己原有的功能进行的衍生，因此可以通过将本品的核心功能进行扩大，来寻找潜在的竞品。例如，在寻找聊天交友类竞品时，把“聊天交友”扩大到“聊天”，或者把“聊天交友”扩大到“交友”，通过不同的扩展方式，可以找到核心功能相似的竞品。

2. 流程拆分法

流程拆分法指的是将产品的结构、使用过程、操作等一步一步拆开，根据每一个碎片信息来寻找竞品。以教育教学软件为例，可以将软件的功能碎片化为备课、授课、作业提交、学生意见反馈、移动端助手等功能，然后根据这些碎片寻找对应的竞品。再例如谈及外卖产品时，除了饿了么、美团等直接竞品外，在用户下单和购买环节，其与淘宝、京东、唯品会等电商购物平台产品存在相似点；在派送和其他服务方面，与飞毛腿跑腿、蜂鸟跑腿、美团配送在内的跑腿 APP，以及顺丰等快递服务可能有一定重合，这些产品都有可能随着自己的不断成长、功能不断扩大而变成外卖产品的直接或间接竞争对手。

（四）转移性竞品搜索方法

转移性竞品的分析着重广泛性，因为可能根本找不到相同的功能，产品形态也完全不一样。对于这类竞品，可以从用户使用场景切入展开分析。例如，对于一个做声乐培训的机构而言，它的转移性竞品可能是其他类型的培训机构，如乐器班、舞蹈班、跆拳道班等，虽然它们授课内容不同，但解决的都是学员技能学习的需求，且发生在几乎相同的场景下。对于这类产品，可以分析它们的产品和运营策略，从中获得参考和借鉴。

虽然这里进行的是竞品分析，而且通常针对的主要是直接竞品，但千万不要被“直接”两个字局限。作为一名优秀的产品经理，还要关注间接竞品、潜在竞品和转移性竞品，甚至一些不是竞品的商品。如果它们的业务流程、交互设计、界面设计有优秀之处，也可向它们进行借鉴。总之一切都是为了提升自家产品的竞争力，抢夺更为有利的竞争地位。

三、确定分析维度并获取数据

竞品分析是一项能够发生于产品的研发与设计、运营、迭代与优化等各阶段的工作，不同的产品阶段，竞品分析的目的也不尽相同。不同的目的除了影响竞品的选取外，还会影响分析维度的采用。一般来说，如果是在新产品开发前进行竞品分析，往往需要大而全的全面分析，因为如果欠缺分析的广度，就会像盲人摸象一样，看不到竞品的全局情况；又或者缺乏分析的深度，只看到竞品的表象，无法对竞品形成整体综合的判断。但如果是在产品迭代优化过程中进行的竞品分析，则只需要围绕分析目标，选取部分维度展开即可。

根据不同的岗位角色和不同的分析目标，可以选择不同的分析维度。例如从事一线产品工作的产品助理，经常会从用户、功能和数据三个角度切入进行分析；从事交互设计的设计师则更多借助《用户体验要素》一书中的框架，从战略层、范围层、结构层、框架层、表现层五个层次来进行分析；如果竞品分析的目标是确定产品的市场定位，还可以从价值主张的角度切入进行分析。综合来说，各种不同的分析维度可以总结为宏观战略层面和微观执行层面两个最为常用的分析层面。

（一）宏观战略层面

宏观战略层面是竞品分析中最宏观的一个层面，主要从市场、行业和公司的角度，审视产品发展的内外部影响因素及现状。其中市场和行业的分析与第四章的市场分析有一定程度的重叠，但不必像市场分析那样“大而全”，其作用只是为竞品分析提供宏观背景，如行业发展现状、竞争态势、发展前景等；同时也可以为竞品选择提供参考信息。这部分内容在第四章已进行过详细学习，在此不再赘述。下面将主要从公司背景和战略定位两个维度进行竞品分析介绍。

1. 公司背景

公司背景包括公司所拥有的人、财、物、技术等多方面的资源，这些因素是公司得以发展的重要基础，会对产品的竞争力产生直接影响。

（1）人才构成。

在新媒体产品研发和推广的各个环节，专业人才是必备因素。人才能力需求除了包括硬技能，如研发、运营等；也包括很多软技能，如勇于创新、跨界复合、学习适应能力、捕捉和满足个性化需求能力、更多的独立性和自主性等。例如，竞品团队中运营的人员比较强，则竞品在运营相关方面就可能会存在优势；竞品团队的工程师很有创意，则在开发新的产品方向上自然会略胜一筹。人才队伍中的领军人物尤其重要。例如 2017 年 1 月，陆奇被任命为百度集团总裁和首席运营官（COO），为百度带来了硅谷企业文化，也带来了许多先进的技术和理念；而当 2018 年 5 月宣布其不再担任相关职务后，百度股价当天即下挫 9.54%。[①] 这体现出市场对公司人事变动的担忧，更体现了领军人才对公司、对产品的重要作用。

（2）资金优势。

新媒体产品的研发成本相对较高，边际成本较低，因此资金对于新媒体产品的研发而言十分重要。除了研发成本外，当所处市场竞争趋于白热化时，市场推广成本也非常高。无论是以前的“百团大战”，还是后来白热化的共享单车竞争市场，推高企业市场份额的重要因素都是资金。团队有了充足的资金，便意味着可以调动更多的资源，产品的设计开发和运营推广稳定都有了良好的基础。例如，如果竞品公司刚融到一大笔钱，则其短期内不必担心盈利问题，可以安心先把产品做好；如果竞品公司资金不足，则会导致其无法积极应对市场变化。

（3）资源优势。

资源包括但不限于社会资源、产业链上下游资源、数据资源、用户资源等。这些资源会给产品带来意想不到的优势，特别是当产品进行跨界转型或新增功能时，可以借助公司已有的平台、用户、口碑，迅速完成用户积累，突显竞争优势。例如虎牙、斗鱼两大直播巨头在布局移动端直播时，依托原本的直播网站资源和用户优势，迅速占领了移动端直播大量的市场份额；支付宝也借助广大的淘宝用户，迅速形成了用户的第三方支付习惯。

（4）技术背景。

作为依托互联网技术的一类产品，新媒体产品对技术的依赖性不言而喻。我们可以研究竞品采用了哪些关键技术来提升用户体验，该技术是否申请了专利、是否有技术壁垒，还可以收集竞品的技术合作伙伴、技术变革史。如果竞品团队的技术背景很强，则可以快速开发产品，及时接受用户反馈并做出反应。例如，2018 年，国内领先的金融科技开放平台网信，正式上线用户权益数字激励体系，通过引入先进的区块链技术，创新性地推出“信力”“信宝”数字激励工具，提升了用户的投资体验。

2. 战略定位

企业战略会影响产品战略，从竞品的企业战略可以推测出竞品的产品战略，而这些战略将决定产品的定位、所处行业，甚至影响产品的主要功能，所以企业的战略定位也是竞品分析中不可忽视的一个维度。

公司的战略定位可以从三个渠道获得。第一个渠道是公司简介。Keep 官网“关于我们”中的公司介绍如图 6－2 所示。从“年轻团队”“Geek”“通过科技驱动”等字样可以看出，

> Keep 是一个热爱运动的年轻团队，同时也是一群追求极致体验的 Geek。我们专注移动体育领域的应用开发，倡导开放共享的精神，不模仿，不跟风，只做酷的产品。
>
> 在我们生活的这个年代里，健身运动文化正在觉醒，应该有更专业的工具，更纯粹的社区，让好身材来得更容易些。这就是 Keep 正在做的事情。我们希望通过科技驱动，让更多的人热爱健身，喜欢运动。

图 6－2　Keep 官网上的公司介绍

资料来源：

Keep. 关于我们［EB/OL］.［2021－02－26］. https://www.gotokeep.com/about.

① 每日经济新闻．陆奇辟谣宫斗传言 却挡不住百度市值蒸发近千亿［EB/OL］．（2018－05－22）［2021－02－26］. http://finance.sina.com.cn/review/jcgc/2018－05－22/doc-ihawmaua4789574.shtml.

Keep 公司主打的是科技运动；从“更专业的工具，更纯粹的社区”“让更多的人热爱健身，喜欢运动”中则可以推测，Keep 的主要功能将围绕健身、工具和社区展开。

第二个渠道是产品的 slogan（口号）。Slogan 可以视为从品牌战略中提炼出的一句话。这句话是品牌战略的具象代表，往往可以体现产品的定位。但在现实中经常发生三种情况：一是好的 slogan 可以为产品加分，但不好的也不一定就会减分；二是不少产品在名不见经传时其 slogan 并不为用户所熟悉，出名后用户才对其 slogan 形成关联记忆；三是 slogan 并非一成不变的，会根据公司或产品的定位进行调整，例如“有问题，上知乎”对许多人而言并不陌生，但在这之前，知乎曾用过“上知乎，看见更大的世界”和“上知乎，分享你的经验和见解”等作为自己的 slogan。因此，除了关注产品的 slogan 外，还需要关注一句话的产品介绍，以及对产品定位进行描述的关键词，如 Keep 在发展过程中就曾出现过“健身工具”“移动健身教练”“自由运动场”等不同的产品定位描述词。

第三个渠道就是查看产品的版本迭代信息。产品迭代是为了满足用户需求，顺应市场变化，对产品进行更新的过程。收集与记录竞品迭代内容，是直接了解竞品战略方向的一种方式，从一个产品的版本迭代也可以看出一个产品的成长路径和运营策略。产品的版本迭代信息，可以通过竞品官网、安卓市场、App Store、各大软件分析平台或者 App Annie 等渠道进行查询。

通常而言，对于直接竞品，每个更新版本的信息都需要收集，而对于间接竞品则至少要收集大版本的更新信息，其他竞品定期收集即可。如果本品不是头部产品，那么可以从头部产品的分析中，得到行业龙头产品大致的功能迭代策略与迭代方向；如果本品已经是头部产品，也可以从竞品身上获得创新方向，用于自身迭代规划。

还是以 Keep 的 iOS 版为例，从蝉大师上该软件“应用信息与版本”栏目里，可以找到自 2015 年 4 月 17 日版本 1.3 至 2020 年 10 月 20 日版本 6.124.0 的所有版本更新信息。[①] 通过对版本信息、发布时间和更新内容进行梳理、比对和分析，可以得到 Keep 产品定位信息更迭（见表 6－4）。

表 6－4　　Keep 产品定位与版本迭代信息一览表

更新时间	版本信息	产品定位相关信息	功能变化
2015－04－17	1.3	来 Keep 体验最 Cool 的健身工具	训练健身
2015－08－27	2.0.0	查找微博好友和通讯录好友，和好朋友一起进步；增加达人榜、推荐榜和新人榜，找到更多有意思的人	社交
2016－04－14	3.0.0	这一次，让 Keep 帮助你进行更全面的训练，新增装备精选，帮你买到更多优质装备	跑步 电商
2016－10－07	3.12.1	Keep 移动健身教练	—
2016－11－15	3.14.0	新增饮食模块，提供丰富的健康菜谱	—
2017－03－02	3.19.0	Keep 可以骑行了	骑行
2017－05－09	4.0.0	Keep——移动健身教练，自由运动场	—
2017－09－30	4.10.1	行走功能上线	行走
2017－10－18	5.0.0	全新跑步赛事日历	赛事
2018－03－25	5.9.0	支持 Keep 跑步机功能	跑步机

① Keep 应用信息与版本［EB/OL］．［2020－10－26］．https：//www.chandashi.com/apps/description/appId/952694580/country/cn.html.

续前表

更新时间	版本信息	产品定位相关信息	功能变化
2018-05-18	5.13.0	新增瑜伽首页	瑜伽
2018-07-15	5.17.0	课程增加器械板块	器械
2018-08-24	6.1.0	Keep——自由运动场，运动全方位指导和记录	—
2018-09-24	6.3.1	Keep体脂秤上线	体脂秤

从表6-4中不难看出，Keep的定位经历了健身工具—社交健身工具—移动健身教练—运动平台—自由运动场的转变，每一次定位的转变也带来了功能的变化，或者可以说是通过不断添加相关功能，实现了产品定位的转变。例如刚开始的时候，Keep只有训练功能，主推的是一些个人的训练课程，后来通过添加跑步、骑行、瑜伽、赛事等运动功能，实现了从健身工具到自由运动场的转变。伴随着这种定位的转变，该产品的直接竞品也就从单一的训练健身产品，发展为运动功能、运动社交甚至运动电商平台，扩大了直接竞品的范围。

在做竞品分析的时候一定要用发展的眼光看待竞品。这是因为：第一，在做竞品分析时，看到的是竞品过往和当前的状况，产品经理在输出竞品分析报告，并以此为据制定针对性策略去改良自己的产品时，竞品可能又进行了迭代，所以需要持续对直接竞品进行跟进。第二，除直接竞品外，也需要对其他三类竞品保持一定关注，当这些竞品的战略定位发生改变时，有可能就转变成本品的直接竞品，因此需要多方收集信息，提前对竞品的产生方向进行预判，例如通过竞品公司的招聘信息、融资、收购、专利申请等信息进行推测。

（二）微观执行层面

微观执行层面主要指与产品研发、设计和运营直接相关的执行层面的分析，相较于之前的公司背景和战略定位而言，是更微观层面的一些产品特征。可从用户分析、产品功能、盈利模式和产品运营策略四个维度切入进行分析。

1. 用户分析

竞品用户分析与第五章中的用户分析略有不同，主要体现在以下几个方面。

第一，分析对象不同。表5-1中列出了不同阶段用户分析的不同分析对象，从目标用户到回流用户，囊括了所有的用户类型。但竞品分析的重点是核心用户和活跃用户，对于潜在用户、目标用户等则关注较少。根据不同的分析目标，有时也会对流失用户和回流用户进行分析。

第二，分析内容不同。用户分析中主要分析的是用户特征，包括人口统计学特征、行为特征、心理特征等，是以用户为出发点的。但竞品分析中的用户分析，则更多地以产品为出发点，分析内容涉及用户特征、用户状态及变化特征、用户需求及产品使用动机、对产品的态度和看法、产品使用场景等（见表6-5）。

表6-5　竞品分析中用户分析的主要内容

分析维度	分析内容
用户特征	人口统计学特征、用户画像
用户状态及变化特征	用户数量、DAU/MAU、产品下载量、用户增长曲线/趋势等
用户需求及产品使用动机	典型用户的需求和使用动机
对产品的态度和看法	用户对产品/功能的评价
产品使用场景	典型用户使用产品/功能时的场景

不同的分析内容需要从不同的途径获得支撑数据，其中用户需求及产品使用动机、产品使用场景等数据，往往需要产品经理通过自行分析直接获得。用户特征可以通过公开数据或第三方分析报告间接获得，也可以通过采用第五章中学过的用户分析方法进行自行分析来获得。用户状态及变化特征，可通过第三方数据平台获得后再行分析。对产品的态度和看法等，则可通过分析用户对产品或具体功能的口碑进行分析判断，如通过应用市场或论坛上的评论进行了解；也可以通过大数据的方式，获取社交平台上的用户态度，从而把握产品/功能在社交平台上的舆情。

常见的第三方数据平台包括：

- 七麦数据：https：//www. qimai. cn
- 艾瑞数据：https：//data. iresearch. com. cn
- 易观千帆：https：//qianfan. analysys. cn
- QuestMobile：https：//www. questmobile. com. cn
- APP Annie：https：//www. appannie. com/en/
- 阿拉丁指数：http：//www. aldzs. com

2. *产品功能*

产品功能层面的分析，是产品经理最经常接触的竞品分析维度。在分析时，要求产品经理先了解竞品与本品的战略定位和产品定位，基于对战略层面信息的理解，再去寻找本品与竞品在功能上的差异，尤其要重点分析那些必不可少、值得借鉴、人有我无的功能。

竞品功能的分析可以参考《用户体验要素》一书中列出的五个层次展开，这五个层次分别是战略层、范围层、结构层、框架层和表现层。

（1）战略层。

战略层主要的工作是确定产品目标和用户需求，并使二者相匹配。因此对功能进行战略分析，其实就是在做相关功能与公司战略关系的分析。需要考虑的主要问题包括但不限于如下几个：

- 竞品的这个功能与本品的战略定位是否相符？
- 竞品为什么要做这个功能？本品又为什么需要做这个功能？
- 功能使用的原始场景是什么？这种场景是不是本品的用户使用场景？
- 目前竞品该功能的效果与最初功能问世时的设计有无差异？
- 如果有，差异具体体现在什么地方？
- 发生这些变化的原因是什么？
- 这种变化是不是因应竞品公司战略需求而发生的？

通过战略层的分析，可以大体确定该功能是否符合公司的战略需求和产品定位，从而判断是否值得做进一步的分析。若该功能与公司发展方向不符，则可终止相关分析。

（2）范围层。

范围层的任务是确定产品需求，也就是在战略层分析所确定的功能方向的基础上，分析并确定可供选择的具体功能点，例如微信的即时通信功能模块就包括了文字对话、发送语音信息、发送图片、语音通话等具体功能点。在此基础上，结合公司和产品的发展计划，确定本品与竞品存在差异的功能点中，哪些是应该做的，哪些是不必学习的；同时提出功能变更的时间表，列明哪些是迫切需要添加的，哪些是可以后续再进行讨论的，为后续的工作安排提供参考。此时需要考虑的主要问题如下所示：

- 本品和竞品相关功能的用户数据及反馈如何？是否存在差异？

● 如果存在差异，那么差异点具体集中在哪里？

● 公司目前的技术能力是否能支撑相关功能的开发？

对具体功能点的分析，最经常使用的方法是功能穷举法，即以具体的功能方向或功能模块为线索，通过将本品与竞品对比排列的方式，列出与目标功能或功能模块相关的产品功能。例如对抖音和快手的直播功能模块进行对比，就需要把直播页面上所有与直播相关的功能悉数列出，具体如表 6-6 所示。

表 6-6　抖音直播与快手直播相关功能对比

功能	抖音	快手	功能	抖音	快手
主播信息页	√	√	更多直播搜索	√	√
关注主播	√	√	带货榜	√	√
在线听众列表	√	√	留言	√	√
在线听众排名	√	√	消息列表	√	√
话题	√	×	购物车	√	√
礼包	√	×	粉丝团	√	√
礼物特效	√	×	分享	√	√
清屏	√	√	录屏	√	×
录制已看	√	×	播放设置	√	×
上热门	√	×	举报	√	√
小窗	×	√	背包	√	√

说明：两个产品相关功能的最后查阅日期为 2020 年 10 月 20 日。

从表 6-6 中可知，在直播功能方向上，快手相较于抖音而言，缺少了“话题”“礼包”“礼物特效”“录制已看”“上热门”“录屏”“播放设置”等一些功能。虽然这些功能都与直播相关，但又大体可分为两大类：一类是社交相关功能，如“礼物特效”；一类是播放相关功能，如“录屏”。因此可以结合快手的产品定位、公司发展方向和现有技术水平，对这些存在差异的功能进行分析判断，从而确定是否需要模仿这些功能。

（3）结构层。

结构层的任务是为用户设计结构化的体验。简而言之，就是设计各功能在产品里的结构关系、空间分布和交互关系等。例如微信朋友圈是微信各功能中用户使用频率最高的功能之一，到底应该把它作为单独的菜单栏项，还是作为一个栏目存在于发现页面中，这样的问题就是在结构层中需要考虑的问题之一。

在这个阶段需要考虑的问题如下所示：

● 与竞品存在差异的功能，在产品的整个功能板块中处于什么位置？主要的作用是什么？

● 存在差异的功能与其他功能的相关性如何？是否必须存在？

● 如果必须存在，应该如何放置该功能才能促使用户对其进行使用？

● 该功能除了解决用户相关需求外，是否还能通过不同的结构关系，带来更大收益？（如微信通过把朋友圈功能放在“发现”页面中，实现了对该页面其他功能的引流，从而提升了这部分功能的曝光度。）

当通过上述问题确定了要模仿的功能后，可以通过梳理竞品的三种结构图，为竞品的功能学习提供操作依据。三种结构图分别是产品结构图、产品功能结构图和产品信息结构图。这三种图的具体画法将在第八章中进行详述，在此不进行展开。

（4）框架层。

框架层的任务是确定产品的界面外观、导航设计和信息设计等内容。如果把产品视为一个人，那么结构层中得到的三种结构图就类似于产品的骨骼，框架层要做的事情就是为这副骨骼添上血肉，并确定各器官的位置和形状。例如功能结构图可以告诉用户一个功能板块下包含哪些具体的功能，但这些功能之间的关系、在软件里的位置和图标等信息，则是框架层需要考虑的问题。这些需要被考虑的因素可以具体化为如下的一些问题：

- 各功能点图标摆放是否合理？能否起到提示作用？
- 用户在使用存在差异的功能时操作是否顺畅？操作任务各步骤是否合理？是否存在冗余？

对产品功能任务流程的分析可以通过绘制流程图来进行，这就需要产品经理亲自操作和体验竞品，了解竞品相关业务流程的运转方式。流程图可视为对具体功能操作任务的文字版呈现。比如不同竞品的同一功能，从首页开始需要多少步操作才能抵达；又或者某一个功能，如拍摄视频，需要多少个步骤才能实现。以“更多直播搜索”功能为例进行说明，在抖音和快手中，该功能的操作流程如表 6-7 所示。

表 6-7　抖音和快手“更多直播搜索”功能操作流程对比

	抖音	快手
更多直播搜索	• 打开应用程序； • 点击左上角“直播”按钮； • 点击右上角“更多直播”标签； • 在上方搜索框内输入查询内容； • 可直接点击搜索框下方出现的包含搜索词联想的内容，也可以直接点击输入键盘中的“搜索”按钮； • 在下方呈现的直播间中选择感兴趣的加入。	• 打开应用程序； • 点击左上角“…”图标； • 点击“直播广场”栏目； • 点击右上角“更多直播”标签； • 点击右下角“放大镜”按钮； • 输入查询内容； • 点击“搜索”按钮； • 在下方呈现的直播间中选择感兴趣的加入。

通过对比可以看出，相较于快手的 8 步，抖音只需要 6 步就完成了“更多直播搜索”。至于哪一种更好、更适合自家的产品，则还需要结合其他内容进行综合分析，毕竟有时候步骤多也是一种产品策略。

（5）表现层。

表现层的任务是确定产品最终的形态，将内容、功能、美学等各因素进行融合，在竞品分析中体现为视觉表现分析。这部分内容经常由设计团队负责，但产品经理也可以提出自己的建议和意见。这一阶段需要考虑的可能是如下问题：

- 存在差异的功能点在视觉上是否统一？
- 视觉焦点是否能引导用户进行正确操作？

在实际的分析工作中，可以通过竞品页面的截图，提炼出竞品的视觉元素、颜色规范、字体规范、图标规范、通用组件规范、按钮规范、浮窗弹层规范、图片使用规范、列表样式规范和表现手法。在提取规范过程中，还要注意设计表达及设计亮点的提取。最终将以上内容整合输出，用作自身产品规范制作时的参考。图 6-3 呈现的就是对猫耳 FM 部分视觉规范的整理。[①]

① 杰森十二．为什么你总是做不好竞品分析［EB/OL］．（2019-08-03）［2021-02-26］．https://mp.weixin.qq.com/s/uBJCI0auu7B-gZkH9H9nGw.

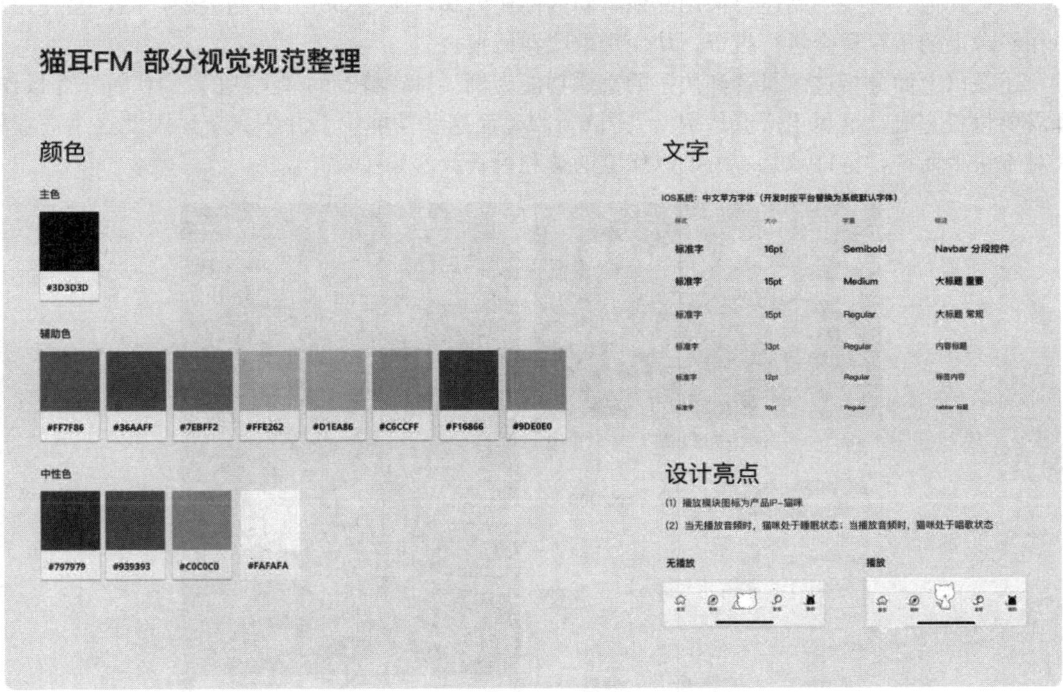

图 6-3 猫耳 FM 部分视觉规范的整理

资料来源：

杰森十二．为什么你总是做不好竞品分析［EB/OL］.（2019-08-03）［2021-02-26］. https：//mp. weixin. qq. com/s/uBJCI0auu7B-gZkH9H9nGw.

医疗健康类 APP，如春雨医生和丁香医生，都选择了蓝色或绿色等使人安静的颜色，作为自己产品的主色调之一；然而平安好医生采用了橙黄色这样有一定刺激性、高饱和度的亮色，究其原因，可能与平安好医生刻意与平安保险保持一致的视觉元素有关。

表现层的变化有时很明显，例如产品主色调的变化；有时也非常不起眼，如图标阴影效果的调整。而且这部分的体验很多都是用户的主观体验，因此在实际工作中需要进行一定范围的测试后再推广。常用的测试方法有 A/B 测试等，也可以采用问卷调研法，请用户根据自己的主观感受进行打分。

3. 盈利模式

简单来说，盈利模式说的就是产品是怎么赚钱的。研究竞品的盈利模式，看看是否有值得借鉴的地方，可以在制定竞争策略时作为参考。新媒体产品典型的盈利模式包括直接付费、增值付费、广告、佣金、其他五大类。

（1）直接付费。直接售卖产品赚取费用，即用户通过一次性付费获得产品的使用权，如各类付费下载 APP、音乐下载等。

（2）增值付费。通过提供附加服务赚取收益。这类商业模式所涉及的产品，下载通常是免费的，用户注册后可以获得产品的基本功能使用权，但如果需要个性化服务或者是基础服务的升级版，则需要另行付费，如咨询服务、会员模式等。

（3）广告。通过各种类型的广告，直接赚取费用，如广告内容制作、广告位售卖、竞价广告等。

（4）佣金。通过提供平台或为第三方引流促成交易来获得分成。例如电商平台和供货商的分成，再如 App Store 与软件开发者的分成等。

（5）其他。一些产品还会采用其他不同的商业模式，比如部分互联网金融产品，会使用用户在平台上的留存资金进行投资，从而赚取收益回报。

还是以上面分析过的抖音和快手的直播功能为例。抖音特有的“上热门”“礼包”等操作，都需要付费完成，这属于增值付费（见图 6－4）。而这些功能快手并不具备，因此这个商业模式对于快手而言，也许就是一个可以借鉴的盈利模式。

图 6－4　抖音“上热门”和“礼包”功能付费页

资料来源：

抖音 APP.

4. 产品运营策略

高速发展的新媒体时代，产品早已告别了“酒香不怕巷子深”的阶段，运营对于产品而言有着十分重要的作用，好的运营甚至能帮助产品迅速进入成长期。运营是指通过各种方法，把合适的产品推荐给合适的用户的手段。运营事件则是通过组织策划引爆某一特定产品的营销活动。竞品运营策略分析，其实就是对竞品推广策略和用户获取方法的分析，包括竞品各阶段的运营方案、时间跨度、运营过程、推广渠道、重要事件等运营信息，以及运营活动的效果等，从分析中学习竞品的优胜之处，进而为我所用。运营策略一般是一段时间内围绕产品运营所进行的规划，这种规划是有延续性的，同时也是可变化的，会根据内外部条件的变化进行微调甚至进行大的调整。

要做好运营分析，第一步是找准关键的产品运营事件和运营信息，一般可以通过产品的官方网页、微信公众号、微博、知乎等渠道查到。但有两点值得注意：一是在产品成立初期，由于产品还比较弱小，“死亡”风险高，引起的社会关注度往往也较低，所以很难查到初期的一些运营事件或相关信息；二是与其他分析的内容不一样，产品的运营信息往往没有可供参考的一手资料，需要先整理相关资料，再进行分析和推测，因此结论的准确性受产品经理的个人能力和经验影响很大。

实际工作中最常使用的方法，就是结合产品用户数量变化曲线，寻找关键的用户增长点出现的时间，再以这个时间为标的，倒推可能的相关运营事件。图 6-5 显示的就是 2015 年 4 月—2018 年 1 月 Keep 的重要运营事件与产品迭代、活跃用户数量之间的关系。[①] 从图中不难看出，2015 年国庆期间 Keep 推出＃带着 Keep 去旅行＃打卡活动结束之后，Keep 的活跃用户数量增长率明显提高，可以推断这一活动是该产品从引入期过渡到成长期的重点运营事件。

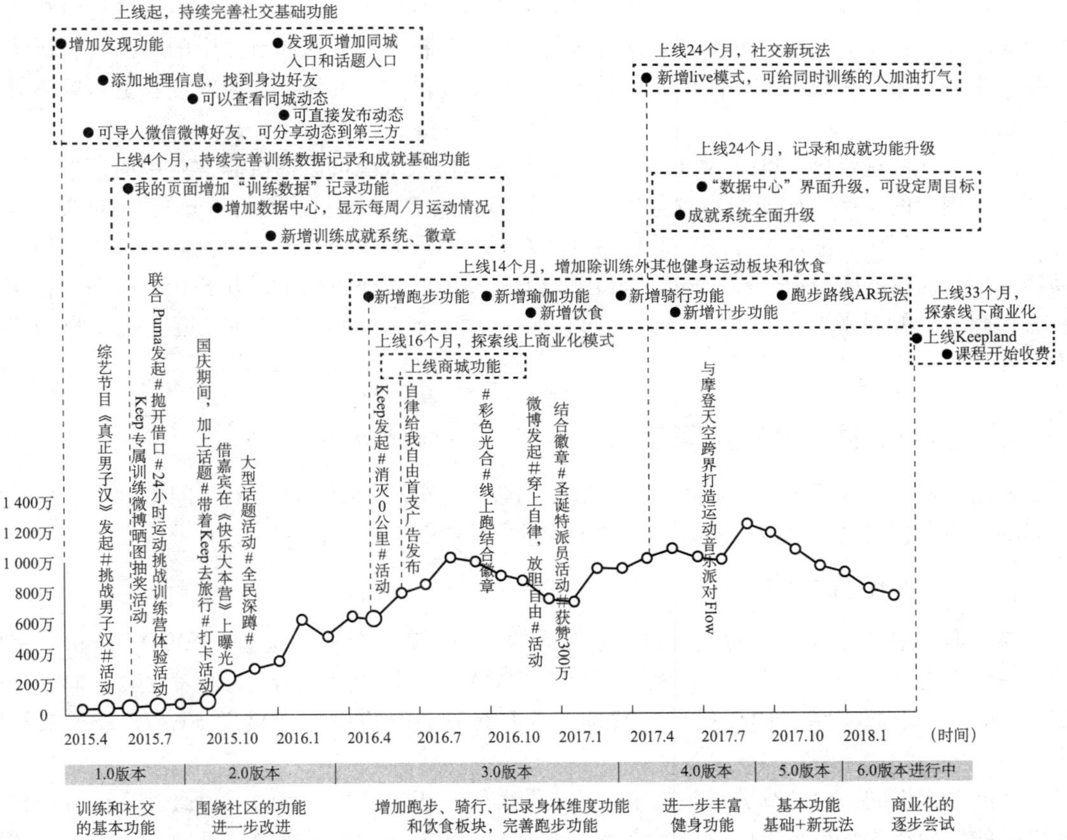

图 6-5　Keep 的重要运营事件与产品迭代、活跃用户数量之间的关系（2015 年 4 月—2018 年 1 月）

找到关键运营事件后，就可以对该事件进行更细致的分析，从而获得可供参考的经验。表 6-8 中列出的是一些常见的分析维度及主要指标。

表 6-8　常见的产品运营分析维度及主要指标

维度	主要指标或数据获得方式
产品营销	营销活动的宣传点、宣传力度、渠道/方式（软文、事件、硬广等）
运营事件网络影响力	媒体曝光、搜索引擎搜索热度、微博热度、外部链接等
流量分析	可通过 Alexa、Quantcast、Compete 等渠道获得
运营时间估算	通过 WHOIS 查询域名启用时间、查询搜索引擎收录情况等

① 梁面面．Keep 全流程解读：3 年时间，如何收获 1.4 亿用户［EB/OL］．(2018-09-05)［2021-02-26］. http://www.woshipm.com/evaluating/1356778.html.

续前表

维度	主要指标或数据获得方式
用户估算	用户访问量、用户转化率等指标
运营成本估算	包括人力成本、带宽服务器等技术成本、营销成本等
公司/产品营收状况预估	收集竞品的公开数据并进行跟踪，或从合作伙伴处调查数据

上文从宏观战略层面和微观执行层面对竞品分析的主要内容进行了梳理，但这不是竞品分析的所有内容。竞品分析作为一线产品经理和产品助理从事的主要工作之一，分析的灵活性很大，不但可以从上述层面进行分析，还可以根据工作的具体内容从更微观的角度进行分析。例如对某竞品在社交方向的一些新“玩法”进行分析，分析用户在这些玩法中的关系、新玩法为产品带来的效果；再如新媒体的内容运营者，可以对竞品内容的深度、新颖度、更新频率等进行分析。

除了上述各种维度和数据收集方法外，还有一个信息来源可以提供非常有用的信息，这个来源就是用户的反馈。比如用户对竞品 UI 设计的看法、对竞品新功能的“吐槽”、对竞品推广活动的评价等。用户的反馈能够协助产品经理判断竞品所采取的方案是否正确、效果如何。产品经理可以通过各大 APP 分发平台（如 App Store 等）产品下载页面的用户留言、各类社交平台（如微博、知乎等）以及专业网站（如 https：//appbot. co/）等多种渠道获得用户的“心声”。

四、分析数据并确定决策依据

竞品分析的最终目的就是通过对竞品数据的收集和分析，提出解决具体问题的建议。根据不同的竞品分析目的，可以通过以下几种不同的方法寻找解决办法。

（一）SWOT 分析法

在第四章中已对 SWOT 分析法进行过深入的介绍，竞品分析中也会用 SWOT 分析法来辅助产品经理进行市场层面的决策，例如可以用 SWOT 分析法来解决产品未来发展方向、产品定位等问题。下面将结合网友提供的案例，看看在竞品分析中如何借助 SWOT 分析来辅助决策。①

在网友提供的这份竞品分析报告中，首先明确了分析的目的。目的一，通过分析抖音自上线以来的成功经验和市场上的竞品特点，大胆设想抖音未来的发展方向；目的二，为现有产品提供一些优化思路。其次，从行业概况、行业用户研究、商业模式三个方面，分析了抖音所面对的市场现状和竞品情况，对抖音 2020 年所面对的市场现状的 SWOT 分析如图 6－6 所示。再次，考虑到抖音所处的产品生命周期阶段为成熟期，结合其目前的市场地位，推测未来一段时间可采用 WO 策略或者 ST 策略，即“补齐产品的短板”或者“直面外部的威胁”。最后，将这两种策略的实现难度进行对比分析，结果显示 WO 策略相较而言是实现难度较低的一种策略，因此可以推测，在未来一段时间内，抖音可以采取两种发展方向：方向一，打破现有产品定位，发力下沉市场；方向二，提升产品的商业变现能力，以广告变现为核心变现方式，持续加大电商直播的贡献，促进两者互补联动。分析至此，实现了此次竞品分析的第一个目的，并为第二个目的的实现提供了方向指引。

① Seventeen. 2020 抖音产品竞品分析报告［EB/OL］.（2020－09－01）［2021－02－26］. http：//www. woshipm. com/evaluating/4159286. html.

图 6-6 2020 年抖音所面对的市场现状 SWOT 分析

资料来源：

Seventeen. 2020 抖音产品竞品分析报告［EB/OL］.（2020-09-01）［2021-02-26］. http：//www. woshipm. com/evaluating/4159286. html.

（二）合理假设法

第二种分析决策方法是合理假设法。对一些关键影响因素的判定，就可以采用合理假设法：先提出合理假设，然后对该假设进行逆向确认，从而确定这些目标因素是否就是影响本品和竞品差异的关键因素。下面以电商返利 APP 的竞品分析为例进行说明。①

1. 提出假设

合理假设法的第一步就是要提出合理的假设。常用的假设话语是“我们认为某竞品的成功要素有……。在这些要素中，形成了如下的闭环……。这个闭环的业务，给其相关的用户/商家等操作者带来了如下价值……”。

在电商返利 APP 竞品分析案例中，产品经理根据现有数据已经形成了主观判断，认为竞品 A 的激励机制，是该竞品的核心竞争优势，因此提出“我们认为竞品 A 自购省钱、分享赚钱、管理津贴、公司分红四个维度的激励政策，对于它平台上的用户而言非常友好，就算是普通的超级会员用户也一样可以通过购买返佣或分享获取部分别人的佣金，这是其他平台所不能给出的巨大优惠”。

2. 对假设进行逆向确认

第二步是对假设进行确认。这时，采用的往往是证伪而非证实的做法，也就是尝试证明如果没有这个关键因素，会产生什么样的效果，这个效果与现在对比如何。如果不如现在的效果，那么证明没有该因素会导致不良的效果，该因素的作用就得到了反向的证实。经常可见的一种说法是“如果没有某功能要点，竞品会变成……导致的结果可能有……”。

---

① DRENCHED. 电商返利 APP 竞品分析［EB/OL］.（2020-08-09）［2021-02-26］. http：//www. woshipm. com/evaluating/4126845. html.

例如，使用返利产品的用户以月收入在1 000～5 000元的低收入群体为主，其中2 000～3 000元收入的群体占比最高，达到了29%。竞品A的自购省钱、分享赚钱、管理津贴、公司分红四种激励措施，覆盖了从个人消费到公司管理等多个层次，为创业者提供了多方面的奖励。如果没有这些激励措施，或者激励措施过于烦琐，又或者还需要用户自行向公司上缴佣金，则一方面会提升用户使用的门槛，造成用户因使用不便而流失，另一方面目标用户作为价格敏感群体，很可能会另选他品。

3. 对自己的产品进行剖析

在第二步找到了竞品的核心优势因素后，就要聚焦该因素进行竞品分析，看本品与竞品的差异所在。可以采用如下话语进行描述："以某因素为分析核心，将本品与竞品进行对标。竞品在某因素上采用的是……。优缺点分别是……。本品在同样的方面采用的是……。优缺点分别是……。两者的差异体现在……方面。这些差异会导致本品与竞品对标时，存在如下优势和不足：……"。

继续上面的案例，在此可以做出如下分析。以激励措施作为分析焦点，将本品与竞品A进行对标。竞品A采用的激励措施是自购省钱、分享赚钱、管理津贴、公司分红四种，优点是操作简便、奖励渠道多；但相应地，对资金需求较大，会对产品的现金流带来一定压力。本品采用的是会员、超级会员和运营商的三级奖励模式：会员只能领取无门槛优惠券；超级会员可以获得无门槛优惠券和购物佣金；运营商则可获得自己直属超级会员及其下属超级会员一定比例的购物佣金，但每个月拿到佣金后，要主动上交除自己赚得部分以外的佣金，否则将被取消运营商资格。相较于竞品A而言，本品因存在佣金收益的上下级关系，更容易推动用户协助产品进行"拉新"，而且公司支付的佣金成本是固定的，对现金流造成的压力较小；但与此同时，复杂的计算方法以及佣金的人工上交等步骤，增加了用户的操作难度，容易造成用户的流失和抱怨。

4. 给出可执行的结论

第四步是根据前面的分析，给出可执行的结论。这时既可采用SWOT分析法，也可以凭借产品经理的经验做出判断。通常在此会使用总结性话语，如："综合以上分析，本品可在×××方面进行优化，改进步骤如下：……"。有的还会明确各阶段的目标，如"改进的各个阶段，本品对标竞品的竞争优势情况如下：……"。

本例中可以做出这样的总结："综上所述，本品可参考竞品A在激励措施方面的设置进行如下优化：(1) 结合公司及产品的财务状况，调整激励措施，例如，给予会员一定比例的佣金、设置直属三层内佣金的永久归属等；(2) 取消运营商上交佣金给公司的步骤，通过提升后台算法，将此步骤转移至后台，即系统自动计算并完成扣除后，直接将运营商应得的部分予以返还。"

五、输出竞品分析报告

（一）竞品分析报告的形式

竞品分析的输出物为竞品分析报告，通常以Word文档、PDF或PPT的形式呈现。与市场分析报告、用户分析报告等一样，竞品分析报告也没有统一的格式，但有一个业内较为常用的报告框架。下面结合网友分享的案例进行学习。①

---

① 产品天团.Keep、咕咚、Peloton竞品分析报告［EB/OL］.（2020-08-19）［2021-02-26］. http://www.woshipm.com/evaluating/4140682.html.

一般来说，竞品分析报告会包括如下几个部分。

1. 分析目的

这一部分明确告知阅读者，该竞品分析报告是要解决什么问题。案例中开门见山地表明，“本次竞品分析的目的，是找出 Keep 的迭代方向和迭代功能点”。这就意味着整个竞品分析都将围绕着这两点展开。

2. 市场背景/行业背景

这一部分主要是对产品所处的市场或行业进行宏观的背景描述，让阅读者可以迅速了解产品所处的外部环境现状、未来发展趋势，并对其中的竞争态势形成总体认知。案例中将这部分称为市场分析，并从 PEST 分析、市场现状和行业服务升级方向三个方面展开。具体框架如下：

2. 市场分析
  2.1 PEST 分析
    2.1.1 政策刺激作用
    2.1.2 经济发展情况
    2.1.3 社会因素
    2.1.4 技术发展带来的机会
    2.1.5 PEST 分析总结
  2.2 市场现状
    2.2.1 国内线上健身市场现状
    2.2.2 国外线上健身市场现状
  2.3 行业服务升级方向
    2.3.1 服务质量
    2.3.2 服务广度
    2.3.3 服务深度
    2.3.4 服务颗粒度
    2.3.5 智能化

由于在进行分析的过程中，市场和行业的相关数据往往并不是一手调研所得，因此可以根据需要，选择有权威性和代表性的数据、图表进行辅助说明。这些数据包括国家统计局数据、世界银行数据、艾瑞咨询等数据分析平台分析报告，具体已在第四章中进行了详细介绍。如案例中就借助艾瑞咨询的分析报告（见图 6－7），来支撑竞品分析报告社会因素分析中关于大众消费力和消费意愿上升的观点。

这一部分的内容其实可以视为对第四章内容的缩写，但撰写内容除了市场现状、市场规模、内外部环境分析外，还可以根据竞品分析的目的添加其他相关内容，例如案例中讨论的是迭代方向和迭代功能点，因此对“行业服务升级方向”进行了陈述和分析。但如果分析侧重的是商业模式的调整，则可对行业中的主流商业模式进行梳理和分析。

3. 竞品选择

这部分需要告诉阅读者竞品选择的依据，以及最终确定的分析对象，同时还要注明所分析的产品版本号，毕竟新媒体产品更新速度快，若不明确指明版本，便容易造成误解。案例采用了如下分析逻辑。第一步，先从 iOS 健身健美 APP 中国和全球排行榜、华为运动 APP 排行榜、易观千帆统计的 2019 年第三季度运动健康行业的头部 APP 中，挑出了排名较前的具备运动健身功能的 APP。第二步，在备选竞品列表中，分别选择了直接竞品咕咚和间接竞品 Peloton，

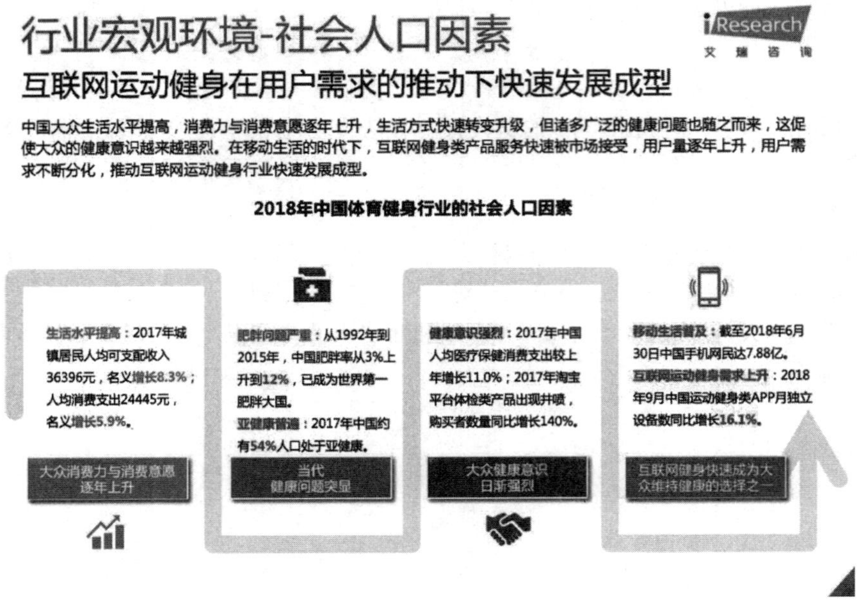

图 6-7　互联网运动健身行业发展社会人口因素分析

资料来源：

艾瑞咨询.2019中国运动健身行业发展趋势白皮书［EB/OL］.（2019-03-11）［2021-02-26］. http：//report. iresearch. cn/report/201903/3345. shtml

简要介绍产品的同时也说明了选择原因。第三步，陈述所分析的产品版本号，分别是：Keep 版本 V6.42.0、咕咚版本 V9.28.0、Peloton 版本 V1.0.1739412①。

4. 竞品分析

这一部分是竞品分析报告的核心内容，需要围绕竞品分析目的，确定相关的分析维度，并对这些维度进行细致的本品和竞品对比分析。切记，分析内容无须面面俱到，与分析目的相关的内容才值得投入。因为分析维度随分析目的不同而有所差异，所以这一部分是竞品分析报告中自由度最大的一个部分。常见的竞品分析结构有以下两种：一种以用户体验要素的五层模型为分析标尺，对各维度进行分析陈述，案例中采取的就是这种结构；另一种则是直接列出所分析的维度，并展开论述。具体如表 6-9 所示。

表 6-9　两种最常见的竞品分析结构

以用户体验要素五层模型为依据的结构	直接呈现竞品分析维度的结构
• 战略层分析 官方介绍与产品定位 商业模式 用户特征 用户定位 用户需求 • 范围层分析 功能规格	• 产品定位 • 产品功能 • 产品设计 交互设计与用户体验 视觉设计与设计风格 • 产品技术 亮点功能与核心技术 • 产品运营及商业化

① 案例中对版本号的介绍在分析报告开篇“分析目的”中，但笔者认为放在这里更为合理，故进行了调整。

续前表

以用户体验要素五层模型为依据的结构	直接呈现竞品分析维度的结构
• 结构层分析 信息架构 产品逻辑 交互设计、操作流程及用户体验	产品运营模式 产品商业模式 产品市场推广 • 用户数据 用户数量和活跃度 用户转化率 用户在线时长 用户地域分布特点 • 产品市场策略 产品版本迭代和演变 公司策略

说明：另外两层不是产品经理分析的内容，故此表中仅列出三层。

需要明确的是，表 6-9 中列出的只是竞品分析的结构逻辑，并非让大家照搬照套，在实际工作中可以根据自己的分析目的，进行具体内容的调整。

5. 总结

这一部分其实就是上文所述的“分析数据并确定决策依据”的部分，可采用 SWOT 分析法或合理假设法等分析方法，对分析报告中前述内容进行总体分析，对该分析报告的目的进行直接回应，为下一步工作的开展提出明确的意见和建议。

案例中采用了 SWOT 分析法（见图 6-8），并提出 Keep 的四个迭代方向：第一，优化直播功能，提高互动性、趣味性；第二，为榜样力量创造条件，社区板块优化；第三，提高智能化程度；第四，完善课程体系，受众覆盖更广。

（二）竞品分析报告的常见错误

竞品分析报告是产品助理或初级产品经理最常撰写的文档之一，看似只是在做资料收集，其实是对撰写者产品逻辑和分析能力的考验。在撰写竞品分析报告时，经常容易犯以下一些错误。

1. 无“用户”意识

产品经理的工作就是不断地与用户进行沟通，因此用户意识是产品经理必备的能力之一。通常竞品分析文档是文档撰写者在产品分析会上，向项目团队所有成员分享的文档。项目团队成员背景不同、工作各异，对产品的理解也各不相同。因此在撰写时应充分考虑阅读者背景，例如可以把结论放在前面、根据阅读者背景适当补充相关的产品信息、借助清晰的图表辅助表达等，以保证准确、快速地传递信息。

2. 无“的”放矢

竞品分析是一件费时费力的工作，尤其是数据的采集及甄别。对于任何一个产品而言，公司策略、产品定位、功能设计、结构规划、视觉与交互、运营与推广等因素都会影响其发展。因此在开启一项竞品分析工作之前，必须要先明确竞品分析的目的，并将这一目的贯彻始终，维度的选择和分析都应该紧紧围绕这一目的展开，从而保障竞品分析有的放矢，将资源消耗控制在最有效的范围内。

3. 无“据”可依

竞品分析的核心，就在于本品与竞品的比较。既然是比较，就一定涉及比较标准的问题，

内部因素 外部因素	优势（S） · 用户人数多，市场占有率高； · 活跃人数多，社区较活跃； · 课程较全面系统； · 内容科学，专业度高； · 适用场景广泛，不受时空限制； · 产品功能逻辑较为完整。	劣势（W） · 盈利模式不够成熟，流量变现能力相对硬件出身的Peloton较弱； · 中年群体、高收入人群参与度低； · 直播功能不成熟，缺乏互动性和趣味性； · 软件页面部分设计较为烦琐，有些冗余。
机会（O） · 国内线上健身市场依然广阔； · 线上和线下智能硬件市场广阔； · 国内直播健身仍处于发展初期； · 线上健身医疗康复领域有待开发。	SO：优势+机会 增长型战略： · 继续推广，扩大市场占有率； · 根据产品不受时空限制优势，在用户量少的城市进行推广； · 细化服务颗粒度，增加健身医疗康复板块，面向特殊健身需求人群； · 强化社区建设，增加用户黏性。	WO：劣势+机会 扭转型战略： · 提高商业变现能力，提高线上和线下硬件推广和销售能力； · 增加服务广度，覆盖各年龄层差异化课程，提高中年用户增长量； · 对部分软件页面设计进行修改，改善用户体验； · 优化直播课程功能，提高趣味性和互动性； · 发展完善智能硬件生态，提高硬件收入，吸引高收入用户。
威胁（T） · 同类产品强竞争者多； · 同类产品数量迅速增加，迭代迅速； · 软件设计模式趋于白热化； · 线下健身房转向线上线下同时运营； · 与国外同类产品的覆盖率和变现能力差距较大，国外龙头产品一旦在国内上线，将与Keep形成竞争。	ST：优势+威胁 多元化战略： · 提高电商平台的营销、设计和推广能力； · 提高服务质量，增加课程的趣味性； · 重视榜样力量，邀请名人入驻社区； · 配合线下健身行业，提升变现能力，增加线上线下市场占有率。	WT：劣势+威胁 防御型战略： · 继续优化应用功能； · 在交互与服务上增强差异化与个性化，突出自身优势，避免雷同化形式与竞品正面冲突； · 针对目标群体加大推广力度。

图 6-8　Keep 迭代方向竞品分析报告中的 SWOT 分析

资料来源：

产品天团. Keep、咕咚、Peloton 竞品分析报告［EB/OL］.（2020-08-19）［2021-02-26］. http://www.woshipm.com/evaluating/4140682.html.

不同标准下的比较并无太大意义，因此需要在统一的评测标准下完成比对。通常而言，需要使用同一来源的数据进行比对，尽量避免不同来源的数据，以免因数据标准不同而造成巨大偏差。若确实没有同一来源数据，则可视情况进行自行分析或调整分析维度。

4. 无结论的分析

这种错误是产品新人最经常犯的错误之一。因为竞品分析涉及的因素多、内容杂，分析报告中很容易出现因担心描述内容不足、有所遗漏而导致的信息罗列行为。尽可能收集丰富的信息，并对这些信息用心地进行排布和展示，无疑有利于阅读者了解。但如果只停留在这一步，而不对信息进行分析，并以适当的形式输出分析结果，就丧失了竞品分析的作用。毕竟竞品分析的目的就是为自身产品的战略、节奏、功能点、交互视觉等多方面提供参考，指导自身工作实践。总的来说，分析胜于罗列，没有结论的分析是没有意义的。因此需要在每一部分甚至每一个分析点后附一段小结，并重视整个报告最后的总结部分，明确提出围绕竞品分析目的的解决方案。

5. 无过程的分析

竞品分析虽然是基于数据——而且大部分是公开数据——进行的分析，但仍带有比较强的主观性，受分析者个人对产品、对竞品和对市场的理解影响。因此在竞品分析报告的撰写过程中，应适当运用文字清楚阐述分析过程，这将有助于阅读者接受报告中所提出的结论和解决方案。无论是竞品分析报告整体，还是具体某个分析维度，均可采用如下逻辑：竞品做得怎么样—竞品是如何做到的—竞品为什么这么做—对本品而言有哪些是可供借鉴的—下一步该怎么做。统一的逻辑也有助于降低阅读者的识读门槛，提升阅读效率，促进其认可分析结论。

【思考题】

1. 选择一款熟悉的新媒体产品，查询该产品自上市以来的迭代说明，试分析其产品定位的变化，并结合公司介绍和产品口号等相关信息，对结果进行验证。

2. 选择一款熟悉的新媒体产品，尝试分别列出该产品的直接竞品、间接竞品、潜在竞品和转移性竞品，并查阅专业机构的分析报告，对结果进行验证。

3. 选择一款熟悉的新媒体产品以及一个直接竞品，对它们的功能进行比较，看存在哪些差异，尝试分析这些差异存在的原因，并陈述是否需要对这些功能进行添加或删除，原因是什么。

第七章　新媒体产品需求分析

通过本章学习，你将能够：

1. 了解新媒体产品需求分析的相关概念。
2. 知晓用户需求与产品需求的关系及转化方法。
3. 掌握新媒体产品需求分析的流程及方法。
4. 能够进行新媒体产品需求的管理。

需求分析是新媒体产品经理的另一个基本能力，也是实际工作中产品助理和初级产品经理最常从事的工作之一。一个产品要想在新媒体市场里立足，最重要的就是要有人使用，用户数量越多，特别是活跃用户及付费用户数量越多，对产品的生存和发展越有利。用户使用产品时，大部分情况是在利用产品的使用价值，也就是通过使用产品来满足自己的需求，或者帮助自己解决问题。那么产品经理是否能发现用户的需求或用户待解决的问题，并将这些用户需求转化为产品需求，对新媒体产品而言异常重要。只有了解需求，产品团队才能有针对性地设计产品方案、运营产品、推广产品、吸引用户，最后把用户或流量转化为企业盈利。需求把握得准确，往往能使产品迅速获得大量用户；如果把握不准确，产品则有可能面临发展缓慢，甚至造成团队时间和公司资源的浪费。不容否认，需求分析也是产品经理比较难以获得的一项能力。如何能从用户的行为点滴中发现其真实需求所在，如何能够对这些已发现的需求进行合理化管理，如何将用户需求转化为可操作的产品需求，这些问题将在本章中一一得到解答。

第一节　新媒体产品需求分析的基本概念

如果在招聘平台上搜索产品经理的岗位要求，经常可以看到这样的描述："全面负责产品、平台的需求发现和分析""持续挖掘用户需求进行产品创新""负责产品市场需求调研和分析"……产品需求、平台需求、用户需求、市场需求，这么多种需求，它们说的是同一件事吗？到底什么是需求？是否真的存在各种不同的需求呢？需求分析又是什么？用户需求分析与用户分析有什么不同？要想解决这些问题，首先要弄清需求与需求分析的基本概念。

一、需求的相关概念

（一）需求的定义

要谈需求，就不能不谈及另外两个与之密切相关的概念——需要和欲望。这三个概念是市场营销学基本概念，三者相关，却又有所不同。

需要（needs）是指人们在生理上、精神上或社会活动中产生的一种无明确指向性的满足欲，也可以理解为一种感受到匮乏的状态。例如饿了要吃、渴了要喝、希望处于安全的环境、渴望得到他人的认可，这些都是人类需要的不同表现。著名的马斯洛需求理论，虽然被人们称为“需求”理论，但从它的英文原名 Maslow's hierarchy of needs 来看，应是需要理论，也就是人们与生俱来的一类可感知状态。

欲望（wants）是一种有明确指向性的需要，是需要的表现形式，这种表现会受到个体文化和个性的影响。举个例子，人们饿的时候需要吃东西，但可能张三想要吃面，而李四则觉得米饭更加可口。

需求（demands）则是一种由购买能力支撑的欲望。还是拿饥饿需要的满足来举例，王五饿了，想想今天是自己的生日，计划去某网红打卡点餐厅吃顿好的，但一查价格，发现人均998元，感觉超出了自己的预算，于是作罢，转头进入了办公地附近的一家拉面馆，给自己点了个豪华版的新疆拌面，总价才不到50元。在这个例子里，网红餐厅超出了王五的购买能力，因此虽然“去网红餐厅吃顿好的”也能满足他的欲望，但明显不是他的需求。对于新媒体产品而言，有购买能力的欲望才是有意义的，才能真正构成对产品的需求。

（二）需求的特点

从上面的定义中不难看出，任何一个需求都包含以下三个明显的特征。

第一，需求来源于需要。需要是人的天然属性，欲望是有所指的需要，而需求是有购买能力的欲望，因此每一个需求背后都会对应一个需要。例如用户说“我要充个QQ绿钻”，在这背后关联的是人们被尊重的需要，也可以说是一种虚荣；再比如“我希望上网时不保存网页浏览记录”，这体现的是人们对于安全的需要。想要精准地满足用户的需求，最核心的一点就是要能直击人心，看到“表面”需求背后的需要。

第二，需求的场景化。需求的产生是有场景的，举个例子，搭乘公共交通工具通勤的上班族，有“打发”通勤时间的需求，因此大家会根据自己的喜好，选择听歌、看剧、打游戏、读新闻等活动；而如果是自驾车通勤的上班族，通勤时需要将注意力集中在驾驶上，因此看剧、打游戏就不可能成为他们的伴随选择。

第三，需求是可解决的。在用户的日常生活中会产生大量的需求，之所以有各种各样的需求，是因为生活有很多的问题没有得到解决，而用户希望消除现实与理想的差距。例如，炎炎夏日，赶路人会产生想喝冰水的需求，这时候如果有人卖冰水，只要不是卖得太贵，比均价稍微贵一点也是可以接受的。但当喝完冰水，原来的需求被满足后，此时再有人卖冰水，就算比之前的价格便宜，可能也很难再引起赶路人的购买兴趣了。

结合需求的这三个特点，也可以将其定义为在特定情况下产生的、可解决的特定问题。产品经理无论是开发一款产品、提供一项服务还是添加某种产品功能，都是在为用户解决问题，也就是在满足用户的需求。

（三）需求的分类

与新媒体产品的其他概念一样，根据不同的分类标准，需求也存在多种分类方法：既可以根据需求来源和最终呈现方式进行划分，也可以根据用户需求满足程度与用户满意度的关系进行划分，还可以根据需求的性质进行划分。

1. 根据需求来源和最终呈现方式进行划分

第一种，也是最宏观的一种分类方法，就是根据需求的来源和最终呈现方式进行的需求分类，可将需求分为业务需求、用户需求和产品需求三种。

（1）三种主要需求的定义。

业务需求（business requirement）是指为实现产品目标而产生的需求。业务需求必须是符合公司或产品的战略愿景的，而且是为了产品的生存和发展的。但在具体执行时会把产品目标分解成更具体的阶段性业务需求，例如某产品的目标是提升用户自主的二次传播，那么业务需求就是以用户最能接受的方式，提醒用户注意产品的分享功能，并确保用户能够快速、顺利地完成分享行为。

用户需求（user requirement）是用户从自身出发所描述的、在特定场景下需要解决的问题，或者用户要求产品必须能完成的任务，也就是用户目标。例如用户对福特说“我想要匹更快的马”，这里的用户需求就是“更快”，马只是用户需求的承载体，所以福特最后提供给用户的是一台比马更快的车。

产品需求（product requirement）是指产品必须实现的具体功能，用户通过使用这些功能来解决问题。例如骑共享单车时的车辆开锁就涉及位置服务功能、扫码开启功能等具体的产品功能。通常而言，产品需求是产品经理在充分分析用户需求，并找出需求背后的需要后，结合该需求的价值与公司资源提出的能满足用户内在需求的可行性解决方案。

需要注意的是，在协同作业时，也会用提出需求的角色来代替需求类别，比如由产品经理提出的需求，就会被简称为产品需求。与这种产品需求相对应的词组是研发需求、运营需求等，分别指代研发人员、运营人员提出的需求，本书不对这种情况进行讨论。

（2）三种需求的差异。

虽然三种需求都是伴随用户的产品使用场景出现的，但是三者之间存在显著差异，具体体现在需求来源和需求颗粒度两方面。

业务需求的提出者往往是项目投资人、公司高层、市场营销部门、产品策划部门、高级产品经理等，描述的是公司为什么要开发一个新产品或新功能，也就是通过这个业务希望达到的目标或效果。在三种需求中，业务需求的颗粒度最大，也最为宏观，起指导性的作用。

用户需求的提出者通常是产品的购买者或具体使用者，描述的是用户遇到的尚未解决的问题，呈现为站在自身角度的一种感性直观的感受，表达的是他们对产品/功能的一种期望。其颗粒度处于业务需求和产品需求中间。

产品需求的提出者则往往是具体负责的产品经理，是站在产品角度描述的、能够同时满足业务需求和用户需求的可行性解决方案。在三种需求中，它的颗粒度最小，由完成前两个需求所涉及的所有功能组成。

下面通过一个例子，让大家感受一下同一场景下三种需求的差异所在。

场景：共享单车开锁

业务需求：对于公司而言，产品的目标是简化用户的产品使用流程，提升用户的产品使用体验，从而促使更多的人成为产品的用户。那么结合具体的使用场景，便可确定在共享单车开锁场景下的业务需求是把距离最近的可使用车辆信息告诉用户，确保用户能够准确地找到离自己最近的可使用车辆，并完成开锁动作。

用户需求：对于用户而言，他们并不关心产品功能的实现方法和可能性，使用体验才是最直观的。在本案例场景下，用户的需求是“我只想知道离我最近的车在哪里，定位越精准越好，我不想走冤枉路”。

产品需求：产品经理需要充分考虑业务需求和用户需求，并在公司现有技术的基础上，提出可行性解决方案，并在此基础上推导出相应的产品需求。在本案例场景下，产品需求包括位置服务功能（确定用户及车辆的位置）、导航功能、车辆扫码/密码开启功能、开锁后计时功能等。

上面的案例只是对现实工作中需求分析和需求转化过程的简单模拟，在真实的工作场景下，需要对不同场景下的关键细节进行挖掘，并结合用户调研等方法，提出严谨可行的方案，并在产品/功能设计时将该方案纳入其中，最终实现业务需求和用户需求的满足。

（3）三种主要需求的关系。

苏杰老师曾提出过一个“Y 理论”①，用来解释用户需求、用户目标、产品功能和用户心智的关系（见图 7-1）。“节点 1”代表的是用户需求场景，经常被简称为用户需求。它是起点，是表象，是表面的需求，是用户的观点和行为。“节点 2”是用户需求背后的目标和动机，是用户言行的原因。不过产品经理在思考用户目标时也要综合考虑公司、产品的目标。“节点 3”是产品功能，是解决方案，是技术人员能看懂的描述。“节点 4”是人性与价值观，或者说是用户心智，是需求的最深层体现，是需求的本质。

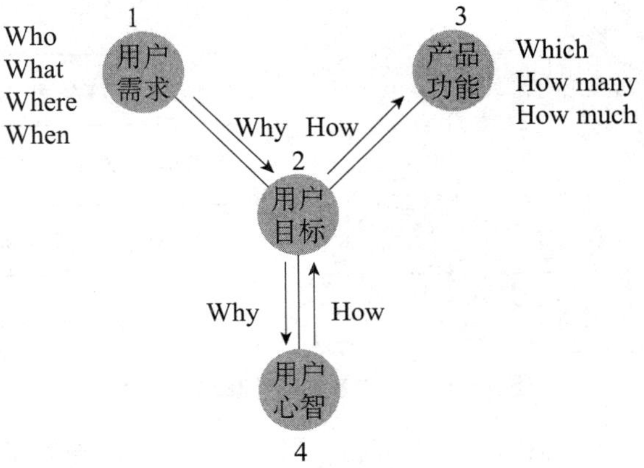

图 7-1 苏杰老师的 Y 模型

资料来源：

苏杰．苏杰的产品创新课［EB/OL］．（2019-11-01）［2021-02-26］．https：//time.geekbang.org/column/article/159727.

从苏杰老师的描述中可以看出，他并没有将业务需求放入模型之中，但提示在考虑用户目标时需要考虑相关的内容，因此可对该模型进行调整，调整后的模型如图 7-2 所示。

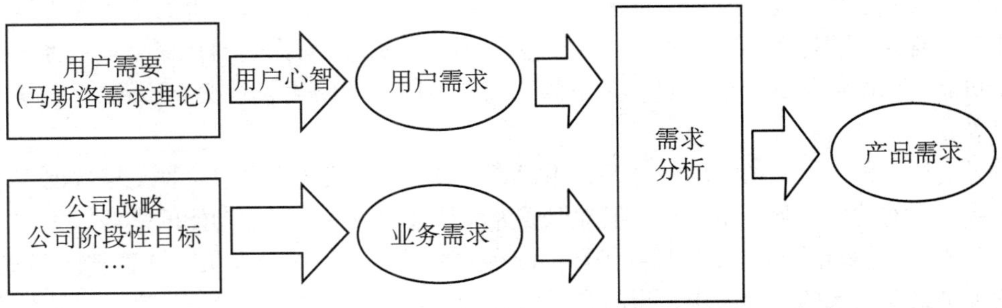

图 7-2 用户需求、业务需求和产品需求的关系

在图 7-2 中，左侧部分大多是需求产生的原因或目的，而右侧“产品需求”则为权衡多方因素后的具体解决方案。用户需求来自用户需要，而且是经过用户心智加工后的用户需要；业务需求则服从于公司战略和阶段性发展目标；用户需求可以天马行空，业务需求可以非常宏

① 苏杰．苏杰的产品创新课［EB/OL］．（2019-11-01）［2021-02-26］．https：//time.geekbang.org/column/article/159727.

大，两个“巨无霸”的交集在经过筛选和优先级排序等需求分析过程后，成为产品需求的来源。因此产品的功能一定来源于用户需求，同时是符合公司业务需求的，不应该是产品经理凭空想象出来的。

图 7-2 也进一步印证了前文所述需求的特点之一——“需求来源于需要”。产品的每一个功能板块①，应该都能在马斯洛需求金字塔中找到自己的位置，而且产品不同的功能板块，还可以满足不同的用户需要，即需求层次是交错分布于产品中的。例如微信的朋友圈功能板块，满足了人们的社交需求；但朋友圈三天可见功能满足的则是人们的安全需求。用户需要与产品功能对照示意如图 7-3 所示。

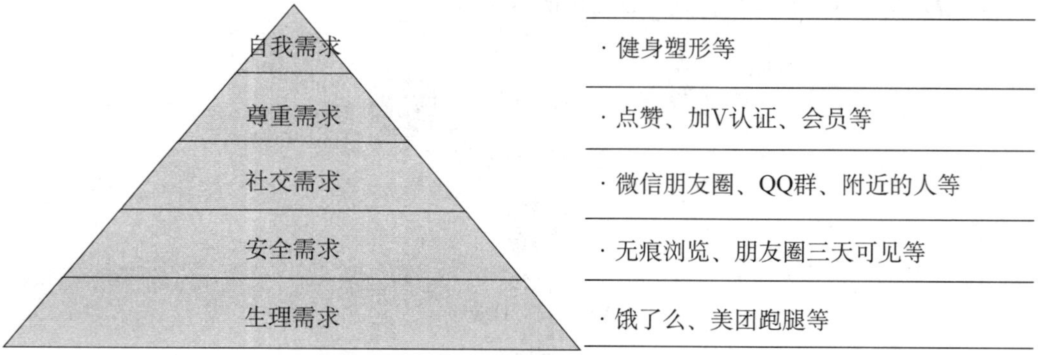

图 7-3 用户需要与产品功能对照

生理需求是指人们的生存需求，如对食物、水、空气和住房等的需求。此类需求涵盖衣食住行等领域，是人类最基础的天性，也是用户的刚需所在，直击人们的饥饿、懒惰、害怕、欲望等，因此蕴含着巨大的市场空间，是互联网巨头和创业公司一直努力抢占的山头，例如饿了么 APP 针对的就是用户饥饿和懒惰的需求。

安全需求是指人们希望自己的人身安全、生活有所保障，避免遭受痛苦、威胁或伤害，也可引申至个人隐私保护等。各类杀毒软件查杀病毒、浏览器无痕浏览、微信朋友圈三天可见等功能，都是针对这一需求开发的产品功能。

人类作为社会性生物，会产生友谊、爱情、亲情等各种感情诉求，也渴望成为集体的一部分，几乎没有人希望过着孤独、不与外界产生联系的生活。针对人们的社交需求，也产生了各种产品功能，如微信的基于线下熟人关系的社交、陌陌等的陌生人社交、Keep 等的基于兴趣的社交等。

除了上述三种低层次的需求外，人们还有尊重需求和自我实现需求两种高层次的需求。满足高层次需求的功能一般不是刚需，但却能成为产品付费服务或附加功能的来源，例如微博账号的加 V 认证、高端会员的专属权利等，都能有效地满足人们被他人认可和赞赏的尊重需求。自我实现是最高层次的一种需求，指的是人们实现个人抱负、理想、价值的需求，这种需求在新媒体产品层面很少能够得到充分满足。

2. 根据用户需求满足程度与用户满意度的关系进行划分

用户需求可以进一步细分，最常见的细分方法之一就是 KANO 模型。日本质量管理大师狩野纪昭（Noriaki Kano）与同事高桥文雄（Fumio Takahashi）于 1979 年 10 月发表了文章

① 这里的功能板块是产品某个能够解决具体问题的功能，每个功能板块又包括许多产品需求。例如微信好友聊天是一个功能板块，里面涉及添加好友、删除好友、文字聊天、语音聊天等多个产品需求。

《质量的保健因素和激励因素》（Motivator and Hygiene Factor in Quality），第一次将满意与不满意标准引入质量管理领域；1982 年，在日本质量管理大会第 12 届年会上宣读了题为《魅力质量与必备质量》（Attractive Quality and Must-be Quality）的研究报告；1984 年正式建立了对用户需求分类和优先级排序的有用工具——KANO 模型。

KANO 模型是产品用户满意度与质量特性满足状况的双维度认知模型，以分析用户需求对用户满意度的影响为基础，进而体现产品性能和用户满意度之间的非线性关系。① KANO 模型的横坐标表示产品功能对用户需求的满足程度，越向右表示产品功能越能满足用户的期望，越向左则表示需求满足程度越低；纵坐标表示用户的满意水平，越向上表示用户对产品功能的满意度越高，越往下则表示用户对产品功能越不满意（见图 7-4）。根据用户满意度与用户需求满足程度的关系，产生了三个层次的用户需求，分别是基本型需求、期望型需求和兴奋型需求。

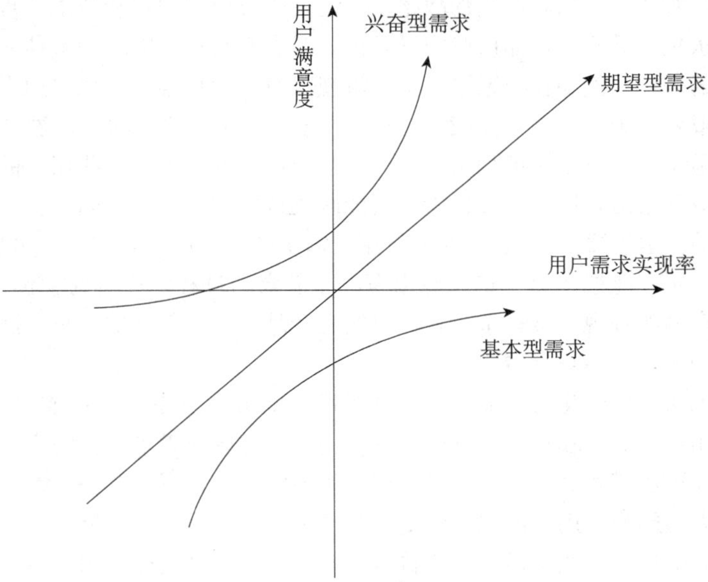

图 7-4 KANO 模型示意图

（1）基本型需求。基本型需求是产品必须满足用户的需求。当基本的需求提供不足时，用户的满意度会呈指数级下降。而当产品提供过多的此类需求时，用户的满意度却并不会显著地提高。

（2）期望型需求。期望型需求与用户满意度成线性相关，得到满足后将会使用户的满意度呈线性提高，直接影响用户满意度。此类需求的满意度会因产品对需求满足程度的不同而在较大范围内变化。

（3）兴奋型需求。兴奋型需求是指用户意想不到，并能让用户感到惊喜的产品需求。此类需求在用户的期望范围之外，满足或提供此类需求可以极大程度地提高用户满意度。而如果产品没有满足此类需求，用户也不会不满意，因为他们通常没有考虑这类需求。

KANO 模型不仅是用户需求常见的一种分类方法，还是需求评估的重要方法，对它的具

① KANO N. Attractive quality and must-be quality [J]. The Journal of Japanese Society for Quality Control, 1984, 14 (2): 147-156.

体应用将在本章后续章节中进行陈述。

3. 根据需求的性质进行划分

KANO模型是用户需求的一种分类方法，而对于产品需求，在实际工作中通常会根据其性质进行分类。一般来说，绝大部分的需求可分为功能类、数据类、运营类、体验类、设计类这五种类别。比如说，淘宝希望在节假日推出一个线上小游戏，这属于运营类需求；又比如说，苹果公司想在手机的地图导航中加入VR导航功能，这可归类为体验类需求。

二、需求分析的相关概念

（一）需求分析的定义

用户需求是产品经理最经常也最容易接触到的一类需求。用户需求是用户从自身角度出发提出的需求，并没有考虑公司和产品的战略及定位，以及市场现状和技术实现等具体问题。因此用户提出的需求也许并不是产品所必须满足的，或者不是这个需求的最佳实现方式，甚至有些时候是不合理的需求。例如在视频平台上观看视频时，用户难免会想“如果能不花钱看所有的视频就好了”或者“为什么一定要我看广告”。这些需求从用户的角度看是没有问题的，因为这就是对用户最友好的方案。但如果考虑到公司或产品的发展，这些用户的“不愉快”有可能就成了产品的盈利渠道，用户只要付费，就能解决这些“恼人”的问题。因此，在做产品功能时要“听用户的，但不要照着做”，需要将用户需求转化为产品需求后，再进行开发和落地。值得注意的是，一定不能把将用户需求转化为产品需求的过程，误解为“创造需求”。虽然这句话曾经被一些产品经理视为金科玉律，但事实上产品经理所创造的，只是满足用户需求的解决方案，即产品功能，而不是创造用户需求。

业务需求也无法直接转化为产品需求，这是因为业务需求是由公司或投资方提出的需求，并没有充分考虑用户、市场和技术等具体限制条件。还是以视频平台上的广告为例，广告无疑是这些产品的主要盈利模式之一。从公司或产品发展的角度来看，广告当然接得越多越好；但与此同时，广告因为影响了用户的观看感受，是不被大多数用户“待见”的。因此就需要产品经理充分了解双方的诉求，找到最大限度符合业务需求，同时又能为用户所接受的需求解决方案，如“观看15秒后可点击关闭广告”。

因此，需求分析就是产品经理收集并分析归纳用户需求，探明这些需求背后真正的用户诉求，并根据业务需求、用户需求价值与现有资源情况寻找需求解决方案的过程。具体来说就是将收集到的用户需求，进行全面分析和归纳，总结出哪些需求要做，为什么要做，怎么做，哪些需求不做或暂缓做，为什么不能做或暂缓做；在此基础上，结合业务需求，将可做的用户需求转化为产品需求。但需要注意的是，并不是所有的产品需求都是为了满足用户需求，也存在单纯为了业务需求而形成产品需求的情况，但这种情况的发生具有一定的不确定性，且分析的步骤与用户需求满足的过程基本一致，故在此仅对从用户需求出发，最终转化为产品需求的情况进行探讨。

（二）需求分析的目的

从前述需求分析的定义可知，对于公司和产品而言，需求分析的目的包括如下两方面。

1. 为产品的发展提供方向指引

一方面，商场如战场，市场氛围（如市场内外部环境各因素的变化等）、技术发展状况（如技术难点的突破、技术水平的提升等）、竞品动态（如公司战略、产品定位、功能等方面的调整）都有可能对产品的发展产生重要的影响，而这些也是业务需求的重要来源。及早发现这些方面的变化，积极面对这些变化，提前布局，将帮助产品产生并保持自己的竞争优势。

另一方面，产品可以被视为是解决用户问题，同时支撑公司发展的工具。市场环境瞬息万变，用户遇到的问题千差万别，通过科学的方法尽可能多地发现用户的显性或隐性的需求，将为产品的迭代和优化提供指引。

2. 为优先需求制定合理的解决方案

需求分析的最终目的是促进产品的迭代优化，保障产品的市场地位和竞争优势。不难看出，只是找到业务需求和用户需求，并不能实现这一最终目的。因为无论是业务需求还是用户需求，都是一部分产品相关角色，根据自己所处的地位、面临的问题提出的需求，不能直接成为产品的产品需求，中间还需要经过产品经理的主动转化。产品经理将这些需求转化为产品需求后，需求分析的工作仍旧没有终止，毕竟需求的解决才是王道。因此产品经理需要结合公司和团队的具体实际，对转化后的产品需求进行优先级排序，并制定出包括时间表和具体功能特性的产品需求解决方案，最终实现从业务需求、用户需求到产品功能转化的全过程。

（三）需求分析的步骤

从上面的定义可以得知，需求分析就是一个从用户需求出发，最终将其转化为产品需求的从“0 到 1”的过程。这一过程一般会包含以下四个步骤，即发现需求、管理需求、评估需求、形成需求解决方案。

1. 发现需求

从上面的分析不难知道，需求的来源多种多样，既可以来自公司管理层、投资方、用户，又可以来自公司各部门，如研发部门、营销部门、运营部门、客服部门等。因此进行需求分析的第一个步骤就是发现需求，也就是通过用户调研、数据分析等多种手段，尽可能多地发现不同来源的多种类需求。需求获取方式因需求来源不同而有所差别，常见的方法包括用户访谈、问卷调查、数据分析等。

2. 管理需求

通过第一步获得大量的需求后，就需要对需求进行管理。这一步主要包含两个主要工作。第一个工作是描述需求，也就是通过需求场景的再现，帮助产品经理更好地理解需求，同时促进团队沟通，使团队成员都能清晰地了解大体情况，降低沟通成本。第二个工作是对需求进行分类，也就是按前文所述的分类方法，对需求进行划分，以便于管理和评估的有序进行。常用的需求管理工具包括单项需求卡片、需求池等。

3. 评估需求

需求分析的第三步是评估需求，评估需求也可以视为根据各种不同的内外部条件，对需求的开发进行排序。常见的评估依据包括企业战略、产品定位、技术实现难易、所需成本、预期收益等多种因素。除此之外，利用 KANO 模型等方法划分的用户需求类型，也可以作为需求评估的重要参考因素。因为这些不同的用户需求类型在一定程度上代表了该用户需求的迫切程度，可结合产品生命周期阶段进行特定条件下应优先满足的用户需求的筛选。完成这一步后，产品经理就可以对需求池中的各类需求进行优先级排序，从而确定下一阶段工作中需重点落地的需求。一般来说，经过评估的需求可被分为重要且急需、不重要但急需、重要但不急需、不重要也不急需四种类型。产品经理在具体工作中，可再结合当时的人力、物力等资源情况，在需求池中对相应需求进行优先级标注，通常使用 P0、P1、P2、P3 形式进行标注。P0 代表最高优先级别的需求，需求的优先级随数字的增大而不断递减。

4. 形成需求解决方案

确定了需求的开发顺序后，还需要产品经理对实现该需求的路径提出具体的方案。大部分的需求涉及的相关角色不止用户一个；满足需求的路径也不只限于产品；就算是可通过产品来满足的，涉及的功能往往也不是简单的单一功能，例如用户在直播间里购物，就涉及商品展示功能、支付功能、购物车功能等多个功能；有些目前没有的功能，还需要产品经理去思考如何设计；相关功能研发与上线的时间表，也需要产品经理进行统筹。这些问题都需要产品经理深思熟虑，并形成一套带时间进度安排的、可执行的需求解决方案。

以上四步就是需求分析的全过程，也是需求从发现到最终落地解决的完整生命周期历程。需求分析四个步骤中的每一步都有相应的方法，也有相应的工具可供选择；每一步的分析、判断和决策都需要有据可依。通过以上四步，可以让待解决的需求紧贴公司战略、用户和产品实际；分阶段有节奏的需求满足过程，也会让产品的迭代升级更加有序；产品经理在面对层出不穷的需求时，也将不再感到慌乱且无所适从。需求分析每一步的具体操作方法和适用工具，将在后续的章节中进行详述。

第二节　发现新媒体产品需求

如第一节所述，需求分析简单来说就是寻找用户需求，将其与业务需求进行匹配，同时综合考虑内外部实际，进而将用户需求、业务需求转化为产品需求的过程。本节将开启需求分析第一步的学习，也就是发现需求。

一、新媒体产品业务需求的来源及发现方法

前文说过，业务需求必须是符合公司或产品的战略愿景，并且最终是为了产品的生存和发展而产生的需求。因此一般而言，此类需求的提出者为项目投资人、公司决策层、市场营销部门、产品策划部门、高级产品经理等。需求提出者之所以提出这些需求，也并不是拍脑袋产生的想法，或者像用户需求那样，是自己的主观体验，更多的还是来自内外部环境的有关信息。一般而言，这些内外部环境的有关信息来源渠道主要有行业、竞品以及公司内部。

（一）来源于行业的业务需求及发现方法

公司所处的细分行业发展状况对于产品而言是非常重要的业务需求来源，也是影响公司发展的最直接的宏观背景。这是因为行业发展现状反映了产品的功能和技术的水平线，也预示了产品的未来发展方向。举个例子，最开始出现的运动健身类软件，各有各的主打功能，如主打健身课程教学产品的 Keep、主打跑步记录的悦跑圈。但随后社交功能被引入运动健身软件，其在增强用户黏性方面起到了非常显著的作用，社交因此成为运动健身软件行业发展的最新趋势，各家软件陆续推出了社交和社区的产品模块，如 Keep 的达人社区、悦跑圈的跑友圈。当行业里大多数的软件都提供社交和社区功能后，这一功能就演变成了这个行业的产品标配，后来者进入这一市场时，不可避免地也被要求必须能够提供相关功能，此时社交功能就已经演化成了运动健身行业的产品标准。从以下方面切入，有助于产品经理深入地理解行业发展。

1. 阅读行业发展报告及资讯

正如第四章中所述，有不少的研究机构、咨询机构、行业协会等都会定期或不定期地推出一些行业相关的分析报告，如年度互联网用户行为分析报告、移动 APP 年度报告等；也有不

少的科技类媒体在持续关注新媒体行业的发展，并针对具体的行业、公司或产品提出自己的分析和观点，如 36 氪、钛媒体等；产品经理还可以通过查阅历史资料、网络资讯等，来获得行业发展的相关信息。

例如，德勤于 2020 年 11 月 25 日发布《2020 中国汽车后市场白皮书》①，其中明确写到，数字化迭代升级成行业发展新趋势，互联网行业企业跑步进入汽车市场，与此同时，原有价值链上的大企业也纷纷出圈寻求新的模式突破。目前市场上具有代表性的模式主要包括 M2B2b2c 价值链模式、流量中介纵向整合模式、B2B 汽配电商模式、S2c 价值链模式四大类。其中 S2c 是在 M2B2b2c 模式基础上的进阶形态，主要由有着互联网背景的企业主导，同时向上游和下游完成价值链整合。从目前的市场格局来看，S2c 模式经过近几年的快速发展已初具规模，并且出现了绝对的引领性企业，头部代表是途虎养车。报告明确总结道："行业价值链整合进入加速期，推动未来行业集中度加快提升，目前 S2c 价值链纵向的趋势已经初具规模。"②（见图 7－5）

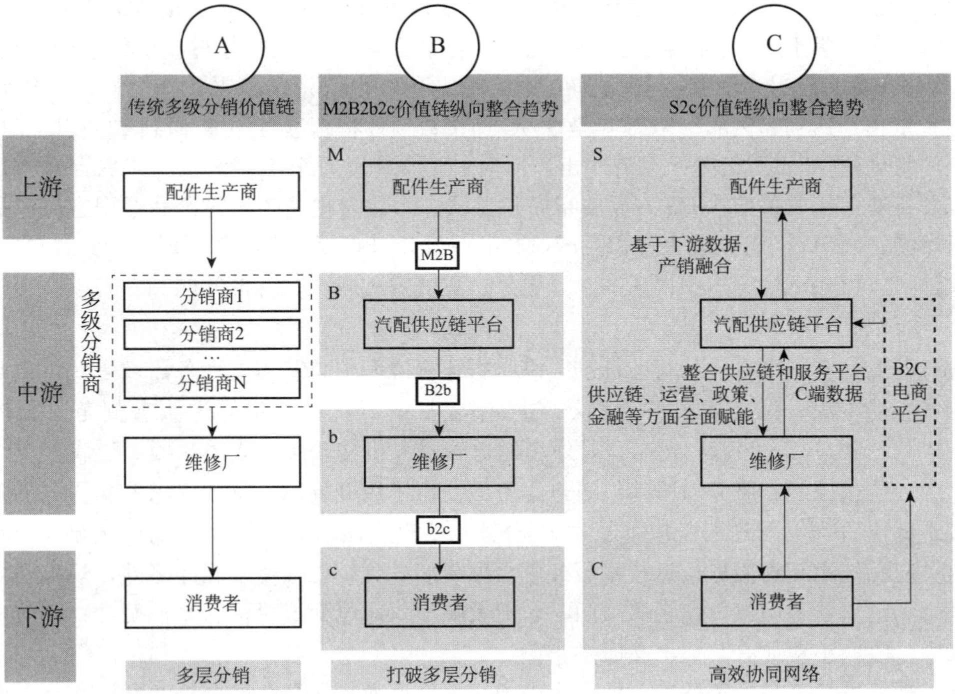

图 7－5　汽车行业传统多级分销、M2B2b2c 和 S2c 的三种趋势对比

资料来源：

德勤．数启未来，后市场产业变革：2020 中国汽车后市场白皮书［EB/OL］．（2020－11－25）［2021－02－26］．https：//www2. deloitte. com/cn/zh/pages/consumer-business/articles/data-enlightens-the-future-and-market-industry-reform. html.

① 德勤．数启未来，后市场产业变革：2020 中国汽车后市场白皮书［EB/OL］．（2020－11－25）［2021－02－26］. https：//www2. deloitte. com/cn/zh/pages/consumer-business/articles/data-enlightens-the-future-and-market-industry-reform. html.

② 德勤｜2020 年将达 1.7 万亿！中国汽车后市场发展的 3 个机会［EB/OL］．（2020－12－01）［2021－02－26］．https：//mp. weixin. qq. com/s/2nqho5mUom＿3qQj9AVKnOg.

从报告中可以看出汽车行业发展的三个趋势：第一，行业的互联网化已成必然趋势；第二，新媒体技术在汽车行业的应用已经对传统的价值链模式造成冲击，产生了新的上下游关系，用户及电商平台在新模式中的重要性突显；第三，新模式业已形成，而且出现了龙头企业。这些信息将为身处汽车行业的新媒体产品经理提供重要的指引，对诸如 B2C 电商平台的介入、相关功能的研发和落地、用户的信息反馈渠道以及用户与生产商之间的关系等方面，都将产生较大的影响。

2. 参与行业展会

行业展会是一种以行业为划分依据的、为展示行业相关的产品和技术，同时进行渠道拓展、品牌传播和产品销售而开展的宣传活动。通过参加行业展会，产品经理可以很容易地了解到行业发展趋势、最新技术应用，甚至可以对用户的产品使用行为和习惯有所探究。

以 2020 年 11 月 28 日在广州落下帷幕的 2020 世界 5G 大会为例。会议主题聚焦“5G 与数字经济的未来”，会上以三大运营商、华为等企业为代表的上百家 5G 通信企业，展示了包括家庭生活、健康医疗、金融消费、社交传播、城市管理等在内的多种不同的 5G 应用服务场景。大会也将主题聚焦于此。[①] 截至会议举办之时，全球已有 40 个国家超过 95 家运营商部署商用了 5G 网络，另有超过 300 家运营商正在投资 5G，预计很快将推出服务。[②] 到 2020 年底，5G 手机出货量预计达到 2 亿部；2023 年全球 5G 连接数预计将超过 10 亿；而到 2035 年，5G 在全球范围内将创造 13.1 万亿美元经济产出，同时创造 2 280 万个工作岗位。该展会透露出的信息，以及各通信企业目前在 5G 方面的布局和尝试，无疑为相关产业的产品经理进行产品规划提供了参考；而 5G 同时也成为各相关产业产品在设计时必须考虑的重要影响因素，提前布局、提前设计，方可在市场竞争中快人一步，更好、更高效地解决现有的问题。

3. 重视行业标准

各行各业都有不少自己的行业标准，满足行业标准不但是基本的业务需求之一，也是重要的功能灵感的来源。以外卖服务为例，2017 年 8 月 5 日，《外卖配送服务规范》团体标准（T/CCPITC- SC 007 - 2017）发布，对外卖配送的服务机构、服务人员、服务流程、异常情况处理、服务质量控制和服务质量持续改进等方面提出了明确要求。例如要求外卖服务的订单准时率应不低于 98%，配送时长应不超过 30 分钟；商户应在用户下单后 10 分钟内确认订单；外卖配送员应在外卖配送服务信息技术服务平台派单后 5 分钟内接单。除此之外，规范还要求外卖配送员到达消费者门口，应轻声敲门，若无人响应，应电话或短信联系消费者；不应进入消费者家中、收取小费或有其他不文明举止。

这一规范虽然不是国家标准，但作为中国贸促会商业行业分会联合外卖配送平台共同起草的团体标准，对外卖市场提出了十分具体的要求。涉及外卖业务的产品可根据这一标准，针对性地制定商户、外卖配送员及外卖配送服务等的相关评价体系，并将这些评价体系作为标准内嵌至产品中。目前使用饿了么平台点餐的用户，在订单服务完成后，可对外卖服务和外卖配送员进行打分并选择标签进行标识，标签内容包括“送餐快”“服务态度好”“餐品完好”“准时到达”“衣着整洁”“穿着专业”等。用户点击蓝骑士的个人信息时，还看可到该骑手的准时率、好评率和日均送单数量等信息。另一外卖平台美团也有类似的功能。（见图 7 - 6 ）

---

① 晓说通信．世界 5G 大会释放信号：5G 赋能百业智绘未来［EB/OL］．（2020 - 11 - 30）［2021 - 02 - 26］．https：//www. thepaper. cn/newsDetail _ forward _ 10202413.

② 谭伦．二度亮相世界 5G 大会，高通再绘 5G 共享共赢蓝图［EB/OL］．（2020 - 12 - 02）［2021 - 02 - 26］．https：//finance. ifeng. com/c/81s93eVh3xN.

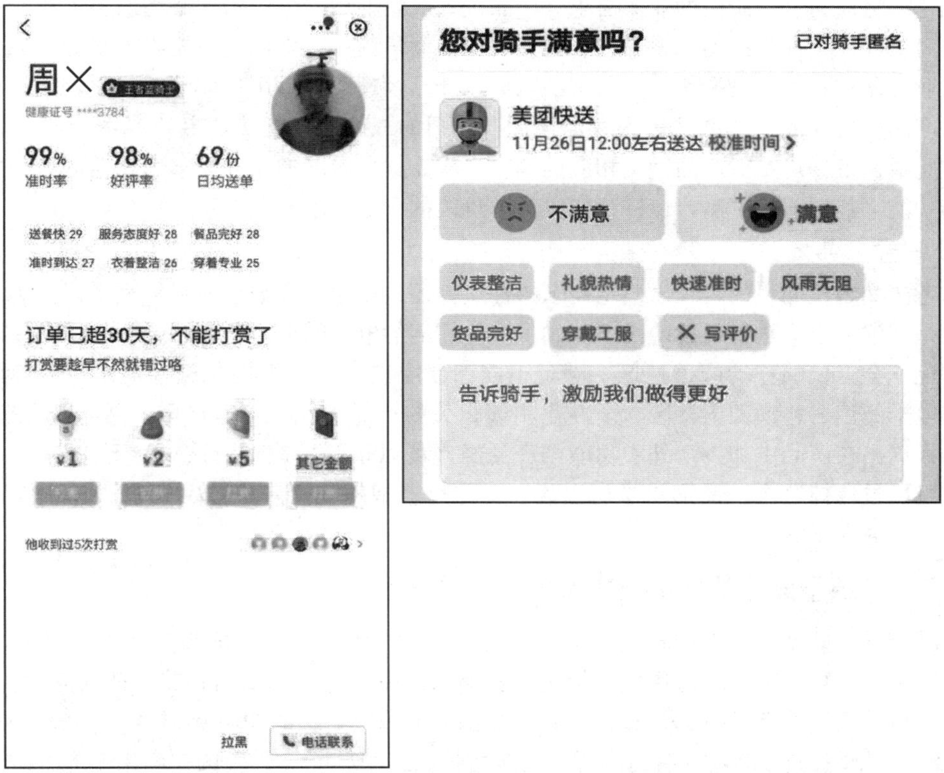

图7-6　饿了么平台（左）和美团平台（右）骑手信息页

除了上述三种途径外，产品经理还可通过与行业内的专家特别是行业大咖交流来获得产品需求。行业专家通常已经在行业中从业多年，有丰富的经验，对行业的发展历程也十分了解。因此，他们往往对行业的发展有自己独特的观点，甚至是具有前瞻性的观点，能够为行业/产品的发展指明方向。

（二）来源于公司的业务需求及发现方法

业务需求既然是为了产品的生存和发展而产生的需求，就肯定不能脱离公司现状来谈业务需求，因此公司战略、产品定位也是重要的业务需求来源。

1. 确定公司战略与产品生命周期

公司战略作为公司发展的指导性文件，可以帮助产品经理找到产品与需求的参考范围，以及资源支持的能力，是产品经理研发产品的大环境，也是开展产品工作的基础。公司高层相较于产品经理，掌握了更多的行业和公司的信息；同时由于他们需要对公司的发展负责，因此也会对产品提出整体的要求，以实现公司战略的执行。符合公司战略的产品需求将有益于公司和产品的发展，也就更容易得到人财物等资源的支持；而不符合公司战略的产品需求，往往根本没有进入开发的可能。

总体而言，公司战略的出发点一般在于公司层面的市场竞争力，因此来自公司战略的业务需求，因应产品所处的生命周期阶段而有所不同。一般在产品的引入期，公司战略的重点在于迅速进入并抢占市场，因此根据公司定位完成产品打造，使产品具有可用性、帮助用户解决具体问题，成为这一阶段的业务需求。相应的，产品的核心功能将具有最高的研发优先级。在产品进入成长期后，公司战略的重点将转移为尽可能地占领更多的市场份额，因此产品使用场景的多元化，将成为这一阶段的业务需求。产品进入成熟期后，公司的战略将调整为提升产品的盈利能力，因此增加产品的用户黏性、建立自身的竞争优势、增加公司的收入来源，成为这一阶段的业务需求。作为对这一业务需求的响应，产品经理要注重用户体验的优化，同时打造出合理的产品变现功能。当产品进入衰退期后，公司的战略将变更为更新产品线以继续占领市场，因此根据市场现状对产品做出相应的调整，成为这一阶段的业务需求。相应的，一些“破圈”的功能，甚至新的产品，也许就能成为本阶段的产品需求所在。

2. 思考产品定位

思考产品定位的目的，在于确定需求的性质。还是以第二章举过的网易蜗牛读书为例。它的定位是“致力于为热爱阅读的用户提供沉浸、简洁的电子阅读体验，并希望与用户一起构建起立体化、全方位的移动阅读社区，满足不同阅读层次用户的个性化阅读需求”。不难看出，只有与电子阅读、移动阅读社区、个性化阅读相关的产品需求，才是符合产品的既有定位的。如果有人提出在产品中加一个外卖功能，产品经理可以很轻易地判断该功能不符合产品定位，从而就可以过滤掉这个产品需求。所以说，确定企业战略在于定义产品市场，而思考产品定位，核心目的在于定义产品功能。

（三）来源于竞品的业务需求及发现方法

竞品分析的重要性不言而喻，持续地对竞品进行跟踪分析，不但能为产品/功能的研发提供经验和借鉴，还将对产品的迭代优化提出业务需求。举个例子，滴滴和美团两大互联网公司，分处出行和外卖两大市场头部位置，随着产品的不断发展，公司也开始基于自己的既有优势，努力探索跨界经营的可能，以期创造新的利润增长点。2017 年 2 月美团在南京率先上线打车业务，并于同年 12 月对公司进行架构调整，成立了出行事业部。美团作为外卖行业龙头企业，进军出行行业无疑具有资金、系统和用户数据的优势，这将对滴滴产生威胁。这种威胁对滴滴来说，就是一种来自竞品的业务需求，两者原本只是互为潜在竞品，但美团的跨界使得两家公司在出行市场变成了直接竞品。作为响应，2017 年 12 月传出滴滴研发外卖业务的报道。2018 年 4 月，滴滴外卖正式上线无锡；在滴滴进军外卖行业的消息传出一周后，美团点评宣布其网约车业务全面上线，正式从南京向北京、上海、成都、杭州、福州、温州和厦门 7 座城市扩展。

无论是直接竞品、间接竞品、潜在竞品还是转移性竞品，在公司层面、用户层面和产品层面的变化，都有可能对产品/功能的发展提出新的业务需求。因此对竞品从战略、定位、运营，到操作流程、功能、交互等维度，进行持续、完整的分析，将有利于提前发现竞品动向，及早做出应对，从而保持本品的市场地位。分析因竞品战略变化等产生的新增功能与本品既有功能的差异，若该功能是本品所不具备的，则需要深挖该功能背后的用户需求，并结合公司和产品的特性，分析该功能是否满足并匹配得了本品目标用户的需求，是否具有移植的可能；若该功能是模仿本品的，则需要判断竞品新增功能对本品的影响，决定是否需要采取功能优化或策略调整等措施进行应对。

（四）业务需求的其他来源

行业、公司和竞品是新媒体产品的三大主要业务需求来源。除此之外，公司老板和兄弟团队也可能向产品团队提出自己的业务需求，甚至直接提出产品需求。

1. 源自老板的业务需求

这里的老板不限于公司的创始人、董事长或总经理，还包括一切具有决策权并能指挥产品团队的公司高层。老板作为行业老兵，往往有着丰富的工作经验以及敏锐的市场嗅觉，有时甚至可以凭借自己的直觉做出正确的决策。产品团队，特别是产品团队中的初级产品经理或产品助理，往往会经历老板直接抛出业务需求的情况。

一般来说，老板提出的需求都是有原因的，所以在遇到这种情况时，第一，应先消化并理解老板的想法，对其提出该业务需求的原因进行推测，并通过直接或间接的方式进行验证。有时老板提出的是十分具体的产品需求，例如老板提出要在产品中增加直播的功能，这时如果产品经理直接按老板说的做，可能无法得到理想的结果。因为经过分析后或许会发现，老板提出这一需求的核心不在于直播，而在于提升与用户的互动，从而增强产品的用户黏性。这时就可以以这个业务需求为依据，设计更符合产品特质的功能方案。

第二，基于背后的原因，结合现实条件和数据进行需求分析，判断需求的可行性和正确性。需要注意，产品经理不能单凭自己的感觉来和老板沟通，而需要基于数据等证据来进行辅助判断。对于不合理需求，应积极主动与老板进行沟通，以求得老板的理解。在无法直接沟通，或暂时无法达到预计的沟通效果时，如果情况允许，可以先产出一个产品原型，投放到市场中，然后再通过实际的市场数据来论证自己的观点。对于合理的需求则应积极制定执行方案，抢占市场先机。

2. 源自兄弟团队的业务需求

产品经理在做产品的时候，往往会收到研发、设计、运营、客服等团队同事提出的业务需求。这些需求有些是基于产品实际产生的，例如一些具体步骤的细节，是因涉及其他团队的内部工作而产生的需求盲点，或是在产品实际运行过程中出现的问题反馈；但也有一些只是单纯的出于兄弟团队想凸显团队工作重要性的需求，如设计团队可能会提出将用户交互相关功能作为优先考虑的功能。对于第一种情况，产品经理可以进行回溯，从需求的源头重新进行分析，看是否是真实需求，其频次和重要性有多大，然后再结合产品实际进行后续安排。而对于第二种情况，则可在不影响产品研发主线的情况下进行适当考虑，毕竟产品研发是一个跨团队的工作，需要多个团队的共同配合，与人为善更有利于营造良好的团队工作氛围。此外，在面对这种来自同事的需求时，一定要站在整个产品的角度上去思考问题。因为每个人都是站在自己的角度上来阐述问题的，所以都会把自己的需求描述得很紧急、很重要。如果产品经理不主动辨别，便很容易“被别人牵着鼻子走”，最后导致损害产品研发的情况发生。

二、新媒体产品用户需求的来源及发现方法

用户需求是产品之所以存在的基础，产品就是可以解决用户特定场景下遇到的问题的方法，因此产品经理需要对用户需求进行深入研究，急用户所急，想用户所想，甚至比用户更了解他们的需求，正如福特用一辆汽车来回应用户想要一匹更快的马的需求。

（一）新媒体产品用户需求的来源

用户需求顾名思义就是来源于用户的需求，但用户的分类非常多，究竟应该关注哪些用户的什么需求呢？其实所有的用户都是用户需求的来源，这既包括本品潜在用户、新增用户、活跃用户、流失用户、回流用户等不同的用户类型，也包括竞品用户，例如产品经理可以根据竞品用户对竞品的吐槽，找到用户未被解决的问题，进而形成本品的新功能点，树立本品在该功能上的竞争优势。

不同用户提出的需求有时也可以相互印证。举个例子，直接竞品 A 和本品都是互联网金融平台产品，A 的用户吐槽该产品没有提供收益统计功能。如果本品也没有提供相关的功能，那么作为本品的产品经理，首先要考虑的问题是，本品用户是否也存在类似的需求。此时就可以有针对性地查找本品用户对类似问题的反馈，甚至进行本品用户的相关需求调研，进而

判断是否需要新增该功能。

不同用户针对同一功能提出的需求也可能存在差异。以现在电商平台产品中常见的省钱卡为例，对于新付费的用户而言，他们的需求可能是希望付费时不用先到领券中心领券，最好能够自动抵扣；对于有过消费的老用户而言，他们的需求则可能是希望能够根据消费次数，获得额外的打折；对于运营团队，他们的需求则是希望增加新用户的付费、提升老用户的客单价。因此在日常工作中，应将用户需求获取作为一项日常工作，持续地收集不同种类用户的反馈，并根据工作实际有针对性地进行用户需求调研。

（二）新媒体产品用户需求的发现方法

根据是否与用户进行直接接触，可将新媒体产品用户需求的发现方法分为直接获取和间接获取两大类。直接获取的方法就是以用户为调研对象，直接进行的用户需求调研的方法，最常见的方法有问卷调查和用户访谈两种方法。这两种方法的具体操作及注意事项已在第五章中进行了详述，在此不再展开。需要补充的是，由于调研的重点在于用户需求，因此无论是在问卷设计中还是在准备访谈提纲时，都需要强调用户场景这一特性，也就是聚焦特定使用情境下的用户行为，这样做将有利于聚焦问题、提升调研效率，也可进一步验证用户的使用场景。

间接获取用户需求指的是通过第三方渠道获得用户需求的方法，常见的间接获取用户需求的方法有用户反馈法和数据分析法两种。

1. 用户反馈法

好的产品功能一定是能解决用户问题的，也就是说一定是从用户需求转化而来的，而不是产品经理凭空想象出来的。在设计产品功能之前，产品经理需要通过多种渠道听取用户“心声”，用户的反馈就是产品经理获得用户需求最直接的来源。

(1) 常见的用户反馈获取渠道。

常见的用户反馈获取渠道包括产品自建反馈渠道（多见于产品的联系客服功能，见图 7－7）、应用市场的用户评论（见图 7－8）、用户论坛（见图 7－9）、由用户或产品方发起建立的产品用户 QQ 群、微信群等。其中，虽然产品自建反馈渠道是用户自主上报的，但由于不是产品经理的主动调研行为，故在此也将其归为间接获取用户反馈的一种方法。

图 7－7　微信安卓 7.0.21 中的用户反馈页面

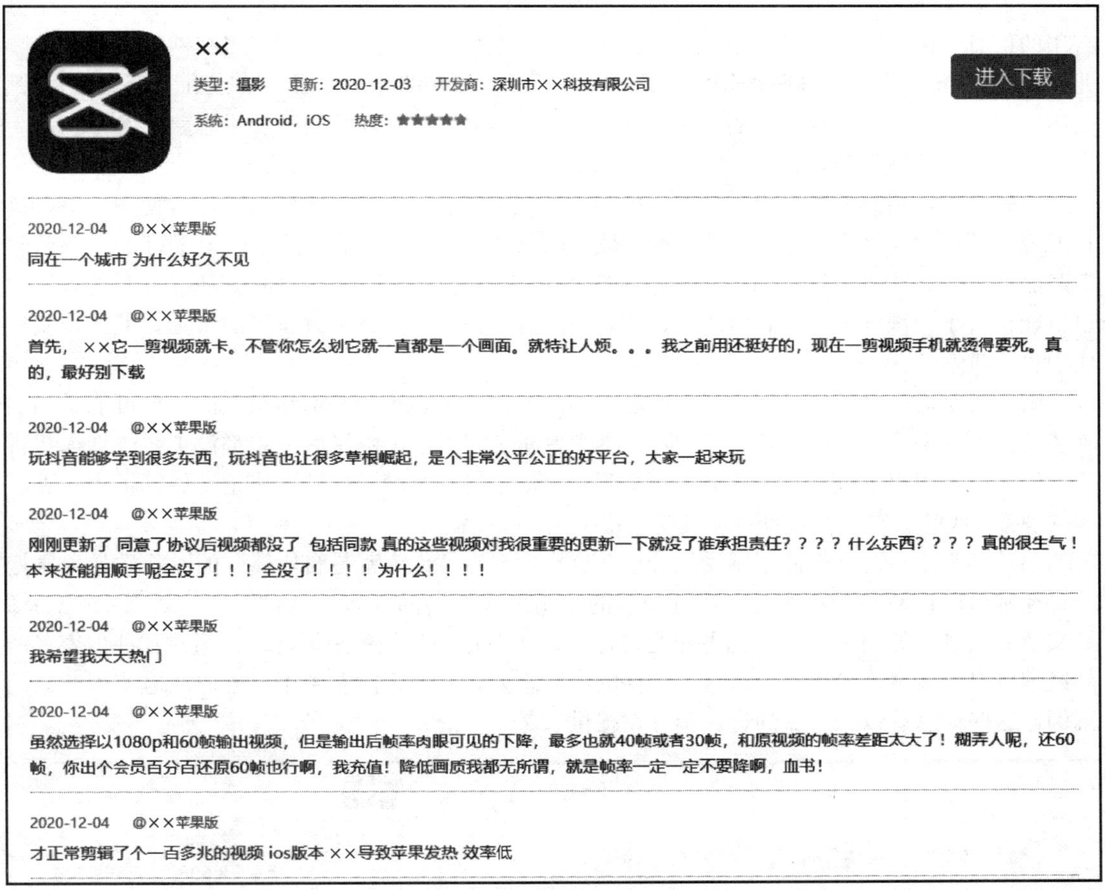

图 7-8　历趣网上某视频剪辑软件的用户评论

资料来源：

剪映网友评论［EB/OL］.［2020-12-04］. https：//www.liqucn.com/rj/1191626.shtml.

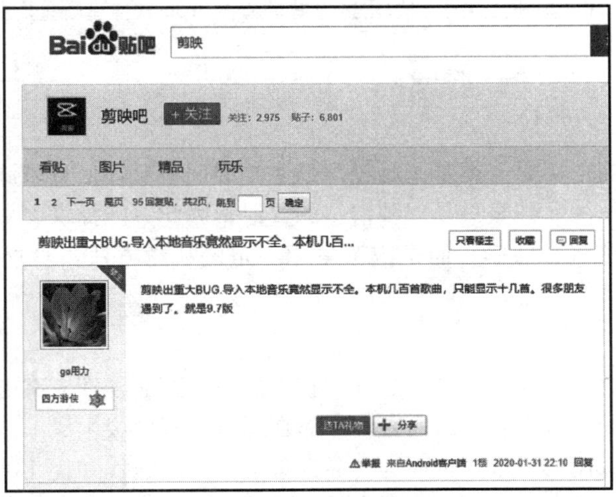

图 7-9　百度贴吧中的剪映吧及用户反馈

资料来源：

百度贴吧：https：//tieba.baidu.com/p/6468040425.

正如前文所述，在收集用户反馈时，不应只关注本品，竞品的用户反馈往往也能提供十分有用的信息。例如，某公司计划开发一款旅游平台软件，那么产品经理可多在网上浏览“去哪儿旅行”“携程旅行”等软件的用户反馈，关注反馈中反映出来的竞品的优点和“槽点”，尤其是用户遇到的且尚未得到解决的问题，这些信息将为新产品的功能设计提供思路和参考。

（2）用户反馈的分类。

一般而言，用户反馈可归为三类。第一类是纯情绪表达。用户在反馈时经常使用“最”进行形容，例如“这是我用过最烂的一款视频编辑软件”“这绝对是目前市面上最好的一款云笔记产品”。这部分用户对产品的评分也往往呈现两极分化，要么5星，要么1星。1星的评论中也可能包含了一部分友商的恶意攻击评论，虽然这种情况并不是一种正当的行为，但在现实工作中也很难避免。

第二类是对产品使用过程中遇到问题的表述。这种表述可能是情绪激烈的，也可能是如实陈述的。例如图7-8所示的用户反馈：“刚刚更新了，同意了协议后视频都没了……谁承担责任??? ……真的很生气。本来还能用顺手呢，全没了!!! 全没了!!!”“才正常剪辑了个一百多兆的视频。iOS版本××导致苹果发热，效率低”。

第三类是用户对软件使用感受的分享。这类信息在“人人都是自媒体”的时代数量急剧增长，经常可以在网络上发现用户自行分享的“用过最好用的×××软件”“十大×××工具”等文章或信息（见图7-10），这些也是产品经理了解用户反馈的来源之一。通过这些内容，产品经理可以很清楚地知道用户对这些软件的喜爱之处，甚至还能看到用户创造性地使用产品的案例，这些信息可以为产品的进一步开发提供参考。

图7-10　知乎上关于“你用过最好的修图App软件有哪些”的提问

资料来源：

你用过最好的修图App软件有哪些？［EB/OL］.（2020-11-12）［2021-02-26］. https：//www.zhihu.com/question/58497841/answer/1141324742.

在这三类用户反馈中，第二类是产品经理最主要的用户反馈信息来源。但因为这些话语中的相当部分是带着情绪的，甚至只是一种情感的宣泄，因此只能提供参考，产品经理应该听用户的声音，但并不应该完全照做，而是应该采用一定的科学方法，对这些反馈进行进一步分析，之后再做定夺。

2. 数据分析法

运营数据分析能力是产品经理必备的专业技能之一，产品经理应有能力从产品数据中分析出用户需求和存在问题。对既有产品而言，产品在运营过程中会生成一系列用户数据，可以通过分析这些数据来获取用户需求，进而为产品经理提供产品迭代和优化的参考。这些数据通常来自产品后台数据库采集的运营数据（如独立访问用户数、页面访问量、浏览轨迹、转化率等），以及市场、客服等其他合作部门提供的建议反馈。常见的产品数据包括用户数量（含各类用户的数量）、用户流失率、用户留存率、用户活跃度、转化率、功能/按钮点击率等。常用的数据来源除了产品的后台数据库外，还可以是外部的第三方软件，如友盟+、腾讯移动分析、TalkingData、GrowingIO 等。

漏斗模型是最主要的基于数据分析的用户需求找寻方法。漏斗模型是一种线性模型，任务的完成涉及多个环节，每个环节在流程中有固定的位置，环环相扣。因此可以通过识别关键的行为转化节点，分析行为点间的转化与流失情况，进而定位问题，指导决策。漏斗模型可以运用于新媒体产品的诸多工作中，如广告投放效果评估、用户增长管理、品牌认知等。最常见的模型有用户增长漏斗 AARRR 模型（见图 7-11）。

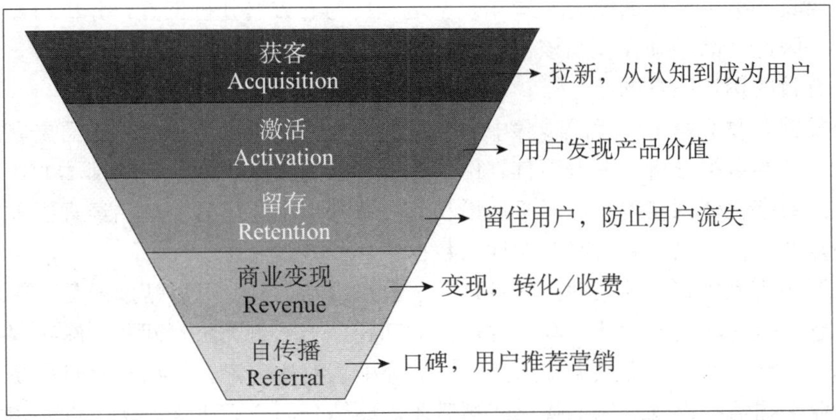

图 7-11　用户增长漏斗 AARRR 模型示意图

任何一款新媒体产品，或多或少、或长或短、或简单或复杂都会存在一些流程化的操作。举个例子，在使用一款新软件时都会涉及用户注册。新用户注册的简化流程如下所示：

- 看到推广信息；
- 点击下载软件；
- 打开软件后进入注册页；
- 设置自己在软件中使用的昵称和密码等信息，点击进入验证页；
- 输入手机号码或邮箱进行验证后获得验证码或验证邮件；
- 输入验证码或点击验证邮件，完成注册。

列出具体步骤后，结合自己的软件使用习惯，可以很容易看出，每一步所涉及的用户数量是不一样的，每一步都比上一步的群体规模要小。软件并不会向所有人进行宣传和推广；收到推广信息的人不会都点击下载软件；下载且打开软件的人不一定都会注册；选择注册操作的人可能会因为无法设置到自己心仪的昵称等原因而放弃注册，也就无法到达验证页；到达验证页的人并不是所有人都愿意以自己真实的信息进行软件注册，因此也不是所有到达这步的用户都能成功输入验证码或点击验证邮件。

对于任何一个 APP 而言，用户注册流程最核心的目的就是推动用户完成注册，使之成为产品的新增注册用户，因此用户注册率就成了衡量整个流程的全局指标。还是以上面的例子为例，在上面列出的流程中，假定每一步的转化率相同。[①] 如果产品的后台数据显示，前五步之间转化率都是 30%，也就是看到推广信息的用户中有 30%选择点击下载软件，进入验证页的用户有 30%输入了手机号码或邮箱进行验证，但最后一步的转化率只有 10%，也就是输入了

① 此处只是用简化的方式方便大家理解漏斗模型的使用方法，不代表实际情况。

手机号码或邮箱进行验证的用户群体中，只有10%最后输入了验证码或点击了验证邮件，那么就可以初步判定，问题出在最后一个环节，或者说用户操作到这一步时遇到了问题。因此可以重点考虑这一环节中导致用户流失的因素，进行对应的产品优化。就这一案例而言，用户流失的原因可能是：收不到验证码/验证邮件、验证码过于复杂、验证码无法直接复制、验证邮件跳转失败等。针对这几个问题，可以提出简化验证流程、简化非必要跳转页面、使用第三方账号信息等可能的用户需求。

产品经理在使用漏斗模型进行用户需求数据分析时应注意以下三点。

第一，要具备抽象流程的能力。漏斗模型是有目的的数据分析工具，分析对象是符合线性结构的流程。因此产品经理在使用该模型时，应能够抽象出涉及的用户操作流程，梳理出关键步骤，构建有效的用户路径图。

第二，要拥有收集每个流程或步骤中的数据的能力。抽象出流程后，还需要获得每个流程的数据，才能开始数据分析。一般而言软件都会有自己的数据仓库，一些基本的用户数据都可以通过自建的数字化体系获得。但对于新增功能等特殊情况，还需要产品经理提前与研发团队做好数据埋点的设计，以便获得有针对性的数据。

第三，漏斗模型也有其局限性。它只是一个数据诊断工具，可以帮助产品经理了解哪个环节出现了问题，但无法回答为什么会出现这样的问题，当然也无法对问题的解决提出指导性建议。而且单一的漏斗并不能提供太多信息，还需要引入对比因素，比如与自身的历史数据、与竞品、与行业平均情况进行对比。找出问题后还需要结合用户调研等方法，进一步挖掘问题背后的原因，从而为解决方案的制定提供参考。

使用数据进行用户需求分析的好处是数据是客观的，分析出来的需求往往是准确且有效的；但缺点也很明显，就是无法直接跟用户交流，很难只依据数据进行更深层次的需求挖掘。因此很多时候只能一点一点地解决问题，不能一次性较为彻底地解决。除此之外，在采集数据的时候，往往需要产品经理进行预先设计，这样才有可能避免只采集到截面数据、缺失过往数据的情况发生。

在面对用户需求时要注意两点。第一，需要不等于需求。当用户表达自己想要什么功能的时候，往往并没有认识到自己的真正需求是什么，只是把需要当成了需求，只有产品经理去深入挖掘才能发现真实的需求所在。第二，用户所说的需求很多时候其实是最终的执行方案，但这个方案是否可行，是否有更好的可替代方案，甚至该方案是否是针对用户背后需求的方案，都需要产品经理再进行分析和确认。所以还是那句老话，“听用户说什么，但不要完全照着做”。

三、新媒体产品产品需求的转化

无论是业务需求还是用户需求，大多数的情况下都无法直接变成产品功能。举个例子，公司决议未来三个月以增加用户黏性为产品发展的目标，明确地提出了业务需求。这个业务需求可以通过多种不同的产品功能来实现，例如打卡奖励、社交联系、定期短信提醒等。对于用户需求而言同样如此，例如用户可以提出希望能在微信里看到朋友的行走步数的需求，这个需求既可以通过在微信运动中进行排序来实现，也可以通过在与朋友对话的窗口中进行显示来实现。除此之外，从产品经理的角度来看，在接到一个业务需求或者发现一个用户需求时，往往在脑海里已经形成了对产品功能的初步设想，这类设想可能会存在主观倾向性，以至于后面的产品需求转化，都朝向有利于论证自己既定产品规划的方向展开。但对于产品而言，哪个功能更好、更适合，需要综合考虑市场、产品发展阶段、用户需求、技术水平等具体条件进行判定。同时也有一些业务需求、用户需求转化为产品需求的方法可供参考，其中最常见的方法之一就是 HMW 方法。

HMW，即“How Might We”，意思是“我们可以怎么样做”。该方法是源于某国外设计公司的一种设计方法，后被产品经理用于罗列需求解决方案和优先级排序。HMW 方法既包含了产品需求的发散过程，也就是当面对用户需求或业务需求时，用来打开思路的发散式思考方法；也包括了发散后的需求收敛，也就是对发散后的需求进行分析和评估，选出最终用于应对原始需求的产品需求。该方法一共包括五个步骤，分别是明确用户场景问题、问题分解、发散性思维头脑风暴、ICE 分类排序、流程与原型设计。其中第五步涉及产品设计，将在第八章中进行详述。

（一）明确用户场景问题

用户、场景和问题是需求的三要素，也可以视为是对需求进行的明确描述，即该需求是解决什么用户在什么场景下遇到的什么问题。

用户，是以需求提出者为代表的群体，不同的用户群体提出的需求不完全一致。因此，需要在进行需求转化之前，明确需求的提出主体。但在实际工作中，用户提出的需求往往已经包含了相关的背景信息，有时也可以不对用户群体进行重点描述。例如用户提出“输入支付密码后还需要点确认键，很不方便”，这个需求背后的隐藏信息，是该用户已经是该产品支付功能的用户，因此在分析时不需要再次说明。再比如某需求是“一部分用户的留存率较低”，这时就需要进一步明确，是哪些用户的留存率较低，明确后才可以进行下一步分析。

场景，即产生需求的时间、地点、动作等相关情境。例如，共享汽车司机提出“接单后手动键入文字回复乘客信息很不方便”，这个需求的场景是司机在驾驶时，出于安全考虑，不能也不应该使用手机的文字输入功能，因此无法回复乘客。这就为下一步的头脑风暴框定了环境条件，即司机处于驾驶状态时的操作。因此在收到需求时，应尽可能清晰地对其场景进行描述。例如，如果说需求是“解决用户出游的问题”明显不清晰，把需求明确成“解决用户出游到一个新城市，不熟悉当地的特色、景点的问题”则更为精准。需要特别强调的是，场景应该都是真实存在的，而不是产品经理主观臆断的环境。

问题，即需要被解决的急迫事情。对问题的描述一定要聚焦，要足够详细，而且应该中立客观，不应带主观的评价。例如，“用户不愿意去写评论”这样的描述明显不如“某电商平台用户购物后评论量低于 10%”聚焦、详细、客观。

（二）问题分解

在明确了用户、场景和问题后，就可以进入问题分解及头脑风暴环节。在 HMW 方法中，问题分解和头脑风暴可以从五个方面切入，分别是否定、积极、转移、脑洞、分解。下面以“某 O2O 服务产品，用户在完成订单后，回来点评的用户比例很低”[①] 这一需求为例，对问题分解这一步骤进行陈述。

1. 否定

否定指的是让需求提出人打消念头。经常采用的方法是完全或部分去除产生该需求的前提

---

① 勤劳的馒头．需求分析：HMW 分析法［EB/OL］.（2018－10－09）［2021－02－26］. https：//www.jianshu.com/p/f570abcf14bc.

条件，或者使提出人不得不服从相关要求。所用的形容词或情绪往往是否定的或负面的。针对本案可以提出以下几个解决思路：

- 如何让用户不要点评?
- 如何让取消点评也能评判服务质量?
- 如何让用户不得不点评?

2. 积极

积极指的是提升需求提出人的能力，促使他们自己去解决所面临的问题。常见的发散逻辑包括给用户好处促进问题的解决、给用户方便使他们愿意接受或使用相关功能、提供用户体验使他们愿意接受或使用相关功能等。针对本案可以提出以下几个解决思路：

- 如何让用户非常乐于提交点评?
- 如何让用户在商家服务完毕后马上就进行点评?
- 如何让用户点评的速度更快?
- 如何让用户更方便地点评?
- 如何让用户知道点评后能得到好处?
- 如何让用户点评的方式更丰富?

3. 转移

转移指的是把相关需求的执行者从需求提出人转移至其他角色，或者交由系统完成，从而间接地解决需求提出人遇到的问题。当遇到比较难解决的问题时，将问题简化成另一个或一些相对简单的问题，这个过程也属于转移。针对本案可以考虑如下一些解决思路：

- 如何让服务提供者提醒用户进行点评?
- 如何让客服来提醒用户进行点评?
- 如何让系统辅助用户进行点评?
- 如何让别人来帮助用户进行点评?

4. 脑洞

脑洞可以理解为头脑风暴，就是天马行空、不受限制地提出问题的解决方案。针对本案可以考虑以下一些思路：

- 如何让用户觉得不点评就很对不起服务者?
- 如何让点评成为用户使用该服务的一道必经工序?
- 如何让点评成为用户考核的依据之一?

5. 分解

分解指的是，按照流程和模块对要解决的问题进行拆分，找到最优的解决方案。例如本案中用户点评的流程包括确认订单—接受服务—确认服务完成—用户点评—下一循环，用户点评步骤中又包括待点评订单选择、服务评价、服务评分等模块，因此可沿着这些步骤和模块，寻找可执行的优化方案。

（三）发散性思维头脑风暴

在第二步得到的一系列问题解决思路的基础上，通过头脑风暴尽可能穷举所能想到的一切解决方案。例如对于上面第二步中积极模块下提出的“如何让用户非常乐于提交点评”思路，可以通过头脑风暴的方式，生成以下数个可能方案：

- 用户完成点评后就送积分/现金/会员资格；
- 用户完成点评后就可以参与抽奖；

● 用户完成点评后有优先下单权。

至此，最初的大问题经过 HMW 五个模块的问题分解变成小问题，小问题再经过头脑风暴形成的解决方案分析，可以形成针对同一个需求的响应方案列表。接下来就需要产品经理对这个列表进行初步判断，确定哪一个方案更为优胜，ICE 方法是最为常见的判断方法之一。

(四) ICE 分类排序

ICE 方法是业内常用的一种需求排序方法。其中 I 是 impact（影响范围）的缩写，指的是功能上线后，有多少用户可以感受到和使用到。影响范围可从用户量、需求发生频率和需求被需要的程度三个角度进行判断。用户量指这个需求或问题影响用户的范围，是影响小部分用户还是所有用户；发生频率则是指这个需求或问题出现的频次，是每次都出现还是偶尔出现；需求被需要的程度包括是否是刚需、紧迫程度如何等。

C 是 confidence（自信程度）的缩写，是指功能上线后对目标达成效果的预测，包括问题解决或是功能实现后的用户体验、操作效率以及实践效果等。如可对比问题解决前后用户的问题处理流程，看效率有没有更高、流程有没有更短，或者可以对比产品的核心数据是否有变化等。

E 是 ease（实现难易）的缩写，是评估功能的综合实现难度，包括开发难度和成本、运营难度和成本、推广难度和成本等，即问题解决或是功能实现的技术要求、人员数量、所需时间等。

一般来说，用户量越大、频率越高、效果越明显、难度越小，需求的优先级越高。例如用手机号登录应用程序时无法收到短信验证码、微信文字聊天等需求，影响面大、改善后效果明显，应优先解决；而刷脸支付、产品会员体系等需求，或者不那么紧迫，或者改善难度很大，则可以不那么着急处理。操作时由相关人员对功能的 ICE 三项分别按 1～5 分进行评分，再分别将每个功能的三项得分相加求和，评分越高的功能点优先级越高。例如，针对上面列举的第三步产生的三个解决方案进行分析，对 ICE 三个维度分别打分，结果如表 7-1 所示。从结果看，“用户完成点评后有优先下单权”这个方案是得分最高的，将是解决目前问题的最合适方案，因此可将这个方案作为该需求的解决方案带入后续的分析中。

表 7-1　三个备选解决方案的 ICE 评分表

方案	影响范围	自信程度	实现难易	总分
用户完成点评后就送积分/现金/会员资格	4	2	3	9
用户完成点评后可以参与抽奖	4	3	4	11
用户完成点评后有优先下单权	4	5	5	14

第三节　新媒体产品需求的管理和评估

网传 2014 年马化腾在一次分享中强调：“我们的每个产品经理每个月要做 10 个用户调查，关注 100 个用户博客，收集反馈 1 000 个用户体验。”这也就是腾讯的“10/100/1 000”法则。不难看出，如果新媒体产品的产品经理都按此法则行事，则用户需求不会太少，只会太多，那么如何管理如此大量的用户需求呢？又该如何确定哪些需求是要马上满足的，而哪些又是无足轻重的呢？这就需要产品经理对需求进行管理和评估。[①]

① 由于业务需求往往偏宏观，产品需求又要由业务需求和用户需求转化而来，故在此仅对用户需求的管理和评估进行说明。产品需求明确后，也可采用同样的方法进行管理和评估。

一、需求管理工具

根据采集、汇总、分工协作的顺序，从需求到进行研发的过程中会涉及多种管理工具，其中最为常见的有三种，分别是单项需求卡片、需求池和第三方需求管理工具。

（一）单项需求卡片

需求的采集工作并不只是产品经理的工作，开发人员、测试人员、运营人员、客服人员，甚至是老板，都有可能根据自己的工作需求或者在与用户打交道时收集到不同来源的需求。为了便于产品经理对需求进行统一有效的管理，就需要采用统一的需求采集文档，这一文档即单项需求卡片。

单项需求卡片一般由需求采集人员填写，内容包括需求编号、需求类型、需求来源、提出场景、需求描述、需求提出原因、需求验收标准、需求重要性权重、需求生命特征、需求关联、参考资料和竞争者对比（见表 7-2）。①

表 7-2　单项需求卡片模板

需求编号（可由需求采集人员填写）	**需求类型**（可由需求采集人员填写）
可包含“采集时刻＋采集者”信息	功能性需求、非功能性需求等
需求来源（Who）（重要信息，方便追踪溯源）	
产生需求的用户：最好有该用户的联系方式等信息 用户背景资料：受教育程度、岗位经验，以及其他与本单项需求相关的经验	
提出场景（Where、When）（重要信息，用来理解需求发生的场景）	
产生该需求的特定时间、地点、环境等	
需求描述（What）（最重要的信息）	
尽量用“主语＋谓语＋宾语”的语法结构，不要加入主观的修饰语句	
需求提出原因（Why）（需求采集人员要保持怀疑的心，很多时候理由是假想出来的）	
为什么会有这样的需求，以及采集者的解释	
需求验收标准（How）	**需求重要性权重**（How much）
（如何确认这个需求被满足了） 1. 尽量用量化的语言 2. 无法量化的举例解释	满足后（“1：一般”到“5：非常高兴”） 未实现（“1：略感遗憾”到“5：非常懊恼”）
需求生命特征（When）（重要信息）	**需求关联**（Which）
1. 需求紧急度（“1：一般”到“5：非常迫切”） 2. 时间的持续性	1. 人：和此需求关联的任何人 2. 事：和此需求关联的用户业务和其他需求 3. 物：和此需求关联的用户系统、设备，以及其他产品等
参考资料	**竞争者对比**
需求采集活动中的输入材料，只要引用一下，能找到即可	按照“1：差”到“10：好”进行评估： 1. 竞争者对该需求的满足方式 2. 用户、客户对竞争者及公司在该需求上的评价

资料来源：
苏杰．人人都是产品经理：纪念版［M］．北京：电子工业出版社，2014：75.

① 苏杰．人人都是产品经理：纪念版［M］．北京：电子工业出版社，2014：75.

其中各组成部分的含义如下所示。

● 需求编号：需求的顺序号或编号，是需求的唯一标识，便于产品经理对需求进行梳理和整理，也是需求评审会上与会人员进行快速需求定位的关键要素。需求编号既可由需求采集人员填写，也可最后由负责汇总归档的产品经理补充。需求编号填写时要注意两点：第一，编号一定要有统一规范的编号系统，不可“各自为政”，要让每一个接触到这张卡片的人都明白编号的意思，常见的编号方式之一是“时间＋序号”，如 20201210－007；第二，编号一定是唯一的标识，一个编号对应一张单项需求卡片，以方便有需要时查看原始文档。此外，在填写时，尽量写清楚需求的采集时间和采集人信息，以便后续有需要时可以复查。

● 需求类型：可由需求采集人员根据自己的理解填写，也可以采集时不填，在需求评审时再补充填写。这里的类型主要是按需求性质进行区分的类型，如可分为功能性需求和非功能性需求。功能性需求是重要性较高、涉及产品正常使用的需求，如产品架构、产品功能等；非功能性需求是重要性较低、不影响产品正常使用的需求，如产品 UI 设计等。

● 需求来源：需求的提出人。这是十分重要的信息，在后续的需求评估和转化等流程中，当有疑惑时可据此信息进行需求追踪溯源。这里需要填写的内容包括两部分。第一部分是需求提出人的身份信息。如果是公司内部成员提出的，需要填写需求提出人所在部门及联系方式；如果是普通用户，也最好能提供该用户的姓名、联系方式等信息。第二部分是需求提出人背景资料，包括受教育程度、岗位经验，以及其他与本单项需求相关的经验。这些信息将有助于产品经理了解该需求所对应的用户类型。

● 提出场景：需求提出人产生该需求的特定时间、地点、环境（如物理环境、手机环境、应用环境等）等，便于产品经理了解用户在何种条件下会使用该需求所涉及的功能。

● 需求描述：需求详细内容的文字表达，是单项需求卡片最为重要的要素，包括需求所涉及的现象、用户希望得到解决的方案等。需求描述要无歧义、完整、一致且可测试。在进行需求描述时，尽量用“主语＋谓语＋宾语”的语法结构，不要加入主观的修饰语句，尽量保持描述的客观性。

● 需求提出原因：描述需求提出人提供的需求产生原因，同时还应包括需求采集人自己对此需求的理解和解释。

● 需求验收标准：需求被满足的具体表现。描述应能回答如下问题：如何确定该需求已经得到了满足？如何对需求的满足进行追踪？需求被解决后在数据上会有什么表现？如果无法用数据变化进行表达，则需举例解释需求满足后应该呈现的状态。

● 需求重要性权重：需求的重要程度。一般通过需求容量和需求价值两个因素来体现。需求容量指的是有多少用户存在此项需求，这个数据不易获得，但有时在用户访谈时会涉及，若有，则填写至此框中。需求价值包含需求商业价值和用户体验价值，可采用李克特量表的 5 级评分方式进行打分，如需求商业价值从 1 到 5 表示“没什么商业价值”到“商业价值很高”；需求满足后用户感受从 1 到 5 表示“一般”到“非常高兴”；需求未实现时用户感受从 1 到 5 表示“略感遗憾”到“非常懊恼”。值得注意的是，在此进行需求商业价值考量时不需要考虑需求实现的难度，只单纯地就商业价值进行探讨即可，可经由集体讨论确定后再填写。

● 需求生命特征：需求的时间属性，包括需求的紧急程度和持续时间，可辅助确定需求的商业价值。需求紧急度也可采用李克特量表的 5 级评分方式，从 1 到 5 表示“一般”到“非常迫切”，这也反映了需求的优先级。一般来说，功能性需求的紧急度高于非功能性需求的紧急度，其中又以 BUG 修复类需求的紧急度最高。时间的持续性指需求的持续时间，体现为随着产品的不停迭代更新，该需求依旧能够对产品的使用发挥作用，可以是短期需求，也可以是长期需求。

- 需求关联：与需求相关联的人、事、物因素。
- 参考资料：需求采集活动中的输入材料，仅仅输入援用的条目、章节，在要用的时候能找到即可。
- 竞争者对比：竞争者对这个需求的满足方式和用户体验。可先对整体情况进行打分，从 1 到 10 表示"差"到"好"。此外还要补充竞争者满足该需求的具体方式，以及用户对竞争者的满足情况的评价等。

单项需求卡片的核心在于，让产品团队里的每一位成员都能了解每个需求的描述性信息以及重要紧急程度，其中的需求是未经加工的用户需求，多为需求属性陈述。举个例子，某智能家居 APP 用户向客服提出，希望增加外出时通过 APP 一键关闭家里电源的功能，客服人员作为需求采集人员填写的单项需求卡片如表 7-3 所示。

表 7-3　单项需求卡片应用实例

需求编号	需求类型
20201220-007	功能性需求
需求来源	
男性用户，独居，年龄为 30～35 岁，外企员工，CBD 上班。海归人士，半年前装修时安装了智能家电，目前通过软件可控的家中智能家电装置已达 68 个。	
提出场景	
早上出门上班的时候。	
需求描述	
离开家手动一键关闭电源："早上出门有时候会忘记关厕所灯，希望通过 APP 一键关闭电灯电器。" 偏好人为控制："我有强迫症，看到 APP 显示真的关上了才能放心，不看到不放心。"	
需求提出原因	
经常忘记关灯；上班路上会看手机，通过 APP 手动关闭不会不方便；而且自己有强迫症，需要亲眼看到关好了才放心。	
需求验收标准	**需求重要性权重**
用户能通过 APP 一键关闭家里电源。	满足后："5：非常高兴"。 未实现："3：一般遗憾"。
需求生命特征	**需求关联**
1. 需求紧急度："5：非常迫切"。 2. 时间的持续性：长期。	1. 人：APP 用户。 2. 事：智能家电的互联、智能远程遥控、定位。 3. 物：手机、智能电器、无线网络。

（二）需求池

产品团队需要对单项需求卡片收集上来的用户需求进行全面了解，并通过头脑风暴等多种方式，提出这些用户需求的可能解决方案，这些解决方案就是产品需求。例如，用户需求是"删除数据之前需要我确认，以免误删"，对应的可能的产品需求是"数据回收站：删除的数据进入回收站；如果是误删，用户可以去回收站找回数据"①。用户需求经过产品团队转化后形成产品需求，并进入需求池进行统一管理，因此可将需求池视为容纳产品需求的容器或数据库。建立需求池，既可以防止需求因条件不成熟暂时未能优化却被遗忘，也可以为产品新版本

① 苏杰．人人都是产品经理：纪念版［M］．北京：电子工业出版社，2014：83.

的迭代优化提供参考。

1. 需求池格式

需求池可呈现 Excel、Word 和思维导图等多种形式，但以 Excel 表格的形式居多。需求池没有固定的模板，每个公司都可以根据自己的业务情况对需求池的指标和指标描述方式进行规定，有时也会把产品需求中涉及功能的部分单独拎出，形成功能列表（feature list）。需求池中常见的指标包括：编号、提交人、提交时间、端口、模块、需求名称、需求描述、需求来源、优化类型、优先级、开发量、性价比、提出人、提出时间、跟进人、需求状态、预计实现版本、实际完成版本、上线时间、备注。与单项需求卡片相比，需求池更偏向于研发时间成本和实现性价比，因此产品经理在工作中应让需求宽进严出，以保证开发的需求都是有助于产品发展的。

需求池常见指标的含义如下所示：

● 编号：与单项需求卡片中的需求编号一样，也是需求的唯一标识，是需求评审会上与会人员进行快速定位的关键要素。但在编号过程中无须强调需求采集时间等信息，可直接采用顺序编号，也可采用“产品模块缩写字母＋序号”的方式，便于对同一个产品模块的信息进行统一管理，如用“PYQ007”表示朋友圈功能模块的第 007 号需求。

● 提交人：指的是录入该需求的产品经理，负责解释需求，因此提交人也有义务充分理解原始的用户需求。

● 提交时间：需求录入需求池的时间。

● 端口：产品使用的环境，移动端还是 PC 端，iOS 系统还是安卓系统等。

● 模块：根据产品的模块进行划分，一般而言产品有 3～7 个模块比较合适，过多则不利于记忆和使用。若实在无法涵盖，则可采取子模块或二级模块的方式进行规划，如邮件功能是一个模块，邮件列表功能就是邮件功能下的一个子模块。

● 需求名称：用一句话简单描述需求是做什么的，比如陌生人列表。

● 需求描述：对需求名称的详细解释。比如陌生人列表里的联系人无法查看用户信息、用户可选择联系人加入陌生人列表，或者将陌生人列表里的联系人删除等。这里的描述只需要说明此需求能做什么，至于如何实现则不需要进行讨论和解释。

● 需求来源：该产品需求对应的需求的来源，一般可以是用户、产品、领导、市场等。

● 优化类型：产品需求的类型。常见的类型有按需求性质划分的功能需求、运营需求、内容需求、交互需求、视觉需求、BUG 需求；也有按需求状态划分的新增功能、功能改进、体验提升、BUG 修复、内部需求等；甚至可以按需求的层次划分为基本型需求、扩展需求（期望型需求）、增值需求（兴奋型需求）。可视具体情况而定，但在同一个公司内部，优化类型分类标准应该统一，以免出现无法沟通的情况。

● 优先级：需求研发的优先顺序。一般用 P0、P1、P2 来表示，数字越小越优先。优先级的评估方式将在后续章节中进行介绍。

● 开发量：由研发人员沟通后，确定需求开发涉及的工作量。

● 性价比：需求实现的投入产出比。一般由产品经理进行综合判断，评价标准为高、中、低。

● 提出人：原始需求的提出者，尽可能提供提出者的背景信息和联系方式，便于有疑惑时进行追溯。

● 提出时间：原始需求的获得时间。如果有部分需求放置时间较长却没有进入开发，则应考虑是否需要将此需求纳入产品规划。如不纳入规划，则可以考虑舍弃该需求。

● 跟进人：在需求通过评审会后，具体负责需求落地的产品经理。

● 需求状态：根据需求所处状态，可填写"待讨论""暂缓""拒绝""已明确"。对于已明确的需求，需要重新评估需求优先级，以确定版本规划。

● 预计实现版本、实际完成版本、上线时间：产品规划执行关键时间点。

● 备注：其他未尽事项。

以微信发送语音信息为例，模拟绘制对应的需求池内容，如表 7-4 所示。[①]

表 7-4 微信发送语音信息需求列表

编号	提交人	提交时间	端口	模块	需求名称	需求来源	优化类型	优先级
001	张五	2016.12.13	移动端安卓系统	语音信息	录制语音	用户	新增功能	P0
					撤销语音	用户	新增功能	P0
					撤回语音	用户	新增功能	P2

开发量	性价比	提出人	提出时间	跟进人	需求状态	预计实现版本	实际完成版本	上线时间
		赵××	2016.11.20	李××	已明确	6.5.1	6.5.4	2017.1.22
		王×	2016.11.20	李××	已明确	6.5.1	6.5.4	2017.1.22
		秦××	2016.11.23	李××	待讨论			

2. 需求池管理注意事项

在使用需求池进行管理时，需要注意，需求池的管理工作是一个动态的过程，需求是源源不断产生的。因此要定期展开需求评审会议，进一步明确需求，讨论需求的可行性，及时对重要且可行的需求进行开发；同时还需要定期删除没有必要保留的需求。此外产品经理还需要对需求的进展进行追踪，及时更新需求状态。更新内容包括：

（1）需求变更的历史记录。详细记录需求变更的情况，如需求变更内容、原因、日期、负责人、版本号以及需要通知的开发所涉及的人员等。

（2）需求状态信息的跟踪。维护记录每项需求的进度状态变化，还需要记录与需求进展相关的其他重要信息，如需求完成时间，需求待讨论、拒绝、暂缓的原因等。

（三）第三方需求管理工具

单项需求卡片适用于单一需求的采集场景，需求池适用于多产品需求的管理。除了这两种方法外，在实际工作中考虑到需求的实现需要多人协作，因此也会采用第三方需求管理工具进行需求的管理，如 ONES Project（见图 7-12）、PingCode 等；部分互联网公司也会自己开发协作工具，如腾讯的 TAPD 等。借助这些工具共享需求池，可以根据不同的工作内容为项目参与者们分配不同的权限，还可以将需求和相关任务规划至迭代同时分配负责人，项目参与者都可以通过该系统了解项目的进度，有效提高工作效率。

① 受篇幅限制，将表从中间截断后垂直布局。相关数据为模拟，与真实情况或有出入。

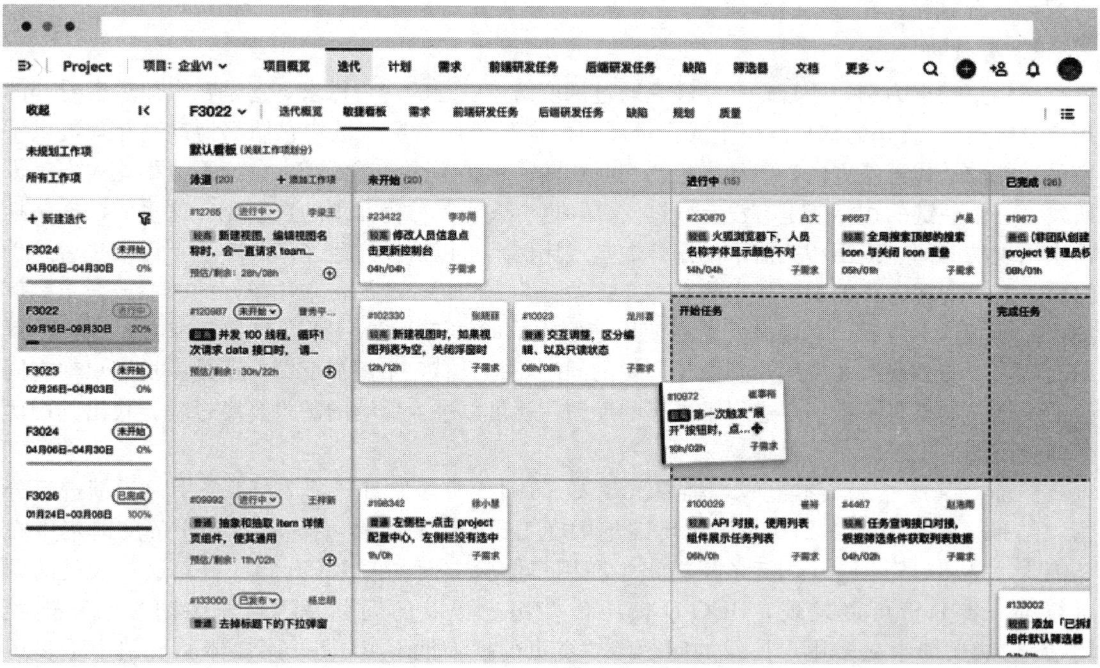

图 7-12　ONES Project 需求池构建和规划迭代界面

资料来源：

ONES Project［EB/OL］.［2021-02-26］. https：//ones. ai/products/project. html.

二、需求的筛选与评估

产品经理日常工作中在需求分析上遇到的最大的问题并不是需求太少，而是需求源源不断地出现。如果产品经理一味地增加产品功能，甚至开发了一些不靠谱的需求，而忽略了用户真正的需求，或超过了用户认知负荷能力，就会造成用户对产品的不满与吐槽，甚至出现用户的大量流失。在这种情况下，如果产品经理提前用科学的方法筛选和评估需求，剔除不靠谱的需求，并对需求的优先级进行排序，保证产品的迭代优化过程有序高效进行，则会有利于产品的健康发展。通常会用“四有”原则先对需求进行筛选，排除不靠谱的需求；然后再通过 KANO 模型分析法、四象限分析法、KPI 法、内部资源法和专家评估法等方法进行需求的优先级排序，指导后续的研发工作。

（一）需求的四有原则

面对海量的需求，产品经理可以通过两个步骤来进行需求的筛选。第一步是粗筛，筛出需求里不符合常理的、没有实际使用场景的、价值不大的或者目前暂时不能实现的需求。比如视频平台上的广告影响用户观影体验，有用户提出“希望非会员也能免费去除广告”，这样的需求从商业角度来看，合理性受到了挑战，因此可以将其筛选出去。再比如，电商平台用户提出“希望能有虚拟试衣镜功能，以减少购买衣服后不合适的退换成本”，这个需求对技术要求很高，公司可能暂时还不具备这样的技术条件，或者说从商业角度考虑不合算，虽然是个有市场的需求，但也只能暂时筛出去。

经过了粗筛后的需求就可以进入第二轮筛选，也就是选出其中真正靠谱的需求。区分需求是否靠谱，常见的方法之一就是使用四有原则对需求进行评估。所谓“四有”，就是有数据、有逻辑、有目标、有方案的简称。

1. 有数据

以用户需求为例，不管是产品经理通过深度访谈发现的用户需求，还是在本品后台看到的用户“吐槽”，反映的都只是单个或少量用户的产品使用情况。虽然它们都为产品经理提供了产品功能的迭代思考方向，但如果想要判断这些需求是不是靠谱的需求、值不值得花大力气去研发，一个关键的指标就是有没有数据支撑，也有人将其称为需求的数据化。这里的数据包括需求出现的时间、提出相关需求的用户数量或比例，可以协助产品经理判断这个需求是否是伪需求、需求实现后可能的市场空间有多大、是否会为公司或产品带来比较好的效益或效果。例如产品新版本上线后，有用户反馈在使用新版本的时候有 BUG，那么产品经理在收到这个反馈后就需要看到底有多少用户反馈了同样的问题，是只有一个用户反馈，还是一批用户都有同样的反馈。如果是一批用户进行了同样的反馈，就可以进入后续的需求排序过程，找出其中优先级最高的需求进行率先处理。

例如，某产品新版本上线，抽取了 5 天（6 月 5 日至 9 日）共 7 351 条用户反馈进行分析，结果显示，其中 3 270 条用户反馈集中在 BUG 上（占 44.5%）、2 696 条反馈集中在功能上（占 36.7%）、1 385 条反馈集中在用户体验方面（占 18.8%）。再对这三大类问题进行进一步分析可以发现，BUG 反馈中最多用户提及的问题是“点击关闭按钮不能关闭”，功能反馈中最多用户提及的问题是“主页的搜索框不见了”，用户体验反馈中最多用户提及的问题是“启动页太丑”，那么相对于其他的一些回答而言，这三项可能是需要产品经理重点关注的靠谱需求（见图 7－13、图 7－14）。[①] 因此，有数据其实也就是对现状的数据化描述，最核心的目的是让产品经理对现状有更清晰的认识，基于现状做出最有利于产品的选择。

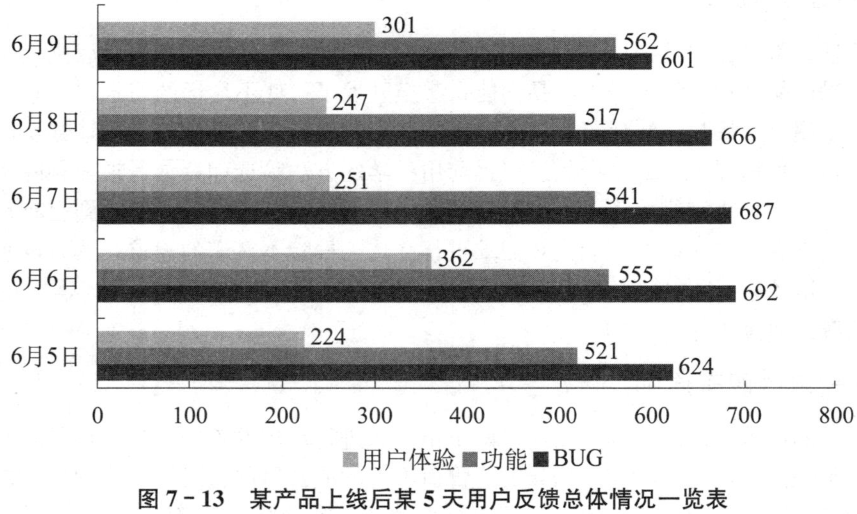

图 7－13 某产品上线后某 5 天用户反馈总体情况一览表

资料来源：

人生捣鼠．新版本上线用户反馈分析报告［EB/OL］．（2019－01－02）［2021－02－26］．https：//www. jianshu. com/p/ace5e2999460.

① 人生捣鼠．新版本上线用户反馈分析报告［EB/OL］．（2019－01－02）［2021－02－26］．https：//www. jianshu. com/p/ace5e2999460.

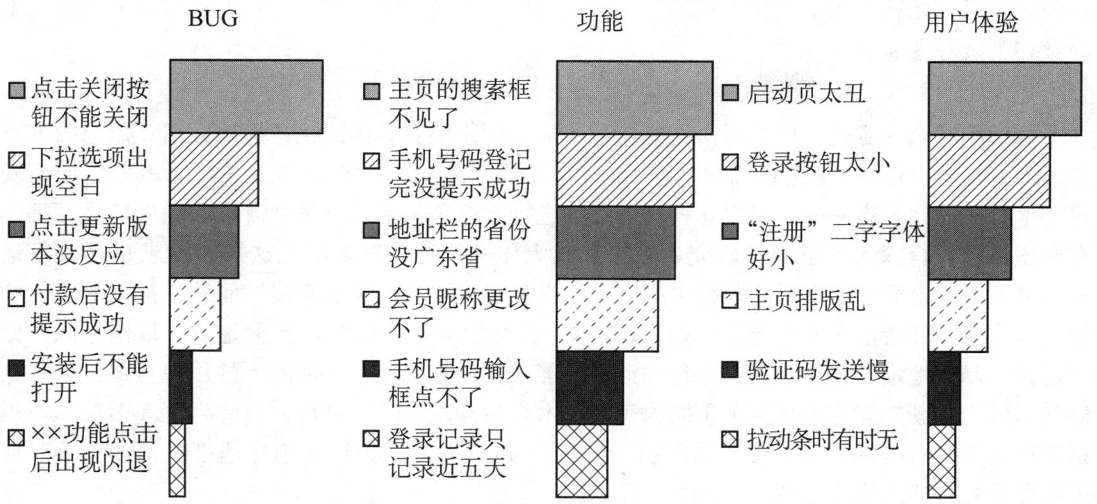

图 7-14　某产品上线后某 5 天用户反馈具体信息分布图

资料来源：

人生捣虱．新版本上线用户反馈分析报告［EB/OL］.（2019-01-02）［2021-02-26］. https：//www. jianshu. com/p/ace5e2999460.

2. 有逻辑

有逻辑的意思就是产品经理在看到需求时要进行主动思考，通过自己的逻辑分析判断问题可能的原因和解决方法，或者说是对现状进行合理分析并得出结论。例如曾有网友在分析 36 氪的文章热度不高、用户参与度低的问题时，进行过这样的思考：第一，资讯类的内容用户传播和评论新闻内容的意愿较高、存在互动交流的需求；36 氪是资讯类媒体平台，其用户也应具备相同属性。第二，36 氪用户分为几个大的群体，其中职场新人和学生党还处于学习、借鉴、吸收他人观点的阶段，产出不足；职场精英对文章有着自己独特的观点和看法，表达意愿较强。通过背景信息的收集和主观的逻辑分析，最后判断问题出在 36 氪社交功能较弱，用户互动性不强上：一方面用户没有地方获取其他用户的见解，另一方面由于氛围冷清，用户也没有欲望去抒发自己的观点；且专栏作者得到的反馈少，从而导致用户黏性减弱，用户互动性进一步减弱，如此恶性循环。①

一般而言，逻辑分析可从以下一些因素切入，如：需求存在的场景，这些场景是否是持续存在的，有些反馈在特定的时间和产品版本中才存在问题，换了场景就不再是问题了；场景中涉及的角色以及各角色的行为；需求涉及的产品范围，是具体的某一个功能模块，还是技术支撑问题，抑或是整个产品组合的问题。

3. 有目标

大部分的需求最后都是通过产品功能来满足和实现的，无论出于对产品功能的测试，还是对用户需求的最终满足进行评估，都需要有明确的评价指标。这个指标的提出过程就是需求的目标化，也就是为需求的满足制定方向。靠谱需求的目标一般呈现出两个特点。第一，目标往往是可量化的目标，如到货时间缩短 20%、用户投诉降低 10%、新增用户增长 5%等；但创新型的产品因为大部分功能都是从无到有，因此可以制定定性的目标。第二，需求的目标要与公

① NM 小姐．36 氪 APP 用户需求分析［EB/OL］.（2020-12-09）［2021-02-26］. http：//www. woshipm. com/user-research/4292491. html.

司现阶段目标相符，如果公司近期的目标是增加用户数量，那么提升产品盈利的需求也许就不会被列为被考虑需求。

4. 有方案

靠谱的需求一定是可以执行落地的需求，那么就需要有具体的执行落地方案。需求的方案涉及需求是否可以进行产品功能的转化、转化后的产品功能的研发和上线时间表分别如何安排、上线后的运营方案等。可以这样理解，在进行筛选时需求还只是个需求，如果产品经理没有对该需求进行深入的思考和研究，无法形成大体的执行方案，那么这样的需求也是不靠谱的。例如，某电商平台针对用户提出的“申请退款时客服响应速度太慢”问题，提出的可能的解决方案是添加智能客服功能，借助 AI 技术，将有标准操作流程的催促退款、取消退款、修改退款、修改地址、钱款去向、上传凭证等功能，优化为智能客服辅助下的用户自助流程。具体的时间表是新功能立项后 3 个星期内完成技术后台开发，随后进行 1 个星期的 A/B 测试，根据测试效果进行微调后全平台上线。预计能降低 40%用户关于客服响应速度过慢的投诉，使退款业务处理速度提升 20%。

只有具备这四个特点的需求才是靠谱的需求，也只有靠谱的需求才能进入下一个环节，也就是需求的评估和优先级排序。

（二）KANO 模型分析法

KANO 模型不但是需求的分类依据，也是判断需求是否靠谱的重要方法之一，还是需求优先级排序最常用的方法之一。除了前文介绍过的基本型需求（必备属性）、期望型需求（期望属性）和兴奋型需求（魅力属性）外，后来的学者还对此模型进行了拓展，在原有模型的基础上新增了两类用户需求，分别是无差异需求（无差异属性）和逆向需求（逆向属性）（见图 7 - 15）。

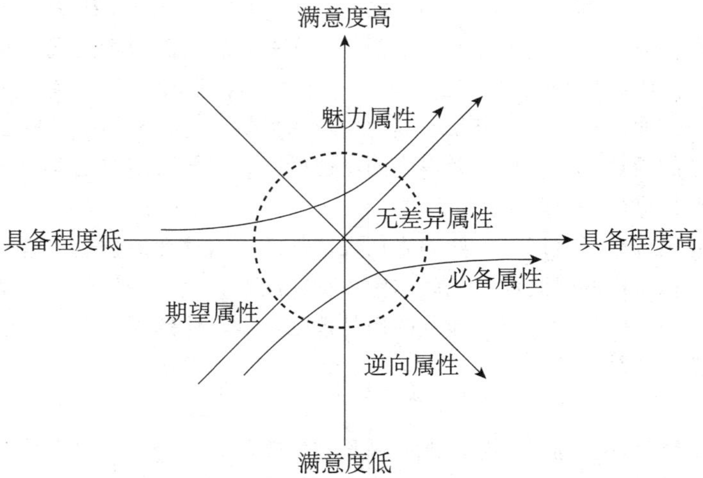

图 7 - 15　KANO 模型五种需求关系示意图

1. 无差异需求与逆向需求

无差异需求指用户并不关注的需求，或者说这类需求对于用户而言可有可无，其满足与否、满足程度的高低，并不会影响用户的满意度，就像一个圆，半径永远不变。逆向需求是指用户不希望在产品中出现的需求，这种需求与用户满意度成反比，当产品提供这种需求时，用户的满意度不仅不会提高，反而会降低。产品经理在做产品设计时，需要尽量避免无差异需求和逆向需求，至少做好满足基本型需求、期望型需求，努力满足兴奋型需求。

2. KANO模型在需求评估中的应用

KANO模型不但可以将不同的需求特性进行分类，帮助产品经理更好地识别不同类型的客户需求，还可以从用户正反双向情感分析视角，发现不同需求的满意程度对用户满意度的影响，相比其他常见的分析模型，它更具备情感倾向性。通过KANO模型可识别用户对新功能的接受度，因此它也被用于需求的筛选与评估。

运用KANO模型进行需求评估的方法，包括如下步骤：

第一步，明确分析前提。

首先，KANO模型讨论的是功能具备程度与用户满意度之间的关系，它只是从用户的角度对新增需求属性进行评估，并没有考虑功能实现可行性等问题，因此只能为需求优先级的评定提供参考。其次，应明确列出待讨论的需求列表，做到有的放矢。最后，KANO模型的分析结果是对新增需求进行了区分和排序：确定哪些功能是一定要有的，否则会直接影响用户体验（基本型需求、期望型需求）；哪些功能是不具备时不会造成负向影响，拥有时会给用户带来惊喜的（兴奋型需求）；哪些功能是可有可无，具备与否对用户都不会有太大影响的（无差异需求）。

第二步，设计问卷。

KANO模型分析法主要采用问卷调查法，通过调研功能具备程度与用户满意度之间的关系，来解决需求属性的定位问题。每个需求对应两个问题，分别请用户对产品提供或不提供该需求时的满意程度进行打分，满意程度采用李克特量表的形式划分为5级，分别代表“非常满意、满意、一般、不满意、很不满意”，也可采用“非常喜欢、理应如此、无所谓、勉强接受、很不喜欢”，或者“非常有用、挺实用、无所谓、不实用、很不实用”等更加形象的描述进行文字替换，但整个问卷所用的形容词应统一。

假设微信的产品经理想了解用户对语音信息撤回功能的满意程度，可从正反两个方面设置问题，如表7-5所示。

表7-5　　用户对微信语音信息撤回功能的评价问卷

语音信息撤回功能，可撤回30秒内发送的语音信息					
	非常喜欢	理应如此	无所谓	勉强接受	很不喜欢
如果微信提供这项功能，您的评价是？	○	○	○	○	○
如果微信没有提供这项功能，您的评价是？	○	○	○	○	○

在设计问卷时，除需遵守问卷设计的基本原则以外，因回答涉及用户的主观感受，而每个人对同样的形容词的理解可能不同，因此需要对所选择的形容词进行明确的统一说明，以便用户选择时参考。例如：

- 非常喜欢：让你感到满意、开心、惊喜。
- 理应如此：你觉得是应该的、必备的功能/服务。
- 无所谓：无所谓喜不喜欢，都可以接受。
- 勉强接受：你不喜欢，最好是没有，有的话就勉强凑合。
- 很不喜欢：让你感到不开心，甚至沮丧，无法接受。

第三步，数据整理及需求排序。

根据可能的答案组合，结合KANO模型的五种功能类型，可形成KANO模型评价结果分类对照表（见表7-6）。

表 7-6 KANO 模型评价结果分类对照表

		不提供此功能				
		非常喜欢	理应如此	无所谓	勉强接受	很不喜欢
提供此功能	非常喜欢	Q	A	A	A	O
	理应如此	R	I	I	I	M
	无所谓	R	I	I	I	M
	勉强接受	R	I	I	I	M
	很不喜欢	R	R	R	R	Q

不同的答案组合代表不同的需求属性。具体如下所示：

Q：questionable，可疑结果。一般不会出现这个结果，如果出现，那么可能的原因也许是问题的提问方法不合理，或者是用户没有很好地理解问题，或者是用户在填写答案时出现错误，如正反两题的答案一样。无论是哪一种情况，都明显存在问题，属于可疑问卷。

A：attractive，兴奋型需求，也有人将该需求写为 E（excitement）。产品没有这个功能时，用户的感受不一定一样，但提供此功能时用户都觉得“非常喜欢”。

O：one-dimensional，期望型需求。产品不提供该功能时用户的不满意程度与产品提供该功能时的满意程度都处于最高级别。

R：reverse，逆向需求。产品提供该功能时用户表示非常不喜欢，或者产品不提供该功能时用户表示非常喜欢的一类功能。

I：indifferent，无差异需求。无论该功能存在与否，用户的满意度都没有太大差别。

M：must-have，基本型需求。产品提供该功能时，用户感受各有不同；但不提供此功能时，用户普遍表示很不喜欢，即产品必须具备该功能。

（1）单一功能需求属性分析。

对收集到的所有问卷的回答进行量化处理。根据用户对正反两个问题的回答，在表 7-4 中进行答案定位，统计表 7-4 每个格内的答案数量，并计算各格答案数量在总问卷数中所占比例。还是以微信语音信息撤回功能为例，假设发放了 1 000 份用户问卷且全部有效收回，统计用户对该功能所属需求类型的判断结果，如表 7-7 所示。

表 7-7 微信语音信息撤回功能需求属性用户评估结果一览表

微信语音信息撤回功能		不提供此功能				
		非常喜欢	理应如此	无所谓	勉强接受	很不喜欢
提供此功能	非常喜欢	9.4%	5.0%	11.5%	20.1%	28.8%
	理应如此	0.7%	5.8%	2.9%	1.4%	2.9%
	无所谓	0%	0%	9.4%	0%	0%
	勉强接受	0%	0%	0.7%	1.4%	0%
	很不喜欢	0%	0%	0%	0%	0%

将各格数据，按表 7-6 中的评价结果分类进行汇总，统计各项需求属性占比：

Q=9.4%+ 0%=9.4%

A=5.0%+ 11.5%+ 20.1%=36.6%

O=28.8%

M=2.9%+ 0%+ 0%=2.9%

R=0.7%+ 0%+ 0%+ 0%+ 0%+ 0%+ 0%=0.7%

I=5.8%+ 2.9%+ 1.4%+ 0%+ 9.4%+ 0%+ 0%+ 0.7%+ 1.4%=21.6%

表 7-6 中 25 个格子的总和应为 100%。因此可进行如下解读：从调研结果看，微信语音撤回功能在所有六个需求类型中都有涉及，其中兴奋型需求在用户答案中占比最高，因此该功能的属性为兴奋型需求。换言之，如果没有这个功能，用户不会有强烈的负面情绪，但是有了这个功能，会让用户感到满意和惊喜。

(2) 多个功能需求属性及优先级排序。

现实工作中往往并不会只对单一功能进行需求属性判断，而往往会涉及多个功能的分析和排序，因此可引入 Better-Worse 系数，借助四象限分析法辅助决策。同时分析多个功能时，就需要在表 7-5 的问卷中添加一个问题，如表 7-8 所示。

表 7-8 用户对微信语音信息撤回功能的评价问卷（多功能版）

语音信息撤回功能，可撤回 30 秒内发送的语音信息					
	非常喜欢	理应如此	无所谓	勉强接受	很不喜欢
如果微信提供这项功能，您的评价是？	○	○	○	○	○
如果微信没有提供这项功能，您的评价是？	○	○	○	○	○

	非常重要	很重要	一般	不重要	非常不重要
这个功能的重要程度，您的评价是？	○	○	○	○	○

与单一功能的分析一样，需要对待评估的所有功能的各项需求属性和重要程度进行占比计算，如表 7-9 所示。

表 7-9 多个功能对应各需求属性及重要程度占比一览表

功能	Q	A	O	R	I	M	需求属性
功能 1	20%	30%	15%	20%	10%	5%	A
功能 2	5%	10%	45%	20%	5%	15%	O
功能 3	5%	5%	15%	40%	10%	25%	R
功能 4	10%	20%	5%	5%	45%	15%	I
功能 5	5%	10%	30%	15%	5%	35%	M

功能	非常不重要	不重要	一般	重要	非常重要	重要程度
功能 1	30%	25%	15%	20%	10%	非常不重要
功能 2	5%	45%	25%	20%	5%	不重要
功能 3	5%	10%	40%	35%	10%	一般
功能 4	10%	20%	5%	45%	20%	重要
功能 5	5%	10%	30%	5%	50%	非常重要

在表 7-9 的基础上，利用 Better-Worse 系数来计算某功能对于增强用户“非常喜欢”或者消除用户“很不喜欢”感受的影响程度。

Better 表示的是增加某功能后用户的满意系数。其数值通常为正数，表示如果产品提供某项功能或服务，用户的满意度会上升。数值越大或越接近 1，表示该功能或服务对用户满意度的提升效果越强，用户满意度上升得越快。

Worse 表示的是消除或者不提供某功能后用户的不满意系数。其数值通常为负数，表示如果产品不提供某项功能或服务，用户的满意度会降低。数值越小或越接近-1，表示该功能或服务对用户不满意度的影响越大，用户满意度下降得越快。

Better-Worse 计算公式如下：

$$\text{Better}=\frac{A+O}{A+O+M+I} \qquad \text{Worse}=-\frac{O+M}{A+O+M+I}$$

以上面微信语音信息撤回功能为例，计算该功能的 Better 和 Worse 值：

Better=(36.6%+ 28.8%)÷(36.6%+ 28.8%+ 2.9%+ 21.6%)≈73%

Worse=−(28.8%+ 2.9%)÷(36.6%+ 28.8%+ 2.9%+ 21.6%)≈−35%

根据 Better-Worse 系数的数值，可绘制出 Better-Worse 系数分布图，其中纵轴是 Better 系数，横轴是 Worse 系数。分别以 0、50%、100%为关键点，可将该分布图划分为四个区域，如图 7-16 所示。其中 Better 系数为 50%～100%、Worse 系数为 0～50%区域中的功能是兴奋型需求；Better 系数为 50%～100%、Worse 系数为 50%～100%区域中的功能是期望型需求；Better 系数为 0～50%、Worse 系数为 0～50%区域中的功能是无差异需求；Better 系数为 0～50%、Worse 系数为 50%～100%区域中的功能是基本型需求。

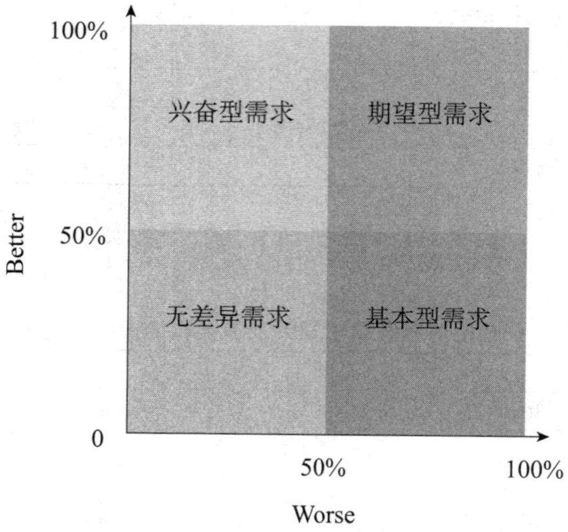

图 7-16 Better-Worse 系数分布图

分别计算所评估的所有功能的 Better 和 Worse 系数，并将每个功能的 Better 值和 Worse 绝对值作为气泡图的纵坐标和横坐标；气泡大小代表重要程度，越小代表越不重要。对表 7-9 中的各功能进行评估，可得 Better-Worse 系数分析散点图（见图 7-17）。从图中可以很清楚地看到，功能 1 属于兴奋型需求，功能 2 属于期望型需求，功能 3 和 4 属于基本型需求，功能 5 属于无差异需求。

得到分析结果后，可以先根据需求的优先级进行排序。一般而言，若产品尚未上线，需求的优先顺序依次是基本型需求—期望型需求—兴奋型需求—无差异需求。如果多个功能是相同属性的需求，如功能 3 和 4，则可参考重要程度进行二次排序，越重要的排序越靠前。按此原则，图 7-17 涉及的五个功能的研发顺序依次是 4—3—2—1—5。

除了可以通过计算 Better-Worse 系数来进行优先级判断外，还可以通过一个重要性计算公式进行简单判断。公式是“重要性=功能使用用户百分比 × 使用次数百分比 × 类别重要性百分比”，其中期望型需求的重要性百分比为 50%，兴奋型需求的重要性百分比为 25%，再通过代数计算的方式来大致确定产品的重要性，优先做大量且高频的需求，把小量而低频的需求放在其次。

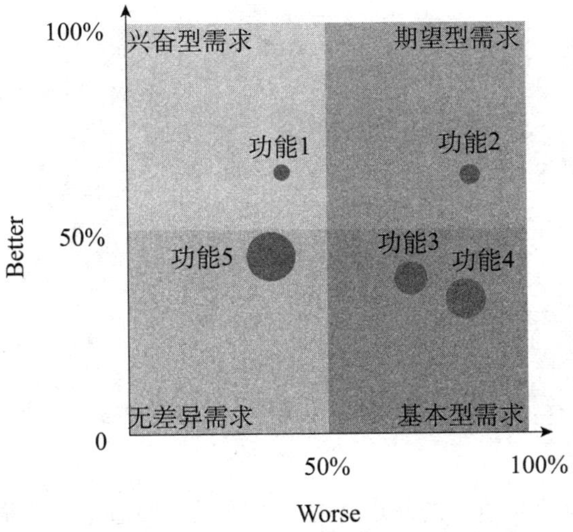

图 7-17　Better-Worse 系数分析散点图

举个例子，A 功能属于期望型需求，在一定时期内，假设总的用户数有 100 人，其中有 50 人使用过 A 功能，那么 A 功能使用用户百分比就是 50÷100×100%＝50%；在这 50 人的使用过程中，该功能一共被使用了 10 000 次，那么使用次数百分比就是 10 000÷50＝200；A 需求为期望型需求，类别重要性百分比为 50%，那么 A 功能重要性级别数值为 50%×200×50%＝50。而 B 功能属于兴奋型需求，在与 A 功能一样，调研的 100 个用户中只有 30 人使用过 B 功能，那么 B 功能使用用户百分比就是 30÷100×100%＝30%；在这 30 人的使用过程中，一共被使用了90 000 次，那么使用次数百分比就是 90 000÷30＝3 000；B 属于兴奋型需求，类别重要性百分比是 25%，那么 B 功能重要性级别数值为 30%×3 000×25%＝225。可以看出，B 功能重要性级别数值的 225 要大于 A 功能的 50，所以 B 功能的整体重要性要高于 A 功能，此时便可做出明确的重要性排序，具体如表 7-10 所示。

表 7-10　功能 A 与功能 B 重要性级别计算

在一定时间内，对于选定的 100 名用户				
功能名称	使用人数	总使用次数	重要性百分比	重要性级别数值
A	50	10 000	50%	50
B	30	90 000	30%	225

在实际工作中或产品已上线时，除 KANO 模型的分析结果外，还需要再综合需求紧急程度、开发成本、研发周期等其他因素进行评估，最终确定需求开发的优先级顺序。

(三) 四象限分析法

除了 KANO 模型外，产品经理还可以运用四象限分析法来判断需求的优先级。四象限分析法是根据需求的紧迫程度和重要性，对需求进行优先级排序的一种方法。四象限分析法呈现为一个二维的坐标轴，横坐标表示的是需求的重要性，纵坐标表示的是需求的紧迫程度，坐标轴将需求分成四种不同的类型，即重要且紧迫（第一象限）、重要不紧迫（第二象限）、不重要不紧迫（第三象限）、紧迫不重要（第四象限）（见图 7-18）。

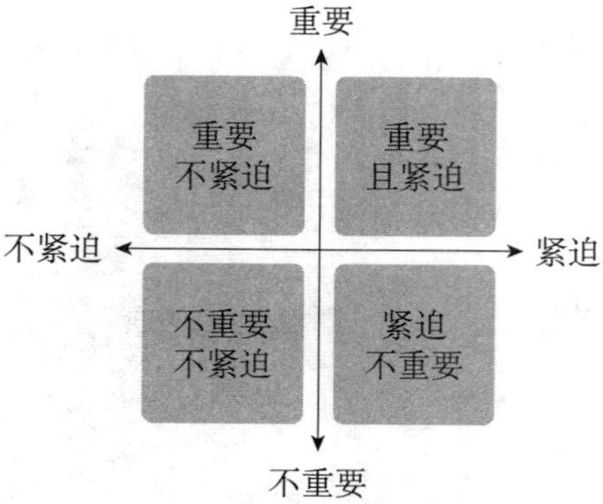

图 7-18　四象限分析示意图

1. 四象限内涵

第一象限包含的是重要且紧迫的需求。此类需求无法回避也不能拖延，必须首先处理、优先解决，如影响新媒体产品正常使用的故障、影响产品品牌形象和用户数据安全的隐患、不利于风控的产品漏洞等。此类需求的优先级为 P0 级。

第二象限包含的是时间上并不紧迫，但具有重大影响的需求。这类需求往往对产品的存在和发展，以及周围环境的建立维护有着重大的意义，如符合公司战略的产品规划、可超过竞争对手或引领市场的产品策略、可带来颠覆的创新点等。这类需求具有很大的迷惑性，需要产品经理结合产品定位等要素，理性评估需求的重要性。这类需求无须立即处理，可以先规划好再有计划地去完成，应尽量确保产品方案的严谨性，经过反复评估且时机成熟时，再推出方案指导执行。此类需求的优先级为 P1 级。

第三象限包含的是没有时间紧迫性，也不那么重要的需求，例如线上功能交互细节的优化、多端功能交互细节统一、产品 UI 和文案细节的调整等。此类需求既不影响正常功能的使用，又属于无须现在立即完成的任务。但这类需求不是真的不重要，而是不涉及用户问题的解决，因此可在各方面资源充足时安排跟进。此类需求的优先级为 P3 级。

第四象限包含的是时间上紧迫但并不重要的需求，包括完善线上功能的体验优化、拓展线上功能的使用场景、在现有功能上的创新等。这类需求往往只是用户在使用产品时遇到的小问题，不足以影响他们使用任务的完成，对他们的产品印象影响较小，不是需求规划的重点，可根据实际情况安排完成。此类需求的优先级为 P2 级。

2. 重要性和紧迫程度的判断标准

刘飞老师曾提出一套需求的重要性和紧迫程度的判断标准①，可与四象限分析法配合使用。需求的重要程度按如下描述依次减弱：

- 不做会造成严重的问题和恶劣的影响的；
- 做了会产生巨大好处和极佳效果的；
- 跟重要合作对象或投资人有关的；
- 跟核心用户利益有关的；
- 跟大部分用户权益有关的；
- 跟效率或成本有关的；

① 刘飞．需求的生命周期中，我们究竟该做什么？[EB/OL]．(2016-04-23) [2021-02-26]．http：//www.woshipm.com/pmd/324958.html.

● 跟用户体验有关的。

紧迫程度则按以下排序依次缓和：

● 不做错误会持续发生，造成严重影响；
● 在一定时间内可控，但长期会有糟糕的影响；
● 做了立刻能解决很多问题，产生正面的影响；
● 做了在一段时间后可以有良好的效果。

（四）其他方法

除了上述两种需求的筛选和评估方法外，还有一些方法也在实际工作中十分常见。具体如下：

1. KPI 法

完全以 KPI 作为需求评估的绝对指标，把需求与 KPI 影响度挂钩，对 KPI 影响大的需求拥有最高优先级。例如，本阶段公司对产品经理 KPI 考核中最重要的指标是新增用户数量，那么所有可增加新用户数量的功能都将拥有最高优先级。

2. 内部资源法

内部资源法以公司资源为分配核心因素，先根据不同的需求方，即公司各团队，预先分配资源占比，各需求方内部自行确认提报需求。

3. 专家评估法

专家评估法，顾名思义就是组织资深产品专家一起评估所采集的产品需求，决定做还是不做，是否值得去做。资深专家可以是团队中的技术专家、资深市场、资深客服等不同角色。公司老板作为有着丰富的工作经验以及敏锐的市场嗅觉，且对公司和产品负最终责任的特殊角色，有时也会加入产品需求评定专家组中。

值得注意的是，需求的优先级是一个动态的状态，在外部条件发生变化时，需求的优先级也可能会随之而变，因此无论用哪种方法确定的需求优先级，都需要进行重新评估。

第四节　新媒体产品需求实现方案

在获得了一系列靠谱且排好优先级顺序的产品需求后，仍然不能直接指导具体的工作，还需要进行产品需求解决方案的制定，也就是将产品需求拆解成具体功能，以及制定相关的功能研发和发布节奏等事宜。

一、需求的拆解

需求的拆解过程可以简单地理解为将大的产品需求拆解为小的、可执行的功能特性。具体而言包括两个步骤：第一，在大的需求背景下寻找核心因素；第二，在需求执行流程中找低效的问题点。

（一）需求拆解的三要素

在需求的拆解过程中，产品经理首先需要确认需求的三个核心要素，它们分别是参与角色、核心利益诉求和日常行为。下面将以某电商平台用户要求增加换货服务为例，来学习需求拆解的过程。①

---

① 本案例来自起点学院产品经理相关课程。

1. 参与角色

需求拆解的第一步就是梳理需求中涉及的参与角色。对于一个新媒体产品或功能而言，涉及的参与角色一般会有两种情况。第一种情况是单一角色，即产品只涉及两类角色，一类是产品提供方，另一类是用户，所有的用户行为趋同。例如使用QQ聊天功能的用户，无论是图文聊天、发送文字还是发送表情包，他们的行为都只有一个，就是进行人与人之间的沟通。

第二种参与角色的呈现状态是多角色共同参与，即对于某一产品功能而言，有多种不同类型的用户共同参与。以案例将要讨论的电商平台换货服务为例，里面除了涉及功能提供方（电商平台），还包括买家、卖家、物流、仓库等角色。但这些不同的角色在这一过程中的行为是不同的，比如买家和卖家的行为是物品的买卖、物流的行为是物品的收寄、仓库的行为是物品的仓储清点。两种参与角色的对比如表7－11所示。

表7－11　两种参与角色范例

产品功能名称	参与角色种类	具体参与角色	角色行为
QQ聊天	单一角色	平台 用户	提供沟通平台 人际沟通
电商平台换货功能	多角色	平台 买家/卖家 物流 仓库	提供交易平台 商品买卖 商品收寄 商品仓储清点
媒体平台文章的用户互动	多角色	平台 读者 作者	提供信息沟通平台 参与点评、传播 负责写作及回复读者反馈

2. 明确核心利益诉求

需求拆解的第二步，是明确每个角色与该需求相关的核心利益诉求，也就是不同的角色通过该需求想达到的目的。以电商平台换货服务为例，就是对电商平台换货过程中涉及的五个主要角色的核心利益诉求进行梳理。

首先，目前电商市场竞争十分激烈，想要在竞争中立于不败之地，提升用户体验无疑是重要的一步。因此对于平台而言，提升用户体验至竞品标准，甚至超过竞品标准是核心利益诉求之一。其次，电商平台提供的只是服务平台，而买家来不来平台上购物，与平台上的卖家数量、卖家售卖商品的质量息息相关；除此之外，卖家的服务能力和服务水平的提升，也将有助于提升买家的满意度和对平台的好感度，有利于消费习惯的养成。因此提升卖家商品质量和服务能力也将成为平台核心利益诉求中的一环。最后，在现今社会，速度已经成为许多行业发展追求的目标之一，电商和物流行业也深受影响，“次日达”等口号已经成为部分物流公司的制胜法宝，平台合作物流是否能提供高质量、快速的商品收寄服务，也将影响用户体验。因此提高物流服务质量，也成为平台在这一需求中的核心利益诉求。

对于买家而言，能够买到称心如意的商品，无疑是他们使用电商平台的主要目的。而且买家提出换货而不是退货，证明还是希望能够完成交易、购买商品。在这个需求中，买家的核心利益诉求就是能够顺利地换到自己想要的商品。

对于卖家而言，从降低运营成本的角度考虑，促进老用户复购远比获取新用户要容易，成本也更低，因此满足用户提出的换货需求，同时增加买家黏性、减少买家流失，尽可能地提升现有用户的好感度和忠诚度，是卖家所关注的重点。

商品运送和存储的次数，是物流公司和仓库收益核算的重要指标。用户的换货需求，对物流公司而言和普通的商品收寄没有什么大的区别，都是一次付费的运输活动；对于仓库而言，虽然换货涉及商品数量、存储地点等具体商品信息的变更，但总体而言也是收益增加的过程。因此在本需求的实现过程中，物流和仓库的核心利益诉求就只是获取利润。各角色核心利益诉求如表 7－12 所示。

表 7－12　　电商平台换货过程中涉及的五个主要角色及其核心利益诉求

参与角色	核心利益诉求
电商平台	用户体验追平竞品 提升卖家商品质量和服务能力 提高物流服务质量
买家	能顺利换到货
卖家	满足用户诉求 降低运营成本 获取用户好感度和忠诚度
物流	获取利润
仓库	获取利润

除了辨别不同角色的核心利益诉求外，还需要判断这些核心利益诉求之间的关系。一般而言，存在三种主要的关系类型：趋同、共赢和双输。趋同指的是各角色的核心利益诉求基本一致。例如本案例中的物流和仓库的核心利益诉求都是获取利润，平台、买家和卖家的核心利益诉求都是让买家能够换成货。共赢则指的是各角色的核心利益诉求虽然不同，但并不存在零和关系。例如本案例中如果买家能够成功换到心仪的商品，那么平台收获了良好的用户体验、买家买到了自己想要的商品、卖家完成了交易、物流和仓库获得了大于原有交易的利润，各角色虽然核心利益诉求略有不同，但某一角色获利的同时，并不会损害其他角色的利益，他们之间属于共赢关系。双输则是在需求满足的过程中，不同角色的利益存在明显的零和关系。例如卖家如果售卖劣质商品，则卖家销售的利润就是买家的损失，平台也会因卖家的这种行为而失去用户的好感和信任。对于任何角色而言，最终的目的都是获得收益，因此在进行需求拆解时，需要对各角色的核心诉求进行分析，找寻各方利益关联点，避免可能存在的双输关系，为需求的满足提供保障。

3. 明确角色的日常行为

需求拆解的第三步是明确每个角色与需求相关的日常行为，也就是明确在该需求尚未得到满足之前，不同的角色是采用什么样的方法应对这种需求的。最常用的分析方法就是观察法，操作步骤可分为以下两步。

第一步，通过观察、访谈或调研的方法，观察角色的日常行为。例如用户在需求未得到满足时，换货的行为是：与客服联系，沟通换货的原因，若商家愿意提供换货服务，则继续确认换货的细节，如拟更换的商品信息；客服与仓库确认有货可换后，再沟通收寄商品的地址、换货条件等信息；然后就进入了物流和仓库的操作过程，这一过程可能由数据反馈提供，有可能是数据黑盒；买家经过一段时间等待后得到更换后的商品。若商家无法提供换货服务，则只能选择退货，经过物流的商品收寄和仓库的更换品查验后，卖家确认商品退回，买家获得退款。换货行为未满足时各角色日常行为梳理如表 7－13 所示。

表 7-13　　换货需求未满足时各角色日常行为

参与角色	日常行为
电商平台	无行为
买家	• 卖家提供换货服务，与卖家客服沟通，确认换货细节 • 卖家不提供换货，或者无货可换，则只能退货
卖家	• 不提供换货 • 提供换货，但需要客服人员与买家进行沟通，与仓库进行检货和库存确认，无法保证成功换货
物流	一笔普通的商品收寄服务
仓库	库存信息确认、退货入库登记、新商品寄出、商品库存数据更新等

从梳理的结果看，在需求尚未满足时，买家的行为既涉及与多方角色的沟通，又存在行为选择，看起来繁杂不清，因此需要进行第二步——角色行为的流程化，也就是采用泳道图的形式，绘制各角色的行为流程（见图 7-19）。泳道流程图的好处在于可以在一幅图中同时

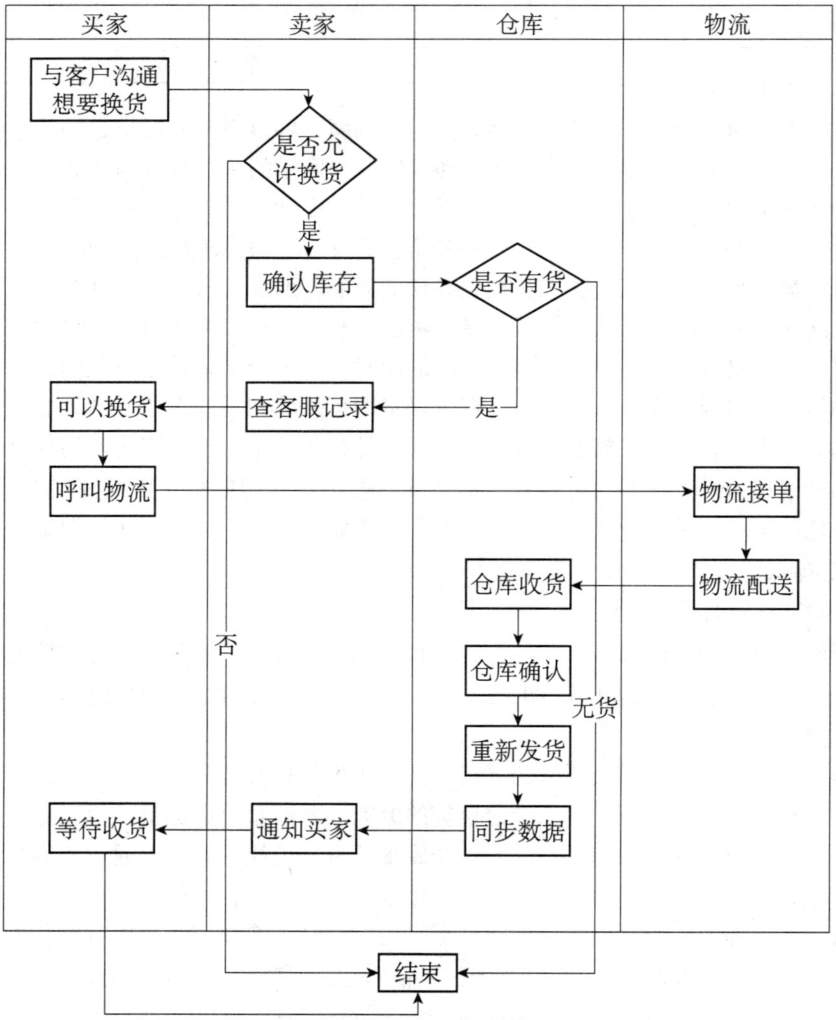

图 7-19　电商平台换货需求未满足时各角色行为泳道图

呈现多角色的行为；在操作存在选择时，通过菱形进行图形标识，并通过不同的行为路径加以区分。

（二）寻找低效问题点

在完成各角色的现有行为流程的梳理后，可对照此前的行为观察过程，找寻其中的低效问题点。这一步的逻辑很简单：如果现有的行为流程可以很方便地解决问题，那这种需求也就不是真正的需求。因此若需求为真，则必然存在解决问题的低效点——或不方便，或操作麻烦，或成本高，这些低效点也将成为解决需求的主要突破口。沿着待退货商品的传递路径，来梳理其中存在的低效问题点，如下所示：

问题点一：买家想换货却不能换。因为平台不提供换货功能，买家只能自行与卖家进行沟通。有的卖家可以提供换货服务，有的不可以；能够提供换货服务的卖家也可能因为库存等原因，无法满足买家的用户需求。这就成为第一个低效问题点。

问题点二：卖家确认库存程序烦琐。对于卖家而言，客服和仓库是两个独立的部门，在大部分情况下两者甚至不在同一个地点，更有一些体量较大的卖家会在全国不同的城市建立自己的仓库，因此待更换商品的库存确认，对于卖家而言需要额外投入成本完成。

问题点三：买家需主动联系物流进行拟退货商品收寄。因为平台不提供换货服务，因此在卖家能够换货，同时也确认过仓储情况，同意买家的换货申请后，买家需要自行在平台之外联系物流，进行商品的换货寄送操作。卖家可能还会指定合作的物流公司，买家要想实现换货，就需要完成拨打相关物流公司的服务电话、自行填写收寄件地址、预付运费等一系列的操作。

问题点四：物流公司的仓储无法事先准备。虽然物流公司不负责商品的仓储，但仍需要对每个服务点寄送商品的货存量进行预估。但如果平台不提供退货功能，物流公司就无法根据平台同类产品的退货率等数据，进行仓储空间的计算和管理，容易发生“爆仓”事件。

问题点五：商品仓储信息更新不及时。从问题点二的梳理中可以看出，仓库，特别是大型卖家的仓库有必要及时进行库存信息的更新，以便更好地配合卖家的换货工作。换货过程涉及待更换商品和拟更换商品两件商品自身产品信息（如规格、大小、重量等）、仓储信息（如存储地点、同规格商品数量等）及其他相关信息的更新。若这些信息更新不及时，则无法为卖家是否同意退换货提供准确的信息支持。

问题点六：拟更换商品物流过程存在信息黑盒。一般而言，在电商平台上购买商品时，所购买商品的物流信息会及时更新，以提升买家的用户体验。但由于目前该电商平台尚未开通换货功能，因此对于部分商家可提供的换货服务，更换后的商品物流信息缺乏呈现平台，买家无法及时获得最新的物流信息，只能等待或在获得订单编号后，再自行在物流公司官网进行查询。

以上只是对换货过程可能出现的部分问题点进行的简单梳理。将这六点与对应的流程步骤进行整合，可以得到带低效问题点的各角色行为流程图（见图 7－20）。

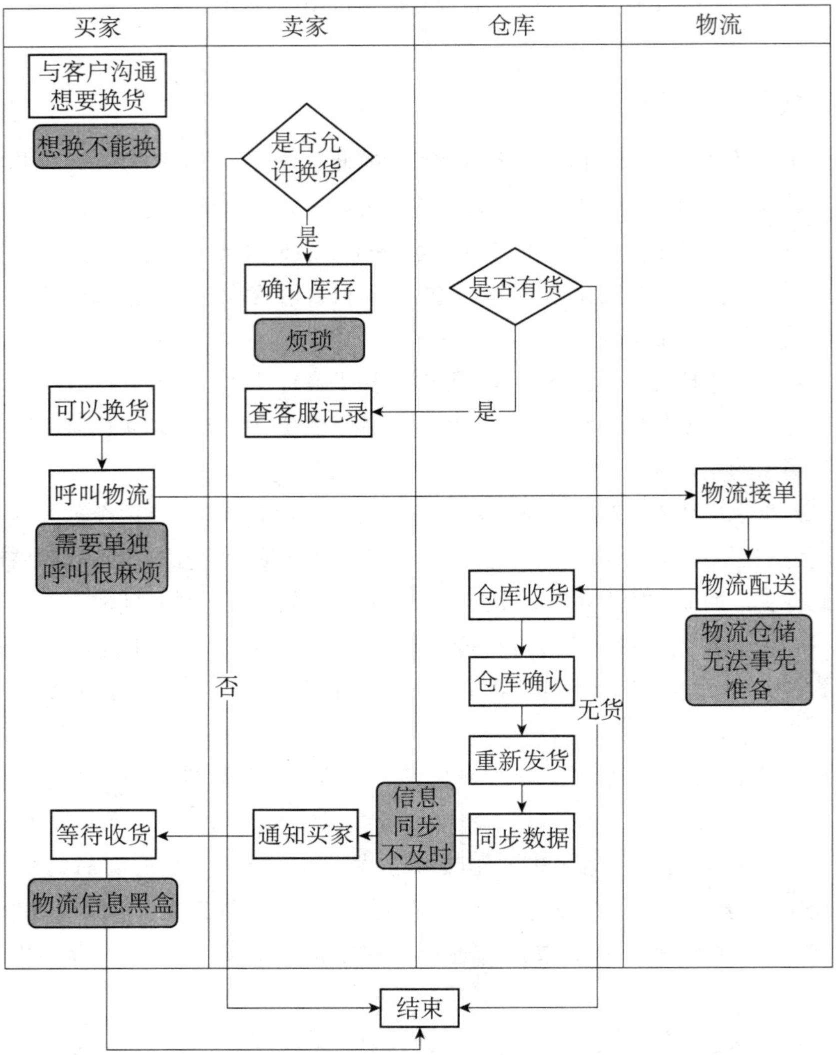

图 7-20 电商平台换货需求未满足时各角色行为流程低效问题点

低效问题点就是潜在的需求，也就是产品迭代和优化的可能突破口。除了采用图 7-20 的泳道图进行展示外，还可将需求所涉及的角色、核心利益诉求、行为动作和低效问题点在同一个表中呈现（见表 7-14）。

表 7-14 添加换货功能需求拆解“三要素和一寻找”一览表

参与角色	核心利益诉求	行为动作	低效问题点（潜在需求）
电商平台	用户体验追平竞品	无动作	没有提供换货服务
	提升卖家商品质量和服务能力	无动作	未掌握相关数据
	提高物流服务质量	无动作	未掌握相关数据
买家	能顺利换到货	与客服沟通确认	烦琐
		提供相关信息	烦琐
		呼叫物流收货	烦琐
		等待更换商品	存在信息黑盒
		以退代换	想换不能换

续前表

参与角色	核心利益诉求	行为动作	低效问题点（潜在需求）
卖家	满足用户诉求	提供换货	全流程线下化，效率低下，容易出错
	降低运营成本	客服提供咨询、确认和物流信息通知服务	烦琐，人工成本高
	获取用户好感度和忠诚度	无动作	未掌握相关数据
物流	获取利润	无动作	物流仓储不可控
仓库	获取利润	仓储信息确认	烦琐
		仓储信息更新	信息更新不及时
		退回货品查验	烦琐

二、需求的应对

对需求进行拆解后可获得一系列的潜在需求，也就是将买家提出的添加换货服务功能的大需求，拆解成了多个涉及不同角色的潜在需求。这些潜在的需求并不能直接地指导产品迭代和优化，还需要对其进行转化。转化过程可采用本章第二节中介绍的 HWM 方法，这里再介绍另外一种转化思路供大家参考。

（一）需求应对的“四化”思路

需求应对除了通过 HWM 方法中介绍的否定、积极、转移、脑洞、分解五个方面进行发散式需求转化外，针对线下流程线上化的过程，还可以用以下思路进行指导，最终提升产品效率。

1. 思路一：线下流程线上化及标准化

这一思路可以简单地理解为将目前流程中部分线下的操作转移到线上进行。借助产品/功能的帮助，一方面降低运营成本，提升产品效率；另一方面帮助获取关键数据。例如，滴滴出行就是通过软件的用车信息发布功能，消除了线下乘客站在路边扬手叫车或打电话叫车的烦琐行为，把叫车行为搬到了线上，实现了线下流程线上化；此外仅通过一个软件就可以呼叫不同出租车公司或不同车型的车辆，实现了线下流程的标准化，有效避免了不同出租车公司不同用车电话的烦琐操作。

2. 思路二：线上流程/信息的数据化

从上面电商平台买家要求添加换货功能的需求拆解中不难看出，对于平台的核心诉求“卖家提升商品质量和服务能力”与“提高物流服务质量”，因为缺乏数据，我们无法提出具体的改善方案。本思路将为这两个诉求的满足提供支撑。具体操作是通过建立相关因素的数据评估体系，提供商品质量、服务能力等的判断标准，并将其公开给需求涉及的各个角色或限于内部管理参考。微信公众号的文章阅读、点赞数、转发量、在看，淘宝的商品销售量、宝贝评价、物流服务、服务态度等都是这一思路的应用案例。

3. 思路三：线上流程自动化/智能化

这一思路可以理解为借助系统或人工智能的帮助，把一些烦琐且重复性的操作流程进行精简，进而通过操作的自动化或智能化，将人工从烦琐的操作流程中解放出来，以提升整体效率。常见的操作方法包括无效环节合并、常用流程自动化和算法替代人工三种。如美图秀秀中的一键美化就是把常用的修图手段集成为一个操作包，用户只需要点一次按钮，就可以将该操作包中的所有操作应用于目标图片。再比如淘宝购物时的阿里小蜜和每个卖家的智能客服，会对购物过程中的常见问题进行引导式回答，有效缓解了人工客服的工作压力。

4. 思路四：流程信息价值化

本思路是需求转化中的进阶思路，可以视为是将线下过程线上化后产生的数据使用价值最大化的过程。标准化的流程数据，不但有助于解决目前面临的用户需求，甚至还可以发现全新的使用场景、创造新的产品盈利点和用户体验增长点。例如可以通过收集到的数据和思路建立评价体系，对买家和卖家分别进行管理：可以针对购买次数多、主动参与商品评价、退换货次数少的买家，提供闪电退款、免检换货等服务；对于退换货频次比较高的商品品类，可以针对性地推出退换货运费险服务，还可以在此基础上对用户退换货原因进行分析，从而协助卖家提升商品品质和服务质量。

（二）To Do List 呈现

对于买家提出添加换货功能的需求，借助需求转化的“四化”思路，对表 7－14 中的潜在需求进行应对，可以提出如下一些可能的具体需求。这些具体需求也将成为“添加换货功能”大需求下的待完成需求列表，即产品团队对于这一需求的 To Do List。具体分析流程不再赘述，最终结果如表 7－15 所示。

表 7－15　添加换货功能需求 To Do List

参与角色	核心利益诉求	行为动作	低效问题点（潜在需求）	具体需求（应对思路）
电商平台	用户体验追平竞品	无动作	没有提供换货服务	• 提供在线换货服务（线下流程线上化）
	提升卖家商品质量和服务能力	无动作	未掌握相关数据	• 建立商品换货服务评价体系（线上流程数据化） • 将商品换货率纳入参加平台活动的衡量标准（流程信息价值化）
	提高物流服务质量	无动作	未掌握相关数据	• 建立物流服务评价体系（线上流程数据化）
买家	能顺利换到货	与客服沟通确认	烦琐	• 换货确认自动（线下流程线上化）
		提供相关信息	烦琐	• 订单相关信息自动填充（线下流程线上化）
		呼叫物流收货	烦琐	• 自动呼叫物流公司上门取件（线下流程线上化）
		等待更换商品	存在信息黑盒	• 换货全流程节点信息线上呈现（线下流程线上化）
		以退代换	想换不能换	• 不可换商品购买时自动提醒（线上流程自动化）

续前表

参与角色	核心利益诉求	行为动作	低效问题点（潜在需求）	具体需求（应对思路）
卖家	满足用户诉求	提供换货	全流程线下化，效率低下，容易出错	• 换货流程关键节点信息自动推送（线上流程自动化）
	降低运营成本	客服提供咨询、确认和物流信息通知服务	烦琐，人工成本高	• 换货确认自动（线下流程线上化） • 换货全流程节点信息线上呈现（线下流程线上化）
	获取用户好感度和忠诚度	无动作	未掌握相关数据	• 建立客户品质评价体系（线上流程数据化） • 为优质客户提供额外服务（流程信息价值化）
物流	获取利润	无动作	物流仓储不可控	• 换货全流程节点信息线上呈现（线下流程线上化） • 建立商品质量评价体系（线上流程数据化） • 计算不同商品品类换货率及仓储预留空间（流程信息价值化）
仓库	获取利润	仓储信息确认	烦琐	* 转化后需求在电商平台外实现，故在此不做讨论
		仓储信息更新	信息更新不及时	
		退回货品查验	烦琐	

（三）需求路线图制定

分析出具体需求后，需要结合市场、用户、竞品、产品定位、产品现阶段发展目标等诸多条件，对需求进行排序，具体排序方法如前文所述。接下来的工作，就是确定优先级最高的需求的完成路线图。在此以平台提供在线换货服务这一具体需求为例，对需求路线图制定的过程和步骤进行陈述。

1. 明确项目目标

正如在需求的“四有”原则里所述，项目目标应该是可量化的且与公司现阶段目标相符的目标。在本案例中，因为是从电商平台这个角色的核心利益诉求出发，进行具体需求解决方案的讨论，因此项目目标也应围绕对应的核心利益诉求进行制定。如果要对“用户体验追平竞品”进行衡量，可以有多种不同的方案。因为这是个新的功能，可以用“在 App Store 上，买家对退货服务的投诉率与竞品持平”作为衡量目标；或者从退货与换货的关系考虑，将项目目标量化为“商品退货率下降 10%”等。这里需要注意两点：第一，目标一定是可衡量的，是可以找到数据支撑的，这也是未来对新功能开发效果考核的重要指标；第二，目标一定是有针对性的，在产品的运营过程中，不断地涉及用户的拉新、促活、唤醒、回流等工作，但并不是每一个功能都需要兼顾所有的工作，因此应针对工作内容制定有针对性的目标。

2. 拆分需求特性

需求特性也就是 feature，指的是逻辑上相关的功能需求的集合，能为用户提供具体行为的处理能力。例如，某平台要新增直播功能，那么涉及的需求特性可能包括：观看直播功能、主播进行直播功能、主播搜索功能、礼物功能等。在制定需求的解决方案时，需要对具体需求进行仔细分析，拆分出其中涉及的需求特性，作为开发时间进度规划的依据。本案例的“提供在线换货服务”可以拆分出买家发起申请、卖家处理申请、物流信息可视化、催办功能、申诉功能等。

3. 时间进度安排

在完成需求特性的拆分后，需要对各特性之间的关系进行梳理，判断哪些是串行的关系，哪些是并行关系。基于不同特性之间的关系，结合各特性的开发工时（需与研发部门进行确认），进而对整个需求方案的执行时间进行规划。要注意的是，在路线图中需要对需求开始研发的时间、关键节点时间（往往是上线时间）进行明确标注。最终形成的需求路线图如表 7 - 16 所示。

表 7 - 16　　平台提供在线换货服务需求路线图

项目目标：
1. 在 App Store 上，买家对退货服务的投诉率与竞品持平
2. 商品退货率下降 10%

需求特性	时间		
	2020 年 12 月	2021 年 1 月	2021 年 2 月
买家发起申请	开始	1 月 15 日上线	
卖家处理申请	开始	1 月 15 日上线	
物流信息可视化		开始	上线
催办功能		开始	上线
申诉功能		开始	上线

【思考题】

1. 为什么要建立需求池？它与单项需求卡片的关系是什么？

2. 近年来，以抖音、快手为代表的短视频类应用发展迅速，日活跃用户呈急速增长趋势，其用户的产品使用习惯也得以快速成型。请以短视频类应用迅速发展为大背景，挖掘短视频类产品的用户需求本质，并解析短视频类应用受到青睐的原因。

3. 结合 KANO 模型分析法，以腾讯视频为例，分别列举其对应基础型需求、期望型需求、兴奋型需求、无差异需求、逆向需求的具体产品功能。

第八章　新媒体产品的设计与结构

通过本章学习，你将能够：

1. 了解新媒体产品结构的概念以及几种常见结构类型。
2. 知晓新媒体产品设计方法论。
3. 掌握新媒体产品原型的概念、绘制工具及绘制方法。

面对已经排列好优先级别的需求，可以认为产品经理对产品将会拥有什么样的功能或特性有了比较清楚的认知，但这些需求还只是分散的“珍珠”，还需要产品经理通过一定的方法将它们组合成一个完整的整体，这个神奇的“穿珠绳”就是产品的结构。如果把经由需求转化而来的产品功能或特性比作人的血肉，那么产品的结构就是人的骨骼。但光有血肉和骨骼仍然不够，产品经理还需要给“躯体”穿上得体的服饰，这就是产品的设计。好的产品设计不但赏心悦目，而且容易让人有一种“比我还懂我”的感受，让用户在不知不觉中享受最贴心的产品服务。那么视觉设计、交互设计有什么不一样吗？产品结构有哪些呢？产品经理怎么样才能把自己对新媒体产品的设计理念传递给设计和研发团队的同事呢？本章将对这些问题进行解答。

第一节　新媒体产品设计概述

前文曾经分析过，新媒体产品往往采用免费使用的方式获客，用户的使用成本极低，甚至免费使用；同类产品种类多，用户的转移成本也很低。在这样的背景下，一款新媒体产品想要站稳脚跟，乃至不断发展，就不能仅停留在满足用户需求的功能挖掘上，还需要在了解用户的基础上，以用户为中心，设计符合用户使用习惯、思维逻辑的产品，最大限度降低用户的学习成本。要实现这一目的，就不得不谈谈产品经理的另一项技能——新媒体产品设计。

一、新媒体产品设计的相关概念

（一）新媒体产品设计的有关概念

1. 新媒体产品设计的定义

无论是市场分析、用户分析还是竞品分析、需求分析，最终都要通过新媒体产品予以体现，因此前述所有工作的成果，都是为新媒体产品设计做的铺垫；也只有通过新媒体产品的不同功能，才能解决用户遇到的问题，因此新媒体产品设计可以被视为新媒体产品真正开始实现的第一步，也是连接产品策划与产品落地的桥梁。广义而言，从市场分析到需求把握，从概念设计到产品发布，继而不断迭代优化的产品生命全过程，就是新媒体产品的设计过程。

从广义的新媒体产品设计概念看，产品、研发、设计和运营团队，甚至客服团队都参与了新媒体产品的设计。但这并不意味着产品团队只负责市场分析、用户分析和需求分析，而不需要负责产品的设计。设计团队负责的更多的是执行工作，也就是把产品团队设计的产品功能、页面跳转逻辑等以页面或交互的方式呈现出来。至于具体的功能、功能与功能之间的逻辑关系、页面之间的跳转关系等都需要由产品经理进行设计。图 8－1 展示的是新媒体产品生命历程中，与设计直接相关的工作流程。其中明确用户需求与产品目标、概念设计和原型设计是产品经理需要负责的产品设计工作，界面设计和视觉设计则由设计团队掌舵，前端设计与程序开发则是研发团队的工作范畴。

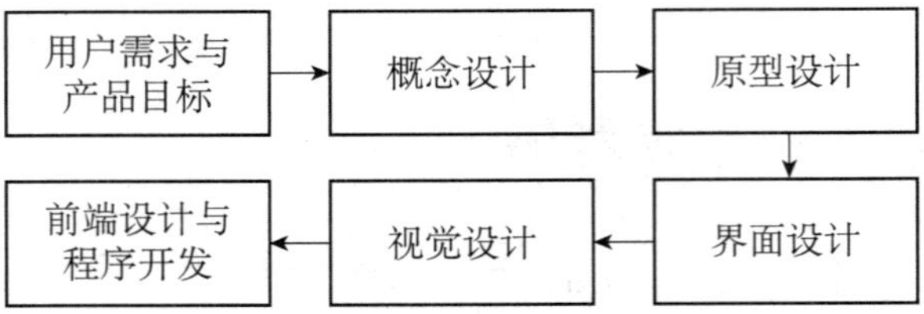

图 8－1　新媒体产品设计与发布简化流程

产品经理在进行新媒体产品设计时并非完全凭个人喜好，而是需要综合考虑多重因素后，对可行的产品需求进行组合。对于产品经理而言，新媒体产品设计就是基于公司战略需要和用户需求，结合产品自身定位，对产品的功能、信息和页面的结构、交互逻辑提出设想，并将这些设想在新媒体产品研发和迭代过程中表达出来的过程。

在谈产品设计时应注意以下几点：第一，产品设计要符合公司的战略需要，这里说的战略需要不仅指公司未来的发展方向，还包括公司盈利的需要；第二，产品设计的核心是切入用户需求，也就是要能够帮助用户解决问题，不能凭空制造出一堆伪需求；第三，产品设计是一个过程，它不仅存在于产品从 0 到 1 的阶段，而且会持续出现在产品迭代过程中，产品功能的增减、页面布局的调整、交互的变化都属于产品设计的内容。

2. UI、UE 和 UX

UI、UE 和 UX 是在产品设计中经常见到的三个概念。虽然相关工作主要是设计团队和用研团队的工作，而非产品经理的工作，但作为广义产品设计中的核心工作，产品经理也不能忽视。尤其在一些没有设置专门的用研团队的公司，产品经理往往要承担相关的工作。

UI（user interface），即用户界面，原意指的是产品与用户进行交互和信息交换的载体，泛指用户的操作界面，后来也被作为 UI 设计师的简称。从 UI 的定义不难看出，UI 设计师的工作就是界面设计、用户与界面交互设计、用户研究，或者说是基于用户研究，确定用户与产品界面的交互方式，以及产品界面的呈现方式，最终传递品牌形象、建立品牌个性。最初 UI 设计师的主要工作是进行产品界面和视觉的设计、用户与系统的交互设计。设计中所使用的元素包括文字、图像、视频等，形式有按钮、标签、下拉列表、复选框等；交互包括单击、滑动、输入、重力感应等；探讨的问题包括系统按键应该用圆形还是方形、红色还是蓝色，有电话进入时用户应采用滑动还是轻按的方式来接听电话等。

随着新媒体产品的不断发展，用户体验越发重要，加之用户研究工具越来越发达，从 UI 中又生成了一个新的概念——UX。UX（user experience design），即用户体验，指的是基于用户体验，建立公司、产品与用户之间的关联，进而提升用户满意度的过程。这里还存在另外一个概念 UE（user experience），也是用户体验，指的是用户使用产品时的纯主观感受。虽然每个用户的感受存在个体差异，但对于具体细分用户群体而言，他们的感受存在一定的共性，可以通过精良的实验设计和研究工具进行分析和辨别。在出现 UX 后，UI 的范畴就明显缩小了，目前所说的 UI 就可以简单地理解为界面＋视觉＋交互。

UX 虽然来源于 UI，但经过多年发展后，UI 和 UX 的工作已经有了一定的分化。表 8－1 呈现的是 UI 设计师和 UX 设计师的两则招聘信息。从表中可以看出，UI 更注重视觉和界面设计，而 UX 更注重用户行为、信息架构等“看不到”的内容。具体而言，UI 和 UX 两者的区别可以体现在关注重点、工作内容、设计重心、常用工作词汇等多个方面，《无界面交互》[①]一书对两者的区别进行了探讨（见表 8-2）。

表 8-1　UI 设计师和 UX 设计师的岗位要求

UI 设计师	UX 设计师
• 负责设计游戏的功能界面； • 负责游戏里的图标设计、游戏 LOGO 设计； • 负责游戏宣传图片设计； • 和客户端合作，输出规范的出图文件，并跟踪客户端最终实现的效果。	• 熟悉 UED 方法和工作流程，对交互设计有较深的理解和实践，可以独立完成整个设计过程； • 配合产品经理参与到产品的规划和创意过程中，分析业务需求，并加以归纳，分解出交互需求； • 设计产品的人机交互界面结构、用户操作流程等，完成界面的信息架构、流程设计和原型设计，提高产品的易用性； • 研究用户行为和使用场景，弥补现有产品的设计缺陷并提出优化解决方案。

资料来源：

百度百聘：https://zhaopin.baidu.com/szzw?id=http%3A%2F%2Fkg.baidu.com%2Fod%2F4002%2F2004461%2F7581a1ffe991c106997bd115437bf2ff&query=UE%E8%AE%BE%E8%AE%A1&city=%E5%B9%BF%E5%B7%9E&is_promise=0&is_direct=1&vip_sign=&asp_ad_job=.

表 8-2　UI 和 UX 的区别

类别	关注重点	主要工作	设计重心	常用工作词汇
UX	产品功能	工作涉及人机交互、工业设计、视觉和声音设计等，偏向视觉和美学。 负责布局设计、视觉、品牌形象，如： • 外观方面：品牌和平面设计开发、用户指南/故事线、用户分析、设计研究； • 响应性和交互性方面：适应所有设备屏幕尺寸、交互性和动画，与开发人员的协调、UI 原型设计。	色彩、排版等视觉方面	导航、次导航、文本输入、文本框、圆角、单选框、复选框、点击、滑块、弹出窗口
UI	用户情感	工作涉及信息架构、内容策略等，偏向分析性解决问题。 负责用户画像、用户故事、用户调研、可用性测试，如： • 内容/策略方面：用户分析、竞争对手分析、产品结构/策略； • 原型和线框图方面：原型、测试/迭代、开发、计划、线框图； • 分析和执行：与开发人员的协调、与 UI 设计师的协调、分析和迭代、跟踪目标和集成。	以用户为中心，关注任务流程和使用场景	幸福、解决问题、理解需求、爱、效率、欢乐、满意、兴奋、魔力、温暖、灵魂

还有人将 UI 和 UX 的区别总结为三句话，即：UI 让界面更好看，UX 让界面更好用；UI 让界面提升品牌感，UX 让用户实现目标；UX 的核心目标是引导用户完成任务，而 UI 则没有这一目标。[②]

① 克里希那．无界面交互：潜移默化的 UX 设计方略［M］．杨名，译．北京：人民邮电出版社，2017.

② 无感．小白必看：全面分析 UI 和 UX 的区别［EB/OL］．（2020-12-04）［2021-02-26］．https://zhuanlan.zhihu.com/p/250485022.

一些大型互联网公司里有独立的UX部门，如腾讯公司就有专门服务于QQ的ISUX团队以及服务于其他产品的CDC团队，但也有不少公司的UX工作是由产品经理和UI设计师共同来分担的。

（二）新媒体产品设计的原则

1. 新媒体产品设计的总原则

新媒体产品设计遵循“两条线，五个基本原则”的总原则。两条线即产品主线、产品底线，五个基本原则即需求原则、信息原则、有效原则、逻辑原则和效率原则（见图8-2）。

产品主线

需求原则　信息原则　有效原则　逻辑原则　效率原则

产品底线

图8-2　新媒体产品设计总原则

（1）产品主线。任何一个产品都不是为了做而做的，而是要为公司谋发展，为用户解决具体问题、满足用户需求。因此产品设计应基于公司战略需要和用户需求，结合产品自身定位进行，而这也就成为产品设计的核心主线，是进行产品设计的准绳。产品的定位、产品的特点、产品的核心用户都关系到产品应如何进行设计：产品的设计应符合产品的定位，能突出体现产品的特点，能满足核心用户的需求和使用习惯。

（2）产品底线。产品设计除了有自己的主线外，还存在一条底线。这条底线就是国家法律。新媒体产品发展快，市场前景好，但在快速发展的过程中，产品经理应该严守产品底线，那些违反国家法律法规的功能，即使能为企业带来利润，能为用户带来良好的体验，也不能被纳入产品设计之中。换脸软件ZAO就是因为侵害了用户的权益，违反了国家法律，最终付出了惨痛的代价。加强法律意识，注重科技伦理，平衡企业盈利与用户体验等多因素之间的关系，成为产品经理在从事产品设计时需要时刻牢记、不断思考的产品底线。

（3）需求原则。需求原则其实就是产品主线的再强调，强调产品设计的核心是用户需求，一切来源于用户需求，产品设计为满足用户需求而存在。在产品设计之前，产品经理已经做了大量的分析工作，很容易沉浸在自己的工作里，过于关注自己的分析和已找到的需求，而忽视了需求里的“人”，也就是忘了用户。有些产品经理甚至会说“我认为用户需要这个”，而这些需求是否真的是用户需求，还需要产品经理再进行确认，一定不能凭空臆造需求。

（4）信息原则。信息原则包括两层意思。第一层意思是要掌握信息。新媒体产业是一条高速发展的产业赛道，资讯呈爆发式增长。想要在这样一个产业里立足，掌握信息、用好信息无疑是法宝之一。产品经理在进行产品设计前的所有工作都与信息和数据息息相关，如了解市场发展态势、掌握竞品发展数据、明确用户需求变化等。只有掌握了这些信息和数据，才能全面了解产品发展的外部环境，进而选择最有利于自己发展的线路。

信息原则的第二层意思就是要对数据进行精选。目前已经全面进入大数据时代，虽然数据仍然十分重要，但数据获取的成本越来越低，产品经理掌握的数据只会越来越多、越来越容易获得。因此，如何在繁杂的数据中找到关键信息，并用其指导产品设计，成为产品经理重要的能力之一。举个例子，竞品分析中有一项工作是通过功能列表的方式，分析竞品与本品的功能差异。如果产品经理没有信息分析和筛选的能力，很有可能就会导致竞品有哪些功能，自己也照做哪些功能，最后造成产品功能冗余，甚至冲击到产品的定位。因此，产品设计也是产品经理收集、筛选、应用有效信息的综合能力的体现。

（5）有效原则。有效原则指产品经理要能够为用户提供高效、简洁的问题解决方法。需要通过新媒体产品来解决的用户需求，很多都是重要且紧迫的需求，那么产品经理就应该通过产品设计，结合用户的使用场景，使这些需求能够经由多种途径触达用户。例如用户在使用某音乐产品时有搜索歌曲的需求，产品经理就需要在首页、播放页、推荐页等不同的页面，为用户提供无定向查找、排行榜（含多种排行方式）等搜索方式，尽可能最高效地满足用户需求。毕竟人的天性都是懒惰的，越简单、越易用的设计用户越喜欢。

（6）逻辑原则。逻辑原则也包括两个层面。第一个层面的意思是要符合用户的逻辑，也就是产品设计从界面到功能结构，都应符合用户使用场景的需求，使用户不花太多力气思考就能知道如何操作，而且操作比较简便。例如滴滴出行司机版就没有乘客版那么多的功能，主界面上只有乘客的起始地点信息、司机与乘客的距离以及抢单等关键功能，而且字体和按钮都比较大，符合司机在驾驶过程中接单的使用场景。此外还针对司机在驾驶时不便回答乘客文字信息的场景，设置了多个常用回复，创设了常用语、语音和电话三种沟通渠道，来实现司机与乘客之间的有效沟通。

逻辑原则的第二个层面的意思是产品经理在进行产品设计时要有逻辑。这里的逻辑不仅指正向的逻辑，比如注册的第一步是输入手机号、第二步是输入验证码之类。产品经理还应该考虑异常逻辑和特殊处理逻辑，比如输入正确的验证码可以顺利地进入注册的下一步，但如果输入有误时应该呈现什么？再比如部分产品需要用户用自己的身份证件进行验证，常见的证件包括居民身份证、军官证等，而如果有港澳地区居民想用自己的港澳身份证进行验证，产品经理就需要预先考虑好特殊处理逻辑，以防影响用户体验。

（7）效率原则。新媒体产业是一个快速变化的产业，因此产品经理还务必要有敏捷性开发的思路。虽然每一个产品的版本都需要经过产品团队大量的前期调研，以及其他团队的通力配合，才得以问世，但鉴于新媒体产业的特性，可以适当地加快设计的速度，以实现抢占市场的目的；同时，在设计过程中还需要预测可能发生的同类产品的变化。一般而言，To C 产品的主流理念就是敏捷性开发，通过版本迭代来凝聚团队和快速试错，团队也更能从版本的检验中判断自己的产品好不好。

2. 交互设计的主要原则

虽然交互设计主要是UI设计师的工作，但一些与用户体验相关的交互设计则是由产品经理主要负责的。在进行交互设计时也有一些具体的原则需要遵从，如用户体验十大原则等。

用户体验十大原则是人机交互博士雅各布·尼尔森（Jakob Nielsen）在1995年提出的交互设计原则，也被称为尼尔森十大可用性原则、尼尔森十大交互原则等。具体包括系统可见性原则、贴近场景原则、可控性原则、一致性和标准化原则、防错原则、协助记忆原则、灵活高效原则、审美和简约设计原则、容错原则和人性化帮助原则十项。这十项原则，将帮助产品经理有效提升产品用户体验。在用户体验十大原则的基础上，结合行业从业人员的一些实践体会，可总结出一些较为常见的交互设计原则。

（1）贴近场景原则。

产品是为用户服务的，因此要尽可能降低用户的学习成本。解决办法就是使产品操作尽可能符合用户在真实世界里的使用习惯，贴合用户的产品使用场景，多使用用户熟悉的词句和概念。例如前文提过的滴滴出行司机版的设计就很好地贴合了用户的使用场景。再比如微信的红包业务，将产品的使用习惯与现实产品的使用习惯联系起来，借用中国人十分熟悉的过年发红包的场景，让用户形成对热闹、喜庆、吉祥等的联想，发红包时系统自带的留言也是日常生活里发红包时最常说的吉利话，因此很快就在中国农历新年期间引爆。要做到贴近场景还应该注意避免使用系统术语或用户不熟悉的语言，避免任务流程和用户真实使用流程不符，避免系统结构不符合用户对真实世界的理解等。

（2）系统状态可感知原则。

系统状态可感知是指产品的系统操作界面应保持三个可见，即状态可见、变化可见和内容可见，也就是要让用户知道自己在产品的什么位置、知道自己的操作带来了系统的什么反应，因此也就要求产品能通过页面给予用户明确的反馈。例如，对于未读微信群聊消息，微信会在头像框处通过红点或未读信息条数进行提示，还会通过颜色差异提醒用户所在的标签栏位置（见图 8-3）；再比如网易云音乐播放界面中，用户滑动胶片会触发动效，让用户明白这个手势是有用的，可以用于切换歌曲；此外，软件的安装提示、安装软件时的进度条、资讯产品的刷新提示等都是系统状态可感知的具体应用。

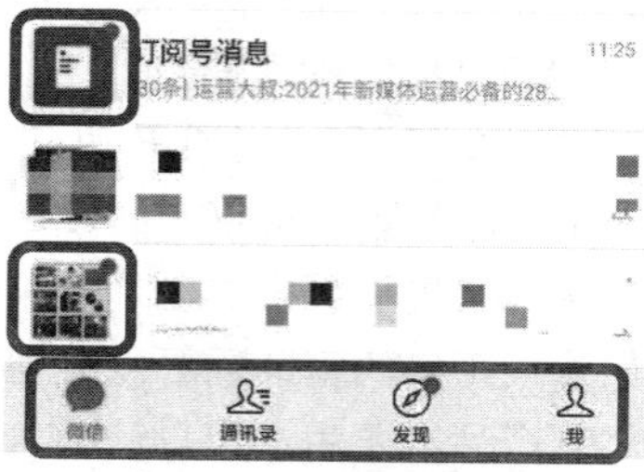

图 8-3　微信中的未读消息提示和所在标签栏显示

系统反馈应该在一定时间内发生，若系统没有反馈、反馈过慢、反馈提示呈现时间过短、反馈不易看到或不易理解，或者提供了不必要的反馈，则会影响用户的产品使用体验。

（3）可控性原则。

可控性原则包括两层意思。第一层指的是操作可控，或者说操作可预期，也就是用户可以预知自己操作后的结果或者预知自己可以进行什么样的操作。例如用户在使用产品时，可以自由地通过上一页、下一页或其他操作，在不同的标签页和功能之间转换或进出；再比如许多产品想在同一位置呈现多张图片时，往往会采用滚动播放的形式，通过设置不同的圆点数量表示图片张数，并通过添加图形或颜色变化等方式，提示用户自己所在位置，从而使用户可以清楚地了解到，通过点选不同的圆点，就可以找到自己感兴趣的图片，进而进行下一步的操作。图 8-4 的 B 站首页轮播 banner 中，通过在右下角设置白点，告诉用户存在五页不同的图片信息，并用蓝色吃豆人的形象，告知用户目前所展示图片所处的位置。

图 8-4　B 站首页展示窗

可控性的第二层意思是系统应能辅助用户避免错误操作。例如，当用户将要进行不可逆的操作时，产品会提供明显的警示，像删除微信联系人时，系统会通过警示框提醒用户，该操作将删除该联系人及与该联系人的聊天记录，同时还采用红色对“删除”字样进行突出（见图 8－5）。

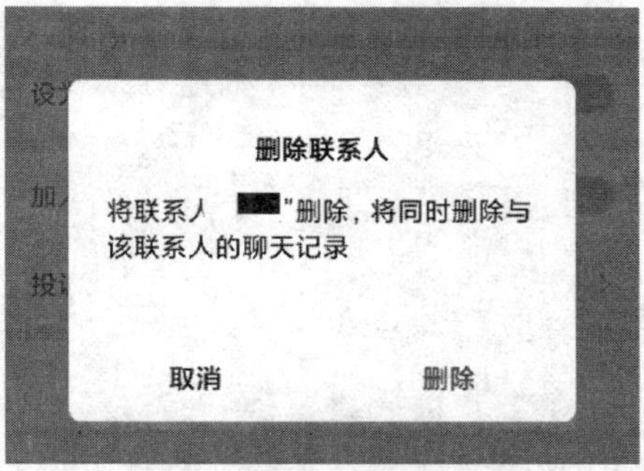

图 8－5　删除微信联系人时的系统提醒

（4）容错原则。

容错原则的意思是当用户因误操作，或因其他原因跳到错误页时，不要让用户无路可走，而应该用简洁的语言向用户解释错误信息，清晰准确地指出问题原因，并提供具有可操作性的解决方案，以保证用户操作的连续性。以网易云音乐的歌曲下载为例，如果用户选择了只在 Wi-Fi 环境下才允许音乐下载，那么如果在非 Wi-Fi 环境下点击该功能，则会出现弹窗对话框，询问用户是否打开 3G/4G/5G 网络下载开关，并为用户提供了三个可选择的操作项，即打开 3G/4G/5G 网络下载开关、免流量下载和取消（见图 8－6）。

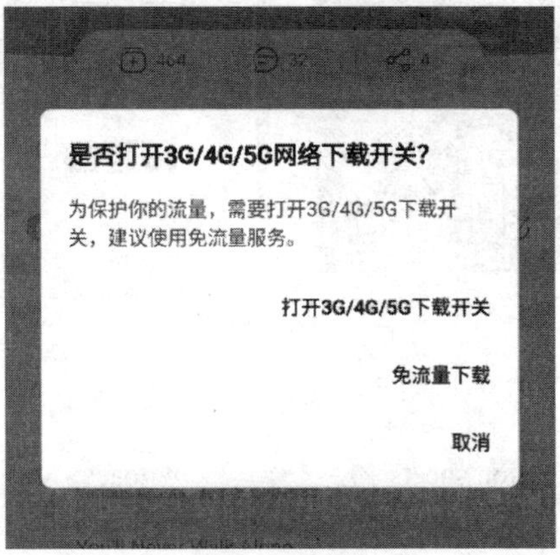

图 8－6　网易云音乐在非 Wi-Fi 环境下音乐下载提醒

（5）一致性原则。

一致性原则指三个层面的一致：第一层面是产品内部层面，即在同一产品内部，产品架构、导航、功能名称、视觉界面、用户操作的交互方式等需要保持一致；第二层面是历史层面，即产品不同版本之间应有延续性，对于未更新部分应考虑沿用以前版本的风格；第三层面是产品与行业标准层面，即产品的交互应符合行业通用规范。产品一致性好，用户使用时就不容易产生困惑，这有利于降低用户的认知成本和使用成本，帮助用户快速学习和记忆产品功能。图 8－7 就是网易云音乐两个不同版本的音乐播放界面，虽然版本已经发生了迭代，界面内容也有所变化，但总体风格保持了一致。

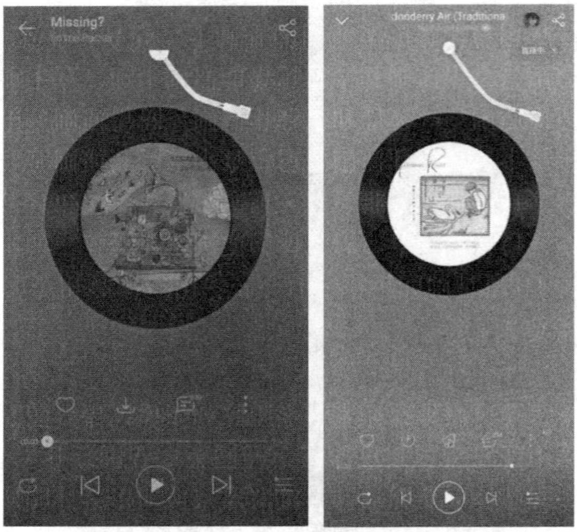

图 8-7　网易云音乐不同版本播放页面对比（左为较早版本，右为较新版本）

（6）阻断式与非阻断式弹窗的平衡使用。

弹窗是新媒体产品中用于与用户进行沟通的重要手段。弹窗类型一共有四种，分别是对话框（dialog 或 alert）、控制面板（action sheets 或 action bar）、小提示（toast）、快捷提示（snack bar）（见图 8-8）。

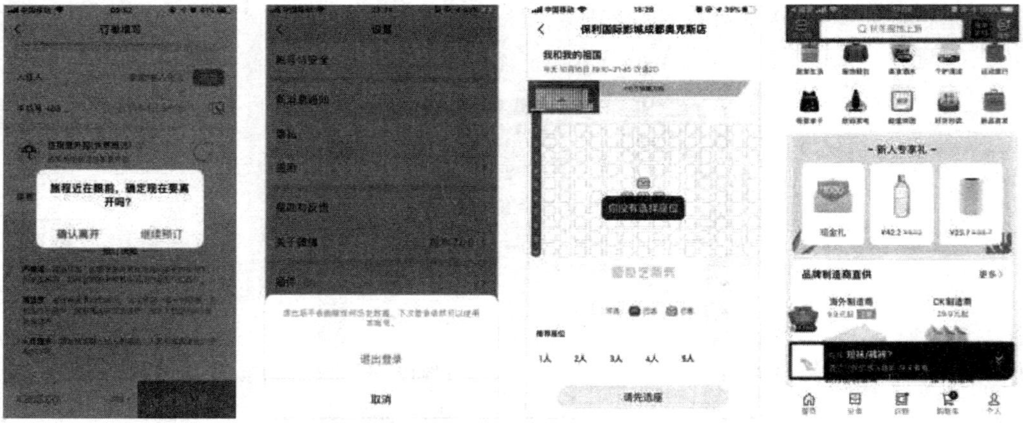

alert　　action sheets　　toast　　snack bar

图 8-8　四种弹窗示意图

资料来源：

吃茶去吖．关于弹窗的四种类型（四种控件）[EB/OL]．(2019-11-15)[2021-02-26]．https：//blog.csdn.net/she_jw/article/details/103086325.

这四种弹窗又可以分成两大类，即阻断式弹窗和非阻断式弹窗。阻断式弹窗，也叫模态弹窗，指的是用户必须回应，否则不能继续做其他操作的一类弹窗，多用于操作提醒且需要用户进行操作选择的情况。阻断式弹窗包括对话框和控制面板两种弹窗类型。其中对话框往往只有两个对话选项，如留下或离开、是或否；控制面板则往往不止两个操作选择，一般呈现为动作选择列表或图文列表，例如在微信聊天对话框中，如果长按输入的文字，则会以图文排列的形式出现复制、转发、收藏、撤回、多选、引用、提醒、翻译和搜一搜等多个操作选择。

非阻断式弹窗，也叫非模态弹窗，指的是用户即使不回应，也可以进行其他操作的一类弹窗，主要在告知用户信息内容时使用，包括小提示和快捷提示两种弹窗类型。小提示的作用是提醒或反馈信息，呈现的内容一般是操作的结构或状态的改变，最常见的小提示为一句简短的描述性文字，如“保存成功”“又发现了12条新内容”“你撤回了一条消息”等，可出现在页面的任何位置。快捷提示最初为安卓系统的特色弹窗，除了告诉用户信息内容外，还可以与用户进行对话，一般出现在页面的上方或下方。例如微信安卓版用户在点击了收藏后，页面的下方就会出现一个快捷提示框，告诉用户“已收藏”，同时在框的右侧用绿色字体呈现“添加标签”，以便用户对收藏内容进行管理；但如果用户不做任何操作，那么这个快捷提示将在2秒后自动消失。

从上面的描述中可以知道，阻断式弹窗的信息传递效果较好，因为用户如果不做反应，就无法进行后续的操作。但它打断了用户的操作，会对用户体验造成一定的影响，甚至会被用户厌恶。因此在设计过程中，一方面要尽量少用弹窗，特别是阻断式弹窗，另一方面也要仔细考虑信息内容和操作的必要性（是否必须提醒、必须选择）和目的性（是否属于商业推广或增值服务），从而最终确定是否使用弹窗、使用什么类型的弹窗，最终实现用户体验与信息传递双赢的效果。

除了上述的六点原则外，还有一些其他原则也会在交互设计过程中被产品经理或UX设计师使用，在此不再一一介绍。

二、新媒体产品设计的基本方法与效果检验

虽然新媒体产品各有千秋，但在前述产品设计原则指导下，仍然有一些存在共性的产品设计基本方法，而且这些方法也被产品经理们广泛应用于新媒体产品的设计之中。

（一）新媒体产品设计的基本方法

1. 人性法

人性法是产品设计中最常见的方法，这是因为产品是满足用户需求、辅助用户解决自己遇到的问题的工具，而人性往往又是用户需求背后真正的原因。如果一款产品能够洞察用户的人性，从人性的角度切入设计问题解决方案，就有可能达到事半功倍的效果。

产品经理经常用以下七个词语来形容产品设计中所涉及的人性，也就是人身上具备的能够直接形成其他不道德的行为或习惯的弱点，即傲慢、嫉妒、愤怒、懒惰、贪婪、暴食和淫欲，这七个词语成为产品设计的重要突破口。下面将通过一些例子，呈现各种不同人性在产品设计中的应用。

（1）傲慢。傲慢在生活中的体现就是“高人一等”，利用的是用户攀比、凡事想争先和虚荣的心理。在产品设计中多体现为排行、会员级别、个性化定制等，如微信运动排行榜、QQ会员等级和登录时间分级显示、支付宝理财投资收益全国排名区间、游戏的胜率和排名等。

（2）嫉妒。嫉妒不同于傲慢，傲慢是一种“我有，我骄傲”的情绪，而嫉妒是一种“我没有，所以看不惯你有”的心情，表现为讽刺、挖苦、恶搞、八卦等情绪和行为，转化为产品功能后多为差评或踩、屏蔽拉黑、表情包等，一些游戏里的扔香蕉皮导致对手行动速度变缓的设置，就是嫉妒的一种产品设计转化。

（3）愤怒。愤怒作为人的天性之一，有积累效应，超过临界点后就需要有释放的途径才能恢复原状，如扔东西、嘶吼、指责、抱怨、争吵、打架、痛哭、冷战、批评等。但这样的发泄容易伤害到自己和他人，因此一些产品设计了不伤害自己和他人，但又能舒缓愤怒情绪的功

能，如枪击游戏里将丧尸“爆头”后的血浆四溅、拳击游戏中的疯狂出拳都是对这个用户天性的利用。

（4）懒惰。懒惰是人性中最容易暴露的不足，许多产品功能都是在解决“懒”的问题，例如扫地机器人，解决的就是人因为懒惰而不愿意打扫卫生的问题。但懒不只是不愿意动，还包括其他许多不同的表现，如因为不愿意思考，所以有了“猜你喜欢”；因为嫌操作步骤多，所以有了“一键下单”；因为文字输入麻烦，所以有了“语音输入”。总体而言，基本上能帮助人减少体力和脑力消耗的产品，都是在满足人类的懒惰。

（5）贪婪。贪婪原指人们对金钱、权力、地位等物质或精神层面的过分追求，但在产品设计上不强调追求的程度，而是利用想追求的意愿。贪婪在日常生活中的体现，就是一种希望以小搏大或者占小便宜的心理，因此在产品设计中常见的积分抽奖、消费送红包、持续使用获额外奖励之类的功能，以及电商平台中常见的满额减、拼团购等，都属于产品经理对贪婪人性的利用。

（6）暴食。暴食也就是食欲或贪吃。在产品设计中主要指的是用户对食物，特别是对美好食物的一种天然喜爱和高频消费特性，也就是平时常说的“民以食为天”，表现出来就是用户希望能够大快朵颐，以及对食物色香味、多元化、特色化等的追求。围绕这一天性也产生了一系列的新媒体产品以及相关功能，如大众点评、美味不用等 APP，吃喝玩乐 IN 广州等美食公众号等。

（7）淫欲。淫欲作为人性弱点之一，其外在表现各不相同，除了直接的性诱惑外，还包括性幻想、偷窥、视监等。一些产品功能就是利用了这一人性，如微博的“偷偷关注”功能，还有某陌生人交友软件设置中的“屏蔽手机联系人”功能。值得注意的是，这一弱点是最容易触碰到产品底线的，在利用该人性进行设计时要格外注意。

利用人性法进行产品设计的步骤有三。第一步，挖掘需求背后的人性，如是贪吃、懒惰还是傲慢、嫉妒。第二步，寻找直击人性的方法，同一人性也有不同的利用方法，因此才会形成多样化的产品和功能，可以结合产品定位，通过头脑风暴，寻找适合自己产品且直击相关人性的最佳接合点进行突破。第三步，通过小步快跑的方式，借助数据快速试错。在进行产品设计之前产品经理应该已经进行了详细的分析和周密的计划，但最终的效果不一定完全符合预期，因此需要借助数据进行分析判断，及时对不合适的方案进行调整或重做。

此外，虽然上述的七点都是对人性弱点的利用，但产品设计并非只能利用人性的弱点，人性中的闪光点也可以成为产品设计的依据，比如人性中同情弱者、关爱他人的优点，就被支付宝和腾讯等公司巧妙运用，创造了蚂蚁森林、蚂蚁庄园、腾讯公益等产品。

2. 映射法

映射法简单而言就是把用户在线下场景里的操作流程搬到线上的一种方法。这种方法一方面贴近了用户的实际使用场景，降低了用户的学习和使用成本；另一方面也可以充分发挥新媒体的优势，解决线下场景中的痛点问题。下面结合门诊看病这一用户场景，学习利用映射法进行产品设计的方法和步骤。

第一步，在用户需求分析的基础上，找到用户需求提出的场景及具体的流程。

第二步，结合新媒体产品的线上环境，将线下流程合理地移至线上。

第三步，结合新媒体的线上优势和特点，做出产品设计的创新。

在本例中，当用户前往医院门诊看病时，一般的流程是：

- 前往导诊台，确定看诊科室；
- 办理就医卡，包括填写个人信息；
- 挂号；

- 查看楼层分布图，确定科室所在位置；
- 到科室导诊护士处报到，等候叫号就诊；
- 如需要做相关的辅助检验，则需到相关科室再次排队，并等候检验结果；
- 带着检验结果请医生进行诊断，得到最终的诊断结果。

结合新媒体的线上特征后，线下看病的流程可以变成如下的线上流程：

- 在线办理就医卡；
- 查看科室列表和简介，确定看病科室；
- 挂号；
- 根据提示前往科室等候就诊；
- 如需要做相关的辅助检验，则需到相关科室再次排队检验；
- 检验结果出来后再请医生进行诊断，得到最终的诊断结果。

其中的创新点可以体现在如下方面：

- 就诊卡信息可自动与医保账号关联，一键填写个人信息，解决了部分用户，特别是老年用户的信息填写困难；
- 可通过就诊科室介绍，了解各位医生的特长，有针对性地选择更适合自己的医生，解决了不了解医生，无法选择合适医生的困难；
- 可通过挂号日历，根据医生的出诊情况和自己的日程安排，选择合适的就诊时间，同时还可提供两周内预约挂号服务，做到了就诊时间的个性化定制，方便用户提前规划日程；
- 在确定挂号成功后，用户可收到科室楼层及位置信息，以及个人就诊的排序信息，缓解了用户因担心漏听叫号产生的焦虑；
- 辅助检验结果可直接从手机上查看，同时还可将结果保存至产品中，方便随时查看；
- 病患就诊时往往会遇到不知道下一步应做什么的困扰，而产品的信息推送功能，可以帮助用户一步步根据提示进行操作，有效缓解用户就诊时的焦虑情绪。

人性法和映射法是最常用的新媒体产品设计的方法。除了这两种方法外，其他的一些方法如参考法等也被产品经理们广泛运用在产品设计中。但无论什么方法，核心都是精准的用户需求把握，设计方法只是解决用户需求的手段。

（二）新媒体产品设计效果检验

新媒体产品的功能好不好、界面清不清晰、交互是否合理，都需要交由用户进行评判。因此可借助一些用户参与的方法，来辅助产品经理对产品设计的效果进行检验。最常使用的一类方法是可用性测试。

1. 可用性测试简介

国际标准 ISO 9241－11：2018 中将可用性定义为：在特定的使用环境下，特定的用户使用系统、产品或服务，实现特定目的的有效程度，或使用某些特定内容的效率和满意程度。[①] 因此可用性测试指的就是，通过邀请特定用户参与体验，测试系统、产品或服务可用性的一系列测试。常用的方法包括卡片分类法、眼动实验法、焦点小组、屏幕录屏和 A/B 测试等。产品经理可以在产品研发周期的任何阶段进行可用性测试，以了解用户的使用习惯，明确功能或交

---

① ISO 9241－11：2018［EB/OL］.［2021－02－26］. https：//www. iso. org/standard/63500. html.

可用性概念的原文如下。Usability：Extent to which a system，product or service can be used by specified users to achieve specified goals with effectiveness，efficiency and satisfaction in a specified context of use.

互的可行性，从而提升用户体验，甚至可以协助产品经理进行方案的选择。

进行可用性测试的好处在于：第一，帮助产品经理协调产品需求与用户需求。虽然产品需求来源于用户需求，但前期的调研都只是纸上调研，而可用性测试可以为用户提供更多直接来自产品的体验机会，例如产品的真实功能标签、产品的原型图等，让用户可以直观地感受产品的结构、功能和交互，表达自己对这些产品需求的感受和看法。第二，可对视觉效果和交互效果进行有效评估。无论是新媒体产品还是传统实体产品，用户的动机与最后的行为之间都存在着一个决策黑箱，存在一定的非理性因素。虽然产品团队和设计团队都按照严密的调研流程进行了前期分析，但成果未必一定和先前设想一致。通过用户的行为结果来辅助产品团队或设计团队进行视觉或交互方案的选择，无疑是一条快捷高效的道路。第三，节约成本。产品经理在将产品方案交付研发团队之前进行可用性测试，能有效节省产品开发阶段因方案设计导致的需求变更成本，简单来说就是避免开发团队进场后，因产品经理设计不当而造成人力、物力、财力和时间成本的浪费，毕竟修改原型图和设计方案要比修改代码成本低很多。

可用性测试已被广泛应用于各个领域。美国前总统奥巴马在 2008 年参加竞选时在竞选募捐网站设计方面进行了大量 A/B 测试，测试内容从视频文案撰写、按钮设计到网页内容组合都有，甚至连图片采用单人还是多人都被列入测试范围，最终最优的版本将网站注册转化率提升了 40%，而这 40%的新增用户直接带来了 6 000 万美元募捐资金（见图 8－9）。[①] 今日头条每发布一个新 APP，起名字的时候都把各种可能打 N 个包放到各大应用市场上，经过多轮A/B测试后才最终确定。[②]

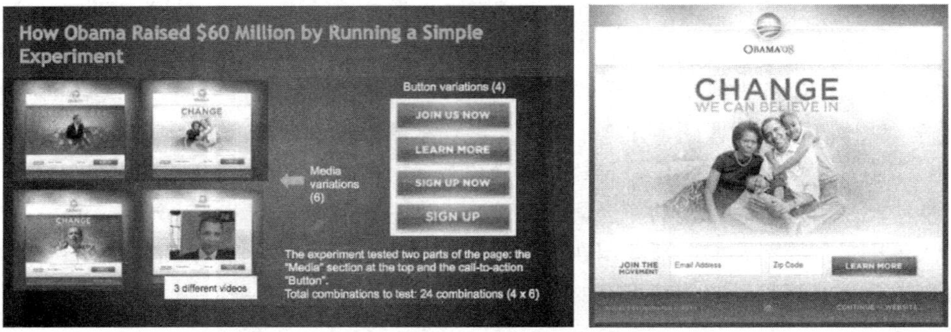

图 8－9　2008 年奥巴马竞选募捐网站 A/B 测试示例

资料来源：

蝌蚪互娱．循序渐进的增长黑客指南：如何提高注册转化与用户激活［EB/OL］．(2019－09－07)［2020－12－08］．https：//zhuanlan. zhihu. com/p/44738063.

2. 可用性测试的步骤

虽然可用性测试有多种具体的执行方法，但总体可以概括为明确测试类型和目标、创建测试任务、预测试、用户招募、执行测试、结果整理和数据分析六个步骤。

第一步，明确测试类型和目标。

与其他许多产品经理的工作一样，可用性测试的第一步也是明确类型和目标。根据目的的

① 蝌蚪互娱．循序渐进的增长黑客指南：如何提高注册转化与用户激活［EB/OL］．(2019－09－07)［2020－12－08］．https：//zhuanlan. zhihu. com/p/44738063.

② 卫夕指北．你的时间，要么姓张，要么姓张——张小龙和张一鸣的对立统一［EB/OL］．(2018－4－19)［2020－12－08］．https：//36kr. com/p/1722452033537.

不同，可将可用性测试分为三大类：探索型可用性测试、验证型可用性测试和比较型可用性测试。探索型可用性测试主要通过让用户完成特定任务的方式，在使用产品的过程中找出可行的产品方案，如产品应包括哪些内容或功能、产品结构如何更合理等。卡片分析法就是探索型可用性测试中常用的方法。验证型可用性测试主要是通过让用户对产品原型或产品 DEMO 进行操作，确定产品功能的可用和有效，以及界面和交互的良好用户体验，并试图找出产品原型或现有方案中存在的问题，从而为产品方案优化提供参考。面对面或远程的用户操作就是验证型可用性测试的具体方法之一。比较型可用性测试就是通过用户对两种或多个界面或交互方案的选择，以确定哪种设计能提供最佳的用户操作体验。A/B 测试就是最典型的比较型可用性测试方法。

根据可用性的概念可知，可用性测试评估的目标包括三个：有效性（effectiveness），可以理解为任务完成情况；效率（efficiency），即任务完成时间和完成路径；满意度（satisfaction），主要通过用户自我报告进行呈现。从不同测试类型的描述上不难看出，不同类型对应的测试目标也各有侧重：探索型侧重于有效性和效率性，验证型需要考虑用户满意度，比较型中的用户满意度还可以直接通过用户选择的实际结果进行量化分析。

除确定测试目标外，还需要对不同的目标进行操作层面的细化。以效率性为例，该维度可分别从任务完成与否、任务完成时间和任务完成路径三个方面进行测试。每一个测试点又可以包括多个具体的问题，如：

- 任务完成与否：用户是否完成了任务？独立完成还是求助后完成？若未完成，原因是什么？
- 任务完成时间：对于给定的具体任务，用户的完成时间是多少？多个用户完成的平均时间是多少？该任务与同类任务相比，完成时间是偏长、偏短还是差不多？
- 任务完成路径：用户是沿着什么样的路径来完成指定任务的？该路径与产品经理预期路径是否一致？如果存在差异，差异点和差异原因是什么？在路径选择过程中是否有犹豫之处？

除上述问题外，产品经理还可以根据实际情况进行更多元化的研究问题设置。

第二步，创建测试任务。

产品经理可自行根据可用性测试的类型选用不同的方法，并且对测试目标和操作性问题进行确定。但这并不意味着可以在操作过程中随性而为，还需要事先准备一个测试任务供执行过程使用。

对于探索型可用性测试，可以针对探索的内容进行测试任务准备。如果是对产品结构进行探索，则需要事先准备好产品可能的功能名称，以便用户进行功能归类；如果是对产品功能点进行探索，则需要分别列出拟探索功能点存在的场景，并根据场景一一设置测试任务。

例如，在服装品牌自建 APP 可用性分析中，产品经理想要了解用户与购物车有关的行为是否可以顺利进行或者产生其他需求，所以创建了以下任务条：

- 场景一：最近天气突然降温，你想买一件该品牌的羽绒服。
  任务一：请打开 APP，为自己找一件羽绒服。你会怎么做？
- 场景二：看到一件羽绒服，可能是自己喜欢的。
  任务二：在 APP 中随意浏览羽绒服，并选择一件自己想购买的。可否跟我重现一下你会怎么决定这是不是你要的羽绒服？
- 场景三：你把羽绒服放进购物车后，发现尺码错了。
  任务三：购物车内羽绒服的尺码错了，需要放入 XXXXL 码的衣服。你会怎么做？
- ……

验证型可用性测试和比较型可用性测试的任务则比较明确，有针对性地进行任务列表梳理及场景重现既可，操作步骤与探索型可用性测试一致。需要注意的是：首先，场景和任务的设计要具体，尽可能贴近用户的真实使用场景，以确保测试任务符合用户实际使用行为。其次，在任务场景化的过程中，要避免使用与测试功能相关的词。例如某熟人社交 APP 的产品经理正在进行手机通讯录联系人搜索功能的验证型可用性测试，那么用户收到的任务应该是“在系统中找到联系人小张并添加好友”，而不是“导入手机通讯录联系人小张并添加好友”。最后，任务应包括所有操作细节，而不要让用户因任务不清而产生疑惑。以上面案例的任务三为例，这一任务不应写成“请更换羽绒服尺码”，如果这样写，用户就会思考到底要更换成什么码数，从而造成操作的犹豫，影响测试效果。

除了准备测试任务外，产品经理还需要准备一段测试的指导语，以便参与测试的用户了解测试的目的、测试过程中的注意事项等。在讲述指导语时，可以采取与用户聊天的形式，还可以顺带了解一下用户的产品使用情况，以缓解用户的紧张情绪。

第三步，预测试。

在测试任务创建完成后，产品经理需要请与该测试无关，甚至是该产品团队以外的人，对测试任务进行预测试，来判断测试指导语表述是否清晰、测试任务计划是否有遗漏、任务描述是否有暗示或倾向性等问题，以确保正式测试的效果。

第四步，用户招募。

用户招募并没有统一的标尺，但有两个指导原则。原则一，招募的用户要具有代表性。这里的代表性指的并不是要样本饱和，而是要最符合测试内容所需。例如要测试某在线音乐 APP 的某些会员功能，那么测试用户肯定必须是该 APP 或直接竞品 APP 的会员用户，至于这些用户应该来自哪些城市、性别比例和年龄分布如何，则可根据该产品或直接竞品用户组成指导抽样。

原则二，对于探索型可用性测试而言，测试用户数量一般为 6～10 人；验证型可用性测试可根据测试结果及时调整数量；比较型可用性测试比较特殊，由于目前各大互联网公司具备针对性分发的能力，很容易就可以获得大量的用户行为反馈，因此没有用户数量限制。

在探索型和验证型可用性测试中，需要对最终确定参与测试用户的特征和产品使用背景进行记录，可采用 Excel 表格进行记录和整理。记录内容视测试内容而定，常见内容包括姓名、编号、联系方式、性别、所在地区、设备类型、产品使用经验等。

第五步，执行测试。

正式的测试过程主要是让用户完成预先设计好的一系列任务。在此过程中，产品经理除了要帮助测试用户进入测试环境、清楚告知测试指导语外，最重要的就是对用户的行为进行观察、记录、测量和访谈。可以根据不同的方法采用不同的记录方式。例如请用户操作 APP 原型时，可采用屏幕录屏的方式进行用户操作的记录；产品经理、用研人员或 UX 设计师需要坐在用户旁边，观察并记录用户的表情和语言；同时可以在用户身旁设置摄像设备，辅助记录用户的表情和环境；若条件允许，还可以安排在观察室进行测试，在单向玻璃后方再安排一位测试人员进行辅助观察（见图 8-10）。

针对不同的记录方式，产品经理需要提前准备测试要用到的相关资源，包括测试观察室、网络、测试设备（手机、电脑等）、保密协议、测试报酬（也可以是礼品）、测试账号、录音设备、任务条、录屏设备及软件、摄像机、眼动仪（根据测试需要和实际条件决定）等。

在正式进入测试过程后，要注意以下几点：

● 在正式开始测试之前，需要向用户讲述指导语，同时鼓励用户在操作时将完成任务时所有的思考、行为、感受都描述出来。

图 8-10 用户可用性测试环境示意

● 在用户操作的过程中，非必要不要打扰用户。仔细观察用户的操作，不仅要仔细记录顺利的操作流程，还要重点记录其中出现疑惑或者犹豫的地方，并在用户完成全部测试后，再对其进行访谈；不仅要记录用户的操作，还要记录用户在使用过程中可能出现的“自言自语”以及面部表情等。

● 在测试过程中，一些用户可能会因为对测试任务很熟悉，或者认为任务很简单，而不愿意按既定安排进行真实的流程操作，只是简单地进行口头描述，实际并没有完整地执行这个任务。但就算是每天使用的软件，在不看产品本身的情况下，也很难完整地说出所有的操作步骤，因此务必请测试用户完整执行任务操作。

● 用户访谈的结果要与操作记录对照使用。用户说的内容固然十分重要，但用户在操作时的真实动作和表情有时候更能反映他们的感受和体验。因此需要将用户的回答与操作时的表情和动作结合起来分析，尤其注重用户回答与行为不一致的地方。

第六步，结果整理和数据分析。

进行完测试后，需要对结果进行整理和分析。在此之前，先要明确整理的内容。对于验证型可用性测试，应该根据可用性的概念，从有效性、效率和满意度三个维度进行评判。有效性即用户完成特定任务和达到特定目标的情况，一般可分为三级或五级。若分成三级的话，则可分别定义为顺利完成、求助后完成和未能完成。效率一般用用户完成任务所花的时间或其他资源表示。满意度就是用户在使用产品过程中所感受到的主观满意和接受程度。比较型可用性测试若采用的也是小规模测试的方式，最后还需要让用户选出心仪方案；如果所有的被测方案用户都不满意，则需请用户给出每个方案的优化建议。而探索型可用性测试因为涉及用户的主观探索，更注重用户完成任务的方法、路径和习惯，所以需要额外通过文字进行记录。

确定好分析维度后，可通过 Excel 表格对多个测试结果进行统一记录（见表 8-3），也可以为每个测试用户建立独立的 Word 文档（见图 8-11）。

表 8-3 可用性测试原始结果记录表（范例 1）

序号	P1	P2	P3	P4	P5	…
姓名						
任务一						
完成情况						
完成时间						
满意度评分						
痛点						
期望						
任务二						
完成情况						

续前表

序号	P1	P2	P3	P4	P5	…
完成时间						
满意度评分						
痛点						
期望						

资料来源：

SAMUEL. 实践复盘｜如何完整地进行一次可用性测试［EB/OL］.（2019－04－07）［2020－02－26］. http://www.woshipm.com/pd/2177734.html.

Part A任务测试

Task 1任务简述

[描述]

情景化+任务描述

[观测点]

1. 此环节为关注重点
2. 主观体验：××
3. 操作特征：

[完成时间]

开始时间	结束时间

[完成标准]

成功×××× 功能

顺序完成	求助后完成	未能完成	记录：

[完成路径]

标准路径：1.×××; 2.×××

标准路径	路径产生犹豫	路径产生偏离	记录：

[主观报告]

1.1 请对刚才操作进行难易度的评价

○非常简单 ○比较简单 ○一般 ○比较难 ○非常难

1.2 您在×××过程中遇到了什么问题？为什么？

（关注点补充描述）

图 8－11 可用性测试原始结果记录表（范例 2）

资料来源：

舒季. 做好可用性测试的全流程：上［EB/OL］.（2020－04－17）［2020－02－26］. http://www.woshipm.com/pmd/3644206.html.

在记录好每一个用户的测试结果后，需要对测试的最终结果进行分析。要根据不同的维度分别进行分析。例如对于任务的完成情况，可以通过 Excel 表格进行统计，对所有测试用户的任务完成情况进行分类标记，如用 1、2、3 分别代表顺利完成、求助后完成和未能完成，或者用不同的颜色进行区分，然后统计完成率（见表 8－4）。

表 8－4 可用性测试任务完成情况统计表

	用户 1	用户 2	用户 3	用户 4	用户 5	顺利完成	求助后完成	未能完成
任务 1	1	1	1	1	1	100%	0	0
任务 2	1	1	2	1	1	80%	20%	0
任务 3	1	2	3	2	1	40%	40%	20%
任务 4	1	2	2	2	3	20%	60%	20%

从表 8 - 4 中可知，任务 1 对于所有测试用户而言都没有执行难度，所有人都可以顺利地完成任务。但是任务 2～4 则都有不同比例的测试用户无法顺利完成，需要结合其他测试结果综合分析用户无法顺利完成任务的原因。对于用户满意度、任务完成时间等指标，则需要将测试结果与标准值进行比较。这个标准值可能是行业水平，或者产品各功能的均值，对于明显低于均值的任务需要重点关注和分析。

除了以上可以进行定量分析的结果外，还有一些结果是需要通过定性的途径进行分析的，如用户的操作路径、功能分类等。定性分析时要先对不同的结果进行总结，从中概括出集中的问题点、操作路径或分类逻辑，再结合其他测试结果进行进一步分析。

分析结果需要以文档的形式呈现，按“提出问题—分析问题—解决问题”的思路，对测试目标、测试结果进行汇报，同时为产品设计的优化提供具有可执行性的意见和建议。

第二节　新媒体产品结构

产品结构是产品经理以前期的市场、用户、竞品、需求分析为基础，将涉及的需求点依据某种逻辑系统化组织起来而形成的立体结构。基于该结构，可以顺利地引导用户完成特定的任务，或将各类信息有效地传递给用户。产品结构思维是一种指导性思维，产品结构的策划能力也是产品经理的必备技能之一。产品结构是用户探索产品时所遵循的路径，使用户产生对产品的第一印象，结构清晰与否关系到用户理解产品的难易程度；产品结构稳固与否也代表着增加或减少功能模块时的难易程度。

对于一个好的产品结构，增加或减少一个功能模块是很容易的。举个例子，微信安卓 1.0 版中起导航作用的只有一个“找到更多朋友”的按钮；2.0 版本添加了底部导航栏，分别排放了微信、通讯录、找朋友和设置四个按钮；从 5.0 版开始，底部导航栏就变成了微信、通讯录、发现和我，并沿用至今。从微信导航栏的变化可以看出产品结构的作用，1.0 版本只有聊天功能，因此基本不需要导航，也就不存在复杂的产品结构；但从 2.0 版本开始，随着微信功能的不断扩展，产品经理根据用户的使用习惯和功能使用频率，对产品功能进行了归类，自 5.0 版本始呈现为导航栏中的四个按钮：微信、通讯录、发现和我。最常用的聊天功能称为“微信”；保留了用户在手机和 QQ 使用过程中形成的通讯录功能；将朋友圈及其他一些扩展功能不做细分，全部归入“发现”之中；而将微信服务及与用户自身相关的内容全部整合为“我”。合理的产品结构搭建，为微信在后来版本中添加的朋友圈、看一看、摇一摇等功能预留了位置，避免新增功能无法归类或用户难以寻找等情况的发生。

一、新媒体产品结构类型

产品的结构是将抽象的、散布的需求，整合成用户可见、可理解的产品形态的重要线索，因此它将决定需求对应的功能在用户面前呈现的模式和顺序，涉及的内容包括要展示哪些信息、不同信息或功能之间的关系、用户在执行任务时需要按照怎样的路径进行操作等。这些不同的信息或功能，可被视为产品结构中的节点。最常见的新媒体产品结构，也就是节点的联系方式有线性结构、层级结构、矩阵结构和自然结构四种。

（一）线性结构

线性结构（sequential structures）指的是功能或信息以一种有向线性的方式进行联结的结构，同一个线性结构上的信息或功能节点按固定的顺序依次出现（见图 8 - 12）。线性结构中，每一步都只有一个出口和一个入口，用户只能沿着“一条线”不断前进，在当前页面要么返回，要么进行下一步。常见的线性结构适用场景包括用户注册、网上支付等单一需求任务。

图 8 - 12　线性结构示意图

下面将以用户注册为例，探讨线性结构的特点。一般而言，新媒体产品的用户注册过程包括：点击注册—输入手机号码—输入短信验证码—设置昵称与密码—注册成功。线性结构的第一个特点是节点间存在明确的先后顺序。如果将前述用户注册过程中的五个页面视为五个节点的话，那么它们一定是按上面的顺序依次出现的，而不会从点击注册跳到设置昵称与密码，再跳回输入手机号码。线性结构的第二个特点是引导性强。用户只要进入注册的流程，便可跟随“上一步”“下一步”“完成”“取消”这类提示进行操作，而不需要对操作进行额外的思考。线性结构的第三个特点是目的性强。正如上面的案例所示，这一个线性结构就只有引导用户完成注册这一目的，而不可能是其他目的。

由于具备较强的引导性和目的性，线性结构多用于有明确目的的任务中，如信用卡申请、购物结算、退换货、客服流程等；有时也会应用于专题页、产品介绍页等的设计中，以讲故事的形式向用户传递产品的信息，年底各软件推出的年终盘点 H5 中，采用“上滑翻页”等动作引导用户看完产品故事也是对线性结构的一种应用。图 8 - 13 是 2020 年末支付宝在花呗 5 周年庆典时推出的“属于我们的瞬间”——客户花呗周年回忆活动部分页面的截图。

图 8 - 13　花呗“属于我们的瞬间”活动 H5 部分页面截图

线性结构的弱点也很明显：由于每一步能提供的信息有限，因此流程容易偏长，一旦用户感到不耐烦或不理解，随时都会跳出，很容易造成用户流失。在实际工作中，可以通过显示进度条、告知用户共有几步、还有几步完成等方式改善用户体验。

(二) 层级结构

层级结构（hierarchical structure），也称为树立状结构或中心辐射（hub-and-spoke）结构，

指的是功能或信息以一种层级方式进行联结的结构。节点与其他相关节点之间存在父级/子级的关系。子节点代表着更狭义的概念，从属于代表着更广义类别的父节点。不是每个节点都有子节点，但是每个节点都有一个父节点，一直往上直到整个结构的父节点（见图 8－14）。[①] 不同于线性结构，用户可以在同一个父节点下的不同子节点中进行选择，继而又可以在子节点的子节点中进行选择，从而产生许多不同的结果。

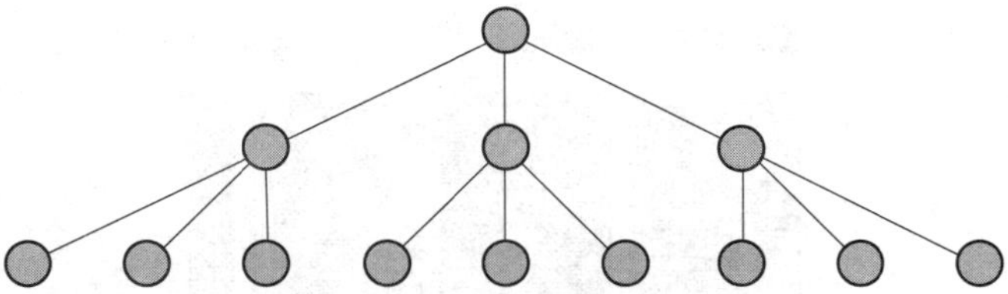

图 8－14　层级结构

由于层级结构高度符合人们分类的认知和习惯，因此被广泛应用于网站和新媒体产品之中，通过从上至下、层层嵌套的信息结构将产品信息内容或功能进行分类。例如，图 8－15 是苹果中国的官方网站，官网首页这个父节点下，包含了主页、Mac、iPad、iPhone、Watch、Music、技术支持、搜索和购物袋等九个子节点，每个子节点代表一项服务。再比如进入了豆瓣“登录”这个父节点后，就可以进入首页、书影音、小组、市集和我五个子节点（见图 8－16）。不管是苹果中国官网的导航，还是豆瓣的使用界面，都是强层级结构，每一个顶部导航或标签下面的功能结构都是十分清晰的，用户通过顶部导航或标签，可以很容易找到自己想要去的地方。

图 8－15　苹果中国官方网站

层级结构也有着自己独特的特点。特点一：结构清晰易懂。由于层级结构是根据产品功能或信息的分类进行子节点的划分的，因此基本不会出现功能或信息所属交叉的情况。以苹果公司官网为例，我们可以清晰地看到，不同产品线的内容或信息被分成了相互独立的子节点。特点二：有较高的操作效率。功能或信息的分类是清晰且独立的，因此只要弄清楚所需要的信息或功能属于什么类别，就可以很清楚地进行定位。特点三：扩展性强。由于每一个父节点都可以延伸出多个子节点，因此在添加新功能时，若原有节点无法覆盖，则可以通过添加子节点的方式轻易地解决。

---

① 加勒特．用户体验要素：以用户为中心的产品设计［M］．范晓燕，译．北京：机械工业出版社，2017：93.

图 8－16　豆瓣首页截图

由于层级结构具有扩展性强的特点，因而可以产生两种不同的层级结构：一种宽而浅，另一种窄而深（见图 8－17）。这两种结构各有千秋，并不存在孰优孰劣的问题，在现实工作中也非常多见。左侧的结构宽而浅，优点在于可以承载大量的信息；但缺点也在于信息量太大，用户在初次使用或不熟悉时，无法一下子就找到自己想要的信息或功能。右侧的结构窄而深，优点在于路径入口简单，用户很容易就可以进行定位；但缺点在于层级较多，结合前面学习的内容不难知道，多一个层级就多一分用户流失的可能性。

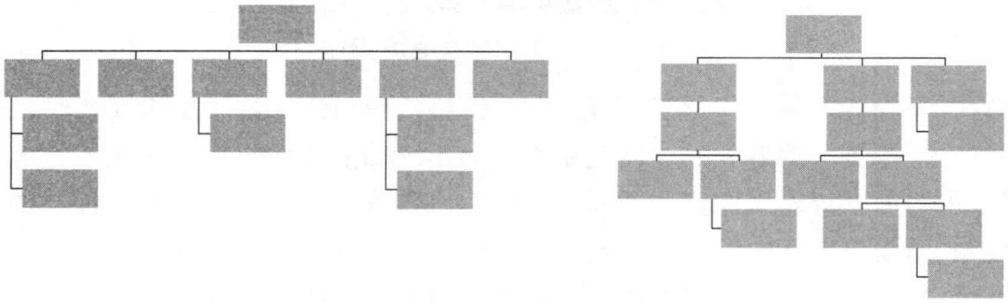
图 8－17　两种常见的层级结构示意图

在新媒体行业有两个与层级结构相关的著名的法则。一个是“三次点击”法则，意思是任何关键信息的获取过程，都不应有超过三次的鼠标点击（或在触摸屏上点击）动作，否则用户很有可能放弃目前正在使用的产品（网页或 APP 任务）。另一个是“导航栏最多不能超过七个类别”法则，也就是一级子节点不能超过七个，否则用户将因使用的不方便而选择离开。①

以上两种层级结构是最基本的类型，从这两种基本结构又可以演变出其他的层级结构。因此产品经理在设计产品结构时，需要充分考虑页面路径的纵深度，并综合考虑用户对不同产品的使用场景、自身产品的定位、产品业务逻辑、用户特征等因素后再进行决策。例如用户一般会在办公场景下使用网页，网页的操作界面较大，因此宽而浅的结构在网页结构中十分常见，上面提到的苹果中国的网页就设置了九个一级子节点。但用户在使用 APP 时往往处于移动场景之中，手机操作界面相对较小，因此窄而深的结构往往更为适用，现在主流的 APP 标签栏中往往都只有 3～5 个标签，便于用户进行选择。

（三）矩阵结构

线性结构和层级结构是十分常见的两种结构，但相对而言都较为简单，适用于用户需求单一或选择较少的情况。但如果用户的需求差异较大，如不同的用户希望按不同的标准在数据平台上进行新媒体产品的查找，线性结构和层级结构往往就不适用，因此出现了矩阵结构。矩阵结构（matrix structure）是允许用户在节点与节点之间沿着两个或更多的“维度”进行移动的一种产品结构（见图 8－18）。

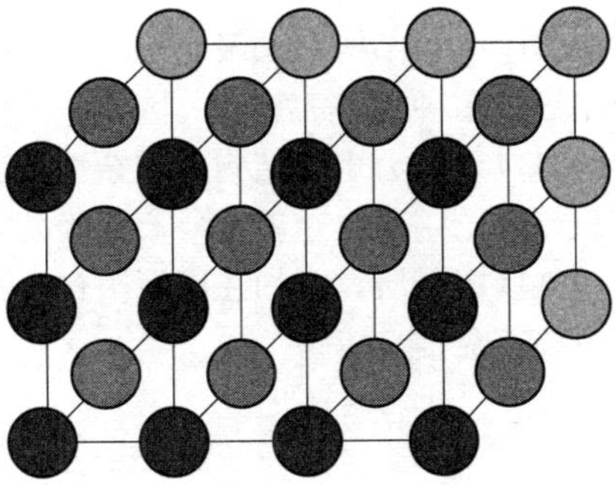

图 8－18　矩阵结构

由于同级子节点甚至异级子节点之间并不是只能通过父节点进行联结，因此用户只要在某一个子节点上切入，就可以轻易地与其他节点产生联系，从而满足不同的需求。举个上网课的例子，有的用户希望在网课平台上通过课程名称进行查找，有的则希望通过学校名称进行查找，还有的希望直接查找课程主讲老师，这时矩阵结构就可以有效地满足有着不同查找需求的用户。矩阵结构使不同维度的信息可以迅速地形成组合，从而产生信息的爆发，如在网课平台上按照课程名称和主讲老师进行课程查找、在电商平台上根据衣服的颜色和尺码进行商品查找等。

图 8－19 展示的是淘宝上某品牌电脑产品的展示页面。从图中可以看到，围绕着商品本身呈现了商品类型、颜色、宝贝评价、详情等信息；围绕店铺提供了进店逛逛、全部宝贝、会员中心、店铺推荐等信息入口；围绕同款产品提供了看了又看的相关内容展示；任何一个页面最下方都是店铺、客服、收藏、加入购物车和马上抢，方便用户随时做出购买决定。仅仅是四个页面，就涉及了商品本身、店铺、购买相关、推荐四个不同维度的相关信息，用户可以随时在

① 这两个法则的提出并没有数据的支持，但在实际的设计过程中，产品经理和设计师往往还是会遵循这样的法则进行选择。已经有不少反例证明这两个法则的失效，例如用户注册的流程经常超过三次点击，但由于其具有强引导性和目的性，因此该流程仍然有效。

这四个维度之间进行移动。

图 8－19　淘宝某品牌电脑产品展示页面

从上面的例子可以看出，相较于线性结构和层级结构，矩阵结构具有承载信息更多、展示效率更高、能够同时满足不同用户的多种需求的特点。因此该结构多用于电商、网课等复杂的多维度、多任务的产品之中。同时也正因为矩阵结构的复杂性，产品经理在使用该结构时需要重点关注如何能够有效地将信息传递给用户。这就需要产品经理在进行结构设计时，充分考虑不同信息所处的维度，以及这些维度的分层，例如在网课平台查找课程时的主要搜索方式、在电商平台上查找商品时关注的主要产品信息等。

（四）自然结构

在日常的产品使用中不难发现，除了上述三种结构所描述的任务外，有些时候用户没有明确的目的，甚至只是处于一种“闲逛”的状态，因此产品的功能也更为复杂，自然结构就应运而生。自然结构（organic structure）可以视为一种非结构化的结构类型，节点与节点可以相互联结，但不存在明显的信息或功能的分类概念，节点是逐个进行联结的（见图 8－20）。使用自然结构的产品鼓励用户自行进行产品探索，因此适用于一系列关系不明确或一直在演变的主题，例如抖音等短视频平台就使用了自然结构。

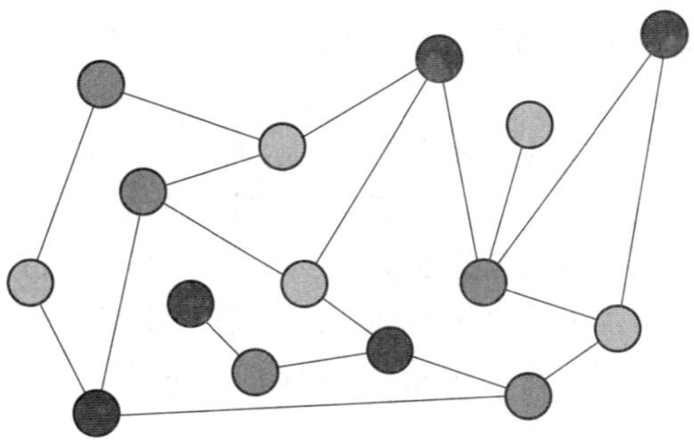

图 8－20　自然结构

以抖音为例来简单描述一下自然结构的特点。第一，用户进入产品后，可以通过不断上下滚动来实现在不同短视频作品之间的跳转。第二，在具体的短视频页面，用户可通过右侧的图标，分别进入主播主页、点赞、评论、分享以及原声等不同的功能页（见图 8－21）；在主播主页还可以看到关注该主播的用户列表，以及主播所关注的用户列表，进而可以对列表中的用户视频进行查看。不同的用户进入产品时接收到的推荐视频不一样，用户使用产品进行探索的路径也不一样，从而最大化地满足了不同用户的需求，有效地通过多重路径的创建帮助用户“消磨”时间。

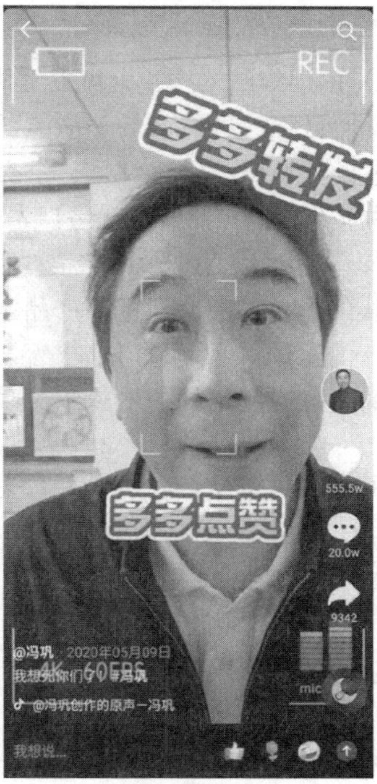

图 8－21　抖音短视频页面

但自然结构也存在明显的不足。第一，由于产品中缺乏对用户的指引，因此用户需要花更多的时间探索产品玩法和使用路径，学习成本更高；第二，不同的用户进入产品后可以沿着不同的路径进行探索，但下次依靠相同的路径找到相同的内容的可能性较低，不利于信息搜索。

现实中新媒体产品很少会只采用一种结构，而通常会使用多种结构相互融合的形式进行整体产品结构的组建。原因主要有两方面。一方面，产品发展呈现明确的阶段性，用户可能会因为某个产品的单一功能而开始使用；但随着产品的使用者和使用场景越来越多，产品的功能也将越来越丰富。另一方面，不同的产品结构有着自己的不同特性，适用于不同的场景。因此，只有通过多种结构形式的组合，才能更好地解决用户的问题。例如抖音里的用户注册使用的是线性结构，短视频推荐页采用的是自然结构，而标签栏的“首页”“朋友”“＋”“消息”和“我”则呈现出一种强的层级结构，对功能进行了分类。

二、新媒体产品结构的构建

不同的产品，甚至同一产品在不同的发展阶段都会有不一样的产品结构，但大部分的 APP 产品在首页采用的都是层级结构，通过标签栏进行导航。例如微信的标签栏包括“微信”“通讯录”“发现”和“我”，抖音的标签栏显示的则是“首页”“朋友”“＋”“消息”和“我”。下面将以层级结构为例，学习如何进行新媒体产品结构的构建。

层级结构构建中最关键的工作其实就是节点选择和节点间父子关系的建立，简单来说就是做功能模块的分类，然后从分类的角度去思考这个功能模块放在这里是否合适，是否可以进行调整，使用户更好理解。任何一个节点都可以被视为功能的集合，从节点的定位、名称，到节点下的功能聚集逻辑，都必须清晰易懂，使用户在使用过程中不会产生任何的疑惑。一般而言，可以采用从上至下和从下至上两种方法进行结构的构建。

(一) 从上至下的层级结构构建法

从上至下（top-down approach）的层级结构构建，可以看成是产品经理站在公司的视角，围绕着公司的战略目标或产品的阶段性目标，进行产品功能点的头脑风暴，找出最广泛的、有可能满足决策目标的内容与功能并进行分类；然后再对每一个大的功能模块进行拆分，依据逻辑细分出次级分类，进行小功能点的丰富。一句话概括就是：先梳理父节点，再依次发散。

举个例子，假设现在要做一款运动健身 APP，那么根据上面介绍的方法，第一步就是明确产品目标。这里需要重点进行确认的是公司战略目标、产品定位和产品发展阶段。就本案例而言，公司的目标就是要打造一款新的运动健身类 APP；产品定位是一款社交型产品；目前产品处于从 0 到 1 的阶段。需要强调的是，产品结构的构建不仅限于产品从 0 到 1 的过程，在产品的迭代过程中也会涉及。比如 2017 年短视频刚刚兴起时，大众点评就因应这一市场趋势变化，对自己的底部导航标签栏进行了调整，新增了“视频”标签。

第二步，围绕第一步所确立的目标进行产品功能模块的头脑风暴。目标中的关键词有两个，一个是社交型，一个是运动健身，因此本 APP 中至少可以包含两个一级子节点，分别是“社区”和“运动”。

第三步，针对第二步所确定的标签进行功能点拆分。以“社区”功能模块为例，用户进入社区进行社交时，主要的行为包括找朋友、发动态、看他人动态、点评他人动态、搜索话题等，这些主要的行为将成为该路径中的二级子节点。有些二级子节点可以被进一步拆分，如“找朋友”就可以继续拆分为扫码加好友、添加通讯录好友、添加微信好友、添加 QQ 好友、添加名人好友、添加达人好友等三级子节点。如果有需要，还可以继续往下进行一层层拆分。经过若干步的拆解后，可以得到本案例产品的基础结构框架（见图 8－22）。

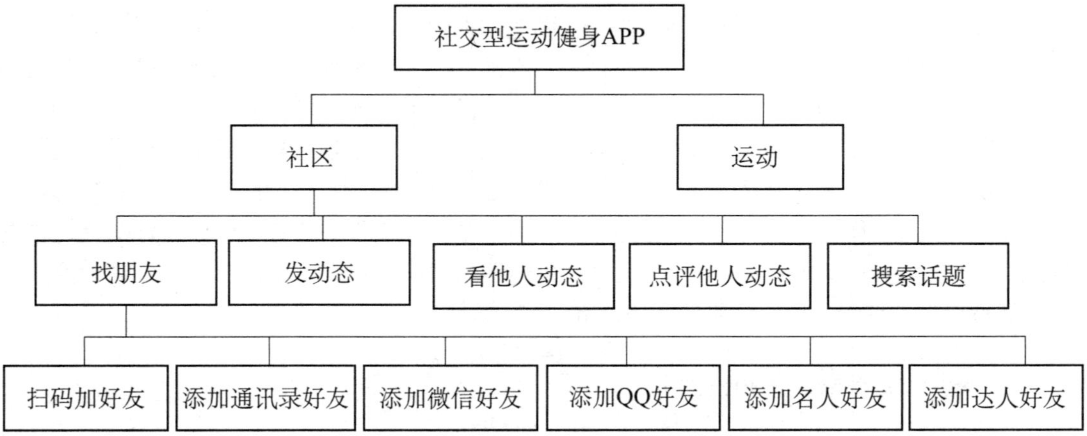

图 8－22　某社交型运动健身 APP 基础结构框架

从上至下的结构构建方法因为是紧紧围绕产品目标的，所以该方法的优点在于目的明确，所有的节点都与产品目标直接相关，产品结构的整体性较好。但也正因为该方法是站在公司或产品的角度去看问题的，因此容易忽略产品的细节或者用户的部分需求。以图 8－22 为例，该图从结构上看没有问题，所有子节点功能都紧紧围绕父节点展开，但子功能点可能会产生细节遗漏，比如用户也许有基于地理位置的动态查看或添加同城好友的需求，有些用户也许还有个人动态隐私的需求，但如果产品经理在头脑风暴时未考虑到该功能，则会发生子节点的遗漏。

（二）从下至上的层级结构构建法

与从上至下的方法对应的就是从下至上（bottom-up approach）的结构构建方法。该方法站在用户的角度，根据用户对内容和功能需求的分析进行产品结构构建。对于既有产品，可以直接对本品现有功能进行逻辑化梳理。对于从 0 到 1 的产品，则可通过竞品功能分析和头脑风暴，尽可能多地列出用户在使用产品过程中需要的功能；在列出待分析的功能点后，把这些功能点全部放在底层的功能分类中；再将这些功能按一定的原则归到更高级别的分类中去，从而逐渐构建出能反映产品目标和用户需求的正式产品结构。

在实际工作中经常会采用卡片分类法（card sorting）来实现从下至上的产品结构构建。卡片分类法是请用户对包含产品信息结构或功能代表性元素的卡片进行分类，从而了解用户对事物的认知和分类逻辑的一种方法，能够帮助产品经理更好地完成页面、导航、内容组织等信息结构设计。该方法是一种量化的用户研究方法，属于可用性测试的范畴，可以用于网站或应用的导航、信息架构等项目，也可以用于文档、电子书籍的结构整理，或是文件的分类管理等。还是以上面的社交型运动健身 APP 为例，学习如何通过卡片分类法，完成从下至上的产品结构构建。

与从上至下的结构构建方法一样，卡片分类法的第一步也是确定目标，也就是明确需要解决的问题。本步与从上至下方法基本一致，在此不再赘述。

第二步，确定信息或内容的代表性元素。对于本案例而言，因为是从 0 到 1 的产品，因此综合现有社交型 APP 和运动健身 APP 的已有功能，可以推断出产品应包括的基本功能：添加好友（含各种添加渠道）、好友私信、发布动态、查看动态、点评动态、话题搜索、运动话题、运动数据记录（含跑步、散步、单车等主要运动项目）、健身课程（含瑜伽、健美操、搏击等项目及平板支撑、俯卧撑等）、线上赛事（含马拉松、半马拉松等）、用户个人信息、用户运动数据、用户课程数据、用户身体数据、运动商城、会员服务等。将确定好的每一个功能点单独写在一张卡片上，并对卡片进行数字编号。

由于本方法是在对功能进行归类和结构构建，因此需要对列出的各项功能进行预处理。处理时应注意以下几点：第一，待分类的功能应属于同一级别的功能，而不应存在明显的父子节点关系，如“添加朋友”就不应与“添加微信好友”作为同级功能一起放在待梳理功能中；对于明显存在父子节点关系的功能，可预先进行归类，只将父节点放于待分类功能中。第二，各功能点名称应清晰易懂、无歧义，且不存在功能重叠。如果出现歧义和重叠的情况，则需对相关功能进行调整和筛选。第三，待梳理功能颗粒度不宜太细，一般而言待梳理功能数量在 30～100 个为佳，太少可能无法体现出分类，太多则既耗时较长，又有可能因为用户无法记住分类内容而影响效果。

第三步，确定测试用户标准及采用的卡片分类法类别。采用卡片分类法，因为最终要生成产品的结构，所以应视资金情况，招募 15～30 位核心用户或典型用户参与测试。[①] 卡片分类法

---

① 根据富达投资集团可用性测试团队的研究成果，测试 15 人可达 90％的相关性，测试 30 人时可达 95％的相关性。研究相关信息可参考下文：郑几块．卡片分类法解析：究竟要测试多少用户？［EB/OL］．（2018－05－18）［2020－02－26］．http：//www.woshipm.com/user-research/1030272.html.

可根据不同的标准进行类型划分。如可根据是否有预设的标签分为开放式卡片分类法和封闭式卡片分类法；根据同时参与分类的用户数量分为小组卡片分类法和个体卡片分类法；根据卡片的形态分为实体卡片分类法和软件卡片分类法（如使用 Optimal Workshop 进行调研）。每一种方法都有其优点和不足，在实际工作中可根据公司具体的情况进行选择和确定。[①] 比较常用的方法是开放式卡片分类法、个体卡片分类法和实体卡片分类法。在应用时应注意，无须一开始就告知测试用户需要将分类后的卡片进行标签命名，只需请他们根据自己的习惯和理解对卡片进行分类即可。在用户对卡分进行分类的过程中，产品经理要注意聆听用户用语言表达的分类思维，并对其进行记录。当用户对某个卡片犹豫不决时，要立刻询问原因并记录下来。在每一位用户完成测试后，都应对其进行访谈。可参考但不限于如下问题：

- 对类别如何命名？
- 为什么这样分类？分类的依据是什么？
- 每一个类别中，哪些卡片最有代表性？
- 有没有哪些卡片让你觉得难以分类？为什么？哪些分类容易？为什么？
- （若采用小组卡片分类法可问）小组讨论中有哪些观点？
- 对整体分类的结果是否满意？是否有不满意的地方？

第四步，数据处理和分析。在所有用户完成分类后，产品经理可借助分类结果表对所有用户的分类结果进行整理，并通过类别概率表进行分析和结果呈现。分类结果表只对结果进行记录，其中每一行代表一张卡片，每一列代表一个用户，单元格中是用户对该行卡片的类别命名。对本案例的 5 个测试用户列出的 10 个功能分类进行记录，结果如表 8－5 所示。

表 8－5　　卡片分类法分类结果表

卡片序号	卡片名称	用户 1	用户 2	用户 3	用户 4	用户 5
1	添加好友	社区	社群	交友	社交	社区
2	发布动态	社区	社群	交友	社交	社区
3	查看动态	社区	社群	交友	社交	社区
4	用户运动数据	个人信息	个人中心	个人设置	我的	我的
5	用户课程数据	个人信息	个人中心	个人设置	我的	我的
6	用户身体数据	个人信息	个人中心	个人设置	我的	我的
7	健身课程	运动	课程	课程	课程	健身
8	线上赛事	运动	运动	锻炼	运动	运动
9	运动商城	商城	商城	购物	购物	商城
10	会员服务	个人信息	个人中心	个人设置	商城	商城

正如表 8－5 中所呈现的，采用开放式分类法，不同的用户对有些类别的命名虽然在文字上采用了不一样的措辞，但内容其实是一样的，如“个人信息”与“个人中心”、“社区”与“社群”，那么在类别概率表中就需要进行统一。对命名的措辞进行统一后，对所有用户对每一张卡片的分类结果进行统计，将结果记录在类别概率表中。类别概率表的每一行仍然指代一张具体的卡片，每一列则表示用户对该卡片不同的类别命名，单元格中是所有测试用户对该卡片进行该类别命名的占比，如表 8－6 所示。

① 关于卡片分类法的不同类型，可参考下文：宝珠．卡片分类法在用户研究中的作用［EB/OL］．(2016－12－27)［2020－02－26］．https：//uxren.cn/? p=48807.

表 8-6　卡片分类法类别概率表

卡片序号	卡片名称	社区	个人中心	课程	运动	商城
1	添加好友	100%				
2	发布动态	100%				
3	查看动态	100%				
4	用户运动数据		100%			
5	用户课程数据		100%			
6	用户身体数据		100%			
7	健身课程			60%	40%	
8	线上赛事				100%	
9	运动商城					100%
10	会员服务		60%			40%

从分析结果看，用户对卡片 1～3、卡片 4～6、卡片 8 和卡片 9 的分类理解没有歧义，可分别归入“社区”“个人中心”“运动”和“商城”父节点，但对于卡片 7“健身课程”和卡片 10“会员服务”的理解存在差异，需要结合用户访谈和专家意见进行进一步评估。

除了利用分类结果表和类别概率表对结果进行整理和分析外，还可以借助外部的一些分析软件进行更科学的分析，例如利用 Optimal Sort、xSort 等软件进行层次聚类分析等，在实际工作中可根据公司和产品情况进行方法选择。

从下至上的层级结构构建法因为是直接根据用户的选择进行结构构建的，所以优点在于用户理解成本低，操作起来十分简单，结果呈现也比较直观。但也正因为只考虑了用户因素，而且是基于对一定用户的测试得出的结果，因此该方法受测试对象选择影响较大，测试用户的代表性和个体差异，有可能使结果存在较大偏差；而且由于是对现有功能进行的梳理，容易缺少战略性的引导，可能无法灵活地容纳未来内容的变动或增加。

从上至下和从下至上的两种结构构建方法各有优缺点，在实际工作中往往会同时采用两种方法，分别从上、下两个方向向中间推进，找到并确定中间层后再反向倒推，以保证结构的合理、有效。从上面对两种构建方法的描述可以知道，对于从 0 到 1 的产品而言，从上至下的结构构建方法相对更为合适，因为从上至下的方法可以从无到有通过头脑风暴进行功能点的发现和组合；而对已有产品进行重构或迭代优化时，从下至上的结构构建方法也许更有优势，这是由于现有的功能点将为该方法提供梳理的素材，对现有功能点庞杂混乱的情况尤为适用。

产品的主要功能架构就是产品的骨骼，这个骨骼是不能随便动的。任何产品一旦需要进行结构上的调整，往往便是“伤筋动骨”的大调整，用户的理解成本会因为这一调整而增长许多倍，甚至可能会因无法适应或懒得适应而放弃产品。因此在进行新媒体产品设计时，应先设计好产品结构，再讨论功能细节。

（三）好的新媒体产品结构的特点

一个好的新媒体产品结构应具有以下特点：

第一，好结构能够与用户需求相对应，且能够为用户所理解。产品功能就是协助用户解决某个具体问题的工具，因此当用户需要解决某个问题时，能否在产品结构中快速地找到自己需要的功能，就成为判断结构好坏的重要标准之一。

第二，好结构层级深度应适合。这里讲的适合并不是指一个具体的深度，而是强调层级结构深度的合理性，即用户是否认为每一个步骤都是合理的，以及当前的步骤是否自然地延续了上一个步骤中的任务。

第三，好结构具有一定的可扩展性。产品结构虽然不会轻易改变，但也并非一成不变。例如，经历过迭代的产品，其导航标签大概率都发生过变化；公司也会因应自己战略的调整、宏观市场环境的变化，主动调整自己的产品结构。如果产品结构足够好，它就能够支持产品一些功能的增减，而不需要对结构进行调整。

三、新媒体产品相关结构图

产品经理在完成了产品结构的构建后，就需要把构建好的结构以图表的形式表达出来，以便在与产品团队及其他团队的同事进行沟通时使用。常见的产品相关结构图有三种，分别是产品功能结构图、产品信息结构图和产品结构图。

（一）新媒体产品功能结构图

新媒体产品功能结构图就是以功能模块为类别，介绍模块下各功能组成的图表。其分类标准是功能之间的从属关系。通常而言功能结构图是产品相关结构图中最早出现的一种图形，一般认为它是产品经理对产品要实现的功能的细化和梳理，此时尚未对产品的页面布局有一个清晰的认知，也不涉及产品功能的技术实现。前文所谈的“从上至下”和“从下至上”两种方法讨论的就是产品功能结构图中的主功能模块及其相互关系。在确定好主功能模块及其相互关系后，再把一些次级模块和细节功能点填补至框架中，就可以得到产品的功能结构图。

产品功能结构图是产品经理自己或在产品团队内部进行沟通时使用的一种结构图，能够帮助产品经理梳理产品的功能模块及其功能组成，并以一种鸟瞰的视角，对整个产品页面中的功能结构形成一个直观的认识，防止在产品需求转化为功能需求的过程中出现功能模块和功能点缺失的现象。

以微信为例，该产品最初的定位就是一款移动社交产品，因此其最初设计的主功能模块或者说主要功能包括用户登录/注册模块、添加好友模块、聊天模块、通讯录模块、“我”模块（见图 8－23）。这五个功能模块就已经能够实现微信作为移动社交产品的基本功能了，用户可以注册成为软件用户，通过多种渠道添加好友，在 APP 中与好友聊天，同时还可以对自己的通讯录进行管理，最后还可以在“我”模块中对自己的个人相关信息进行查阅和管理。

微信在不断迭代的过程中也开发了不少新的功能，但功能结构图没发生太大的变化。朋友圈功能与其他一些新开发的功能（如视频号、摇一摇等）统一变成了第六个功能模块——发现模块，公众号、订阅号则并入了聊天模块，一些第三方的服务和功能则并入了“我”模块的支付功能。这也从一个侧面印证了上文所提及的好结构的标准之一，即可容纳成长和能适应变动。

在绘制产品功能结构图时需要注意以下几点：第一，功能模块的颗粒度没有统一的规定，

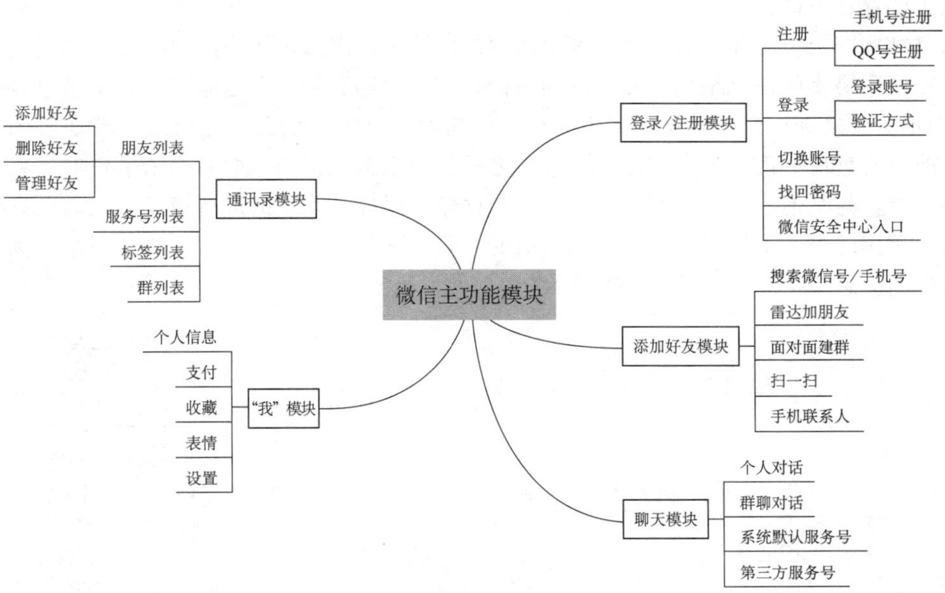

图 8－23　微信主要功能结构图

需要根据具体的应用场景而定，但刚开始时颗粒度可以比较大，随着项目的不断推进，颗粒度可以不断细化。被分解得最小的功能模块可以是一个程序中的每个处理过程，而较大的功能模块则可能是完成某一个任务的一组程序。第二，当一个次级功能模块在不同的主功能模块中反复出现时，可以考虑将其列为主功能模块。比如微信的搜索模块，会在添加好友、通讯录、聊天等多个功能模块中出现，那么就可以考虑将其单独列为一个主功能模块。第三，在绘制产品功能结构图时，一般不将信息的呈现作为单独的一项功能。例如用户的微信昵称包括了微信昵称呈现和微信昵称修改两个功能，但在绘制产品功能结构图时只将修改作为功能列入，而把呈现作为信息架构的组成部分处理。

（二）新媒体产品信息结构图

新媒体产品信息结构图，是指脱离产品的实际页面，将产品的数据抽象出来进行组合分类的图表。信息结构图晚于功能结构图出现，是产品经理已经明确了产品的功能及功能之间的从属关系后，对实现这些功能的信息进行架构的一种结构图。信息结构图主要帮助产品经理梳理各功能涉及的信息内容，从而避免在产品展示过程中出现信息内容遗漏、混乱、重复等情况。信息结构图可以作为研发团队建立数据架构和数据库时的参考，因此是产品经理与研发团队进行沟通的工具之一。

产品信息结构图的绘制因为是以信息作为组合单位的，所以考虑更多的是信息架构层面的不同信息之间的远近和从属关系。还是以微信为例，当提及微信用户信息时，能想到的信息包括微信名、微信号、性别、头像、地区、二维码、手机号、登录设备、QQ 号、邮箱等一系列与用户自身相关的信息，那么这些信息在信息架构中都应该有自己的位置，而且越相关的信息应该距离越近，以方便系统进行调用和管理。根据上述不同用户信息的远近关系，可将用户信息划分为用户个人信息与用户账号信息两大类。用户个人信息是用户唯一的信息，不会因此账号的变化而发生变化；而账号信息只反映该账号的特性，如果某个用户拥有两个微信，假设该用户用自己的真实信息进行账号注册，那么这两个账号的用户个人信息应该是一致的，但是账号信息可能存在不同。

信息结构图也可以简单地理解为信息的存储区隔图。以微信用户与单个好友聊天为例，在聊天时被调用最多的信息是用户和好友的头像、聊天内容、信息发送时间和系统信息（如撤回等），而不需要呈现用户与好友的微信昵称、所属地区等个人信息。这就意味着在聊天这个场景下，前面所呈现的信息是高频信息，信息之间的关系也更密切；而后面未呈现的信息在该场景中不重要，与其他信息的关系更远，可分开存储，以提升系统的运行速度，在需要查阅时再通过命令调用即可。根据以上原则，以微信的“我”“好友”“聊天列表”和“对话”为例，可绘制出微信信息结构图，如图 8-24 所示。

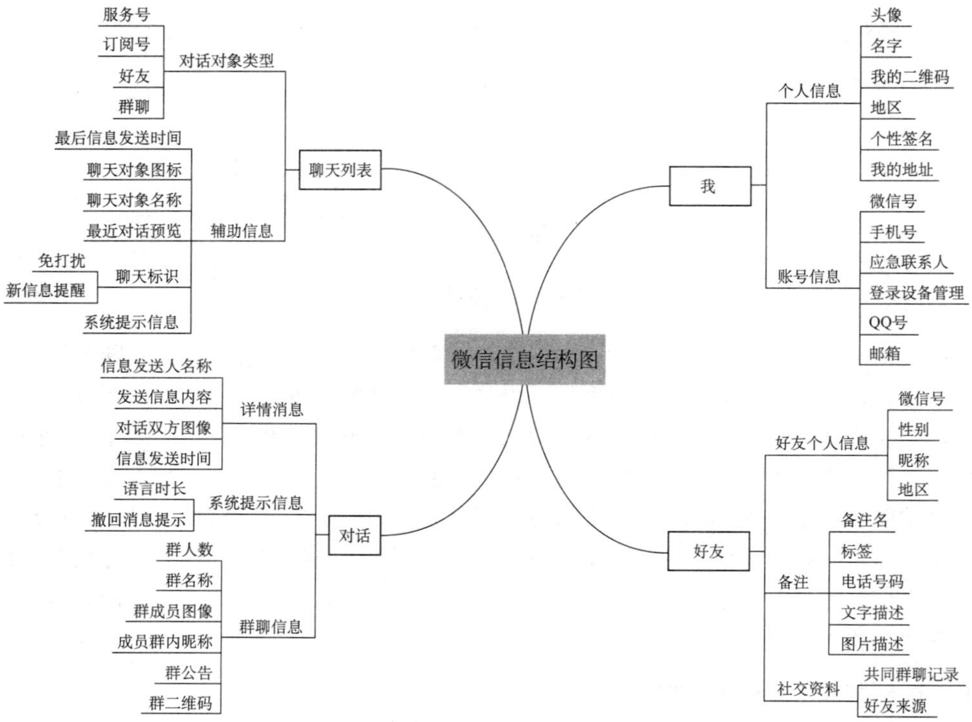

图 8-24　微信信息结构图（部分）

需要强调的是，信息结构图与功能结构图并非一一对应的关系，信息结构图更多从信息架构的角度出发去考虑问题，因此要求产品经理具备一定的信息架构思维，要能从研发人员的角度考虑产品的结构，在产品性能和用户体验之间找到平衡。

（三）新媒体产品结构图

产品结构图是三种新媒体产品相关结构图中最后成形的一种结构图，通过一种合理的逻辑，将产品功能与信息进行整合，是对产品信息架构和功能逻辑的综合展现。产品结构图是最接近最终产品的一种结构图，也可以视为产品原型的简化表达，因此在前期的需求评审中或其他类似场景中，可以作为产品原型的替代品使用。产品结构图也可以作为产品经理与设计团队进行沟通的工具，为设计师设计产品页面和交互提供参考。

产品结构图中不同节点反映的是不同的页面关系，因此节点名称也就是 APP 的导航标签名称。图 8-25 呈现的就是微信安卓 7.0.21 版的产品结构图。

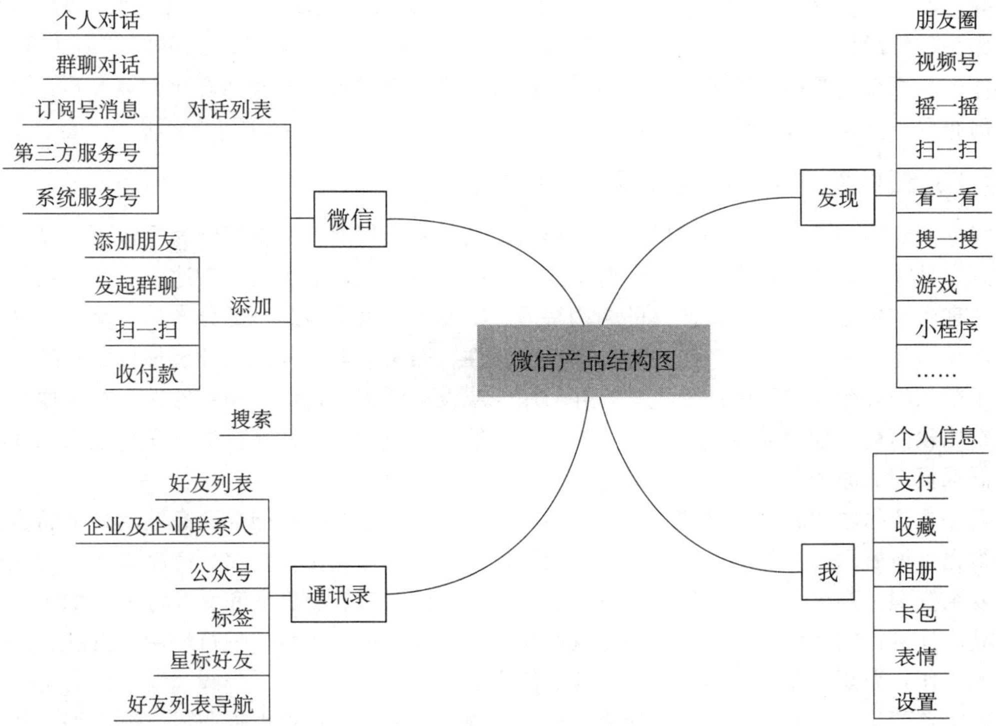

图 8-25　微信安卓 7.0.21 版的产品结构图

三种结构图按产品功能结构图、产品信息结构图和产品结构图的顺序，在产品设计过程中依次出现，分别对产品的功能、信息架构和页面逻辑进行梳理，为后续的产品原型设计和开发提供参考。表 8-7 列出了产品功能结构图、产品信息结构图和产品结构图的主要差异点。

表 8-7　产品功能结构图、产品信息结构图和产品结构图对比

结构图名称	分析点	使用场景
产品功能结构图	功能从属	产品经理自用或产品团队内部沟通使用
产品信息结构图	信息架构	产品经理与研发团队沟通时使用
产品结构图	页面逻辑	产品经理与设计团队沟通时使用

第三节　新媒体产品原型设计

在明确了用户需求，并确定了产品功能以及产品结构等新媒体产品设计的基础信息后，就可以进入原型设计的阶段了。原型设计在整个新媒体产品设计过程中起着承上启下的作用。承上是对产品经理前期各项工作成果的图形化表达，启下是为后续的产品 UI 设计和技术研发提供蓝图。也可以说，产品原型设计就是将抽象信息转化为具象信息的过程。

一、新媒体产品原型相关概念

（一）新媒体产品原型的定义

原型（prototype）这个概念最早出现在工业设计领域，是设计师用来更好地呈现设计理念、验证产品、打磨产品的一种方式，同时也能够起到节约成本的作用。被引入新媒体行业后，原型依然沿用了之前的定义，但使用者从设计师变为产品经理。因此可以做出如下定义：新媒体产品原型就是能够反映产品结构，并包含功能和交互示意的产品设计方案表达，一般包含界面布局、文案设计、简单交互以及相关说明等，通常由产品经理负责绘制。

（二）低保真产品原型与高保真产品原型

根据产品原型绘制的精细程度及其与正式产品的差异程度，可将其分为低保真产品原型和高保真产品原型。低保真产品原型是对正式产品的简单模拟，重点在于表达产品经理最初的产品设计理念和思路，内容涉及产品的结构特征、功能等，也会涉及一部分产品的交互设计。低保真产品原型不追求与正式产品设计的完全一致性，而是强调对预期设计更加抽象的感受，更多用于产品经理梳理自己的产品设想，并与用户或设计师进行讨论。制作低保真产品原型的工具通常比较简单，如借助传统的纸和笔绘制的手绘图，或者借助计算机进行简单绘制的线框图都是低保真产品原型的代表。

高保真产品原型就是高度接近正式产品的一种原型，具有高功能性、高互动性的特点，能够较为完整地展示产品的结构、功能、界面设计元素和交互动作。高保真产品原型是对正式产品的复杂模拟，避免产品进入研发阶段之后才发现结构、功能、界面和交互等方面的不足，是对产品设计进行的最后一关审查。高保真产品原型往往借助电脑软件进行绘制，有些原型还涉及多人协作，需要产品经理具备相关软件的使用能力。

低保真产品原型的特点在于制作成本低、绘制速度快，但缺点也很明显，即低保真产品原型往往只是静态展示，无论是产品页面跳转还是交互，都是以静态页面加文字描述的形式进行呈现。高保真产品原型可以实现交互的动态展示，相较于低保真产品原型而言，能够让使用者更加了解产品的设计，同时获得更完整的产品体验；但由于更多地强调了产品设计的细节和交互，因此制作时间较长。在产品设计初期，当设计细节还没有最终确定或者可能会发生改变时，往往会采用低保真产品原型进行思路讨论；而高保真产品原型则更多地用于产品设计中后期的效果测试，以优化设计细节，从而确保在进入研发阶段时产品的设计是完全正确的。

在新媒体产品设计中，常见的原型图有手绘原型、线框图和交互原型，其中手绘原型和线框图都属于低保真产品原型图，交互原型属于高保真产品原型图。

（三）新媒体产品原型的作用

产品原型作为对产品的模拟，具有极其重要的作用。第一，产品原型是产品测试的高效工具。产品原型用于在产品进入研发阶段之前对产品设计的最后一次审查，其作用是保证产品的设计逻辑、操作流程、信息及内容结构、页面布局和核心功能是完全正确的。借助产品原型，产品经理可以十分清晰、便捷地向设计团队或用户呈现自己的设计理念和产品雏形，与他们进行沟通，讨论产品方案的可行性和合理性，进而对产品设计进行修改和调整，从而避免进入产品研发过程后，因产品设计缺陷而造成成本浪费。

第二，产品原型为后续的产品开发提供了讨论基础、指导文件和评估依据。产品设计流程中具体的视觉设计和交互设计等设计工作，虽然是由设计团队去完成，但他们工作的蓝本，就是产品经理所绘制的产品原型。产品原型以一个整体形态，为产品经理提供了与设计和开发团队的沟通依据，在呈现整体效果的基础上，对需要讨论的部分以文字、跳转、链接等多种方式进行补充说明，有效避免了因独立文件传送而造成的沟通不畅，或因深陷细节而忽略整体效果的情况。在讨论完成后形成的最终版的高保真产品原型，也将成为设计和研发开发时的指导文件，在该原型的基础上，进行功能和设计的实现。此外，原型会对设计细节进行说明，如会在原型中注明出现异常情况下的交互和文字描述，以及触发异常情况的技术指标，这些将成为设计团队和研发团队工作时的参考，也将成为验证他们工作效果的评估依据。

二、新媒体产品原型的分类

（一）手绘原型

1. 手绘原型的定义

手绘原型，顾名思义就是直接通过手绘的方式，把产品原型在纸上进行绘制表达的一种产品草图（见图 8－26）。

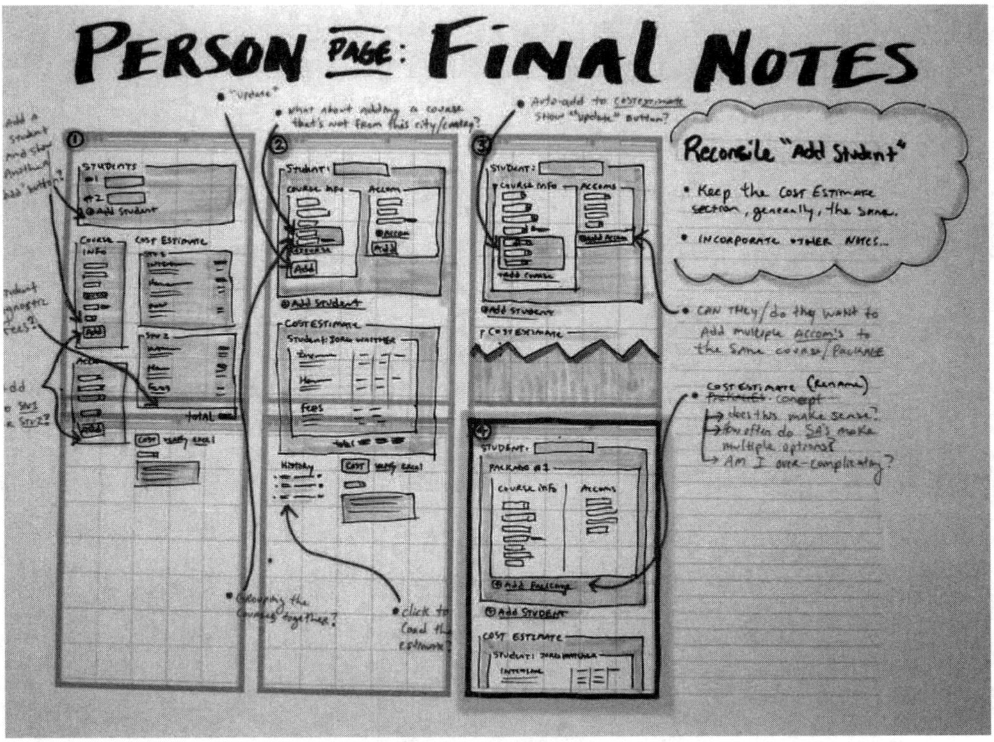

图 8－26　手绘原型示例

资料来源：

井岛俊一．为什么说产品经理必须要会手绘原型？［EB/OL］．（2018－12－14）［2021－02－26］．http：//36kr. com/coop/yidian/post/5166904. html.

手绘原型作为一种产品草图，可以简单将其看成是产品经理用于梳理自己想法的工具。产品经理既可以用这种方法来帮助自己进行头脑风暴，探索实现产品结构图中设计的多种可能；也可以用这种方法来协助判断哪一种交互方式或页面排布更符合用户思维。

2. 手绘原型的优缺点

手绘原型的优点体现在以下几方面：第一，方便快捷。手绘原型对制作工具要求低，甚至只需要笔和纸就可以绘制，因此便于进行前期设计和创意实现，它可以在很短时间内对设想进行初步的可视化呈现，甚至可以做到随时绘制、随时讨论，极大地节省了时间成本。第二，绘制和修改的成本低。手绘原型往往尚未经过仔细打磨，产品设计的问题也更容易在绘制过程中暴露出来，产品经理可对这些问题进行重新思考，再用简单的手绘方式绘制原型进行呈现。由于手绘原型比较简单，不需要太多的特殊技巧，所以重新绘制的成本低。

与此同时，手绘原型的缺点也比较明显。第一，讨论反馈存在难点。难点一是手绘原型仍比较抽象，无法直接看到产品最终的样子，需要一定的想象，有时会在与用户或设计团队沟通时造成障碍；难点二是意见反馈无法留存，其他原型图由于是借助电脑软件实现的，所以可以直接在原型上对讨论内容进行标注和解释，而对手绘原型的反馈虽然也可以直接写在图上，但不易保存也不易分享同步。第二，手绘原型只能面对面进行讨论或测试，使用范围局限较大。

（二）线框图

1. 线框图的定义

线框图，也叫灰模原型或平面原型，是定义产品界面内容和导航流程的示意图，是对用户使用产品的过程中产品界面的映射或其他状态转化的呈现。线框图由线、框和其他最基本的形状（圆形、椭圆等）组成（见图 8-27）。

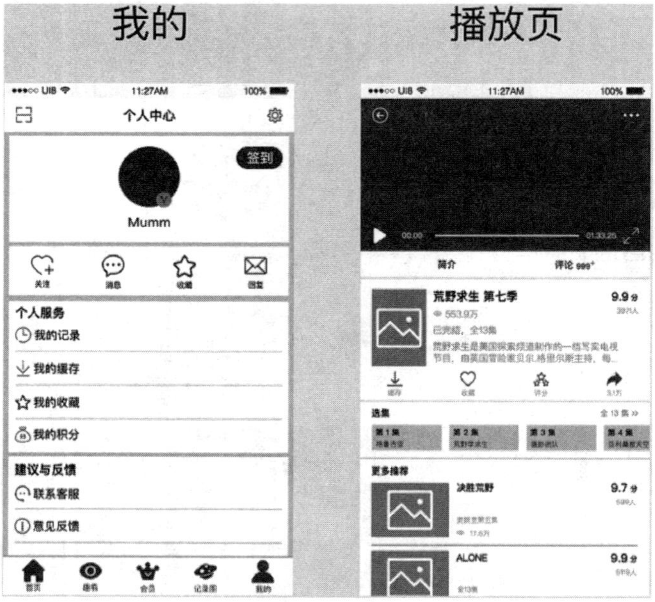

图 8-27　线框图示例

资料来源：

DA 象无形．线框图［EB/OL］．［2021-02-26］．https：//www.zcool.com.cn/work/ZMzQ1NTI2NzI=.html.

线框图也是一种静态的原型图，但相较于手绘原型，线框图展示的信息更多、更清晰、更直观，因此常用于产品设计的中期，用于呈现产品页面布局和功能、评估个别页面结构、展示页面关系，还可用于与其他团队的讨论和反馈，帮助其他团队理解站在用户视角看产品时各页面之间的协作关系，是 PRD 中的重要组成部分。

2. 线框图绘制要点

线框图是产品经理参与绘制的最重要的产品设计图，也是绘制最多的产品设计图。在绘制时应注意以下几点：

第一，线框图中除了组件自带的颜色外，其他所有元素只有黑白灰三色，但也可以使用有限数量的颜色（如一种或两种对比色）来创建视觉重点，比如在进行注释时用带颜色的线条或点强调有交互或解释的部分。

第二，因为线框图的作用更多是评估设计，而不是探讨具体的视觉设计方案，因此不需要绘制太多的细节，可以用占位符来示意不同部分的位置，也可以添加一些页面中会出现的基本 UI 设计元素，但这些元素应是行业内形成统一认知的元素，不应造成用户的理解困难，比如用齿轮图标表示“设置”，用购物车表示商品暂存处之类。具体最终用什么样的图标、什么颜色、什么样的造型则交由 UI 设计师进行设计。

第三，每一个页面分别呈现，每一个线框图只表示一个页面的一种状态。例如用户注册页就应包括手机号注册页、第三方登录页（有几种第三方登录方式，就有几个线框图）等多个线框图。

第四，对于存在跳转关系或交互关系的线框图，需要用线连接各个页面，并用箭头表示流程走向，如图 8－28 中就用连线加箭头，表示点击第一个线框图的齿轮按钮后将进入第二个线框图。

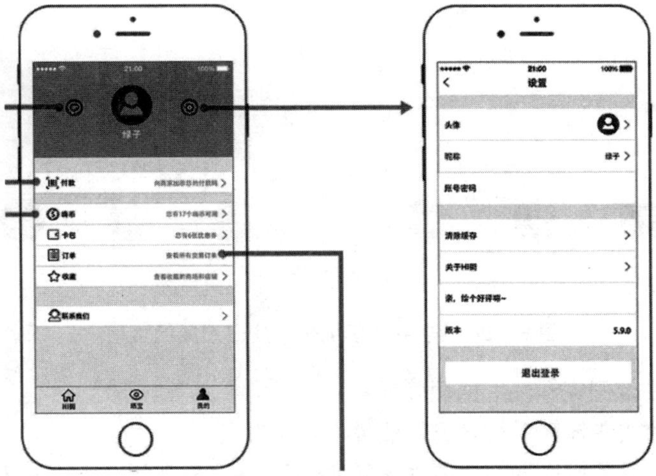

图 8－28　线框图页面跳转展示

资料来源：

Mu Xiaolin. HI 街 Wireframes［EB/OL］.（2015－11－30）［2020－02－26］. https：//www. zcool. com. cn/work/ZMTQyMTQ4NDA=. html.

第五，所有的页面都应该在同一个大的界面中进行展示，从而能够从整体的角度审视页面布局以及页面流程。对于单独的页面而言，如果遇到一屏展示不完的情况，可以长图的形式进行完整表达。

第六，在线框图中，需要对每一个独立页面进行命名，以方便讨论时指代，如图 8－27 中就将各页面的名称写在了对应的页面上方。

第七，线框图中需要添加注释，以此来帮助研发团队理解页面的功能，同时准确地传递页面中的重要信息。例如图 8－29 是某 APP 手机号码注册相关的页面，其中左边是用户输入正确手机号后进入的验证码发送页面，右侧是用户输入错误手机号后进入的异常页面。

用粗线框框出的部分就是产品经理需要用注释进行解释的地方。具体可以写成：

左图注释：

● 手机号码区号框中默认显示的是中国大陆的国际区号“＋86”，并以下拉菜单的形式列

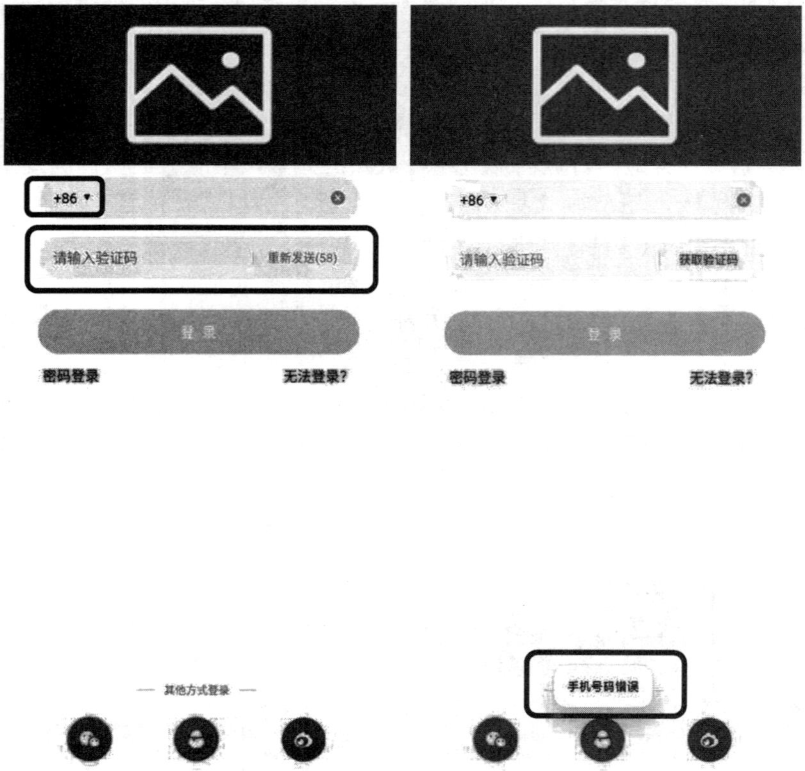

图 8－29　某 APP 手机号码注册相关的页面

出本产品已支持的其他国家和地区的国际区号。

● 手机号码位数按各地区手机号码位数进行相应设置。

● 验证码输入框显示操作提示“请输入验证码”，该字样在用户点击输入框后消失；

●“获取验证码”框在用户点击后显示“重新发送（）”，并在括号中显示从 59 秒开始的倒计时的秒数数字。倒计时秒数为 0 后，若用户未输入验证码，则该框恢复为“获取验证码”。

右图注释：

● 用户输入的手机号码长于或短于该国家或地区手机号码长度时，点击“获取验证码”，则在页面下方显示小提示“手机号码错误”。

注释可写在对应页面的下方或侧方，以便于产品经理或研发团队进行查看。

第八，线框图往往是产品经理与设计及研发团队进行沟通的工具，因此无须每次都绘制所有的页面，可以根据沟通的内容或工作的进度，有选择性地进行相关页面的绘制，并及时根据沟通结果进行反馈和修改，这一点在 PRD 文档中体现得更为明显。目标明确、重点沟通、多人协作、及时调整，这些也是线框图作为沟通工具的特点。

（三）交互原型

1. 交互原型的定义

交互原型，有时也被称为产品 DEMO，是最接近于正式产品形态的一种原型，是在线框图的基础上，在视觉逻辑和交互逻辑方面加以完善后得到的与真实产品相似度更高的原型，也是唯一的动态可交互式原型。交互原型可以模拟用户在操作正式产品时的页面跳转、弹窗显示和交互动作，功能需求和交互需求的表现与正式产品几乎一模一样，用户可以通过手机直接对交互原型进行操作，或者可以说，除了没有接入后台数据，交互原型已经完整呈现了正式产品的前端形态。

图 8-30 展示的是网友使用某产品原型设计平台进行的高保真产品原型设计，可以看到全文档共有 279 页，根据正式产品的结构图，对每一个相关页面及相关页面的不同状态都进行了绘制，还对其中的跳转关系、交互进行了设置。完成设计后只需要导出，即可供产品经理测试使用。

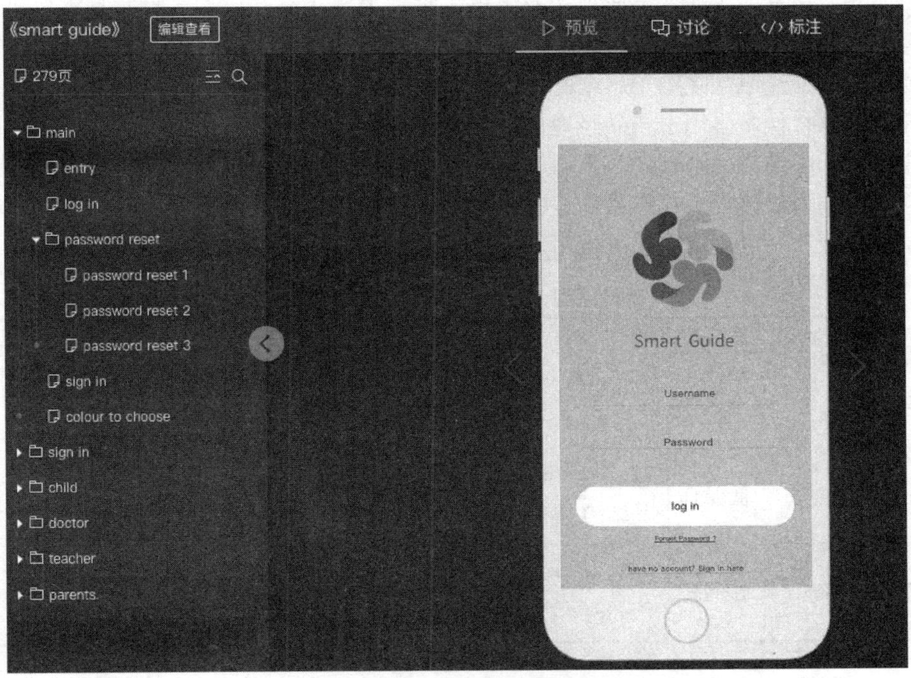

图 8-30　交互原型及设计界面示例

资料来源：

https：//www. xiaopiu. com/square? libPop=project&libId=5cd1248c1ac12a5dc00266d1.

由于交互原型具有高保真性，可以高度模拟用户和界面之间的交互，因此经常被产品经理、用研团队和 UX 设计师用作用户研究工具；又因为其设计的完整性，还可作为产品设计后期的输出物，用于公开汇报、产品商务演示等。通常而言，交互原型由产品经理与 UI 设计师配合完成，或由 UX 设计师或用户研究人员完成；但在没有 UX 设计师或用户研究人员的公司，则最终还是由产品经理负责。

2. 交互原型的优缺点

相较于线框图等低保真产品原型，交互原型具有以下两个优点。

第一，交互原型的真实接近性，将有效提升可用性测试的效果。可用性测试对于新媒体产品而言，是进入研发阶段之前最重要的一项检测。采用高保真产品原型是全体团队成员了解用户需求和用户体验最有效的途径。交互原型与正式产品外形基本一致，操作流程相同，这为可用性测试提供了一个更加真实的测试场景，参与测试的用户也就更有可能做出正常使用产品时的反应，这将为产品经理提供非常宝贵的产品设计优化参考意见。而且由于交互原型是同时具备视觉和交互设计的动态原型，因此还可以根据产品设计需要，有针对性地对一些方案展开原型 A/B 测试，如配色、布局、按钮位置、素材类型，甚至交互方式等。

第二，交互原型可以直观地呈现产品最终的形态，因此更容易被用户理解，也更容易获得公司高层、其他团队的认同，是产品经理非常重要的演示材料和产品设计的阶段性成果。

事物总有两面性，在优点背后必然有不足。就交互原型而言，最大的不足就在于制作成本较高。交互原型需要使用特定的软件进行制作，而且是整个产品最终形态的展示，因此不仅需要产品经理拥有交互原型的绘制软件的操作能力，还需要在绘制之前就完成所有部分的设计沟通，对于其中涉及的视觉和交互部分达成共识。这就意味着交互原型的制作是一个人力成本、时间成本都相对较高的工作。因此现在业内也越来越少制作交互原型，除非是需要进行展示，否则不会追求原型的高保真效果。

总体而言，手绘原型多用于思维的开拓，是对初步想法的快速记录，考虑更多的是实现手段的多元化和可行性，多用于产品经理自己看，或者在产品团队内部使用。线框图则侧重于探讨页面排布和产品结构的合理性，多用于与研发团队的沟通，是研发团队工作的指导和测试文件。交互原型作为最接近正式产品形态的一种原型，关注用户与产品的交互，多用于向用户或公司高层进行展示，也可以用于进行用户研究。三种原型图的区别如表 8-8 所示。

表 8-8　　手绘原型、线框图和交互原型的区别

类型	原型状态	保真度	作用	绘制者	使用者	出现时间
手绘原型	静态	低保真	思路梳理	产品经理	产品经理或产品团队内部使用	产品设计前期
线框图	静态	低保真	页面布局、产品结构评估	产品经理	产品经理与研发团队沟通使用	产品设计中期
交互原型	动态	高保真	交互逻辑评估产品演示	产品经理与设计师	产品经理与用户或公司高层沟通使用	产品设计后期

无论是绘制线框图还是交互原型，目前都有许多软件可供选择，较为常见的软件有 Axure RP、Sketch、Adobe XD、墨刀和 Mockplus。其中 Axure RP 在产品经理中较为流行，而设计师或者用研出身的人则更喜欢用 Adobe XD。但因为产品设计涉及多团队之间的沟通与合作，所以一般公司都会配置多人协作平台，因此可根据工作实际进行软件的选择和学习。

【思考题】

1. 请尝试着梳理出你最喜欢或最常用的 APP 的信息结构。
2. 尝试分析任意一款 APP 中存在的不同产品结构类型。
3. 选择一款原型设计软件，模仿绘制“学习强国”用户注册页线框图。(注意：一个线框图只表示一个页面的一种状态)

第九章　新媒体产品文档撰写

通过本章学习，你将能够：

1. 了解新媒体产品经理在工作中常见的文档类型。
2. 知晓产品文档的重要性。
3. 辨别 PRD、MRD、BRD 文档的区别。
4. 掌握 PRD、MRD、BRD 文档的撰写技巧。

在各大招聘网站上，检索“产品经理”“产品助理”等职位时，岗位职责描述中往往会有这样的话语：“跟进/完成各项工作流程及文档材料汇总和整理”，“负责协助公司核心业务系统的业务需求分析、整理、归档”，“负责协助编写用户需求说明书和需求规格说明书”。有些读者可能会产生疑问了：产品经理不是负责点子的落地或产品的优化的吗？为什么还会有文档的工作？也有些读者可能会想，这些文档应该就是前面各章节里谈到的用户需求文档、原型之类的吧，是在之前的工作中都已经做好了的文档，现在只是做个归档工作而已。其实这些疑问和看法既对又不完全对，对于产品经理而言，文档的撰写、整理和归档是一项基本的能力，但也是一项考验产品经理能力水平的工作。文档撰写水平的高低，不但影响相关部门与产品部门的合作顺畅程度，还会影响产品的交付和工作的交接，甚至影响产品开发的进度。那么产品经理要撰写的文档主要有哪些呢？产品经理们经常说的 PRD、MRD 和 BRD 又是什么文档的简称，它们具体的作用是什么？让我们带着这些对文档的未知和疑问，开启本章的学习。

第一节　新媒体产品文档的基本概念

从招聘要求上看，产品相关文档的撰写是产品经理的工作职责之一，也是产品经理应该具备的能力，那么产品文档具体包括哪些呢？它们有什么作用？什么时候该撰写什么样的文档呢？它们之间有何异同？下面的章节将围绕这些问题展开讨论。

一、新媒体产品文档的类型

“人人都是产品经理”社区曾在 2019 年 7 月上线过一款标价 299 元的付费课程，名为“10 天掌握产品经理必备 7 大文档”（见图 9－1），有逾 1 万人参加了该课程的学习。[①] 从课程大纲上可以看到，课程将产品体验报告、竞争分析报告、产品需求文档、需求池文档、产品测试用例、项目排期表、项目邮件等 7 种文档，列为产品经理日常工作中最常见的文档类型。除了这 7 种常见的文档类型外，有的公司还将思维导图文档、商业需求文档、市场需求文档、项目管

---

① 起点学院学习联盟．线上课程丨产品新人看这里！一次性掌握产品工作必备 7 大文档撰写法［EB/OL］.（2019－07－02）［2020－02－26］. http：//www.woshipm.com/active/2534583.html.

理文档等列入产品文档范畴。在《YES！产品经理》① 一书中，作者认为产品经理必须要了解的文档有 26 个之多（具体的文档名称及内容见本书附件）。虽然在实际工作中，根据具体工作内容的差异，可能不需要撰写所有这些文档，但不可否认的是，撰写文档是产品经理日常工作中最重要的一项内容。在这些文档中，最常见的文档是商业需求文档、市场需求文档和产品需求文档三种，这三种文档的撰写将在后续的章节中进行详细介绍，这里仅对各类新媒体产品文档作一简要介绍。

图 9-1 “10 天掌握产品经理必备 7 大文档”线上课程海报

（一）商业需求文档

商业需求文档（business requirement document，简称 BRD），是产品生命周期中，继思维导图之后的文档，其内容涉及市场分析、销售策略、盈利预测等，通常用于产品投入研发之前，是供决策层讨论和决策评估的演示文档和重要依据。一般比较短小精练，没有产品细节。

（二）市场需求文档

市场需求文档（market requirement document，简称 MRD），主要通过细致的市场与竞争对手分析，指出哪些功能和服务可以在市场上取得成功。相较而言，更注重竞品分析和可行性报告。

（三）产品需求文档

产品需求文档（product requirement document，简称 PRD），是产品经理最经常撰写的一种产品文档。它是将商业需求文档和市场需求文档用更加专业的语言进行描述，对市场需求文档中的内容进行指标化和技术化，也就是将“概念化”的 BRD 和 MRD 进行“图纸化”的文档，是对“产品需求”的详细说明。面向的对象是开发、设计、客服和营销人员，更注重产品的交互流程、界面功能和开发指南。

（四）项目管理文档

项目管理文档（program management document，简称 PMD），不是单一的文档，而是包括某一项目所涉及的所有文档，贯穿整个项目全过程。一般包括项目进度、项目资源、责任人和项目输出物等，通常通过 Visio 进行甘特图绘制管理。

① 汤圆，老马．YES！产品经理［M］．北京：电子工业出版社，2011：131-132.

（五）思维导图文档

思维导图文档（minding mapping document，简称 MMD），是一种采用将放射性思考具体化的方法，把思维有序地组织起来的文档，是产品规划中的第一个产出文档。

（六）产品体验报告

产品体验报告是体验者在深入了解某个产品的商业模式、目标用户、使用场景、市场现状、产品功能、交互体验以及视觉风格等特点，对标竞品主要功能后，形成的全方位总结的图文报告。撰写产品体验报告的目的主要有：利用产品体验报告来指导产品改进；加深对目标产品和目标岗位的了解；在应聘前或新入职时，摸清自身产品以及竞品；了解一些新产品、感兴趣的产品，拓展产品思维、设计思维。产品体验是一个常规的手段，也是一个必要的流程，只有随时随地做到对行业、市场、用户的了解，才能在关键时刻提出合适的解决方案。

（七）竞品分析报告

一个产品的发展过程，也是与竞争对手不断比拼的过程。虽然每一个产品经理都希望自己的产品能做到最好，但事实上大家在做的往往都是“比竞争对手好一点”，因此建立一个竞争分析的框架非常重要。竞品分析报告就是把杂乱的信息按照既定的框架进行分析，从而有的放矢地收集竞争对手信息的报告。常用的分析模式包括基于平衡计分卡的分析框架、波特五力模型。报告的具体写法已经在第六章中进行了深入介绍。

（八）需求池文档

需求池文档就是存放管理大量市场、竞品、用研或产品经理创意产生的产品点子的地方。需求池文档不拘泥于形式，可以是 Word 文档、Excel 表格，也可以是第三方的各种专业项目管理工具。主要内容包括编号、需求属性、提交人、提交时间、模块、名称、描述、提出人、提出时间、优先级、分类、重要性、紧迫度、商业价值、开发量、状态、备注等信息。在第七章中已经对需求池相关内容进行了深入介绍。

（九）产品测试用例

产品测试用例是指对一个特定的产品进行测试任务的描述，重点体现为测试方案、方法、采用的技术和策略等。文档内容包括测试目标、测试环境、输入数据、测试步骤、预期结果、测试脚本等。简而言之，产品测试用例就是为某个特殊目标而编制的一组测试输入、执行条件以及预期结果，用于核实产品是否满足某个特定的产品需求。

（十）项目排期表

项目排期表，是帮助产品经理对项目时间进行把控的一个最基本的文档（见表 9－1）。一般包含功能（项目）名称、功能点名称、功能点介绍、负责人、起止时间。表中各项工作的参与人包括 UI 设计、前端开发、后端开发、测试、运营等。还可以通过标记单元格的颜色来表示不同的项目状态，如通常用绿色表示正常，黄色表示疑问，红色表示异常。不同公司的不同项目可能会采用不一样的模板，但核心点大体一致，可按自己产品或项目的需求进行调整。

表 9-1　　项目排期表范例

模块	具体内容	负责人	8月			
			20日	21日	22日	23日
后台接口开发	Java后台开发数据接口	×××				
首页模块	对首页页面进行展示，制作跳转	×××				
UI设计	制作APP分模块UI图片	×××				

（十一）项目邮件

项目邮件指的是通过邮件形式进行沟通的项目文档，主要产生在公司内部成员之间，如产品经理、设计人员、研发人员、测试人员之间；或产生在公司直接与客户进行沟通的成员与客户之间，如产品经理、项目经理、商务代表等。不少公司为了保证公司内部项目沟通的有效性，有时也为了体现自己认真的态度，使客户产生良好印象，还会出台项目邮件格式规范。通常而言，项目邮件的收件人是客户，或是要受理这封邮件所涉及的主要问题的、应对邮件予以回复响应的人员。如果还有一些与项目不直接相关，但需要了解项目进展的人员，则可列为邮件的抄送人或密送人。邮件标题应简明扼要，要能提供有意义的信息，如提供项目进度、项目版本、项目文档性质等，方便收件人迅速判断邮件的重要性，例如“36氪APP V5.1版本项目上线通知”。邮件正文应向客户或伙伴陈述本次邮件沟通的目的，行文应通畅，思路清晰，简明扼要，如应包含项目对应的版本、涉及的平台、项目目的、具体实现功能、项目具体排期等。如果涉及设计部分，最好能提供一部分设计图，以便收件人能有直观的认知。同时还应注意对收件人的称呼，第一次邮件往来时应该进行自我介绍，文末留下自己的联系方式，方便收件人在看完邮件后沟通或联系。有时内部沟通的项目邮件，可以通过项目管理软件进行定制后自动发送。

二、新媒体产品文档的作用

刚刚接触产品经理行当的读者，往往会有疑问：为什么产品经理还要写文档？不是客户需求找得好、写得了竞品分析、画得了原型图就好吗？为什么还要花时间做写文档这种费时费力的事情？一些以技术为主导的公司往往更容易出现这样的情况，部分技术型产品经理甚至会觉得写文档是一种浪费，与产品开发毫无关联，有时间不如用来写写代码提升产品性能。但其实不然，产品文档也是产品的重要组成部分。网上流传，一位技术人员说过这样的话：“只要提供完整的架构、需求和设计文档，在没有源代码的情况下，也可以重新开发出一款与原来一模一样的产品。”虽然这句话存在一定的夸大成分，但也可以侧面反映出产品文档有着举足轻重的作用。具体而言，产品文档的作用体现在以下几个方面。

（一）产品文档是项目管理的重要工具

一个产品从创意到开发到落地，存在一定的时间跨度，对于某些产品或功能而言，这个跨度甚至长达数年；在整个过程中还会涉及市场、销售、产品、研发、设计、运营、客服等多种不同角色的产品项目成员。产品经理作为产品的第一责任人，在产品的规划、设计、开发、运营等各个环节中都会留下身影，他们也要对产品进行全程监控。无论是哪个环节出了问题，都会对整体结果产生影响。因此就要求产品经理能从宏观上把握整个项目开展的脉络，并对项目涉及的资源、人力、时间等进行统筹安排、协调和沟通，从而控制项目的进展和质量并保障项目进度。产品文档因具有延续性、长期性与全面性的特点，特别是报告与进度文档能让管理者对项目的整体情况了如指掌，所以它是产品经理了解产品开发进度、存在问题和预期目标的重要工具。

(二) 产品文档是各角色成员间的沟通桥梁

正如前文所述，一个产品生命周期中会涉及各种不同角色的项目成员，而且大多数软件产品的开发项目会被划分成若干个子任务，交由不同角色的小组或成员去完成，这就涉及分工合作与协同作业的问题了。通常而言沟通主要有两种，一种是面对面的交流，另一种就是借助产品文档进行沟通。

面对面交流通常发生在小范围成员之间，且主要以口头形式进行，具有随机性、即时性与局限性的特点，缺乏对交流过程和沟通结果的书面化呈现，后续工作的落实和跟进无据可依，项目效果也缺乏明确的考核和验收标准。

通过产品文档进行沟通，第一可以为协同作业提供分工凭证，明确不同小组或成员的任务分工边界，可以有效避免权责不清，甚至出了问题没人负责的情况。以 PRD 文档为例，在版本修订记录里就会明确注明文档的修改人姓名、修改时间和修改内容等信息（见表 9-2)。

表 9-2　PRD 文档版本修订记录

修订时间	文档版本	修订内容	修订人
2019.5.20	V1.0	撰写第一版文档	胡欣
2019.5.22	V2.0	增加原型图和附录	王海
2019.5.27	V3.0	结合方案可行性，删除和简化了一些环节	胡欣

第二，产品文档可以为文档使用者提供产品发展的背景、市场需求等宏观信息。产品全过程中涉及的相关角色很多，并不是所有角色都了解产品的研发背景、市场前景和发展蓝图。工作角色的细分也很容易造成相关人员只关注自己的工作的情况，例如有些技术为上的公司，虽然技术过硬，却不了解用户使用的实际需求；而一些交互见长的公司，设计工作天马行空无可超越，却缺乏需求来源、市场数据等资料记录，导致产品看似界面绚丽，实际却缺乏市场基础和实用性。通过查阅产品文档，可以使产品相关角色都能了解产品的全貌，从而保证工作符合公司对产品的规划，保证产品发展围绕公司核心展开。

第三，产品文档有利于产品的维护和迭代。首先，虽然新媒体产品相较于传统产品而言生命周期大大缩短，但不少产品还是经久不衰，例如微信是 2011 年 1 月 21 日问世的，新浪微博 2009 年 8 月 14 日就开始了内测。在这么长的时间里，涉及的产品经理、开发和系统维护人员可能进行了更换，有产品文档可以为系统维护人员提供技术数据的记录，为后续的维护工作提供方便。其次，产品文档作为重要的历史文档，将为新项目或者新版本的迭代、产品的优化，提供开发依据，在项目交接或大版本迭代时，不会因为缺乏文档记录，造成需求前后矛盾、功能随意增加或减少的情况。再次，当产品呈现在用户面前时，常常会发现一些明显的不足，这可能是有一些历史原因或背景原因的，可能是技术或资源有限的情况下做出的妥协。通过查阅项目记录，产品经理可以在以后的设计中避免类似陷阱。最后，产品文档是对项目进展情况的完整记录，一旦项目成员流失或项目变动，便可查阅产品文档，减少项目交接的时间，提高交接效率。

(三) 产品文档是重要的培训资料和参考资料

产品研发出来并不代表产品流程结束，后续还会有销售人员、运营人员、客服人员、产品购买者、产品使用者等多种不同角色的人进入产品流程中，共同参与产品的运作和迭代。以客服人员为例，在移动支付越来越普及的今天，微信支付和支付宝等已经成为最为普遍的支付方式。在使用这些产品的过程中，用户难免会有一些疑问，而且产品的收付规则也不断地在改变。这种情况下，他们联系的第一人一般都是产品客服，而不是产品经理。客服人员并没有参与产品研发过程，却是产品在投入市场后与用户接触最多的角色之一。而且产品的客服部门也是一个大的体系，如支付宝客服就会根据业务分为花呗客服、借呗客服、网上业务客服等不同的客服组别。想要这么庞大的人员机构，在没有直接参与产品研发的情况下，做好产品的功能解释、使用答疑等工作，就需要向客服人员提供统一的产品和使用帮助，提供相同的产品文档，对客服人员进行统一的培训和管理，从而保证他们可以了解产品是如何产生的，以及最终是如何运作的，是怎样为用户提供服务的。

三、新媒体产品文档撰写逻辑

从上面的内容很容易看出，产品经理在工作中涉及的产品文档种类多、使用频次高，而且产品文档没有固定的模板。但无论公司或产品如何变化，产品文档的撰写逻辑都是基本一致的，均包含业务素材整理、阅读对象分析和产品文档撰写三大部分。

（一）业务素材整理

每一种产品文档都是在解决问题的过程中采用的方案的文字表达。在撰写产品文档之前，首先要做的就是对业务素材进行整理。通过理清文档相关的业务和所涉及的业务素材，进一步弄清计划撰写的文档类型和撰写目的，并对材料形成总体的理解和把握。例如要撰写一份竞争分析报告，就要先明确自己公司或产品目前所处的地位，是市场龙头老大，还是一个刚进入市场的“小兄弟”；然后确定报告的目的，是为新产品开发寻找支撑，还是根据竞争数据对现有功能进行迭代，抑或是通过分析竞争对手的优点，吸取其精华为我所用；接下来确定分析维度，是对功能点进行分析，还是研究对手的营销策略，抑或是学习对手的 UI 设计。经过这一系列的梳理后，最后确认这份产品文档的内容核心所在，并以此为据，对现有的资料进行整理和整合，为下一阶段的撰写提供素材。例如，如果是对竞争对手支付部分的流程进行研究和学习，那文档撰写人就仅需要对本产品支付的业务流程进行梳理和整理，而不需要扩展到其他业务流程。业务素材的整理，对于经常同时处理多线程工作的产品相关人员而言尤其重要，因为这样的工作可以保证负责人在撰写文档时，只把注意力集中在直接相关的业务上，而不被其他同时进行的业务干扰。

（二）阅读对象分析

不同的文档，阅读对象会有所区别；不同的阅读对象，其关注的内容也会有所差异。这就决定了产品文档表达时的侧重点会不一样。例如对于同一份产品需求文档，老板可能不会关注太多的细节问题，而更多地把注意力放在整体的布局、重点部分的逻辑和交互性等方面；研发和测试人员会更关注功能实现的细节，甚至包括每个功能的具体约束等信息。所以在写文档的时候，要根据文档的阅读对象决定具体内容的结构和颗粒度。

（三）产品文档撰写

在刚接触产品文档时，最容易出现这种情况：脑子里装的业务太多，它们相互交错，无法在短时间内理顺。在这种情况下，除了按前面两步分别进行业务素材整理和阅读对象分析外，还应该提高结构化思维，先找到问题所在，再针对性地进行解决，毕竟所有的产品文档都是有自己明确的目的的，是有的放矢的文字活动。在产品文档撰写时，可采取“总—分—总”的形式，先告诉大家目前的状况、存在什么问题，呈现出问题的总貌；然后介绍主要的原因或主要的改进方向有哪几点，同时还应该具体描述是如何进行一步步推导的，因为文档是撰写人围绕具体问题进行思考后形成的解决方案，但文档阅读对象并没有一起经历这个过程，所以有必要在文档中呈现撰写人思考的轨迹，以便于阅读对象了解结论产生的思考过程；最后提出思考的结果、解决方案等具体的可执行方案。

四、BRD、MRD 和 PRD 的差异

BRD、MRD 和 PRD 是产品经理最经常撰写的文档类型，三者从名字上看非常相近，但其实在撰写时间和阅读对象、撰写目的和主要内容等方面存在着许多不同。三者区别如表 9-3 所示。

表 9-3　BRD、MRD 和 PRD 区别简表

文档名称	撰写时间	主要阅读对象	撰写目的	主要内容
BRD	产品立项前	公司高层	向公司高层寻求支持，换取资源	解决要做什么的问题
MRD	项目启动时	公司高层 团队成员	论证 BRD、规划产品，并向团队成员进行宣讲	解决为什么要做，并简要确定如何做的问题
PRD	产品研发前	技术人员	让技术人员明确具体的开发需求	详细地确定如何做

（一）文档的撰写时间和阅读对象不同

BRD 通常写于产品立项之前，是写给公司高层、产品、运营、研发等看，以寻求支持、换取资源的一类文档，其中最主要的阅读对象是公司高层。对于全新的产品、较为重要和未来发展较为复杂的产品，就需要提供 BRD。通常 BRD 是由产品经理、产品市场经理、商业分析师编写。在小公司，可能由高级主管甚至创始人撰写。

MRD 通常写于项目启动时，是写给公司高层、团队成员、产品、运营、研发等看的文档，主要描述什么样的产品可以在市场上取得成功，其中最主要的阅读对象是公司高层和自己团队的成员。一般来说，产品的新系统、较综合的新功能实现，需要提供 MRD。

PRD 则通常写于产品研发前，是写给研发、设计、测试等职能部门的技术人员看的文档，是沟通具体细节的实施方案，也是产品由“概念化”阶段进入“图纸化”阶段最主要的一个文档。通常而言，非常细节的、已知的、已有产品改善类的功能，提供 PRD 即可。

（二）文档的撰写目的不同

BRD 的重点在于定义产品的商业需求，要说明产品能够解决的、客户碰到的一个或多个商业问题，然后提出建议解决方案，是经过系统化思考，考虑过市场的时机、风险、投资收益率等因素后撰写的。也就是说，它使想法更具备可衡量性，其主要的目的就是向公司高层要资源。

MRD 的主要目的是论证 BRD、规划产品，并向团队成员进行宣读，用于描绘市场机会和市场需求。它是上承市场数据的整合分析，下启后续工作的方向说明和工作指导的一类“承上启下”的文档，也可以视为产品项目由“准备”阶段进入“实施”阶段的第一文档。

PRD 主要目的是具体说明如何抓住市场机会和满足市场需求。它是上承 MRD 内容的继承和细化，下启 MRD 内容产品化、技术化，向技术人员描述清楚产品的功能和性能标准的一类“承上启下”的文档。

(三) 文档的主要内容不同

1. BRD 的主要内容

BRD 主要是给公司高层或者项目总负责人看的，用来请求公司给予完成产品或项目所需的资源，同时还要为他们提供决策的依据，也就要讲清楚为什么有这个需求、需求的边界和业务目标、所需资源等。因此一般而言，BRD 的内容包括项目定义、资源需求、产品最终形态等。

(1) 项目定义。就是要描述项目，并让阅读对象感觉到产品的竞争优势，一般包括商业模式、盈利模式、市场优势等。

(2) 资源需求。就是要具体说清楚这个产品需要多少人、多长时间、多少钱、多少其他资源才能获得预期的市场地位。因为公司高层需要对产品的申请资源进行决策，所以还要提供有利且有力的商业说明。但要注意，不同的阅读对象所关注的重点是有区别的，所以要因应具体需要的资源和相关阅读对象进行文字呈现。相关的阅读对象及其可能关注重点如表 9-4 所示。

表 9-4　BRD 主要阅读对象及其可能关注重点一览表

资本背景对象 (如 CFO)	运营背景对象 (如 COO)	技术背景对象 (如 CTO)	战略背景对象 (如 CEO)
• 掌管资金，对数字敏感 • 关注：收益预测、营收增长等	• 拥有运营资源 • 关注：推广资源、竞争对手、外部环境、营销资源等	• 拥有技术资源 • 关注：功能模块、技术实现难度等	• 负责资源权重 • 关注：是否符合公司的战略规划、市场成长性、是否有利于企业布局、风险是否可控等

(3) 产品最终形态。就是要说清楚产品的呈现形态及盈利，即这个产品能带来什么样的收益。

2. MRD 的主要内容

MRD 是 BRD 通过后，在产品相关人员都认为产品可成立的前提下，对如何实现、什么时间实现需求，以及需求实现后的结果进行陈述，侧重的是对产品所在市场、客户、购买者、用户进行定义和分析，主要内容包括市场问题、市场机会、市场特征、客户特征、用户特征、产品模式、业务模式、运营模式、市场模式、市场需求、产品需求、竞品分析和可行性报告等。

3. PRD 的主要内容

PRD 用来对产品功能和性能进行更加详细的说明，并进行量化，以便为后续的技术实现提供指南，因此在文档中需要明确产品的功能和性能，内容包括产品流程图、产品界面、产品用例、产品功能点说明、产品性能需求、测试需求、体验需求、产品验收标准等。

总体而言，三类文档之间有着非常密切的逻辑关联，从 BRD 到 MRD 再到 PRD，就是一个从宏观到微观的过程，是一个包含内在逻辑、层层深入并最终细化为可执行方案的过程，同时也是一个从得到认可从而获得资源，到表述想法从而获得支持，再到指导执行从而获得实施的过程。

第二节　商业需求文档的撰写

在新媒体时代，一切都在加速，特别是新媒体产品产业最近一直奉行敏捷开发战略，大量的点子层出不穷，任何人都可以表达想法，很多人也会有很多的想法。但对于任何一个公司或部门而言，人、财、物资源都是有限的，只凭一个点子是很难获得公司的支持和资源投入的，想法本身也是很难衡量的，这时领导往往会说，“写个方案给我”，产品经理就需要将点子转化为解决方案，这也就是平常所说的 BRD 文档了。

此外，对于一个公司而言，需求采集是一个持续不断进行的工作，从各个不同来源收集而来的需求，会进入需求池进行统一管理。而对于需求池中的需求，如果在一定的外部条件下发现现有产品有改进的可能，或者有研发一个新产品的可能，就可以将相关需求进行打包，撰写 BRD 文档，要求进入产品会议进行讨论。如果公司高层听完项目的 BRD 后，对项目的发展前景认可，同意给予所申请资源，则可以进入项目的立项阶段。具体流程如图 9－2 所示。

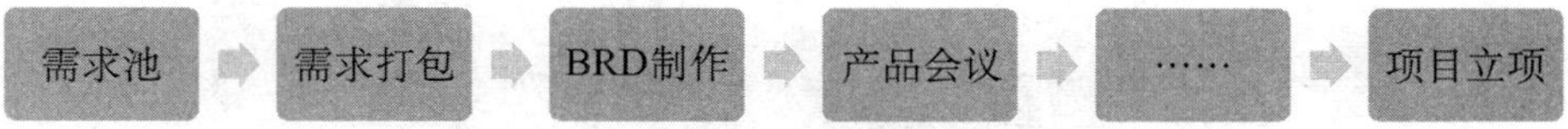

图 9－2　产品立项前各项工作流程示意图

一、BRD 文档框架

在网上查询 BRD 文档可以发现，几乎没有完全一样的 BRD 文档框架。一方面是因为项目的出发点不同，有的是创新性产品，有的是现有产品的创新；另一方面是因为各项目的侧重点不同，所以关注的信息各不相同。有网友在总结了十几份不同的 BRD 后，认为一份 BRD 应该包括产品背景、产品规划、产品模式、产品预估和总结五个部分（见图 9－3）。

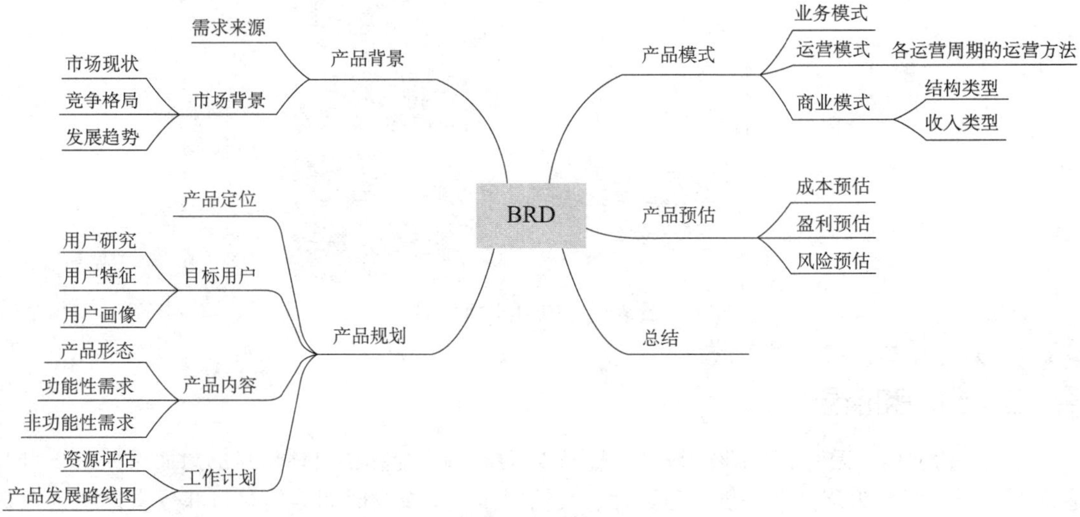

图 9－3　BRD 模板框架图

资料来源：

NICOLE L. 干货｜送你一份非常实用的 BRD 文档模板！［EB/OL］．（2019－04－10）［2021－02－26］．http：//www.woshipm.com/marketing/2196318.html.

闫荣则认为 BRD 主要包括四个部分，分别是：（1）项目背景，阐述为什么做，解决 why

的问题；(2) 项目时机，阐述为什么是现在做，回答 when 的问题；(3) 项目规划，阐述怎么去做，回答 how 的问题；(4) 项目的收益、成本、风险及对策，阐述项目预期的收益，需要花费哪些成本，项目面临的各种风险及可能的对应之策。①

虽然关于 BRD 文档的框架众说纷纭，但基本应包括以下几个部分：封面和目录、项目背景、产品规划、收益成本和风险（见图 9-4）。文档类型形式多种多样，最常见的形式是 Word 和 PowerPoint 两种，但也会因应具体的公司、项目和个人习惯选用其他形式。

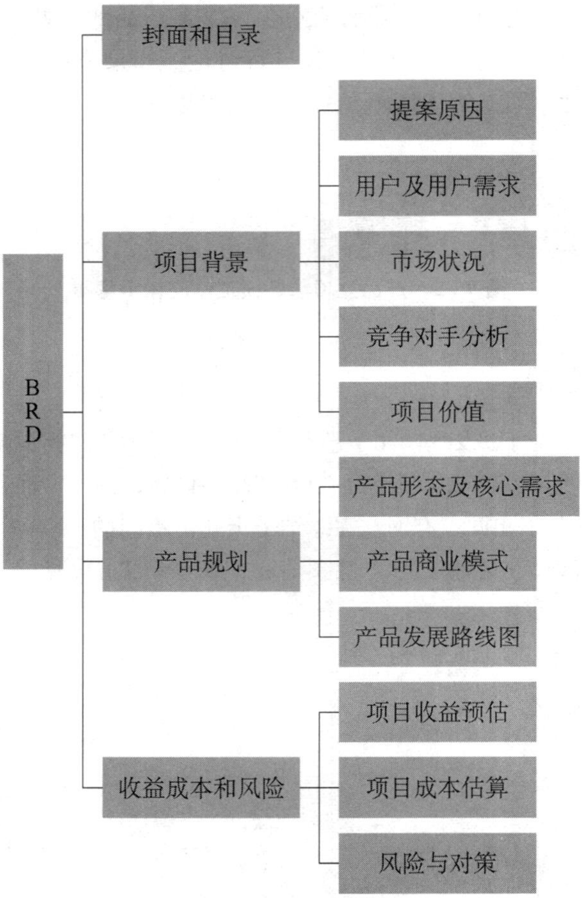

图 9-4 BRD 文档框架

二、封面和目录

作为一份文档，无论是以哪种形式呈现，都需要有一个能提供具体信息的封面（见图 9-5）。通常而言，封面会为阅读者提供项目名称、文档制作人、撰写时间等信息。部分文档还会在封面注明文档所处的撰写状态、版本编号等信息。

除了封面外，还需要有一个清晰的目录，强化 BRD 文档的结构性，便于阅读对象或汇报人把握整个文档的框架。具体可参考图 9-6。

① 闫荣. 神一样的产品经理：基于移动与互联网产品实践 [M]. 北京：电子工业出版社，2012：61.

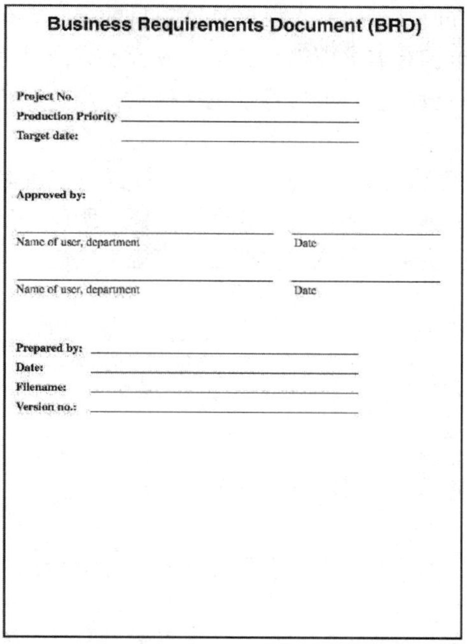
Business Requirements Document (BRD)

Project No. ______
Production Priority ______
Target date: ______

Approved by:

Name of user, department ______ Date ______

Name of user, department ______ Date ______

Prepared by: ______
Date: ______
Filename: ______
Version no.: ______

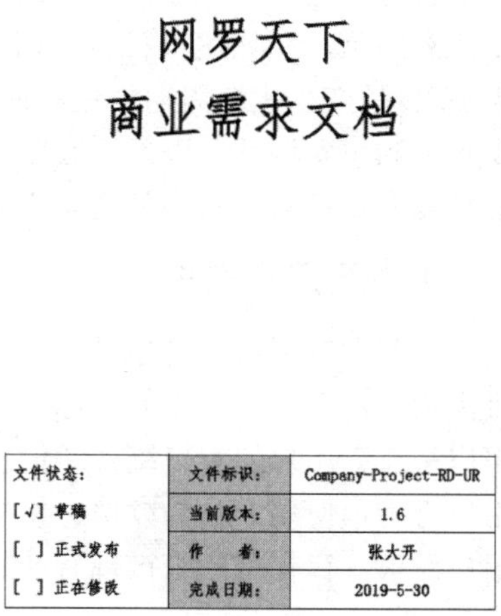
网罗天下
商业需求文档

文件状态:	文件标识:	Company-Project-RD-UR
[√] 草稿	当前版本:	1.6
[ ] 正式发布	作　者:	张大开
[ ] 正在修改	完成日期:	2019-5-30

图 9-5　BRD 文档封面

资料来源:

左图: 40＋Simple Business Requirements Document［EB/OL］.［2021-02-26］. Templateshttps://templatelab. com/brd-templates/.

右图: DIANNA. 原创推荐 | 互金商业需求文档 BRD［EB/OL］.（2015-11-13）［2021-02-26］. http://www. woshipm. com/pd/233875. html.

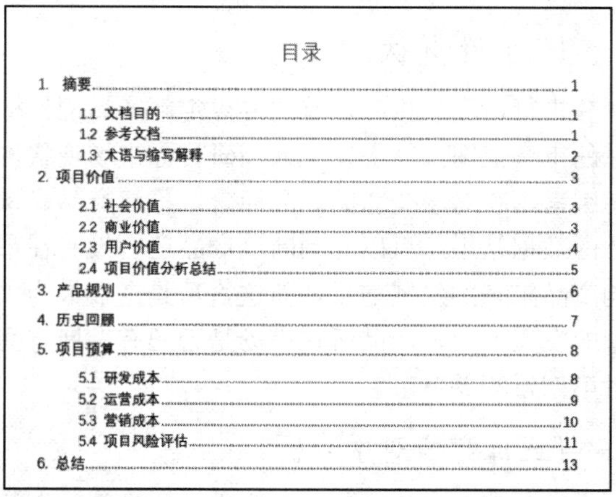
目录

1. 摘要 1
1.1 文档目的 1
1.2 参考文档 1
1.3 术语与缩写解释 2
2. 项目价值 3
2.1 社会价值 3
2.2 商业价值 3
2.3 用户价值 4
2.4 项目价值分析总结 5
3. 产品规划 6
4. 历史回顾 7
5. 项目预算 8
5.1 研发成本 8
5.2 运营成本 9
5.3 营销成本 10
5.4 项目风险评估 11
6. 总结 13

图 9-6　BRD 文档目录页

三、项目背景

BRD 是围绕着一个新的产品或者现有产品的创新展开的，为方便阅读对象理解，需要对项目背景进行介绍。项目背景主要要回答这样几个问题：现在处在市场的什么位置？为什么要做这个项目？这个项目解决的是现在的什么问题？通常可以从市场环境分析、存在问题、优势分析（如技术优势、经验优势、资源优势）等方面进行回答。根据具体项目的差异，会存在不同的分析维度，但宗旨只有一个，就是要说明市场有需求未得到满足，或者现有产品存在可提高的空间，而且公司在项目执行上具备优势。一般来说，项目背景包括提案原因、用户及用户需求、市场状况、竞争对手分析和项目价值几部分。

值得注意的是，在陈述项目背景时，一定要结合数据，或者是运营数据，或者是市场数据。因为BRD是产品生命周期中最早制作的文档，是供决策层讨论的文档，所以一定要有理有据，靠数据和事实说话，以便说服公司老板和决策层同意并协调相关资源来实施该项目。

下面择要介绍项目背景中的几个方面。

（一）用户及用户需求

这一部分需要描述的内容包括：

- 目标用户：界定新产品的目标用户群；
- 用户特点：用户的人口统计学信息、性格标签、需求标签等信息；
- 用户行为：使用产品的频率、使用习惯、消费习惯等；
- 用户需求：存在哪些未被现有产品满足的需求？核心需求是什么？在什么情况下产生了这些需求？……
- 产品使用场景：用户会在什么时间、什么地方使用新产品？会以什么样的方式使用新产品？哪一种产品形态更便于用户使用？……

对于C端产品而言，分析侧重点在于个体用户；而对于B端产品而言，还需要结合公司面临的问题，以及产品实际用户在使用时的具体流程和在使用场景中遇到的问题切入分析。具体可参考第五章和第七章的相关内容。就现有产品而言，通常已经上线运营了一段时间，有了一定的用户数据，因此在项目背景分析时，应该根据要创新的功能点或方案，列出相关的数据报告，从而突出当前产品存在的问题。

（二）市场状况

进行市场分析时，首先要界定新产品的目标市场，并用尽可能简洁的语言或图表呈现界定好的市场范围。其次，深入调研目标市场现状，包括市场规模、行业发展趋势、影响市场的动态因素等。对于全新的产品而言，虽然产品尚未落地，但还是应该先评估这些因素，并得出具体的数据结果，再以此判断该产品还有没有在市场上占据一席之地的可能。行业发展趋势会影响产品未来的发展前景，而这恰巧是老板最为关注的。需要通过市场分析向决策层阐述产品未来的发展方向，产品所在市场是否还有发展空间等信息，以便决策层进行判断。具体内容可参考第四章相关章节。

（三）竞争对手分析

这一部分描绘的是产品的竞争格局，应交代清楚市场上主要的竞争对手是哪些，它们是如何解决用户需求的，各自的优缺点是什么，市场份额分别是多少，是否存在产品差异化的策略。而且列出主要竞争对手，在未来产品设计的过程中也可将其作为参考和对标的对象。具体内容可参考第六章相关章节。

（四）项目价值

项目价值就是要告诉公司高层做了这个产品后会有什么样的好处。可以从两个方面进行陈述。一方面是从用户的角度出发，陈述项目解决了用户什么样的问题，或者说满足了用户什么样的需求，也就是对前面所做的用户需求分析进行回应。比如摩拜单车解决了用户出行最后一公里的问题，菜鸟裹裹解决了用户对物流动态的了解问题。

另一方面是从公司的角度出发，陈述项目对公司而言有哪些收益。这种收益可能是直接的盈利，即经济类的价值或称商业价值，比如提升用户数量、增加市场份额、增强用户黏性、放大品牌效应等；也有可能是间接的价值，即非经济类价值或称市场价值，如战略优势等，像微信红包项目就可以被看作是为微信支付打开市场的间接项目。除了需要对直接和间接价值进行讨论外，还应探讨这些价值是否符合企业的整体战略目标，毕竟在资源有限的情况下，只有符合整体战略目标的项目才是值得大力投入的项目。

（五）项目背景参考案例

【案例1】 魔方计划项目背景分析

魔方计划项目[①]是苏杰老师在《人人都是产品经理》一书里分享的真实案例，是在现有产品的基础上进行的创新。书中列出的只是现有产品现状，具体如下：

公司现在拥有两个产品，分别是“产品 1”和“产品 2”。

“产品 1”拥有 100 万用户，其中活跃用户 10 万人，在未进行主动推广的情况下，用户仍呈现出高速自然增长的状态。

“产品 2”是公司今年重点发展的项目，项目资金投入较大，目前投入为 20 亿元。

通过上述简单的数据陈述，可以很清楚地了解公司两款产品的发展现状：“产品 1”有人；“产品 2”不缺资金，但缺乏大量的活跃用户，它是公司近期重点发展的项目，需要其他项目提供协助。在分析的基础上，听的人脑中很容易形成这样的联想：如果将“产品 1”的用户嫁接到“产品 2”上，就可以最大化地利用两个项目的优势，从而扩大公司的收益。若真能形成这样的联想，不但能引起决策层的兴趣，还有利于 BRD 的继续陈述。项目背景分析以 PPT 幻灯片形式呈现，如图 9-7 所示。通过一张简单的 PPT 幻灯片，就呈现了两个产品的基本信息，一目了然。

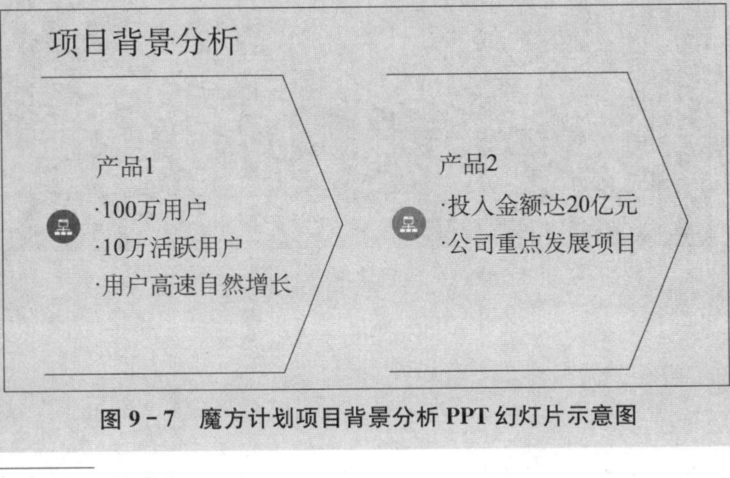

图 9-7 魔方计划项目背景分析 PPT 幻灯片示意图

① 苏杰．人人都是产品经理：纪念版［M］．北京：电子工业出版社，2014：98-99.

【案例2】 “云众包”产品项目背景分析

前面两个案例都是实际案例的部分分享，并未提供项目背景分析的全貌，大家在学习时可以多用模拟法，自己设定市场进行分析，多练手，练习作业也可作为未来求职时的作品进行呈现。“云众包”就是这样一个学习作品①，作者用了 4 张 PPT 幻灯片，分别呈现了市场发展现状及机会、行业发展现状、新产品目标及现有产品的不足、竞品分析及结论。具体如图 9－8 所示。

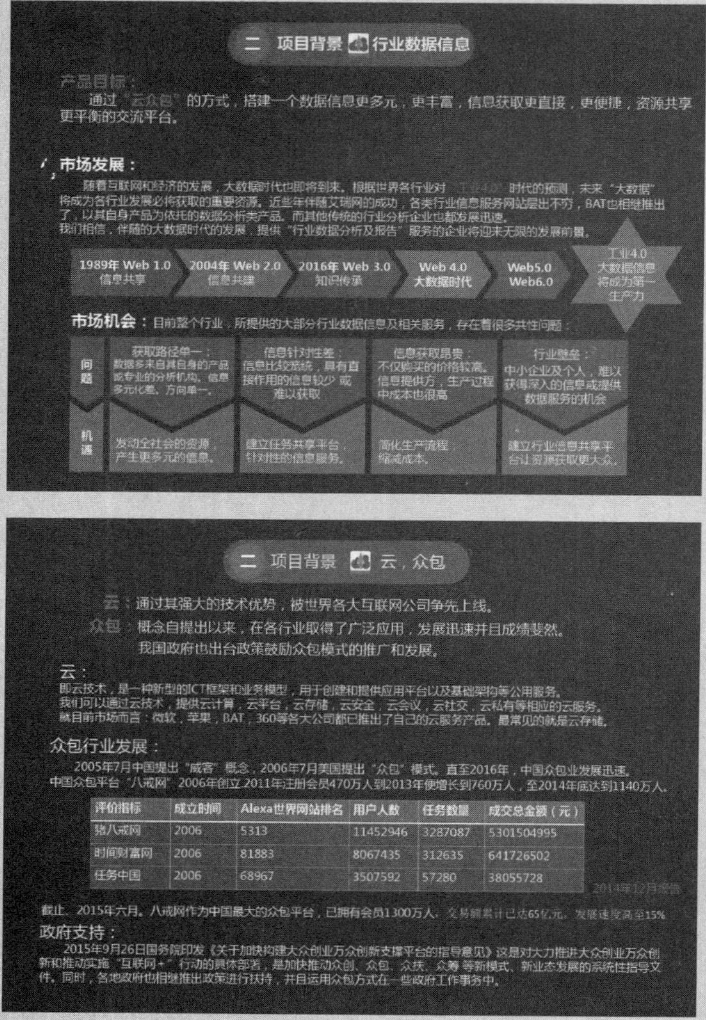

图 9－8 “云众包”项目背景分析 PPT 幻灯片示意图

---

① 参见于言某的文章《我的 BRD 文档课习作业：赶上大数据，云众包这两辆大车的产品》。2021 年 2 月 26 日查询时发现该文已经被原作者申请删除。

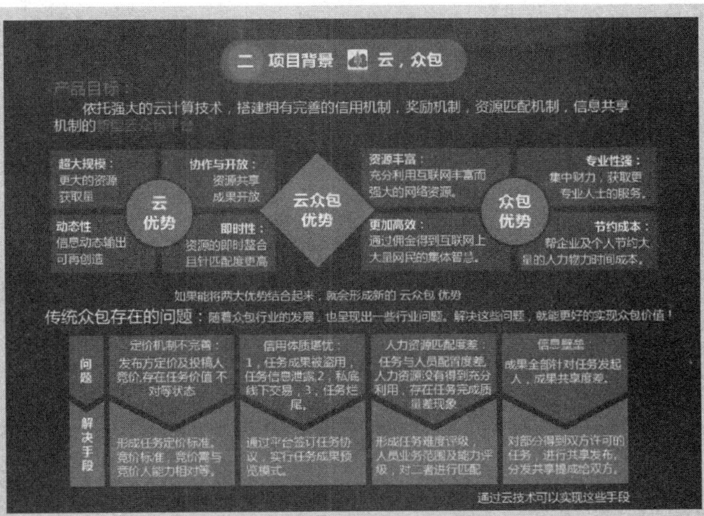

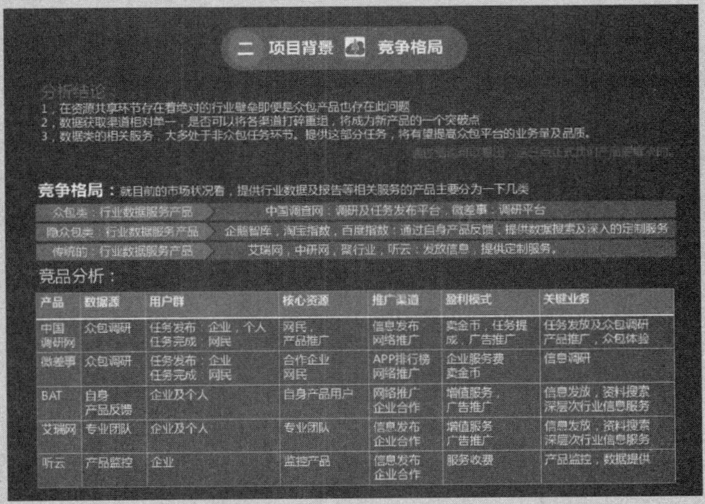

图 9-8 “云众包”项目背景分析 PPT 幻灯片示意图（续）

在实际工作中，项目背景分析会根据需要对撰写的内容进行侧重点选择和删减，但不变的原则有三：一是要有数据，二是要有结论，三是分析的维度、引用的数据和论述可以支撑最终的结论。

四、产品规划

通过项目背景分析确定了项目能做和值得做后，就需要对“怎么做”这个问题进行回应，这就涉及产品规划。产品规划就是依托前期用户、市场、需求、竞品分析等多个维度分析的结果，对产品功能、产品形态进行大体的描述。通常而言，产品规划包括产品形态及核心需求、产品盈利模式、产品路线图等内容。

（一）产品形态及核心需求

这个部分是产品规划的第一部分，也是整个 BRD 文档中第一次正式谈到目标产品内容的部分。因此在该部分需要对产品进行深度解剖，明确地告诉阅读对象和汇报对象要做的产品是什么形态的产品，这个产品所包含的大致核心需求有哪些。

1. 产品形态

产品形态可以被视为产品的一句话介绍，一方面用来明确产品的具体形态，是资讯形态的、社交形态的，还是O2O形态的等，另一方面用来明确如何实现产品定位，如“基于评测内容的垂直宠物电商平台”“提供精准行业数据信息和数据服务的在线信息交易平台”。有些时候产品形态介绍也会用产品的slogan代替，或者用市面上众人皆知的产品来比喻，例如“教育界的淘宝”“家装界的小红书”等。

2. 核心需求

核心需求分为功能性核心需求和非功能性核心需求两大类。功能性核心需求指的是开发人员必须在产品中实现的软件功能，用户利用这些功能来完成任务，满足业务需求。功能性核心需求中的功能往往是用户看得到的功能，如注册功能、登录功能、留言功能、回复功能、支付功能、订单查看功能等。因为习惯上总是用“应该”对其进行描述，如“系统应该通过算法自动匹配用户喜欢的视频内容”“系统应该能自动发送短信通知用户航班信息”，所以有时也可称之为行为需求。

非功能性需求是指依靠一些条件判断系统运作情形或其特性，而不是针对系统特定行为的需求，可视为产品开发过程中的“软条件”。非功能性需求通常是用户看不到的需求，与用户感知和产品的可持续性有关。通常包括以下九类：(1) 有效性需求；(2) 性能需求，如产品运行是否流畅、操作响应时间、同时下载需求等；(3) 扩展性需求，如未来版本迭代；(4) 安全性需求，如支付需求；(5) 健壮性需求；(6) 兼容性需求，如对浏览器、手机版本和系统等的兼容；(7) 可用性需求；(8) 运营需求，如运营需要的人力成本、市场推广的资金需求等；(9) 用户体验需求。

3. 核心需求参考案例

在BRD文档中，通常会对核心需求进行“打包”表达，即通过列表形式分模块进行描述，或者进一步画出业务的逻辑关系。例如，苏杰在“魔方计划”中用的就是业务逻辑图（见图9-9)，重点强调创新后的新产品与原有产品之间的业务关系；闫荣则建议采用产品架构图（见图9-10)，强调的是不同层次需要配合的工作内容及相互的关系。

无论采用哪种方式，都是围绕功能性需求的结构化表达，因此可以用产品结构图来表达，但要注意，这里强调的是产品结构，不是功能结构。功能性需求与产品结构之间的关系表达，可以通过点友项目①中关于产品结构的描述来学习。

点友作为一款陌生人社交产品，核心功能有三点：算法匹配、动态分享、兴趣沟通。由于最初的设想是消除孤独感，所以点友会在用户的人设方面进行精心设计，诱导用户去一步一步搭建自己的人设，形成自己的社交“参天大树”。

---

① SenYi. 点友商业需求文档BRD：2019社交新起点［EB/OL］.（2019-01-30）［2021-02-26］. http://www.woshipm.com/pmd/1880331.html.

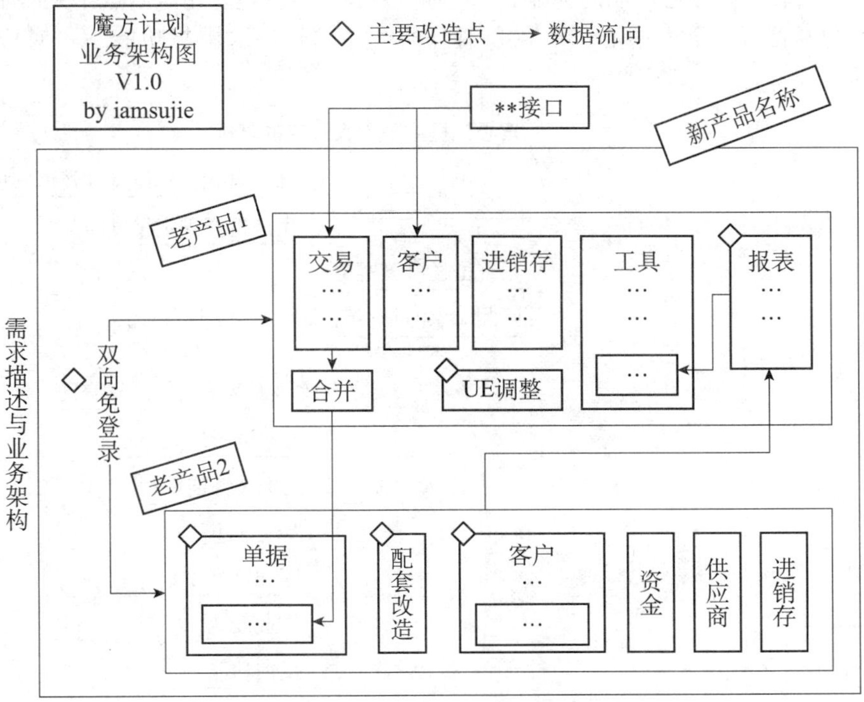

图 9-9 魔方计划业务逻辑图

资料来源：

苏杰．人人都是产品经理：纪念版［M］．北京：电子工业出版社，2014：99.

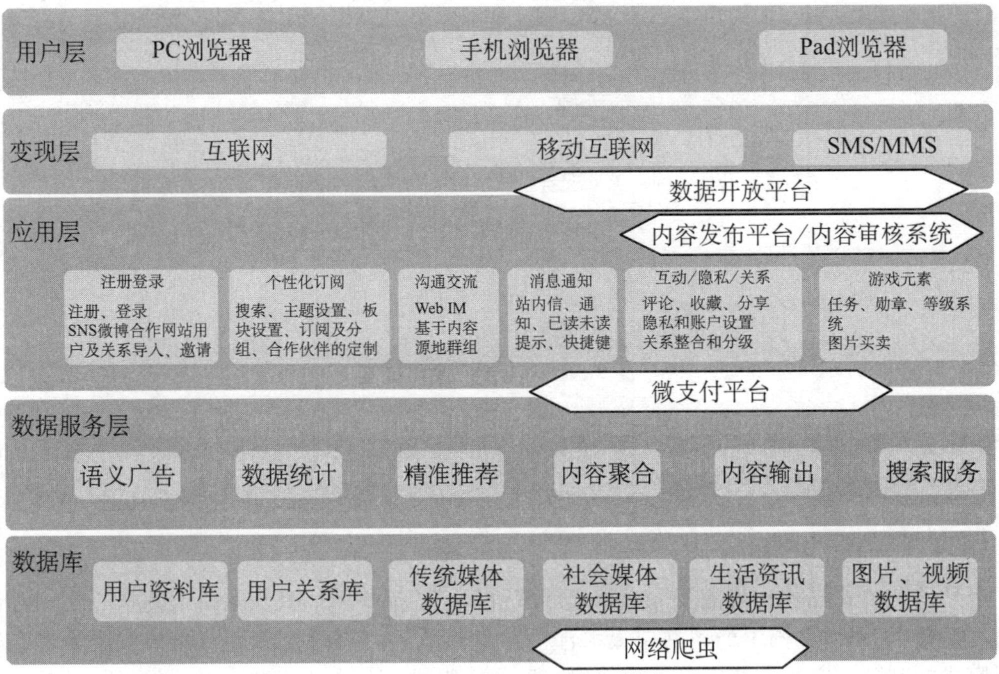

图 9-10 某产品架构图

资料来源：

闫荣．神一样的产品经理：基于移动与互联网产品实践［M］．北京：电子工业出版社，2012：61.

因此，项目在三点核心功能的基础上，增加了用户人设搭建，用这四点作为产品结构的基础，构建了包括首页、个人中心、动态和消息的产品结构，结构与功能一一对应，具体如图 9-11 所示。

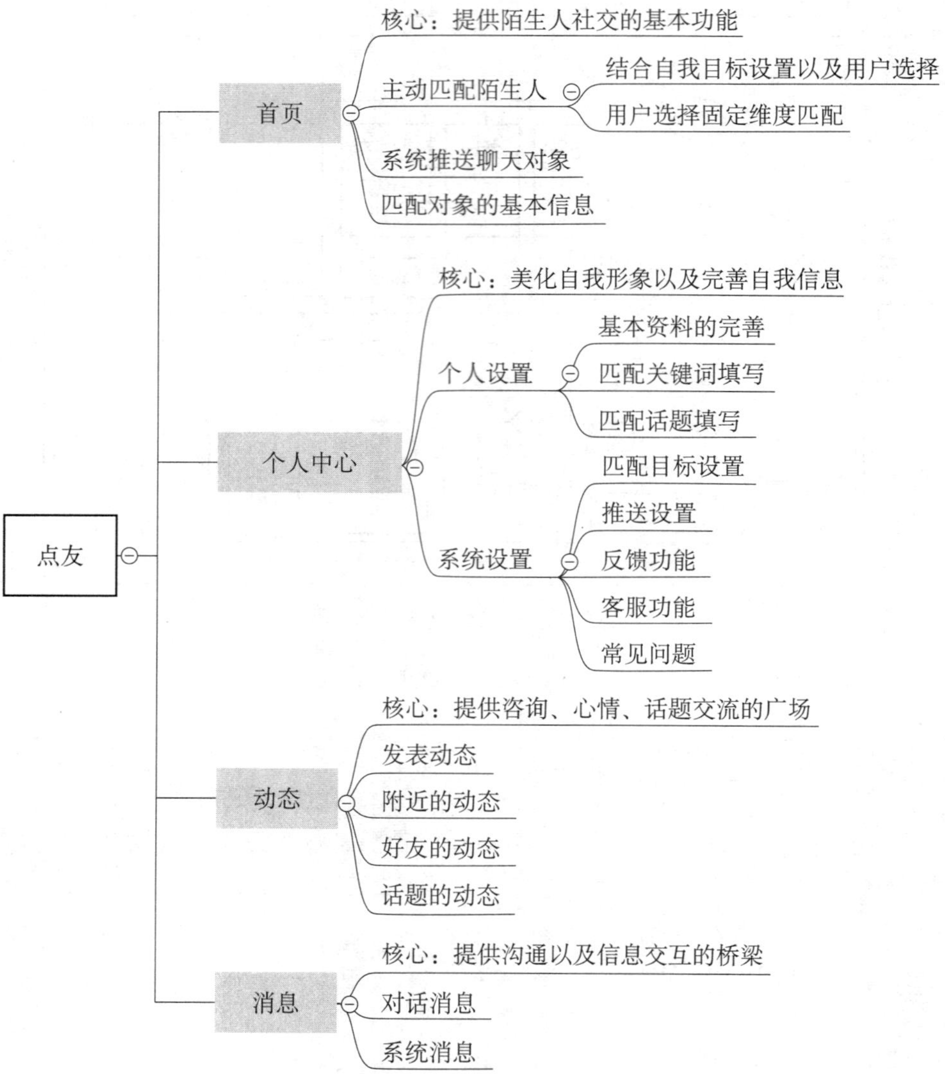

图 9-11　点友产品结构图

资料来源：

SenYi. 点友商业需求文档 BRD：2019 社交新起点 [EB/OL]. (2019-01-30) [2021-02-26]. http://www.woshipm.com/pmd/1880331.html.

（二）产品盈利模式

产品盈利模式描述与规范了一个企业创造价值、传递价值以及获取价值的核心逻辑和运行机制，是整个 BRD 文档中公司高层最关注的信息点之一，有时也称商业模式。决策者会通过盈利模式的判断，来决定产品是否值得做，以及值得投入多大的资源去做。常见的盈利模式包括直接付费、增值付费、广告、佣金、其他五大类，具体见第六章相关内容。

在陈述盈利模式时，可以分两步进行：第一步先划分产品的业务模块，并说明划分依据；第二步要陈述的是产品盈利模式的实现方式，即通过什么样的方式才能实现之前描述过的预期价值。

图 9－12 是“星云”项目 BRD 文档中的盈利模式页。文字描述如下：

根据利益相关者划分的企业收入结构、成本结构以及相应的目标利润，认为该产品主要有以下几种盈利模式。

● 产品服务费：根据功能/类型划分不同商业版本，提供不同形式的细致化功能服务；

● 量化交易：为需要数据支撑的企业提供量化参考，并将根据用户不同的需求，提供不一样的数据解决方案；

● 服务咨询：提供客户所需数据分析结果，并根据结果提供参考建议；

● 数据营销：采集并整理数据，从而帮助企业预测、描述、管理市场，进而满足消费的需求。

图 9－12 “星云”项目 BRD 文档中的盈利模式

资料来源：

金香槟运营．原创干货——《星云》大数据平台商业需求文档 BRD（附模版）[EB/OL]．(2018－12－14) [2021－02－26]．http：//www.jxbin.com/59050.html.

（三）产品路线图

新媒体产品通过“小步快跑，快速迭代”，在迭代中不断成长。快速变化的环境可能导致一些既定的发展规划无法按照原计划执行，甚至会被推翻，但仍有必要对产品发展进行提前规划，明确发展方向和阶段性目标，实现有层次、有节奏、有规律的产品研发。

产品路线图是产品需求在时间轴上的总体视图，是产品需求与其完成时间的概览，可以使用产品路线图来对需求进行分类、排定优先级，然后确定发布时间表。产品路线图应包括产品的每个阶段性目标、该阶段要实现的主要功能、每个功能研发的起止时间等内容。转化成便于思考和理解的问题就是：

● 产品应先满足用户的什么需求，再满足什么需求？

● 这样排序的原因是什么？

● 每个阶段应包含哪些需求？

- 每个阶段要实现的核心价值是什么？
- 每个阶段具体的执行时间是什么时候？

在思考这些问题的答案时，还应注意结合实际，从而提出可行性较高的计划。需要思考在产品发展的过程中市场的发展趋势会发生什么样的变化、竞争关系是否会发生变化、用户会如何发展/成长、本品与其他产品之间的关系是什么、是否能形成协同合力、发展阶段的划分与公司战略规划是否吻合等问题。

由于产品路线图以时间为主要维度，因此常用甘特图来表示。图 9－13 是一个产品路线图的范例，从图中我们可以看到：项目名称为新的管理控制台，涉及 Web 和移动两个开发团队；时间跨度是七个月（2016 年 1—7 月）；战略目标有五个，分别是提高性能、提高客户满意度、增加收入、内部优化和安全改进，而且分别用不同的颜色进行区分和表示；Web 版的发布时间确定为 2016 年 5 月 31 日，移动版的发布时间为 2016 年 3 月 31 日。以 4—5 月为例，Web 团队的开发工作已经完成，进入产品审核阶段，因此这个阶段的主要工作目标就是提高客户满意度和安全改进。

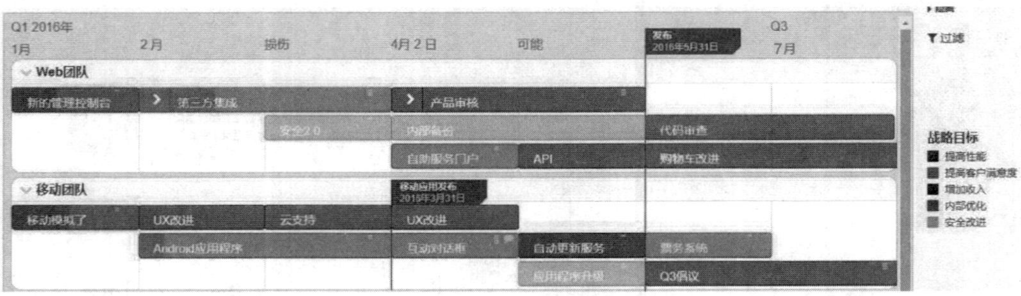

图 9－13　产品路线图范例

资料来源：

少宰．如何创建产品路线图/Roadmap?［EB/OL］．（2018－12－04）［2021－02－26］．http：//www.woshipm.com/pmd/915091.html.

需要注意，在撰写产品规划时，不要进行过多的细节化描述，如性能或技术实现方式等。原因主要有三点：第一，方案尚处于论证阶段，不知是否能够落地执行。若获得通过，还需要汇总各相关部门意见后，对产品方案进行细化和优化。若未获通过，则撰写得太细也是一种人力资源的浪费。第二，阅读对象和汇报对象为公司高层，相较于产品细节，他们更在乎产品的市场前景、盈利和风险。第三，BRD 往往由一个或少数人来撰写，虽然经过了非常严谨的调研和分析，但肯定还会有疏漏之处。若写得太细，容易在过会时陷入对具体细节的讨论，可能会被询问一些之前未曾考虑过的问题，从而对项目讨论结果产生不利影响。

五、收益、成本和风险

前面已经回答过“做什么”“为什么做”“怎么做”“做了会获得什么好处”等问题了，但不能“报喜不报忧”，所需要的成本和可能的风险也是必须呈现给包括公司老板在内的公司高层看的。只有知道了可能的收益和需要付出的成本，才能进行合理的决策；同时也只有预估到了可能的风险，提前考虑好可能的应对措施，才能判断公司是否有足够的能力承担项目失败造成的后果。

（一）项目收益预估

对于全新产品而言，收益主要通过竞品分析或者行业报告中的数据进行推测；对于创新产品而言，收益则主要通过创新前的真实数据进行预估。至于收益率，一般会参照行业中间水平，或者预设几个不同的转化率进行分档预估，如预设10%、5%、1%和0.1%等不同的级别进行测算。

例如，某宠物食品评测电商平台的BRD中是以如下方式进行收益测算的①：

- 根据“微博话题”和知乎问答上的统计，推测用户量为500万；
- 预估平台内容优势转化率为10%；
- 根据有关公开资料得知，宠物用品商城的客单价一般可达到200元；
- 商品交易总量=用户量×转化率×客单价，从而计算出销售额可以到1亿元；
- 如果毛利率达到15%，预估收入可以达到1 500万元。

有的BRD则会从收益的来源开始进行分别计算（见图9-14）。具体选用哪一种方法，可根据实际项目需要决定。

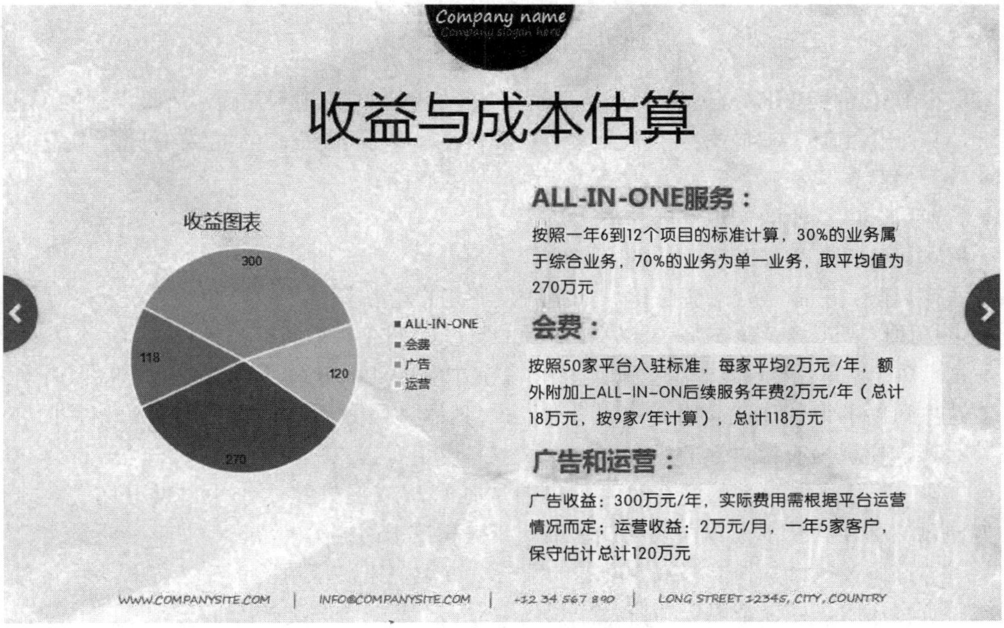

图9-14 互联网金融项目收益估算

资料来源：

DIANNA. 原创推荐 | 互金商业需求文档BRD [EB/OL]. (2015-11-13) [2021-02-26]. http://www.woshipm.com/pd/233875.html.

（二）项目成本估算

对于任何企业而言，下列公式都成立：获利=收益-成本。研发产品时对于可能需要付出的成本必须进行合理估算，如此才能做出合理决策。如果公司已经存在多条产品线，那么老板会根据产品的成本划分人力、物力等资源。项目成本通常包括研发成本、运营成本、营销成本等，每一项成本中又分别包含人力成本和非人力成本。在进行成本估算之前，产品经理需要就这部分内容与相关部门负责人进行沟通，确定成本的计算方式和总价，如项目所需要的测试人员的数量、工资标准和开发周期，运营时所需人员配置和工资标准等。

在BRD中需要通过列表的方式，结合项目和部门对所需资源进行预估和申请。魔方计划

① 子陆说．宠物食品评测电商平台：“妙养”商业需求文档BRD [EB/OL]. (2019-08-16) [2021-02-26]. http://www.woshipm.com/evaluating/2720899.html.

中就将各功能所需的开发时间以表格形式列出，如表 9－5 所示：

表 9－5　　魔方计划的资源评估

	PD	UE	开发	测试
功能 1	10	2	22	
功能 2	6	18	20	
功能 3	5	2	10	
功能 4	3	10	5	
功能 5	2	0	6	

资料来源：
苏杰．人人都是产品经理：纪念版［M］．北京：电子工业出版社，2014：99.

（三）风险与对策

在整个 BRD 的最末部分，需要对产品可能会遇到的风险进行预判，确定风险出现的可能性和严重性，并列出相应的应对方法或处理预案。一般来说，项目可能面临的主要内外部风险包括：

● 政策风险：国家有关政策、法律法规对产品的影响；
● 行业风险：行业的宏观发展趋势；
● 资本风险：资金来源和流转的稳定性；
● 法律风险：产品是否触犯法律，如是否侵犯用户隐私等；
● 市场风险：市场竞争态势，如直接对手的打压、潜在对手的崛起等；
● 技术风险：是否有保障产品实施的技术、核心技术是否有壁垒、技术的安全性和稳定性等。

对这些风险的评估往往采用 SWOT 分析法，具体操作方式及内容见第四章相关内容。看到风险后还需要提出有针对性的应对方法。一般来说主要有三种对策：

● 规避：对于可能存在的潜在风险，提前加强管理或提升技术水平，做好防范，未雨绸缪，如通过招聘顶尖技术人才来攻克技术难关或提高技术门槛等；

● 缓解：通过执行一种能够减少问题的新行动方案，来防范风险产生，如积极引入外部资金来缓解资金风险、建立战略联盟降低市场风险等；

● 接受：对于突如其来的变化，积极制订计划进行应对，如针对《北京市微博客发展管理若干规定》，主动引导用户进行身份认证。

一般来说，需要针对每一个确定的风险，一一提出对应的处理对策。例如，“星云”项目的 BRD 中列出了项目所面临的风险，有市场风险、技术风险、数据风险和财务风险，并对每一种风险提出了处理对策。① 以技术风险为例，要想有效规避这一风险，或把风险值降到最低，可以采用以下两种措施：第一，与所有技术人员签署一定的竞业协议；第二，对核心技术人员进行鼓励式加薪，避免关键人才的流失。图 9－15 是该项目 PowerPoint 版的 BRD 中对四种风险的一一回应。

虽然不同公司或者不同的产品经理，可能会采用不同的 BRD 框架和写法，但一个好的 BRD 文档应该具备以下几个特征。第一，陈述要有逻辑，各个部分之间应该存在有机关联；第二，多采用描述性语句，多用数据和图表说话，结论有数据支撑；第三，不以抢夺资源为目的，该点到的问题都要说到，如困难、风险等；第四，不要过多地使用专业术语，要言简意赅；第五，分析完后要提出明确的结论和做法。

---

① 金香槟运营．原创干货——《星云》大数据平台商业需求文档 BRD（附模版）［EB/OL］．（2018－12－14）［2021－02－26］．http：//www.jxbin.com/59050.html.

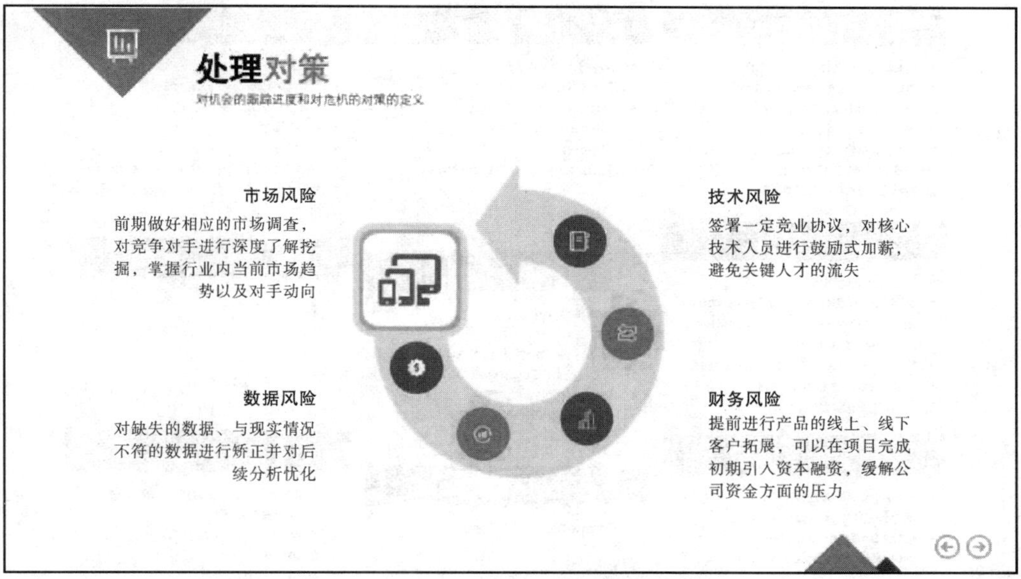

图 9-15 “星云”项目风险对策

资料来源：

金香槟运营．原创干货——《星云》大数据平台商业需求文档 BRD（附模版）[EB/OL]．(2018-12-14)[2021-02-26]．http://www.jxbin.com/59050.html.

第三节 市场需求文档的撰写

正如前文所言，市场需求文档（MRD）是产品项目由“准备”阶段进入“实施”阶段的第一文档。也就是说，当产品经理带着 BRD 在产品会议上“凯旋归来”后，就需要讨论以什么样的具体形式来实现 BRD 中陈述过的项目价值和收益，重点在于讨论进入的是什么样的市场、有哪些主要对手、为什么样的用户服务、响应这些用户什么样的需求、怎样实现商业目的、应该怎么做、应该什么时候做等问题。

一、MRD 文档框架

MRD 是对 BRD 的进一步细化和论据支撑，需要有更细致的用户、市场和竞争对手分析。与 BRD 一样，不同的公司或产品经理也会采用不同的 MRD 文档框架。图 9-16 展示的就是国外比较经典的 MRD 框架模板，包括了执行摘要、市场问题、机会、目标用户、定位、竞争、基本信息、用例、财务状况九个部分。回看国内，大白鲸在分析趣买卖时采用的则是图 9-17 所示的文档框架[①]，包括文档介绍、市场及行业分析、用户说明、产品说明四部分。

① 大白鲸．趣买卖 | 虚拟资产交易产品市场需求文档 MRD [EB/OL]．(2019-08-16) [2021-02-26]．http://www.chanpin100.com/article/109265.

该案例在后续的章节中还会多次出现，以下简称为“趣买卖”。

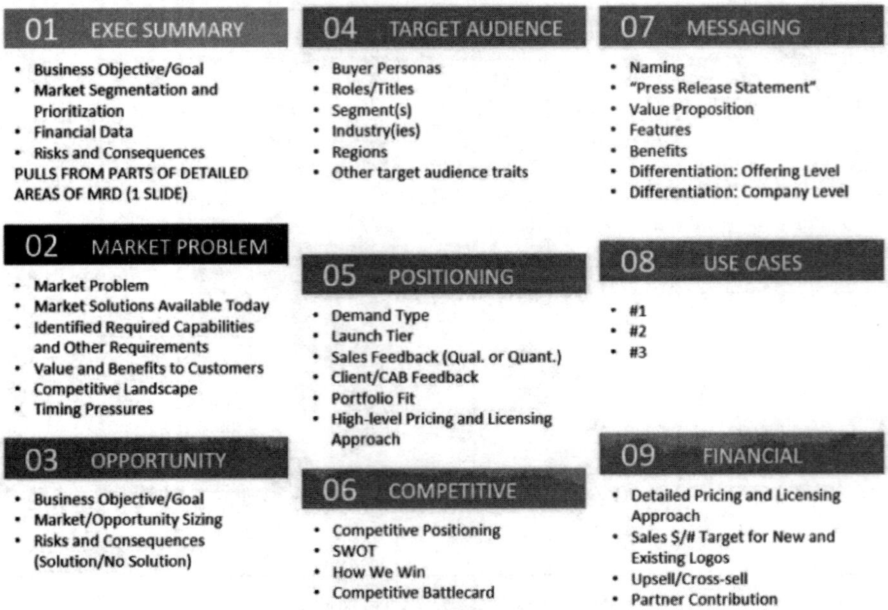

图 9－16　国外经典 MRD 框架

资料来源：

DAVID. The Marketing Requirements Document or MRD [EB/OL]. (2019－03－20) [2021－02－26]. https://www.shootthecurlmarketing.com/the-marketing-requirements-document-or-mrd/.

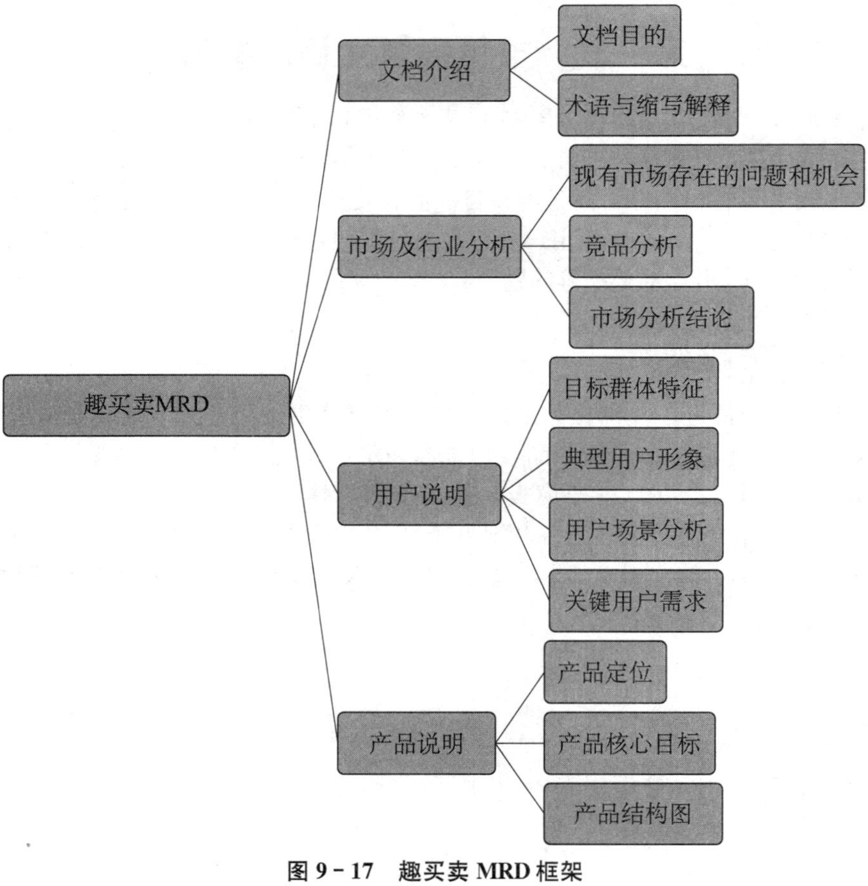

图 9－17　趣买卖 MRD 框架

综合而言，MRD的主要内容应包括文档概述、市场概述、用户分析、竞品分析和产品需求概况五部分，各部分具体内容如表9-6所示，在实际工作中可根据需要进行具体内容的调整和删减。

表9-6　　MRD的主要内容

一、文档概述	二、市场概述	三、用户分析	四、竞品分析	五、产品需求概况
1. 产品介绍 2. 项目背景 3. 文档目的	1. 市场定位 2. 市场规模 3. 市场格局 4. 市场特征 5. 市场问题 6. 市场发展趋势和前景 7. 市场壁垒	1. 用户细分 2. 使用场景 3. 用户需求分析	1. 竞品分析对象 2. 竞品商业模式 3. 竞品目标用户 4. 竞品功能分析 5. 竞品运营、推广、营销策略 6. 竞品市场份额	1. 产品定位 2. 产品核心目标 3. 产品结构 4. 产品路线图 5. 产品需求

二、封面和目录

与BRD文档一样，MRD文档也会有封面和目录信息页。

封面信息页由MRD文档头、文档基本信息和版本修改记录三部分组成，具体如图9-18所示。

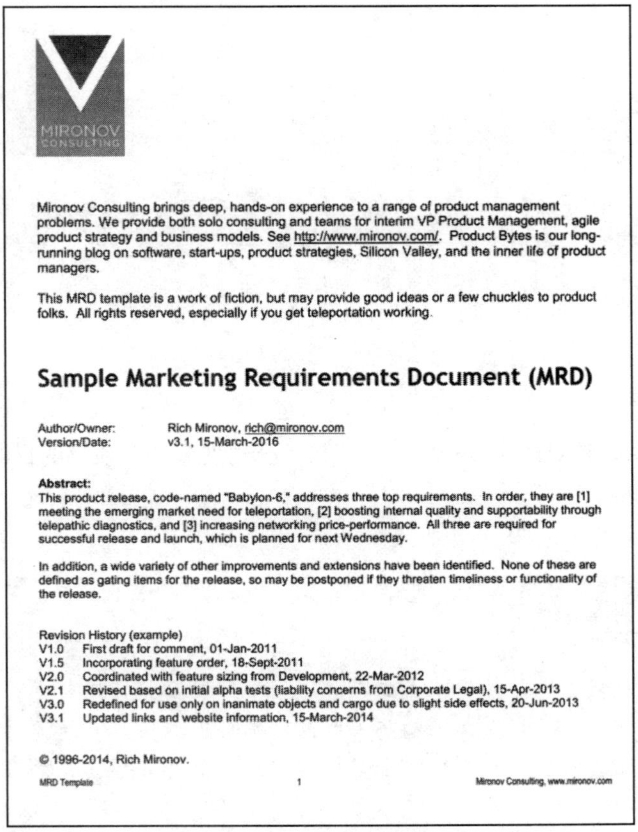

Mironov Consulting brings deep, hands-on experience to a range of product management problems. We provide both solo consulting and teams for interim VP Product Management, agile product strategy and business models. See http://www.mironov.com/. Product Bytes is our long-running blog on software, start-ups, product strategies, Silicon Valley, and the inner life of product managers.

This MRD template is a work of fiction, but may provide good ideas or a few chuckles to product folks. All rights reserved, especially if you get teleportation working.

Sample Marketing Requirements Document (MRD)

Author/Owner: Rich Mironov, rich@mironov.com
Version/Date: v3.1, 15-March-2016

Abstract:
This product release, code-named "Babylon-6," addresses three top requirements. In order, they are [1] meeting the emerging market need for teleportation, [2] boosting internal quality and supportability through telepathic diagnostics, and [3] increasing networking price-performance. All three are required for successful release and launch, which is planned for next Wednesday.

In addition, a wide variety of other improvements and extensions have been identified. None of these are defined as gating items for the release, so may be postponed if they threaten timeliness or functionality of the release.

Revision History (example)
V1.0 First draft for comment, 01-Jan-2011
V1.5 Incorporating feature order, 18-Sept-2011
V2.0 Coordinated with feature sizing from Development, 22-Mar-2012
V2.1 Revised based on initial alpha tests (liability concerns from Corporate Legal), 15-Apr-2013
V3.0 Redefined for use only on inanimate objects and cargo due to slight side effects, 20-Jun-2013
V3.1 Updated links and website information, 15-March-2014

© 1996-2014, Rich Mironov.

MRD Template　1　Mironov Consulting, www.mironov.com

图9-18　国外MRD文档封面范例

资料来源：

Rich Mironov's Product Bytes [EB/OL].（2016-03-15）[2021-02-26]. https：//studylib.net/doc/8052840/-rich-mironov-s-product-bytes.

MRD文档头，即文档说明，用于简明扼要地介绍本文档，也可以视作前言；

文档基本信息，包括产品需求名称、文档创建日期、创建人/联系方式、部门/职位等；

版本修改记录，通常以表格形式进行展示，包括文档撰写/修订日期、版本编号、修改人、修改内容和备注等。

目录页则是具体内容的列表及相应页码展示，在此不做赘述。

三、文档概述

文档概述通常包括产品介绍、项目背景、文档目的三方面内容，但具体工作中或有调整及删减。

（一）产品介绍

陈述有关产品目前的基本信息，如产品形态、主营业务、市场份额、用户数量等。因此主要针对的是全新产品，而改良产品一般本部分缺省。下文将以网友ZW分享的饿了么MRD文档为例（以下简称“饿了么”）①，对MRD各部分的内容撰写进行学习，若有其他来源案例，将进行单独说明。

【案例】 饿了么

外卖平台——“饿了么”2008年创立于上海，是中国领先的本地生活平台。

截至目前，饿了么在线外卖交易平台已覆盖全国2 000个城市，加盟餐厅130万家，用户量达2.6亿。外卖业务涉及餐饮、医药、超市、生鲜、鲜花、买菜、预订服务等。

（二）项目背景

项目背景部分主要是对产品所处的市场背景、公司发起这个项目的目的、公司的战略意图等进行简要描述。

【案例】 饿了么

如今在线外卖日趋成熟，外卖不再局限于在线餐饮，而是慢慢转变为一种生活方式，从订餐等餐饮类到超市、跑腿、医药、鲜花等商品类别都有涵盖，甚至还有上门服务等。

越来越多的不同城市的不同人群更加习惯使用外卖服务解决自己的需求，外卖已经成为一种新的生活方式。

① ZW. MRD：饿了么市场需求文档［EB/OL］.（2019-10-09）［2021-02-26］. http：//www.woshipm.com/evaluating/2948140.html.

（三）文档目的

本部分简述文档的基本内容，主要说明文档陈述的主要目标功能、文档主要分析维度等具体信息。有时还可在原有背景客观事实的基础上，对要做的项目做个展望。

【案例1】 饿了么

本文档从市场状况、用户状况、市场竞品三个方面来分析饿了么产品的市场前景与策略。

【案例2】[①] Babylon-6

This product release, code-named "Babylon-6", addresses three top requirements. In order, they are meeting the emerging market need for teleportation, boosting internal quality and supportability through telepathic diagnostics, and increasing networking price-performance. All three are required for successful release and launch, which is planned for next Wednesday.

In addition, a wide variety of other improvements and extensions have been identified. None of these are defined as gating items for the release, so may be postponed if they threaten timeliness or functionality of the release.

四、市场概述

从MRD文档的名字就不难看出，这个文档相较于BRD和PRD而言，会更侧重于市场和商业的部分，该文档的市场分析内容和体量在三类文档中是最重的。一般来说MRD的市场概述会包括市场定位、市场规模、市场格局、市场特征、市场问题、市场发展趋势和前景、市场壁垒等。

（一）市场定位

产品经理首先要做的事情是选定目标市场，进行清晰的市场定位。这样做的好处一方面是让公司高层和团队成员知道目标领域所在，另一方面也便于分析时有的放矢。产品的目标市场应该是一个具体而细分的市场区划，特别在产品初创阶段，市场的定位就显得更为重要。从目前新媒体产品的发展趋势来看，市场越细、定位越垂直，成功的概率相对越大。例如教育行业是一个很大的市场，而教育行业中的在线教育就是大市场中的细分，再往下，针对出国英语考试需求的在线教育市场就是一个非常小同时也非常垂直的细分市场。

---

① Rich Mironov's Product Bytes [EB/OL]. (2016-03-15) [2021-02-26]. https://studylib.net/doc/8052840/-rich-mironov-s-product-bytes.

（二）市场规模

市场规模的大小决定了产品未来的发展空间，也就决定了企业是不是要对产品进行创新实验和投资。市场规模是一个变量，因此只能通过估算来进行大概确定。可利用易观智库、企鹅智酷、艾瑞咨询等数据网站发布的数据和分析报告进行计算，或者将 5～7 个主流品牌的销售总额相加，再结合它们各自的市场份额，最终估算整个市场的体量。

【案例1】 饿了么

Trustdata 发布的《2019 上半年中国外卖行业发展分析报告》显示，2019 年中国外卖产业增速放缓，但仍然保持较快增长速度，2019 年全年的交易金额预计将从 2018 年的4 613 亿元增长到 6 035 亿元。

【案例2】 体育直播①

2016 年体育产业规模为 1.5 万亿元，其中观赏类（看）体育市场规模为 2 895 亿元。

（三）市场格局

了解市场格局，其实就是了解市场里都有哪些竞争对手、各竞争对手的市场份额和分层等市场信息。

【案例】 短视频行业市场格局分析②

目前，短视频行业已步入稳定发展的成熟期，竞争格局也保持相对稳定。总体来看，除了 2011 年最早进入行业的快手以外，近两年，在互联网巨头的积极布局下，短视频行业内的主要竞争者还包括头条系的火山小视频、西瓜视频、抖音，阿里系的土豆视频等，百度系的好看视频、全民小视频等，腾讯系的微视、yoo 视频等，新浪系的秒拍、波波视频等，以及网易系、陌陌系、360 系、爱奇艺系、美图系等旗下的短视频平台。发展至今，快手与头条系 APP 在短视频行业最具竞争力。短视频行业主要竞争者如图 9－19 所示。

---

① FEARLESS. BRD/MRD/PRD 的区别及 MRD 内容框架［EB/OL］.（2017－07－12）［2021－02－26］. https：//www. jianshu. com/p/5857681322a5.

② 伍香洲 . 2019 上半年短视频行业市场格局与发展趋势分析 头条系短视频 APP 竞争力强劲【组图】［EB/OL］.（2019－08－09）［2021－02－26］. https：//www. qianzhan. com/analyst/detail/220/190808－50507986. html.

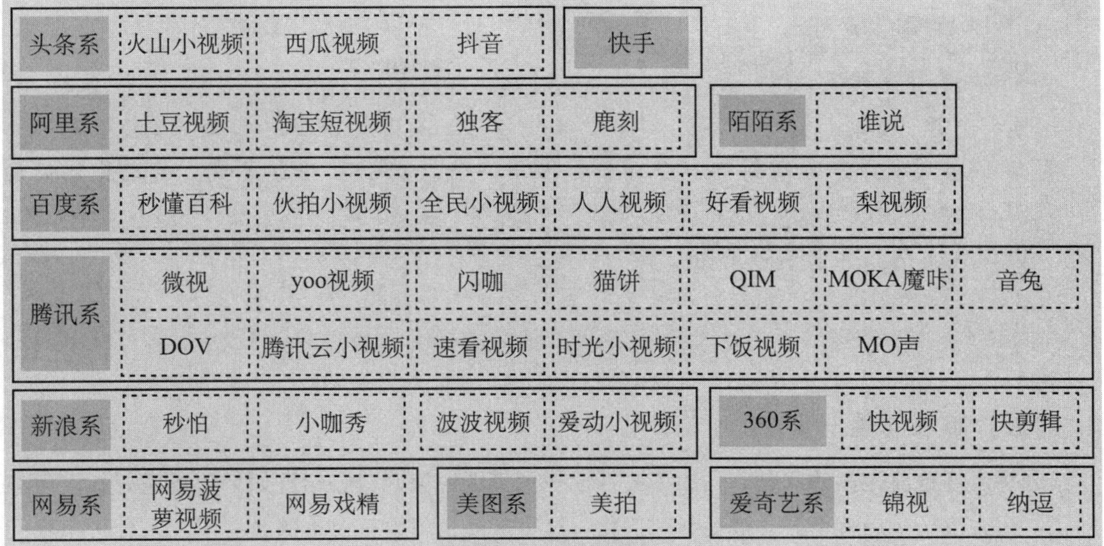

图 9－19　短视频行业主要竞争者一览表

资料来源：

伍香洲．2019 上半年短视频行业市场格局与发展趋势分析 头条系短视频 APP 竞争力强劲【组图】［EB/OL］.（2019－08－09）［2021－02－26］. https：//www. qianzhan. com/analyst/detail/220/190808－50507986. html.

（四）市场特征

市场特征也就是目前市场中表现出的典型特征。每个阶段的市场特征是不完全相同的。在创意阶段，拼的是点子，投资者愿意为一个看上去行得通、能占领市场的点子投入大量的资金，特别在新媒体产品领域更是如此。例如 ofo 从 2015 年 3 月至 2016 年 4 月，一年时间内就融资上千万元人民币。在成长阶段，需要尽可能快速地占领市场、提高壁垒，因此拼的多是资金供给，资金链若断裂将直接导致产品的衰落甚至死亡。还是以 ofo 为例，2016 年 9 月进入 B 轮融资以来，至 2018 年 3 月，融资金额超过 30 亿美元。而到了大浪淘沙的可持续发展阶段，拼的则是产品自身的核心竞争力和运营团队的战略和策略。① 由于忽视了产品核心竞争力的提升，疯狂进行市场扩张，自 2018 年下半年起，ofo 开始遭遇挤兑危机，未来将如何发展，仍是个未知因素。

【案例1】　互联网金融②

2013 年互联网金融市场兴起，经过 4 年的野蛮生长后逐渐大浪淘沙，屡见平台爆雷跑路事件发生，急需政府加强市场监管力度，保障投资人资产安全。于是监管政策相继推出，牌照发放也不断收紧，导致行业准入门槛提升。

① 互联网圈的 95 后大叔．一文看懂 ofo 的融资历史：自行造血才是王道！［EB/OL］.（2018－03－16）［2021－02－26］. https：//baijiahao. baidu. com/s? id＝1595101820345930884 & wfr＝spider & for＝pc.

② 苏广文，雷刚跃．移动互联网产品策划与设计［M］．西安：西安电子科技大学出版社，2018：172.

【案例2】 体育直播[1]

直播为近年最火的一个领域，2016 年大批直播平台涌现，刚一出现就多达几百个。2017 年因屡现直播内容低俗和平台无证经营等事件，国家开始对直播市场进行整顿，严打利用直播播放违法违纪、涉黄和暴力倾向内容，逾 9 万个直播间关闭、3 万主播账户关闭。自此直播行业进入洗牌阶段，二八定律作用越发明显，大平台开始强势吸取小平台用户和流量。这一市场特征也促使各平台加速商业化进程，开始尝试打赏等多种盈利模式。

（五）市场问题

分析市场目前存在的问题，是为了更好地找到市场的突破口。毕竟如果市场完好，不存在问题，那么市场格局就不需要被更新和优化，这个产品也就没有讨论的必要了。在分析市场问题时，可以从以下几个维度切入。

1. 用户维度

讨论用户维度，也就是探讨相关的产品或功能涉及哪些角色，如外卖可能会涉及用户、商家、骑手三类角色，而网上购物则可能会涉及买家、卖家、物流、客服等角色。找出与要讨论的产品或功能最相关的角色后，要探究他们有哪些需求没有得到充分满足。例如在网上购物早期，物流公司并不会向用户提供物品的流转信息，这也就意味着物品在离开用户后，一直处于“黑箱”的状态，而无论买家还是卖家都是希望知道这些信息的，因此这就是在购物流程中未得到满足的需求。

【案例】 饿了么

在骑手配送环节，骑手接单后赶往商家取餐的过程有几个痛点问题：

- 骑手能否在给定时间内送达；
- 在规定时间内商品的状态能否尽量完好，如温度、形状等；
- 骑手与商家之间的问题，如商家制作不够及时影响骑手其他订单的配送进度等；
- 骑手配送优先级可能会影响配送时间，进而影响外卖体验；
- 骑手与用户之间的矛盾，如可能出现骑手态度不佳或用户过于严苛等。

2. 产品维度

产品维度指直接从产品切入，从产品使用体验的角度寻找存在的问题。例如是否存在产品设计体验差、功能单一等问题。

---

① FEARLESS. BRD/MRD/PRD的区别及 MRD 内容框架［EB/OL］.（2017－07－12）［2021－02－26］. https：//www. jianshu. com/p/5857681322a5.

【案例】 饿了么

在付款下单这一环节，饿了么优先让用户使用支付宝结算，在用户取消结算后，订单进入待付款环节，此时再次进行付款，付款方式中会多出来一个微信支付，这样既可以使得用户优先使用支付宝，也能够提供微信支付的渠道。而在美团外卖中则只有微信和美团支付这两个支付渠道。

3. 技术维度

从技术维度切入，分析市场目前的各类产品技术水平，找出存在的普遍问题，如地图软件定位不准、图像识别存在难点、现行技术存在明显缺陷等。

4. 盈利模式

从盈利模式切入，有助于了解市场现行的主流盈利模式；分析目前市场是否处于缺乏盈利模式的状态，了解现行盈利模式的优劣，有助于断是否能得出盈利模式角度的创新可能性。例如，原来的新闻资讯是需要付费阅读的，买报纸、买杂志、买书都是预付费模式；现在是否能变换盈利模式，免费提供一般资讯，重点售卖高品质资讯，又或者资讯免费，通过高附加值的会员或服务赚钱。

（六）市场发展趋势和前景

市场发展趋势和前景，就是要根据现有数据和市场现状，评估未来2～5年的市场发展，预估市场可能会出现哪些不同的发展状况，如竞争格局是否会发生变化、商业模式是否会借鉴相关行业的模式等。这就需要产品经理平时多关注市场信息，然后通过自己的判断和市场感，来研判未来市场走向。

【案例】 体育直播①

宏观来看，国家支持行业发展，出台鼓励政策；国民对体育运动的热爱持续增温；全民运动兴起。随着观众版权意识增强，重大赛事将成为行业竞争者和参与者的香饽饽，未来赛事付费观看将会像知识付费一样普及，原有解说模式可能会被打破，个性化、娱乐化、专业化将是行业未来发展方向。

（七）市场壁垒

市场壁垒并非每个项目都有，但如果有，可以从以下几个方面进行分析：

1. 成熟市场壁垒

如果市场已经非常成熟，品牌效应明显，甚至已经出现了垄断企业，那么就一定要对市场

---

① FEARLESS. BRD/MRD/PRD的区别及MRD内容框架［EB/OL］.（2017-07-12）［2021-02-26］. https://www.jianshu.com/p/5857681322a5.

进行细分后再切入，否则胜利的概率很小。

2. 资金壁垒

如果市场处于红海初期，企业竞争十分激烈，就需要使用大量资金来开拓并稳定市场，如曾经的“百团大战”“网约车大战”和“外卖大战”等。

3. 技术壁垒

一些新媒体产品涉及对高科技技术的应用，如机器学习、人工智能、云服务等。就这些项目而言，是否拥有相关的技术就成为进入市场的主要壁垒。

4. 行业壁垒

根据《国务院对确需保留的行政审批项目设定行政许可的决定》的规定，包括教育、医疗、视听节目网上传播产品及服务等在内的七类行业需要获得国家审批。当产品或服务涉及依法需要国家审批的内容，特许人除了需要准备申请商业特许经营备案所需要的资料，还需要向有关部门提交获得有关国家机关批准的文件。

(八) 小结

完成市场概述后一定要有一个小结。小结的核心无非是要向包括老板在内的公司高层说明，从市场的角度看，这个产品到底值不值得做，以公司目前的基础有多大把握可以做成，怎么做才能有收益，做成后会有多大的收益。

【案例】 趣买卖

1. 虚拟资产交易完全依赖于线上交易，不需要实体店铺支撑，门槛较低，因此竞争激烈，目前行业向着2.0迈进，规则制度尚未完善，是快速切入市场、进行布局的好时机。

2. 选择一个垂直领域精细化运作，获得一定的客户和市场资源后，逐渐铺开业务，以小程序为主要竞争力的自媒体交易可以作为首选。

3. 目前阿里云、易名中国占据网站、域名主要市场份额，切入市场后，知识产权和新媒体是布局的重点。

五、用户分析

对于具体的产品而言，目标用户是根据需求进行划分的，具有相同需求的用户性质基本是一致的，因此可以针对具体的产品或功能进行用户分析。

(一) 用户细分

用户细分就是限定目标用户群体。第一步是确定用户的人口统计学特征，如年龄、性别、地域、学历、经济条件等相关信息。第二步是明确目标用户特征，也就是这个群体的共性特点和非共性特点，如性格、爱好、技能、生活习惯等。第三步是制作用户画像，具体做法可参照第五章相关内容。这里需要重申的是，用户画像不是一个人，而是一类人，是目标用户的深化，是将目标用户用具体形象的方式表现出来，应具有代表性。

【案例】 趣买卖

开网店一般门槛较低，店主可分为企业和个人，经营方式则可分为全职和兼职。百度指数提供的数据显示：具有网店购买需求的人群，年龄分布中40～49岁占比39%，位居首位，30～39岁占比38%，紧随其次，20～29岁占比17%，可以看出中年人比重最大；男性占绝大多数，比例为79%，女性占比21%。

用户画像1：张同学，95后，网店购买者。在校大学生，资金有限，爱好玩游戏，想在拼多多上买一家游戏专营店。

用户画像2：王先生，80后，网店店主。因为公司经营问题，考虑出售一家店铺。

用户画像3：李女士，90后，实体经营者。感受到电商对传统服装行业的冲击，在淘宝购买了服装店。

（二）使用场景

使用场景指用户产生需求时的场景或用户使用产品时的场景，以及对不同场景的特征描述。简单而言就是，用户会在什么样的环境中完成一个什么样的任务。比如人们会在搭乘地铁或公交时使用扫码乘车功能、专车司机需要在开车时使用打车软件来接单等。

【案例】 趣买卖

李小姐是一位女装淘宝店主，因为经营不善决定出售店铺。经了解得知，可以通过虚拟交易平台来进行店铺交易。

（三）用户需求分析

经过上述分析后，要明确用户的需求，然后详细说明用户需求的动机。比如网购就需要对商品进行信息对比、要进行在线付款等，交易完成后还涉及商品品质好坏和退换货问题等。

【案例】 趣买卖

李小姐在线出售店铺时最关心店铺的卖价。虚拟交易平台有专业的咨询团队，可以根据交易额及店铺信誉等指标来合理定价，并且价格透明。因此李小姐决定把店铺挂在虚拟交易平台上出售。

六、竞品分析

与第六章中谈到的一样，竞品分析包括两大部分内容。一是竞品的确定，需要找准找全竞品对象，不要把眼光局限在同行业甚至互联网中，直接竞品、间接竞品和潜在竞品都要考虑到。如在做摩拜单车的竞品分析时，除了要分析当时的直接竞品ofo、小蓝单车等外，还要分析打车软件、出租车、公交、地铁等间接竞品。此外还要考虑潜在的竞品，如百度地图、美团点评等如果也做共享单车，会对自己产生什么影响。①

二是根据需要，对竞品的历史发展背景、目前所处市场状况和市场地位、商业模式、目标用户、运营/推广/营销策略、技术和市场份额等信息进行分析。最后总结分析自己是否有机会超越，或继承优点，或改正缺点。具体请参考第六章相关内容，在此不再赘述。

七、产品需求概况

（一）产品定位

简单来说，产品定位就是用一句话来描述用什么样的产品，进入哪一种市场，满足什么样的用户的什么需求。描述的语言应尽可能地简单明了。例如：喜马拉雅，专业的音频分享平台；快手，国民短视频社区，记录和分享生活的平台。

（二）产品核心目标

产品的核心目标就是描述产品最终能帮用户解决什么问题。核心目标在工作中优先级最高，是必须最快最好实现的功能。明确核心目标，有助于产品团队在开发过程中明确方向，不至于盲目、迷失。例如：黄油相机，帮助用户美化照片；澎湃新闻，为中国互联网用户生产、聚合优质时政、思想、财经、文化类内容。

（三）产品结构

产品结构主要描述的是，为满足用户的需求、实现产品的目标，产品需要包括哪些主要的流程和结构，也就是绘制产品的结构图。这里的结构图与 BRD 中一样，指的是产品结构图。

（四）产品路线图

产品路线图的作用是，根据产品的定位，设立任务时间节点，并确定每一个时间节点的优先顺序。产品路线图因此也就是以任务为导向的时间节点图，也可以看成是为了实现最终的目标，将大任务细化拆分成小目标去实现的时间安排表。产品路线图往往用甘特图、泳道图甚至 Excel 表格等形式呈现。案例参考 BRD 中范例。

（五）产品需求

产品需求分为功能性需求和非功能性需求两大类。在 MRD 中描述产品需求时，要注意只罗列各项功能，而且是只罗列重要功能，不讨论实现逻辑和方法。关于功能性需求与非功能性需求的定义和分类，可参看 BRD 中相关内容。

与 BRD 一样，不同公司或者不同的产品经理可能会采用不同的 MRD 框架和写法。但一个好的 MRD 文档应该具备以下特征：第一，文档要完整，要讲到所有功能点，没有任何缺失和遗漏；第二，逻辑性要强，能在客观论据基础上进行分析论证，还要能把抽象的东西形象化地讲出来；第三，文档撰写要高效，不但要在最短的时间内完成从方案确定到最终 MRD 文档定稿的整个过程，而且要用最简练的语言描述清楚问题；第四，要准确无误，结构合理，条理清晰，能够让这份文档的阅读人员没有困难地阅读和无歧义地理解；第五，要进行合理的产品进度规划，MRD 是在 BRD 的基础上完成的，因此应该根据可用的资源进行分配，从而帮助研发

① 在本书撰写之时，美团推出了自己的共享单车业务。

人员开展工作。

第四节 产品需求文档的撰写

如果产品通过了方向论证，获得了资源支持，明确了产品形态，且确定了产品结构和进度安排，就需要用 PRD 来对具体的方案进行进一步的细化和完善。PRD 是产品文档中最底层、最细致的文档，向上是对 MRD 内容的继承与发展，向下则是要把 MRD 文档里的各种理论要求技术化，向研发部门、设计部门和测试部门说明产品的功能和性能要求，以便相关部门能够按照既定的规格进行产品的设计。

PRD 主要是面向研发、设计和测试人员的文档，主要呈现的是需求逻辑，在内容上侧重的是对产品功能和性能的说明，也就是把重心放在 MRD 中的产品需求上，但比 MRD 中的内容更详细并进行量化。在国外的一些公司里，是允许把 MRD 和 PRD 合并成一个文档的，叫作 "Marketing & Product Requirements Document"。

一、PRD 文档框架

PRD 可分为广义 PRD 和敏捷开发 PRD 两大类。广义 PRD 包括需求背景、项目目标、需求列表、逻辑展示、详细逻辑描述、性能需求和数据需求七大部分；而敏捷开发 PRD 则不包括需求背景和项目目标两部分，也就是只保留 PRD 的核心部分。这是因为在敏捷开发过程中，很多 PRD 文档的撰写目的都在于功能优化和项目迭代。在这种情况下，需求背景和项目目标并未发生改变，因此不必赘述。敏捷开发 PRD 也是目前日常使用最多的 PRD 形式。PRD 的主要结构、各部分的主要内容及关系如图 9-20 所示。

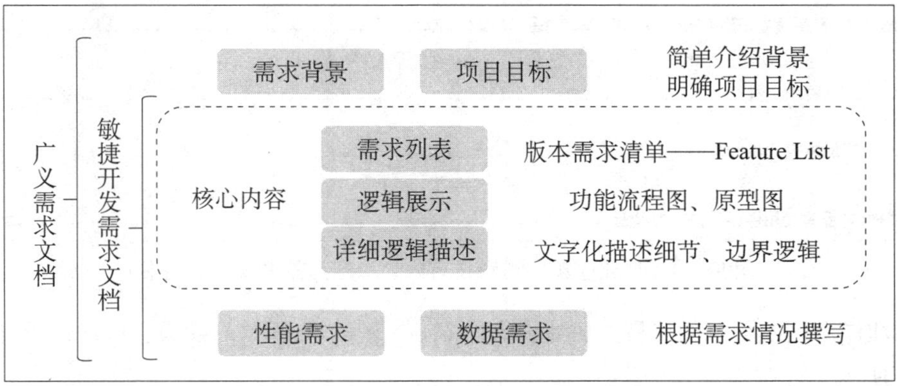

图 9-20 PRD 的主要结构及各部分主要内容

在撰写 PRD 时会把这些结构分装成文档的五个主要部分，分别是文档综述、产品结构、全局说明、任务流程、功能详细说明。在具体操作过程中，根据实际优化或迭代的功能不同，每个部分的内容也会略有差异。而且不同公司对 PRD 的撰写会有不一样的规定，不同的产品经理也可能会有自己独特的习惯。如广州壹糖网络科技有限公司（即一兜糖家居社区母公司）就曾对产品需求规格进行统一说明，说明文件目录如图 9-21 所示。①

① 经广州壹糖网络科技有限公司授权后使用，仅供教学之用，请勿转载。

目　录

1 前言……3

1.1 需求来源……3

1.2 需求概述……3

1.3 名词解释……3

1.4 参考文档……3

1.5 整体流程/逻辑关系……4

2 特性……5

2.1 特性所包含的功能……5

2.2 功能性需求(FUNCTIONAL REQUIREMENTS，FR)……5

2.1.2.1 F01.FR01 需求 1……5

2.1.2.2 F01.FR02 需求 2……5

3 性能需求……5

4 国际化需求……6

5 附录 1 产品需求规范 CHECKLIST & 产品验收 CHECKLIST……6

5.1 产品需求文档 CHECKLIST……6

5.2 产品体验 CHECKLIST……8

6 附录 2 正确使用手机平台相关术语……10

图 9－21　广州壹糖网络科技有限公司产品需求规格说明书

下面将结合网友分享的“易捷加油 APP”案例①来学习 PRD 的撰写。该案例 PRD 的文档目录如下所示：

一、文档综述

1. 文档属性

2. 产品综述

二、产品说明

1. 产品功能结构图

---

① 苦行僧．PRD：倒推“易捷加油 APP”产品需求文档［EB/OL］.（2019－11－25）［2021－02－06］. http：//www. woshipm. com/evaluating/3111581. html.

本案例在后续章节还将多次出现。

2. 产品信息结构图
3. 产品结构图
三、全局说明
1. 功能权限
2. 键盘交互说明
3. 异常情况说明
4. 交互规则
5. 数据说明
四、部分任务流程
1. 购物流程
2. 加油流程
五、部分功能详细说明
1. 登录页/注册页
2. 首页
3. 商品详情
4. 一键加油
5. 我的
六、非功能需求
1. 性能需求
2. 可用性需求
3. 运营需求
七、优化建议
优化商品详情页

但在实际工作中，非功能需求和优化建议通常并不列入 PRD 中，故在此也不对这两部分展开讨论。与 BRD 和 MRD 一样，目录也是 PRD 中不可或缺的部分，应呈现在文档最开始的位置，要求以读者易看易读为标准。

二、文档综述

文档综述部分包括版本修订记录、PRD 输出环境、产品介绍、需求背景、项目目标五部分，主要是给文档阅读者提供产品的相关背景、修订内容、修订时间及修订人信息等。

(一) 版本修订记录

版本修订记录是文档综述的第一个内容，通常会以列表方式清晰地说明文档相关的修订记录。在 PRD 撰写和执行过程中，可能会因应产品需求或研发等部门的反馈，对 PRD 进行修订，为了便于大家查阅和执行，会将文档的修订日期、修订版本、修订内容、修订人和备注信息以表格的形式进行呈现，还会以不同颜色的文字对修订过的内容进行标注，同时用与修订同色的文字撰写相关修订记录信息。具体如表 9-7 所示。

表 9-7　　PRD 文档修订记录

［×××产品版本号］产品需求文档 V1.2 修订记录

日期	修订	修改描述	撰写人	备注
2019-08-01	V1.0	撰写基础文档	张三丰	无
2019-08-05	V1.1	对部分逻辑进行修正	赵庆国	见红色字
2019-09-01	V1.2	新增消息模块需求	王一丁	见蓝色字

1. 标题

PRD 标题中应明确写明产品版本号及 PRD 版本号，以方便区分和查阅文档。

2. 修订记录

修订记录表中应备注更新时间、区分文档版本号、描述改动内容、注明撰写人员、提醒颜色区分。

版本号有助于相关人员了解所使用的 PRD 是否为最新的版本，以及它所提供的功能与内容。

修订历史可方便相关人员查看现行版本与过往版本的差异，了解哪些地方做了修订，在具体工作中直接查阅有修订的部分即可。

（二）PRD 输出环境

PRD 输出环境通常指 PRD 中列明的功能及其设计的适用环境，主要是要明确搭载相关功能的操作环境，如 iPhone 6 iOS9.3.5（Wi-Fi & 4G）、Android 7.1.1 等。

（三）产品介绍

产品介绍部分会简单描述产品的市场背景、用户背景、竞争背景等信息，以方便参与者了解为什么要做这个产品或功能。可以根据实际工作需要撰写行业分析、市场分析、竞品分析、用户分析、需求分析等分析内容。除此之外还需要对产品本身进行介绍，如产品内容、产品定位、产品特色、产品使用场景、用户需求和对应功能等。在易捷加油 APP 的 PRD V6.8.599 中，作者直接以表格的形式，从行业分析、产品定位和产品特色三方面，撰写了产品综述（见表 9-8）。

表 9-8　　易捷加油 APP PRD 的产品综述

行业分析	在 2018 中国便利店大会上，中国连锁经营协会与波士顿咨询公司联合发布了《2018 中国便利店发展报告》。报告披露，易捷便利店排名第一，坐拥 25 575 家门店，一年营收 519.5 亿，占全国便利店份额超过 20%。
产品定位	电商便利店
产品特色	品质保证，商品丰富，货真价实，服务完善。商品已经涵盖了饮品、零食、粮油、轻食等丰富的品类。满足多样化购物需求，动动手指，一站式购物到家。

资料来源：

苦行僧 .PRD：倒推“易捷加油 APP”产品需求文档［EB/OL］.（2019-11-25）［2021-02-06］. http://www.woshipm.com/evaluating/3111581.html.

在撰写产品介绍时应注意简单清晰。PRD 不需要像 MRD 那样，对各类分析内容进行非常详细的描述，毕竟 PRD 是执行层面参考的文档，主要是让研发人员、设计人员和测试人员对产品有一个总体的认识。

（四）需求背景

需求背景就是陈述 PRD 所述需求产生的背景、原因及计划优化或迭代的方向。例如一个健身运动 APP，新开辟了智能穿戴设备业务，需要因应这个变化对 APP 进行调整。那么在陈述需求背景时，可以这样描述：

随着公司智能穿戴设备的战略发展，需要在 APP 内部增加足够的智能穿戴设备入口，同时在 APP 产品的基础设定流程中，更加凸显智能穿戴设备及其功能。

与产品介绍一样，需求背景介绍也不需要太烦琐，清晰说明相关背景，点出任务的重要性和急迫性即可。

（五）项目目标

项目目标的作用是让读者了解本项目完成后应该达到的优化效果。一般而言，除新增功能外，项目目标都应该是可量化的。可量化的目标让产品相关团队成员更清楚项目的价值，而且在项目上线后，可作为验证数据完成情况的依据。

除上面列出的五类内容，有些公司还会提供专业术语表。如：

- 区块链：区块链是一种按照时间顺序将数据区块以顺序相连的方式组合成链式数据结构，并以密码学方式保证不可篡改和不可伪造的分布式账本。

三、产品结构

产品结构主要包括三种图形化文档，分别是产品结构图、产品功能结构图和产品信息结构图。关于三种结构图，已经在第八章中进行过详细介绍，在此仅以易捷加油 APP 为例，让大家感受在 PRD 中绘制这三种结构图时，应达到的信息颗粒度和结构图效果。需要注意的是，有些时候结构图涉及的内容较多，需要在输出时注意图片和文字的清晰度，以保证阅读者能够获得完整的信息。

此外，产品结构部分一般只有做新的模块的时候才会画，如果只是基于已有的模块进行优化就不会画。而且，虽然学习案例中是将整个产品的结构、功能结构和信息结构都画了出来，但在实际工作中，一般都只画增加跟修改的部分。

（一）产品结构图

产品结构图是一种将产品的原型以结构化的方式展示出来的图表，用于综合展示产品信息和功能逻辑，其核心是结构。易捷加油 APP 产品结构图如图 9－22 所示。

（二）产品功能结构图

产品功能结构图就是按照功能的从属关系画成的图表，其核心是功能。易捷加油 APP 产品功能结构图如图 9－23 所示。

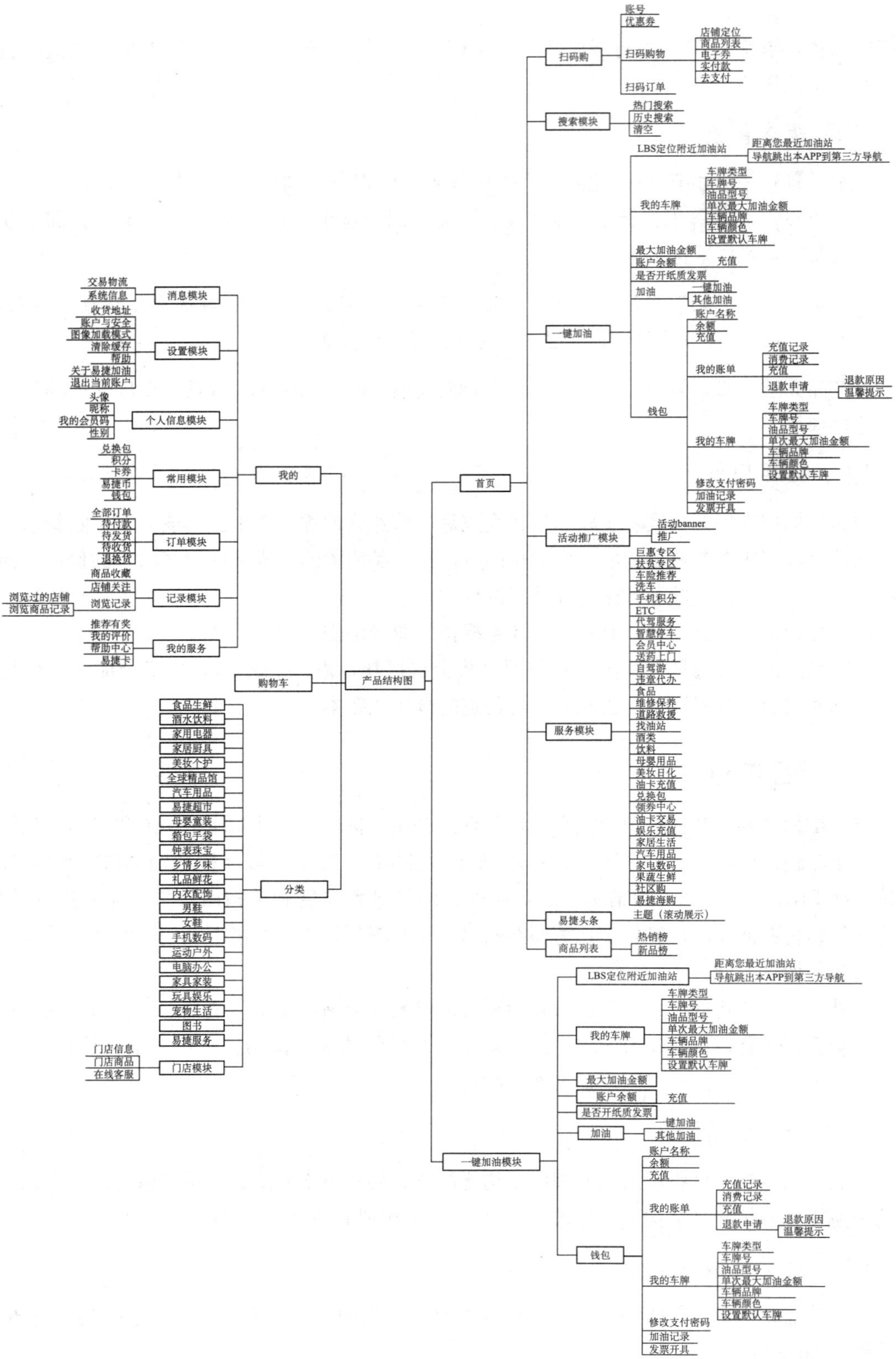

图 9-22　易捷加油 APP 产品结构图

资料来源：

苦行僧. PRD：倒推“易捷加油 APP”产品需求文档［EB/OL］.（2019-11-25）［2021-02-06］. http://www.woshipm.com/evaluating/3111581.html.

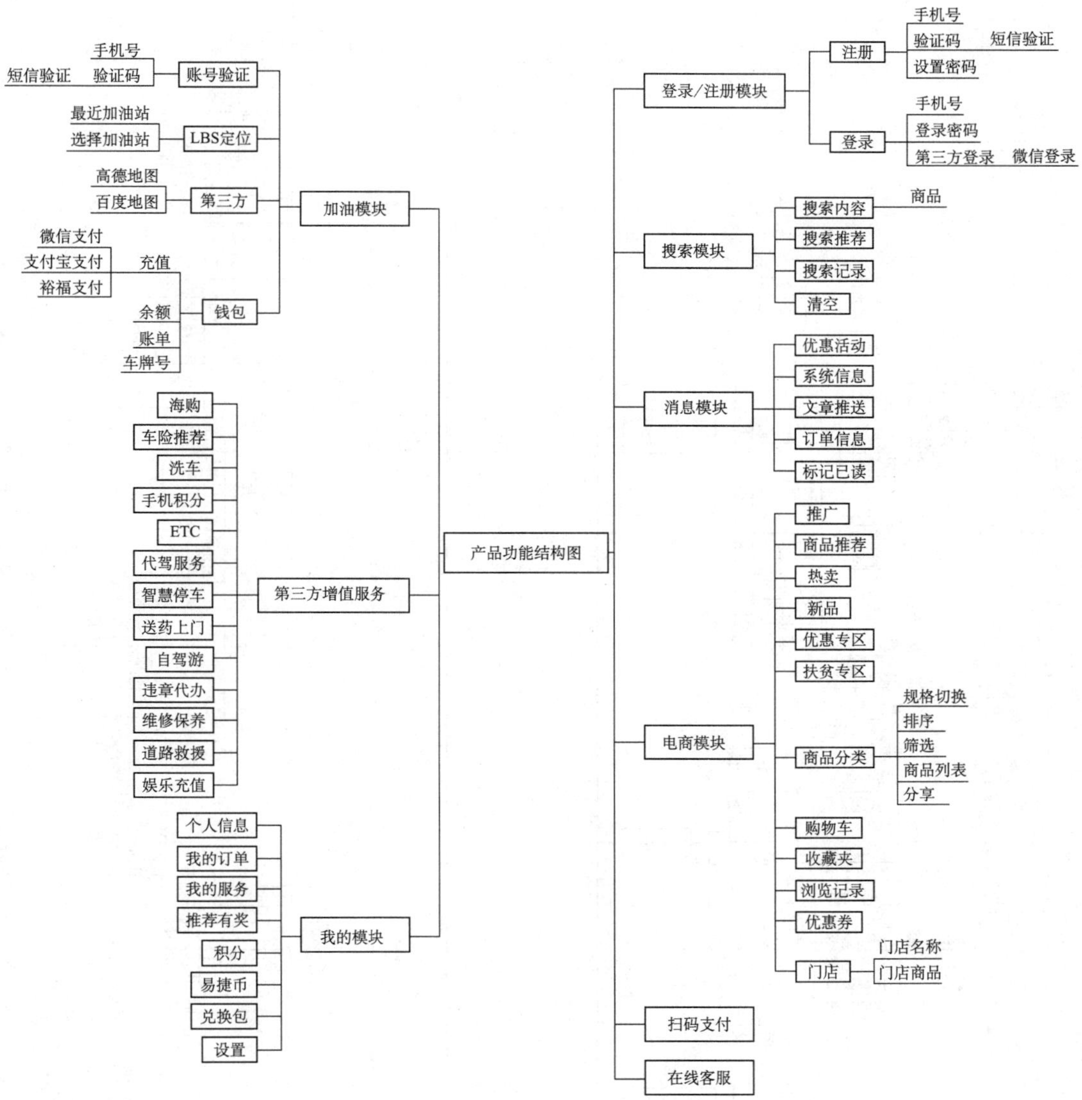

图 9-23 易捷加油 APP 产品功能结构图

资料来源：

苦行僧.PRD：倒推“易捷加油 APP”产品需求文档［EB/OL］.（2019-11-25）［2021-02-06］. http：//www.woshipm.com/evaluating/3111581.html.

（三）产品信息结构图

产品信息结构图是指脱离产品的实际页面，将产品的数据抽象出来，进行组合分类的图表，其核心是信息。产品信息结构图除了能辅助产品功能设计外，还能辅助研发人员建立数据库表，比如微信的用户资料就包括昵称、头像、微信号、二维码、地址、性别等。易捷加油 APP 产品信息结构图如图 9-24 所示。

四、全局说明

全局说明是需求的一部分，用于说明某些频繁出现在各种位置的同类信息，也就是对整个

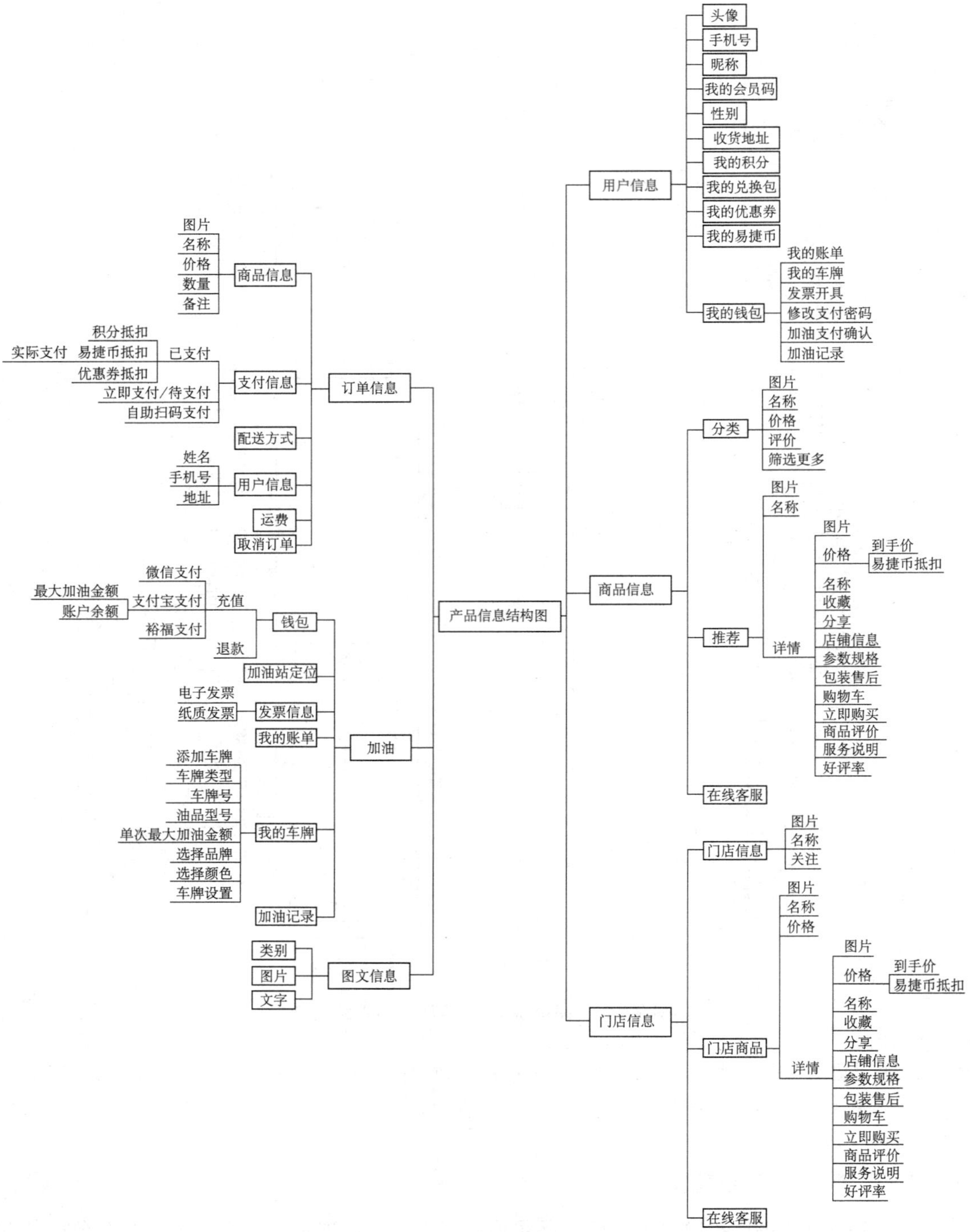

图 9－24　易捷加油 APP 产品信息结构图

资料来源：

苦行僧 . PRD：倒推“易捷加油 APP”产品需求文档［EB/OL］.（2019－11－25）［2021－02－06］. http：//www. woshipm. com/evaluating/3111581. html.

产品线中会碰到的全局性问题的说明。以昵称长度为例，这个问题既可能出现在账号注册页，也可能出现在个人中心页等地方，这种情况下，将限定条件写在全局说明中，就不需要在出现改动时分别去注册页和个人中心相关页面中单独撰写修改需求了。全局说明就是为了便于需求的统一管理、便于沟通。因此PRD的每一稿中都需要提供全局说明，哪怕是说明并没有任何变化也应该提供，以便技术同事查阅。

全局说明除了要说明一些统一的需求外，还需要跟研发和测试人员说清楚异常情况，以及数据埋点等信息。通常而言，全局说明包括通用性说明和异常说明两大类，在撰写时可以每一个细项单独作为一个部分。

（一）通用性说明

通用性说明包括权限说明、键盘交互说明、加载规则说明、版本更新方式说明、图片裁剪规则说明、版本更新方式说明、会员体系、勋章体系、红包体系、操作状态显示说明、提示信息说明等。下面列出少量常见的通用性全局说明，在实际工作中可根据需要对具体内容进行细化。

【案例1】 易捷加油APP功能权限说明

登录/未登录

- 已登录用户可以浏览所有页面、执行所有操作。
- 未登录用户可以以游客身份进行内容浏览，可以浏览商城商品。

【案例2】 易捷加油APP键盘交互说明

- 点击APP手机号码输入框，页面底部弹出数字键盘。
- 点击其他输入框时，页面底部弹出字母键盘。

【案例3】 图片裁剪规则说明

- 以图片最小边为宽，居中按1∶1裁剪。
- 图片大小规格：640像素*640像素、320像素*320像素、120像素*120像素。

【案例4】 加载规则说明

- 上拉刷新。状态显示：上拉刷新，松开刷新，正在刷新。
- 下拉加载。状态显示：下拉加载，正在加载，已经到底。

【案例5】 操作状态显示说明

- 所有的按钮或者可点击的icon、文字均分为可操作状态和不可操作状态两种。
- 其中可操作状态对应可操作颜色，不可操作状态一般可见，但为灰色。

【案例6】 易捷加油 APP 数据说明

易捷加油 APP 中数据的详细信息如表 9－9 所示。

表 9－9　　易捷加油 APP 中数据说明

序号	模块	字段名称	数据类型	最大长度	输入限制/备注
1	搜索	搜索推荐结果个数	数字	10	推荐结果下拉长度最大为 10 个
2	登录/注册	手机号	数字	11	
3	登录/注册	验证码	数字	6	
4	密码	密码	数字、字母	16	输入 6～16 位数字或者字母，区分大小写
5	评价	日期	日期		显示年月日几点几分

资料来源：

苦行僧 . PRD：倒推“易捷加油 APP”产品需求文档［EB/OL］.（2019－11－25）［2021－02－06］. http：//www.woshipm.com/evaluating/3111581.html.

（二）异常说明

异常说明包括页面异常说明和交互异常说明两大类，具体则包括非常多的子项，如页面加载异常、网络异常、请求服务器失败、刷新异常等，可采用原型、示意图甚至表格等形式进行呈现。下面列出部分常见的异常说明，在实际工作中可根据需要对具体内容进行细化。下面展示的是用原型形态呈现的“易捷加油 APP 网络异常”（见图 9－25）和用表格呈现的“易捷加油 APP 打断后重新打开 APP”（见表 9－10）两种异常说明。

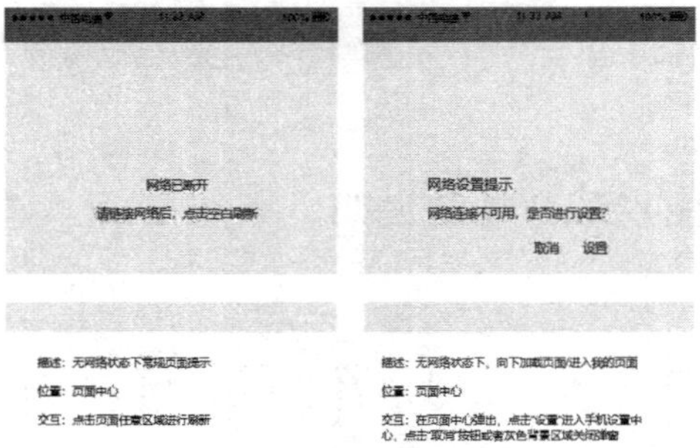

图 9－25　易捷加油 APP 网络异常

资料来源：

苦行僧 . PRD：倒推“易捷加油 APP”产品需求文档［EB/OL］.（2019－11－25）［2021－02－06］. http：//www.woshipm.com/evaluating/3111581.html.

表 9－10　　易捷加油 APP 打断后重新打开 APP

返回桌面/临时接入电话	继续显示原来页面
异常关闭/闪退/崩溃	启动页/进入首页
临时出现短信或其他通知	屏幕上方出现通知，不影响 APP

资料来源：

苦行僧 . PRD：倒推“易捷加油 APP”产品需求文档［EB/OL］.（2019－11－25）［2021－02－06］. http：//www.woshipm.com/evaluating/3111581.html.

五、任务流程

流程图是用图示的方式，反映特定主体为了满足特定需求而进行的有特定逻辑关系的操作过程，简单来说，就是用图示来表示的操作过程。例如，京东的购物流程中，特定主体是用户，特定需求是购物，特定逻辑关系是用户购物过程中的逻辑。产品设计中涉及的流程图有三种：业务流程图、任务流程图、页面流程图。在PRD中，因为已经涉及技术实现的工作，所以主要呈现的是任务流程图和页面流程图。页面流程图会以原型的方式在页面说明部分得到陈述。图9-26和图9-27展示的分别是易捷加油APP的购物流程和加油流程两个任务流程图。

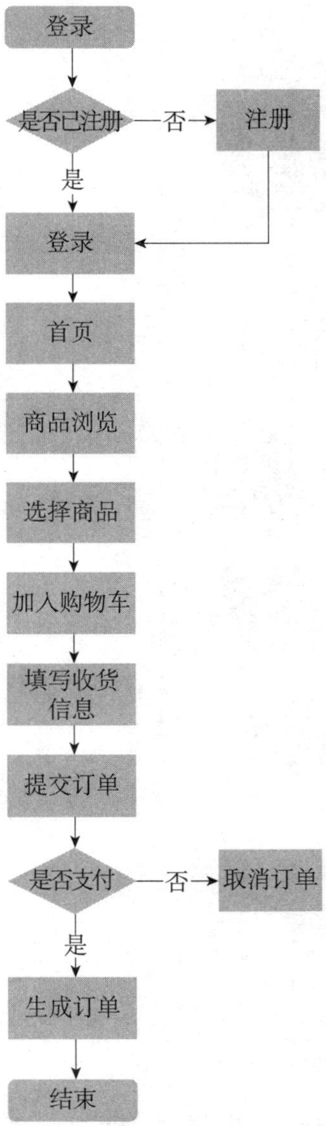

图9-26　易捷加油APP购物流程图

资料来源：

苦行僧.PRD：倒推“易捷加油APP”产品需求文档［EB/OL］.（2019-11-25）［2021-02-06］. http://www.woshipm.com/evaluating/3111581.html.

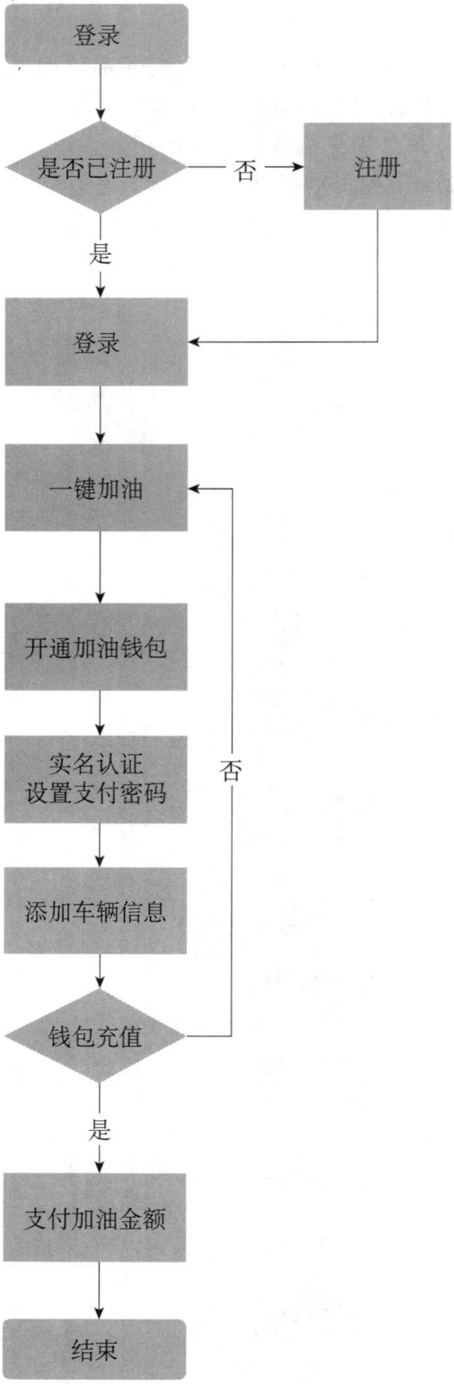

图 9－27　易捷加油 APP 加油流程图

资料来源：

苦行僧．PRD：倒推“易捷加油 APP”产品需求文档［EB/OL］．（2019－11－25）［2021－02－06］．http：//www. woshipm. com/evaluating/3111581. html.

六、页面说明

页面是新媒体产品设计中最基本的单元，APP 也好，H5 也好，PC 端应用也好，这些产品都是由一个个页面组成的。如上文所述，页面说明就是以原型的形式，对页面之间的逻辑和跳转情况进行描述，也就是描述用户完成一个任务需要经过哪些页面，通俗一点说，就是说明我在哪、经过什么操作、能去哪。页面说明有三个要素：页面、行动点、连接线。页面说明的绘制要求与原型的绘制要求一致，具体可参考第八章中的相关内容。在表达异常流程时，视异常流程与正常流程的差异度，选择单独制作原型页面，放置于正常流程附近，或直接用文字进行表述。除了展示产品相关页面的原型外，还需要对原型加以一定的说明，如页面名称、入口、基本事件流程等，一般说明会直接放置在原型图的下方。图 9－28 和图 9－29 分别是易捷加油 APP 的登录页页面说明和加油流程页面说明。

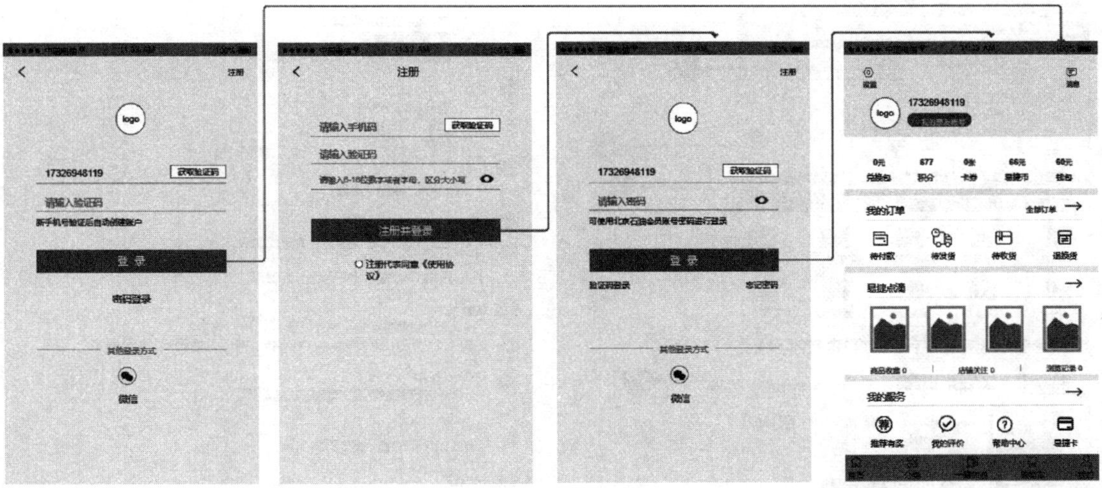

图 9－28　易捷加油 APP 登录页页面说明

资料来源：

苦行僧 . PRD：倒推“易捷加油 APP”产品需求文档［EB/OL］.（2019－11－25）［2021－02－06］. http：//www. woshipm. com/evaluating/3111581. html.

页面名称：登录

入口：初始登录 APP

基本事件流程：

- APP 显示登录表单页面，表单中包含文本“输入手机号码”“输入验证码”；
- 用户输入 11 位手机号码，获取验证码并输入；
- 点击登录按钮，进行登录；
- 登录成功进入首页。

页面逻辑：

- 登录方式：手机号码登录/提供第三方登录；

● 点击手机号/验证码登录，输入手机号和验证码进行登录；

● 用户可点击注册，输入手机号码，填写验证码，设置密码进行登录，并默认“注册代表同意用户使用协议”。

后置条件：登录成功/登录失败重新登录。

异常流程：用户输入短信验证码错误，弹出“短信验证码错误”提示文本，2 秒后消失，用户重新操作。

页面内交互：

● 点击手机号、验证码输入框时，数字键盘从底部向上弹出；

● 获取验证码后，按钮内容变为“120s”并开始 120 秒倒数，120 秒后按钮内容变回“获取验证码”文字。

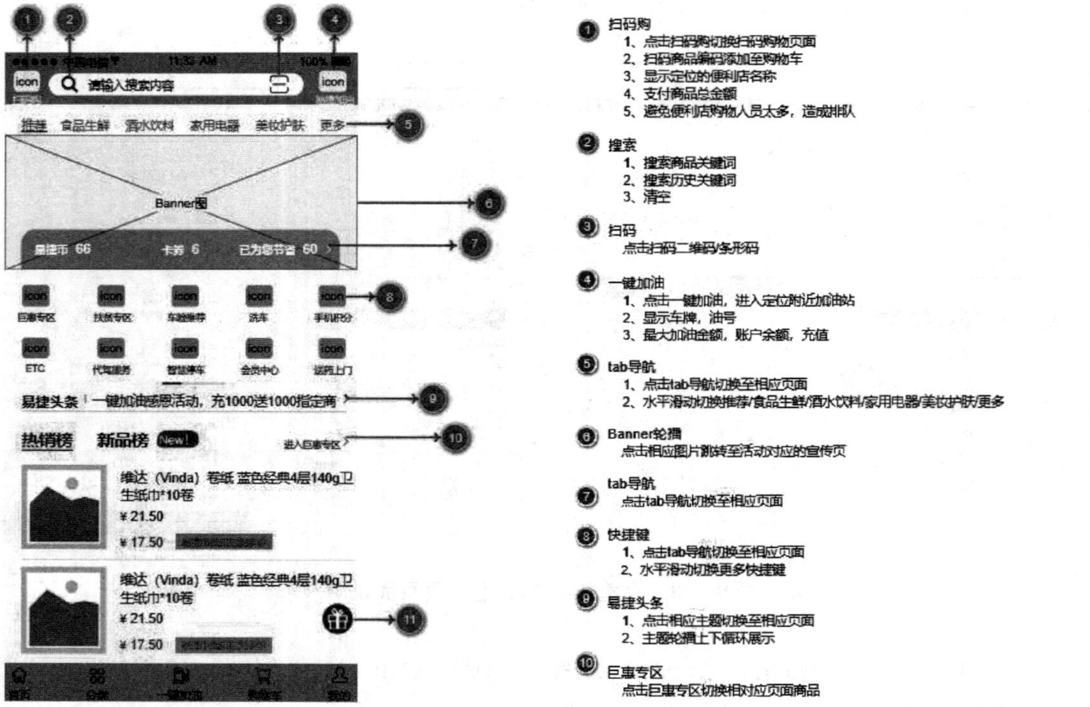

图 9-29 易捷加油 APP 加油流程页面说明

资料来源：

苦行僧．PRD：倒推“易捷加油 APP”产品需求文档［EB/OL］．（2019-11-25）［2021-02-06］．http：//www.woshipm.com/evaluating/3111581.html.

页面名称：首页

前置条件：登录 APP，网络良好

页面逻辑：

● 点击扫描购，定位便利店位置，扫描二维码/条形码商品，添加至购物车，支付；

- 点击搜索框，输入关键词搜索商品；
- 点击扫描二维码/条形码商品，添加至购物车；
- 点击一键加油切换至加油页面；
- 点击 banner 图跳转至相关页面；
- 点击对应标签跳转至相应页面及操作；
- 点击易捷头条轮播主题，跳转至相应页面；
- 点击商品跳转至商品详情；
- 点击推荐有奖跳转至推荐有奖方法及规则说明。

刷新机制：下拉页面刷新。

异常流程：

- 无网络情况下用户当前页面受影响；
- 无网络情况下无法操作功能按钮及商品详情。

新手在撰写 PRD 时容易犯两个错误。第一，无数据支撑。PRD 是执行层面的指导，这时的优化或迭代都应该是在既有数据的基础上提出的方案，即使是新功能的开发，也应该有相关的市场数据。第二，只重视对“产品功能”的描述，而缺乏对产品其他指标项的说明。在 PRD 中不止要对产品功能进行描述，还需要对功能要求、开发要求、兼容性要求、性能要求、扩展要求、产品文档要求、产品外观要求、产品发布要求、产品支持和培训要求、产品其他要求等多个产品需求项指标进行说明。

此外，还需要注意，无论全局说明、任务流程还是页面说明，都是紧贴需求的，所列出的相关说明和流程，都应该围绕这一版 PRD 要解决的具体问题展开。举个例子，如果这一版 PRD 是要对某 APP 的登录方式进行修改，那么所谈的全局说明和任务流程都应该是与登录相关的，而不涉及 APP 中个人信息、收藏、订单等其他功能的内容。只有一种情况例外，那就是当某功能与登录需要相互关联时，则需要将其一并考虑在内并撰写在 PRD 中。

PRD 经过多年的发展，特别是在近年敏捷开发风潮的影响下，原来动辄上百页的 Word 文档已逐渐淡出了舞台，取而代之的是以 Axure 为撰写工具的新撰写方式。产品经理每次修改完毕后可以生成一个网页链接，研发人员和测试人员只需每次点击同一个链接，便可以看到最新的 PRD。但和 Word 文档的形式一样，产品经理会在第一页注明新版本修订处，以便查阅。产品原型也越发简化，高保真产品原型图更多由交互设计师完成，而在产品研发阶段，用平面图等敏捷方式表达的原型更受欢迎。正因为敏捷开发的流行，原来一度盛行的在 PRD 中采用高保真产品原型图的做法也渐渐退出了舞台，直接用低保真产品原型图甚至线框图才是更符合现阶段所需的页面展示方式。

在刚接触产品文档时，新人经常会先找前辈讨要文档模板，但其实没有一个模板是万能的。这是因为从本质上来说，文档是写给人看的，不同的阅读对象，在不同的产品环节和场景下，所关注的内容也会有所不同。所以文档最重要的价值之一，就是完整、清晰地传递阅读者想关注的所有信息。表达清晰、传递到位，那这样的文档就是一个好文档。

【思考题】

1. 结合自己的观察或经验，举例说明新媒体产品可能会遇到哪些风险，这些风险对企业和产品产生了什么样的影响，企业又是如何应对的。

2. 你是否认同产品经理的工作是追求极致的用户体验？为什么？如果不是，那是什么？为什么？

附件　文档控制表[1]

			战略活动
预测问题			
D1	客户访谈记录	流程类	通过对客户的访谈、近期发布的产品以及潜在的、未开发的客户，发现市场中的问题。验证市场中最紧迫的问题，并确定它们的普遍性。
D2	问题汇总矩阵	流程类	本文档的目的是描述产品的功能，通过产品功能解决客户的问题。
需求矩阵表		控制类	记录分析出的需求，评估需求，并跟踪需求的发展。
培育机会			
D3	盈亏分析文档	流程类	知道客户为什么买或者不买近来的产品，并知道他们在购买过程中的步骤是什么。
D4	竞争分析文档	流程类	定义市场中竞争对手和替代品提供者，评估他们的优劣势，制定一个能够战胜他们的战略。
产品创新			
D5	市场细分文档	流程类	分析市场细分并积极关注，确定目标细分对于产品的现在和未来都有足够大的商业价值。
D6	产品组合文档	流程类	把分布于多个市场的产品整合成一个互相关联的组合，就像管理一个产品那样管理这个组合。包括商业方案、定位、购买流程、市场需求以及营销计划等。
D7	产品创意筛选表	流程类	筛选出最适合市场细分的产品创意，确定这个创意是有利于市场的和处于企业资源范围之内的。
商业方案		控制类	制定完整的解决市场问题的方案。针对潜在的市场机会完成一份客观的分析，为投资提供一个基础。要清晰地说明在市场中了解到的一切，包括对风险的量化及财务预算。
			规划活动
产品路线			
D8	产品价格模型	流程类	确定价格模式、计划、方针及执行步骤。
D9	产品收益表	流程类	确定产品的长期收益指标。
产品路线文档		控制类	确定产品长期的发展计划及目标。
D10	产品定位文档	流程类	描述产品解决市场问题的能力。创建内部定位文档，这个文档将被用来开发对外信息，并传递给每一个关键的购买者或者个人。
D11	用户用例	流程类	定义参与购买产品或者服务的典型购买者和最终用户。
产品策略活动		控制类	制定完整的产品策略来说明如何实现既定的战略目标。

① 汤圆，老马．YES！产品经理［M］．北京：电子工业出版社，2011：131－132．

续前表

规划活动			
产品计划			
D12	产品营销计划	流程类	在即将到来的财年，要明确能够激发消费意识的战略和战术，应该包括可测量和可实现的步骤和事件。
D13	产品年度计划	流程类	制订产品年度发展计划。
商业需求文档		控制类	说明产品的商业发展计划。
战术活动			
概念化			
市场需求文档		流程类	MRD 的关注点在于描述市场问题、市场机会以及市场需求，帮助设计出一个能够解决市场问题和抓住市场机会的解决方案。
图纸化			
产品需求文档		流程类	PRD 提供一个基于市场需求的针对某个产品的完整需求定义，描述一个产品的特征和功能。
技术化			
产品验收文档		流程类	明确可交付产品达到规格定义标准。
商品化			
D14	销售工具包	流程类	完整的针对销售团队提供的文档、工具。
D15	推广策略	流程类	说明产品上市的媒体发布策略、计划和目标。
产品白皮书		控制类	发布公开的产品业务说明。
市场化			
产品总结报告		流程类	对产品的整个过程进行回归记录。

后　记

贾岛诗云："两句三年得，一吟双泪流。"虽没有前人对写作的这般执着，但四年积累，一年写作，这个"婴孩"也凝聚了我近几年所有的热情与心血。在其呱呱坠地之际，我也想多费些笔墨谈谈整个写作的心路历程。虽为教材，却以专著般对待，只为了那一个念头："为那些和我一样在新媒体产品设计道路上摸索的人，燃一点灯火。"

我所任职的暨南大学新闻与传播学院，2012 年就已经在教育部备案，成为第一批获得"网络与新媒体"专业办学资格的学院；但受限于师资等多种因素，直至 2015 年才正式招生。在院系的教学设计中，数字产品是网络与新媒体专业的教学方向之一，课程"数字产品研发与设计"则是该方向学生的专业先修课程，而该课程也正是本书《新媒体产品设计与项目管理》的前身。2016 年底接到教学任务时，我的内心是极度惶恐的。这样的一门课，前无"古人"可参考，面临着无大纲、无教材、无经验的"三无"挑战状况。和刚入行的产品新人一样，我抱着《人人都是产品经理》《产品经理的第一本书》《市场营销》等一系列书，开始了自己的备课历程。从市场营销到产品设计再到运营，从图书馆里的相关书籍到"人人都是产品经理"等网站，时间花了很多，得到了许多碎片化的知识和案例，但始终无法在脑中形成关于这门课的全景，总有瞎子摸象的感觉。唯一确定的就是，这个课的体量太大了，涉及的知识太多了，如果不进行系统梳理，学生想要靠自己的能力去学会，代价肯定不小。而老师作为向学生传道授业解惑之人，必须肩负起对这门课程的梳理工作，搭建起一个明晰的框架，以便学生据此探索前行。

2018 年初，本着全面了解产品经理的工作的目的，我报名参加了起点学院的付费课程"产品经理入门实战班"。3 个月的课程，让我第一次从头到尾认真完成了产品经理需要负责的日常工作，每周两次的网课，课后的头脑风暴和小组作业，除了春节假期，每周都在上课，最后我竟连原型都会画了，产品经理相关技能得到了很大的提升。起点学院的课程让我受益匪浅，一方面为我打开了一个新的世界，让我看到了现实中产品经理的工作；另一方面授课老师们也都结合自己的工作实际，用最浅显的语言讲授复杂的分析过程，提供了大量案例。本书有部分内容来自老师们的分享，在此特别对这些老师表示感谢，他们包括饿了么前高级产品专家胡晸启老师、苏宁前云商产品总监翟锦修老师、咕咚前产品总监张夏男老师。虽然类似这样的行业付费课程有一定的帮助，但受限于课程时长、多人授课及各人不同的工作领域等因素，我自己的知识版图还是碎片化的，只是这些碎片由之前的粒状转向了块状。虽然我在学习探索过程中尽可能地凝聚知识点，但是对于不同工作之间的交叉和联动、具体工作开展时的细节问题仍然不是那么清晰和确定。

2018 年的某天，我在产品经理的交流群里看到群友说了这样一句话："现在还没有哪所高校有产品经理专业。"这句话刚好是在讨论目前产品经理岗位的人才缺口时提及的。企业需要人担任产品助理，而学生并不那么清楚这个岗位的工作职责，在校时也没有上过专门的课程，行业需求与教育存在一定的错位。恰好系主任谷虹老师也找我谈话，表示这门课既然目前还缺教材，不如尝试写一本，这样也更方便学生进行学习。就这样，我就踏上了"没有回头路"的写书历程。

写书的过程简直就是一波三折。第一阶段，干劲十足期。刚开始写书时真是“东风吹，战鼓擂”，甚至天真地认为半年以内肯定可以完成教材的写作，还煞有介事地请了一位业内的朋友督促我的进度，认真地按半年期做了每周的写作计划，但实情则是我在勉强完成了第二章的进度后，就再也无法推进了。原因很简单，一是一线教师的科研压力，二是写教材的难度远远超出预期。碎片的知识缺乏内部关联，在不厘清它们之间的关系前，根本无法搭建全书的框架。

无法按时推进的进度使写书过程进入了第二阶段，停滞不前期。由于没有前期成果可供参考，就只能通过大量阅读网友分享和书籍、走访行业从业人员来获得所需的资料。有时甚至章节的框架都需要两周时间才能确定，写好了又全部推翻更是家常便饭。所幸，当我在放弃的边缘反复试探时，系主任谷虹老师和中国人民大学出版社的翟江虹老师又拉了我一把。谷老师总是会有意无意地问及我的进度，“领导”的话就像刺股的锥、悬梁的绳，让我“不敢”言弃。一次学术会议时与翟老师提及在写教材，翟老师不但鼓励我继续写下去，还向我伸出了橄榄枝，将我这个选题报送人大社的教材选题评审会进行论证。

终于，在各种内驱外拉之力的综合作用下，写书过程进入了第三阶段，平稳向前期。整个2020年因新冠肺炎疫情，外出的时间少了，写作的时间多了，这也算是一种因祸得福吧。2021年1月25日，我完成了初稿的二校，郑重地把稿子发给了亲爱的翟老师。本想着安心过个放松年，谁料初稿上交半个月后，牛年初三我就收到了翟老师的回复，提出了修改的意见，不由从心底生起对人大社各位老师和编辑的佩服和崇敬之情。

定稿后再回看整个写书的过程，百感交集。四年磨一册，既要为自己的坚持点赞，也要真诚地感谢那些曾经帮助过我的老师、学生、朋友。感谢暨南大学新闻与传播学院网络与新媒体系系主任谷虹老师、中国人民大学出版社翟江虹老师，因为她们的鼓励和指导，我才能最终完成本书；感谢中国人民大学新闻学院彭兰老师，她是众多传媒学子心中的女神，她答应我的请求为本书撰写序言，无疑是对本书的极大肯定，也是对我这个后辈的巨大鼓励；感谢饿了么前高级产品专家胡晸启老师、一兜糖创始人兼CEO徐红虎先生、一兜糖产品总监黄宁先生、荔枝事业部副总裁总经理刘欢（LEO）、华为前用户体验专家余梦老师，感谢他们愿意向我分享工作中的方法论，保障了本书的科学性和有用性；特别要感谢的是深圳前海大数金融服务有限公司产品总监朱晓霖女士，她是我院的优秀院友，也是前文提到过的那位愿意用产品经理工作模式监督本书完成情况的业内人士，在本书的写作过程中，她起到了非常重要的监督和管控作用，是本书的重要顾问。除此之外，我自己的五位研究生黄叶舟、朱婷、张伟丰、张嘉欣、刘小萌也参与了部分素材的收集和校对工作，在此一并进行感谢。最后还要感谢暨南大学有关领导和同事的支持，本书被学校教务处评为“暨南大学本科教材资助项目”。新闻与传播学院院长支庭荣老师、党委书记刘涛老师，暨南大学出版社社长张晋升老师，新闻与传播学院教科办主任许秀娟老师都对本书的完成给予鼓励、支持和帮助；学院的陈曦子老师和刘亭亭老师作为教学团队的成员，与我一起录制了本课程的慕课，并为教材的撰写提供了自己的观点和建议。

最后我想说的是，尽管在编写过程中为保障教材的有效性、科学性和贴近现实性付出了大量努力，但囿于水平，仍然可能存在这样或那样的问题及不足，诚挚地希望使用本书的广大学子、教师和从业人员提出批评和指正。更希望有机会可以与全国逾300所兄弟院校的“新媒体产品设计与项目管理”任课老师们多交流、多沟通。讲授新课不易，讲授实务型的新课更不容易，我们携手一起前行！

龙思思

2021年3月14日于暨南园

图书在版编目（CIP）数据

新媒体产品设计与项目管理/龙思思著．--北京：中国人民大学出版社，2021.8

21世纪新媒体专业系列教材

ISBN 978-7-300-29740-8

Ⅰ.①新… Ⅱ.①龙… Ⅲ.①传播媒介-运营管理-高等学校-教材 Ⅳ.①G206.2

中国版本图书馆 CIP 数据核字（2021）第153314号

21世纪新媒体专业系列教材

新媒体产品设计与项目管理

龙思思　著

Xinmeiti Chanpin Sheji yu Xiangmu Guanli

出版发行	中国人民大学出版社		
社　　址	北京中关村大街31号	**邮政编码**	100080
电　　话	010－62511242（总编室）		010－62511770（质管部）
	010－82501766（邮购部）		010－62514148（门市部）
	010－62515195（发行公司）		010－62515275（盗版举报）
网　　址	http：//www.crup.com.cn		
经　　销	新华书店		
印　　刷	北京密兴印刷有限公司		
开　　本	787 mm×1092 mm　1/16	**版　　次**	2021年8月第1版
印　　张	21.25 插页1	**印　　次**	2025年7月第10次印刷
字　　数	565 000	**定　　价**	55.00元